SERMÕES

IX

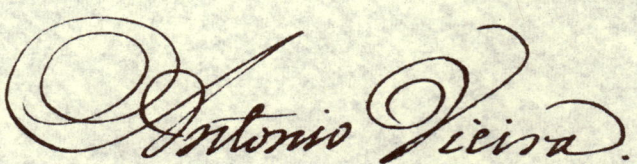

SERMÕES

IX

de acordo com as regras do novo *acordo ortográfico* da língua portuguesa

Edições Loyola

Direção: † Pe. Gabriel C. Galache, SJ
Ryad Adib Bonduki
Editor: Joaquim Pereira
Assistente: Eliane da Costa Nunes Brito
Capa e Projeto gráfico: Maurélio Barbosa
Diagramação: Ronaldo Hideo Inoue
Revisão: Iranildo B. Lopes

Edições Loyola Jesuítas
Rua 1822, 341 – Ipiranga
04216-000 São Paulo, SP
T 55 11 3385 8500
F 55 11 2063 4275
editorial@loyola.com.br
vendas@loyola.com.br
www.loyola.com.br

Todos os direitos reservados. Nenhuma parte desta obra pode ser reproduzida ou transmitida por qualquer forma e/ou quaisquer meios (eletrônico ou mecânico, incluindo fotocópia e gravação) ou arquivada em qualquer sistema ou banco de dados sem permissão escrita da Editora.

ISBN 978-85-15-04116-9
© EDIÇÕES LOYOLA, São Paulo, Brasil, 2014

SUMÁRIO

Apresentação 7
Sermão da Ascensão de Cristo Senhor Nosso 9
Sermão da Dominga Vigésima Segunda
       Post Pentecosten 35
Sermão do Santíssimo Sacramento 55
Sermão da Quinta Terça-Feira da Quaresma 75
Sermão do Nascimento da Mãe de Deus 83
Sermão da Publicação do Jubileu 99
Sermão de São Pedro 117
Sermão da Segunda Quarta-Feira da Quaresma 137
Sermão na Madrugada da Ressurreição 155
Sermão da Primeira Dominga da Quaresma 165
Sermão do Mandato 179
Sermão da Quarta Dominga depois da Páscoa 201
Sermão da Visitação de Nossa Senhora
       a Santa Isabel 225
Sermão pelo Bom Sucesso de Nossas Armas 245
Sermão do Esposo da Mãe de Deus, São José 263
Notas 279
Censuras 289
Licenças 293

APRESENTAÇÃO

Depois de expulsos do Maranhão, em novembro de 1661 os jesuítas desembarcam em Lisboa. Logo em janeiro, Vieira, no sermão da Epifania [cf. vol. IV], presentes a Rainha regente e a corte, denuncia a sua situação. Os próximos anos não serão fáceis para Vieira. O padre Serafim Leite resume assim: "Em Lisboa manifestou-se pelo partido da Rainha, protetora da missão. Como desforço da oposição política triunfante, desterraram-no para o Porto e denunciaram-no à Inquisição, com fundamento em diversos escritos seus, sobretudo o que redigiu nas margens do Amazonas, intitulado 'Esperanças de Portugal, V Império do Mundo', enviado secretamente à Rainha, em que falava, para a consolar, na ressurreição de El-Rei Dom João IV. Preso pela Inquisição em 1665, é mantido em custódia em Coimbra. Em 1667 foi julgado e condenado com privação de pregar. Defendeu-se com coragem e saiu livre em 1668. Voltou a Lisboa, donde passou a Roma no ano seguinte"[1].

Neste volume, cinco sermões foram pronunciados no Brasil. Destaca-se o Sermão da Visitação de Nossa Senhora a Santa Isabel na Misericórdia da Bahia, em 1638. Refere-se à vitória contra os holandeses. Oito sermões foram pregados em Portugal. Destaca-se o Sermão pelo Bom Sucesso de Nossas Armas, na Capela Real, em 1645. Como o sermão de 1640, na Bahia, contra as armas de Holanda, o sermão contra as armas de Castela tem a mesma característica dos sermões deprecatórios. Vieira prega diante da Rainha enquanto o Rei e toda a nobreza estavam no campo de batalha. E dois sermões foram pronunciados na Itália. O Sermão da Quinta Terça-Feira da Quaresma foi pregado em Roma, em língua italiana, à Sereníssima Rainha de Suécia.

EDIÇÕES LOYOLA

SERMÃO DA

Ascensão de Cristo Senhor Nosso

*Em Lisboa, na Paróquia de S. Julião,
com o Santíssimo exposto.*

"E na realidade o Senhor Jesus, depois de
assim lhes haver falado, foi assumido ao céu,
onde está assentado à mão direita de Deus."
(Mc 16,19)

Este sermão não datado é uma das lembranças de Vieira que exemplificam a sua arte oratória. Inicia apresentando o assunto do sermão: a Igreja admirada por ver tornar ao céu o seu Senhor e admirável no que devemos admirar nela. O sermão tem, assim, por assunto duas admirações, uma da Igreja e outra nossa: serão as duas partes do sermão. Somente à Ascensão de Cristo se dá o nome de admirável, por quê? Vieira compara então o admirável no mistério da Eucaristia e no mistério da Ascensão. Exemplifica com o amor de Jacó por Raquel e com o exemplo do que aconteceu com o Sol no tempo do rei Ezequias e pergunta: "Por que os anjos duvidam e a Esposa não duvida ante o mistério da Ascensão?". Aproveita-se da Escritura para responder a algumas questões levantadas pela mesma Escritura. Particularmente, porque continuou impassível depois da Ressurreição. Ausente e presente é cantado pela Igreja e solenizado com suas festas. Assim, o Senhor que hoje subiu, quando desceu, nos veio buscar e, se partiu primeiro, foi para ir adiante.

§ I

Admirada e admirável vejo hoje a Igreja Católica. Admirada do que ela admira em Cristo, e admirável no que nós devemos admirar nela. Admira-se a Igreja neste dia de ver tornar para o céu aquele mesmo Senhor que, por amor dos que cá ficamos, veio à terra. E devemos nós admirar na mesma Igreja que ela no dia deste apartamento celebre com galas e festas uma despedida tão custosa e uma tão saudosa ausência. Estas duas admirações, uma sua e outra nossa, serão as duas partes do presente discurso. Primeiro admirará, em uma e outra consideração, o muito que tem que admirar, e depois responderá às mesmas admirações com a satisfação de tudo o que tiver admirado.

Dizem os filósofos que a admiração é filha da ignorância e mãe da ciência. Filha da ignorância, porque ninguém se admira senão das coisas que ignora, principalmente se são grandes; e mãe da ciência, porque, admirados os homens das mesmas coisas que ignoram, inquirem e investigam as causas delas até as alcançar, e isto é o que se chama ciência. Como filha da ignorância, me ensinará a mesma admiração a perguntar; e como mãe da ciência, a responder, posto que tão alta seja a segunda parte como profunda a primeira. Mas como o céu hoje com o autor da graça nos levou todos os tesouros dela, bem podemos esperar que nos não falte com o muito que havemos mister para propor e satisfazer dignamente a duas tão grandes admirações. *Ave Maria*.

§ II

Coisa é muito digna de ponderação que entre todos os mistérios sagrados da vida, da morte e da ressurreição de Cristo a Igreja Católica, alumiada pelo Espírito Santo, só ao mistério da Ascensão dê nome de admirável: "Pela tua admirável ascensão". Em todos os atributos do Verbo divino encarnado e em todas as suas ações sempre a admiração vai diante, publicando com a trombeta da fama e do espanto o conceito incompreensível de admirável. Assim o notou S. Agostinho, sobre aquele pregão do profeta Isaías: "E o nome com que se apelide será Admirável, Conselheiro, Deus forte, Pai do futuro século, Príncipe da paz" (Is 9,6). — O texto só na primeira palavra pôs "Admirável", mas este encômio de admirável, diz a maior luz da Igreja, não só se há de ajuntar e construir com o primeiro título, senão com todos os que apregoa o profeta. De sorte que em cada um deles se há de repetir o "Admirável, Admirável Conselheiro, Admirável Deus forte, Admirável Pai do século futuro, Admirável Príncipe da Paz". E por quê? Porque o mesmo Cristo, não só em sua soberana Pessoa divina e humana, mas em todas suas prerrogativas, em todos seus atributos e em todas suas ações e mistérios, sempre foi, sempre é e sempre em tudo e por tudo se há de chamar admirável. Os nomes de Cristo na Escritura sagrada são muitos, uns próprios, outros apelativos; uns naturais, outros metafóricos; uns místicos, outros literais; mas este de admirável, fundado em suas ações, é tão literal, tão natural e tão próprio, que muitos séculos antes de se chamar Jesus já se chamava o admirável.

Depois que Jacó, na luta que teve com o mesmo Verbo figurativamente encarnado, se viu por uma parte vencedor e por outra vencido, antes de o soltar dos braços "pediu-lhe que lhe dissesse seu nome" (Gn 32,29). A mesma petição lhe fez muito depois Manué, pai de Sansão. E que respondeu o Senhor a um e a outro? "Por que perguntas o meu nome, que é admirável?" (Jz 13,18). — Como se dissera pelos mesmos termos com que depois falou Davi: Se o meu nome em todo o mundo é admirável — "Senhor, nosso dominador soberano, que admirável é o teu nome em toda a terra" (Sl 8,1s) — se isto sabem até os meninos de peito — "Fizestes sair da boca dos infantes que ainda mamam um louvor perfeito" (Ibid. 3) — por que perguntas o meu nome? Se ignoras que é admirável, ignoras o que todos sabem; e se sabes que é admirável, já sabes o meu nome por que perguntas. Admiras-te, Jacó, que eu, podendo-te vencer, me deixasse vencer de ti? Pois essa tua admiração é o meu nome; admiras-te, Manué, que te prometa um filho, e tal filho como Sansão, que até agora te neguei? Pois essa admiração tua é o nome meu: "Por que perguntas o meu nome, que é admirável?". E sendo Cristo em tudo o que faz, e também no que deixa de fazer, admirável, por que tudo nele são mistérios, que reconheceu ou que pôde reconhecer a Igreja no mistério de sua Ascensão, para só a este singularmente chamar admirável: "Pela tua admirável ascensão"?

§ III

Verdadeiramente que contra a singularidade deste elogio parece que se poderão opor, e ainda queixar eficazmente, os outros mistérios do mesmo Senhor. O último foi o de sua gloriosa Ascensão, e os demais poderão formar a oposição, ou a queixa, começando desde o primeiro. Se a Igreja chamara admirável ao mistério da Encarnação, quem haveria, crendo que desceu Deus do céu à terra, crendo que a natureza divina se uniu à humana, crendo que concebeu uma Virgem e coube em suas entranhas o que não cabe no mundo, nem em mil mundos, quem haveria, digo, que mudo e assombrado inefavelmente não adorasse a fé de tão estupenda novidade com a mais profunda admiração? Se a Igreja chamara admirável o mistério do nascimento, também era não só crível, mas evidente a demonstração deste título, porque era ver com os olhos o sem princípio nascido, o eterno determinado a tempo, o imenso reduzido a lugar, e o lugar um presépio; e logo tanta majestade em um trono de palhas, que diante dele se tributem tesouros, se arrastem púrpuras, se abatam coroas, e não só o sirvam reis, mas estrelas e anjos. Deixo os dois mistérios do Templo, já presentado e resgatado, já ensinando os doutores; deixo as glórias do Tabor, deixo as ressurreições dos mortos, deixo o pisar os mares e imperar os ventos; deixo aquele excesso de profunda admiração, em que a minha se esmorece, de estar serrando com José, ou acepilhando um madeiro com sujeição de tantos anos aquele mesmo artífice que com uma só palavra fabricou este mundo. Finalmente, se a Igreja chamasse admirável o mistério da Paixão e Morte de Cristo, que admiração desde o Horto até o Calvário se não converteria em pasmo, vendo entre eclipses do sol e tremores da terra a alegria triste, a riqueza despida, a formosura afeiada, a onipotência presa, a justiça condenada, a vida morta, Deus vencido, e só o amor, com que nos veio resgatar, triunfante? E que comparação tem, não só com cada um destes mistérios, senão com todos juntos, o de ver subir a Cristo ao céu, para só esta subida merecer o nome de admirável?

Perdoai-me, Senhor, que não foi esquecimento, senão respeito, não trazer à composição esse sacrossanto mistério em que descestes do céu, mas não subis. Descestes por amor de nós: "Aqui está o pão que desceu do céu" (Jo 6,59) — e não subis, para estar sempre conosco: "Estai certos de que eu estou convosco" (Mt 28,20). — Tudo o que soube inventar a vossa sabedoria, tudo o que pôde executar a vossa onipotência, e tudo o que soube e pôde afinar vosso amor, nesse círculo breve e imenso está compendiado. Que comparação tem logo o mistério da vossa subida ao céu, em que nos deixais, com o mistério deste Sacramento, em que vos deixastes? Uma só semelhança teve o mistério da Ascensão com o do Sacramento. Quando Cristo começou a subir, "viram-no os apóstolos levantar-se pelo ar" (At 1,9) — e diz o texto sagrado que entre eles e o Senhor "se atravessou uma nuvem, que lho tirou dos olhos". — Assim, pois, como aos apóstolos, no mistério da Ascensão, lhes tirou a Cristo dos olhos uma nuvem, assim a nós, no mistério do Sacramento, no-lo tira também dos olhos outra nuvem, que é a dos acidentes que o encobrem. Mas, se a fé rasgar essa nuvem, e o lume da mesma fé nos mostrar o que passa lá dentro — ou não passa, porque não tem nem pode ter mudança — claramente veremos quanta diferença vai de admirável a admirável em um e outro mistério. No mistério do Sacramento tudo é admirável, porque tudo ali são milagres. Milagre o encerrar-se ali todo Cristo enquanto Deus e enquanto homem, e maior milagre enquanto homem, em razão do corpo, que foi o que primeiramente se consagrou: "Este é o meu corpo" (Mc 14,22). — Milagre em estar todo em todo, e todo em qualquer parte; milagre em estar o mesmo em diversos lugares, tão inumeráveis como distantes; milagre em se conservarem os acidentes, contra sua própria natureza, sem sujeito que os sustente; milagre em as duas quantidades do corpo e do pão se admitirem e abraçarem juntas, sem uma lançar fora a outra; milagre, enfim, em todos estes infinitos milagres se obrarem em um instante, por virtude de quatro palavras somente. E sendo tantos os milagres que no mistério do Sacramento estão encerrados, se pelo contrário considerarmos o mistério da Ascensão, acharemos que não inteveio nele milagre algum. Se Cristo subira ao céu enquanto esteve em carne mortal e passível, então fora milagre que, contra o peso natural que inclinava o corpo para a terra, voasse o mesmo corpo ao céu; porém, depois de ressuscitado, com os quatro dotes dos corpos gloriosos, assim como com o dote da sutileza penetrou a pedra da sepultura, assim com o da agilidade se levantou naturalmente no ar e subiu tão facilmente ao céu, como nós o podemos fazer com o pensamento. Pois, se no mistério do Sacramento há tantos milagres, e no da Ascensão nenhum milagre, como a Igreja, quase esquecida deste e de todos os outros mistérios tão maravilhosos do mesmo Cristo, só ao de sua Ascensão dá o nome e antonomásia de admirável: "Pela tua admirável ascensão"?

§ IV

Já me parece que vos considero cansados de esperar a solução deste tão notável como dificultoso elogio em que, se é muito admirável o que se diz, não é menos admirável a razão por que se pode dizer. A primeira que a mim me ocorre, é que chama a Igreja singularmente admirável o mistério da Ascensão de Cristo como mais admirável que todos os outros porque, sendo tão grandes e admiráveis as coisas que o mesmo Senhor obrou por amor de nós na terra, muito mais admirável caso é, e muito mais digno de admiração, que no fim nos deixasse a nós e a mesma terra, e se fosse para o céu. Declaro-me com um exemplo. O amor e as finezas de Jacó por Raquel foram as mais encarecidas e admiráveis que lemos, não nas fábulas ou histórias humanas, senão na Escritura Sagrada. Admirável Jacó nos extremos com que a desejou e procurou por esposa; admirável no que serviu e tornou a servir por ela; admirável nos enganos e injúrias que padeceu nesta conquista; admirável nos muitos anos que esperou e mais admirável nos poucos dias que lhe pareciam; admirável em a comprar e pagar o que não devia, e em dez vezes se lhe trocar o preço; admirável no contrapeso de Lia, que não foi o menos pesado a que se sujeitou, admirável no que trabalhou, no que vigiou, no que sofreu, no que perseverou; em suma, admirável no que tão constante, tão incansável, tão ardente, tão extremada e tão extremosamente amou. Agora pergunto: E se, depois de todos estes extremos e finezas tão admiráveis, Jacó se apartasse da mesma Raquel, e se tirasse a si e a ela de seus olhos, e se tornasse para sua pátria e para casa de seu pai, deixando-a triste, só, desconsolada, e viúva do seu mesmo Jacó em vida, não seria esta ação e resolução mais admirável e digna de maior espanto que todas as outras? Claro está que sim.

Pois, isto é o que considera ou pode considerar a Igreja nesta segunda jornada e não imaginado apartamento de seu divino Esposo. Nesta última ação, que não parece do primeiro e antigo amor, redobra ela sobre todas as de sua vida e vinda ao mundo, e com os olhos na escada de Jacó, por onde desciam e subiam anjos, tanto se lembra daquele descer como se admira deste subir. Desceu o Verbo Eterno pelos nove degraus daquela escada, que são os nove coros dos anjos, deixando em todas suas jerarquias a natureza angélica para tomar a humana. Mas que importa, diz admirada a Esposa, que então por amor de mim descesse do céu até o mais baixo da escada, se agora torna para lá e voa sem ela? Que importa que deixasse o céu por amor de mim, se agora me deixa a mim por amor do céu? Lembro-me de quanto lhe custei em toda a vida, quantos desterros, quantas peregrinações, quantos trabalhos, quantos desvelos, quantos enganos, quantas ingratidões, quantas injúrias, quantas tristezas, penas e dores padeceu por meu amor; mas enfim parece que se cansou de tão trabalhoso amor, pois se vai descansar à sua pátria, assentado ao lado de seu Pai: "Foi assumpto ao céu, onde está assentado à mão direita de Deus" (Mc 16,19). — É verdade que naquele altar tenho guardada uma prenda em que seu amor me deixou a memória de todas as maravilhas que fez por mim: "Deixou memória das suas maravilhas" (Sl 110,4) — mas, se quando me deixou a memória me levou a presença, que direi? Se não foi arrependimento das mesmas finezas, esquecimento parece de mim e delas. Como diz tudo o que foi com o que hoje vejo, ou não vejo? Do Monte Olivete se partiu, tirando-se de meus olhos com uma nuvem, como se não fora o mesmo que noutro monte deu por mim o sangue e a vida. Oh! Olivete! Oh! Calvário! Mas que importa que então me visse tão amada no Calvário, se agora me vejo deixada no Olivete? Aqui vai a admiração de monte a monte: "Pela tua admirável ascensão".

§ V

Se no amor de Cristo para conosco pudera ter jurisdição a roda da fortuna, não há dúvida que nesta volta, com que subiu outra vez para o céu, se pode cuidar que desfez o seu amor quanto tinha feito na primeira, quando desceu do céu a este mundo. Disse que se pode cuidar, e não é pensamento ou imaginação que não esteja altamente retratada na Escritura. Quando o sol verdadeiramente tornou atrás no tempo de el-rei Ezequias, diz o texto sagrado que tantos degraus tornou a subir quantos tinha descido pelo relógio de el-rei Acás. Este relógio de Acás — que foi o primeiro que se inventou no mundo — estava formado nos degraus das escadas do palácio. Oh! escadas assim naquele como em todos, pelas quais ninguém pode subir sem perigo certo de descer, ainda que seja o mesmo sol! Mas notem os reis que, quando por estas escadas desce o sol sobem as sombras, e só quando descerem ou caírem as sombras então subirá o sol. Diz pois o texto que "subiu o sol tantos degraus quantos tinha descido, que eram dez" (Is 38,8). De sorte que este tornar a subir o sol quanto tinha descido, foi tornar a desandar quanto tinha andado e desfazer quanto tinha feito.

Até aqui a história. E qual é a significação? A significação é que os dez degraus daquela escada representavam os nove, como já dissemos, da natureza angélica e o décimo da humana, pelos quais o Verbo Eterno desceu a se fazer homem: "quantos tinha descido, que eram dez". — E assim como o sol, "tornando a subir pelos mesmos dez degraus que tinha descido" — desandou o que tinha andado e desfez o que tinha feito, que outra coisa se pode imaginar ou sentir de Cristo e seu amor — a quem neste espelho do sol reconhece Beda, Angelomo[1], e os outros expositores místicos — primeiro descendo do céu à terra, e hoje tornando a voltar da terra ao céu? A roda, quando dá volta inteira, quanto fez com o meio círculo do primeiro movimento, tanto desfaz com o segundo. Por isso o sol, quando se precipita do zênite ao ocaso, parece que deixa aquele lugar sumo que tem no céu; mas com o segundo meio círculo tudo o que fez no dia de ontem desfez no de hoje, tornando a se repor no mesmo lugar: "A sua saída é desde uma extremidade do céu, e corre até à outra extremidade dele" (Sl 18,7). — Assim o cantou Davi de um e outro sol. E Cristo, que com passos de gigante começou com tanto alvoroço e alegria a mesma carreira: "Deu saltos como gigante para correr o caminho" (Ibid. 6) — depois que morreu no ocaso ressuscitou no oriente, subindo outra vez quanto tinha descido — como se não viera mais que a tornar para donde veio — assim o não pôde negar na sua despedida: "Saí do Pai e vim ao mundo" — diz o mesmo Cristo — "e agora deixo outra vez o mundo e vou ao Pai" (Jo 16,18). — Se isto não é desandar pelos mesmos passos o andado e desfazer pelas mesmas ações o feito, e claramente retratar ou desamar o amado, pouco sensitivo seria o amor da Esposa que assim o não entendesse e lamentasse, comparando as finezas passadas com o retiro presente, e o que foi com o que hoje parece que já não é.

Admirados os anjos neste dia da Ascensão do Senhor, diz o profeta Isaías que perguntavam a si mesmos: "Quem é este que vem de Edom, isto é, da terra ao céu?" (Is 63,1). — E se a esta pergunta do céu por boca dos anjos respondera a terra por boca da Esposa, diria pelas mesmas palavras: "Ei-lo aí vem saltando sobre os montes, atravessando os outeiros" (Ct 2,8). Este, que hoje sobe da terra ao céu, é aquele que noutro dia não menos memorável desceu do céu à terra. Hoje parece que, para fazer mais breve a subida, sobe de um monte; e naquele dia, para descer com maior pressa, é certo que vinha saltando os montes: "Ei-lo aí vem saltando sobre os montes". — Mas, por que razão os anjos duvidam e a Esposa não duvida? A esposa não duvida, porque tendo dito: "Aquela é a voz do meu amado" (Ibid.) — acrescenta e afirma: "Ei-lo aí vem", e os anjos duvidam, porque pelos mesmos termos perguntam: "Quem é este que vem?". — A razão da diferença é porque os anjos comparavam o presente com o passado; a Esposa só referia o passado sem antever o presente. Os anjos viam subir ao que tinham visto descer; a Esposa via somente descer ao que ainda não tinha visto subir. Os anjos, antes de o Verbo descer do céu, ouviam-lhe dizer: "Que as minhas delícias eram estar com os homens" (Pr 8,31) — e depois que ouviram cantar aos mesmos homens: "Que por nós, homens, e pela nossa salvação, desceu dos céus" — admirados do desejo, da ânsia, do alvoroço, da pressa e dos outros extremos de amor com que tinha deixado o céu e descido à terra, não acabavam de entender, que o que, deixada a terra e os homens, hoje subia ao céu, fosse aquele mesmo: "Quem é este?". Pelo contrário a Esposa, antes deste dia, só se gloriava dos extremos e finezas, com que o seu Esposo tinha descido do céu a buscar nos homens, isto é, na mesma Esposa, as delícias do seu amor. E no modo de vir, e nos passos mais que agigantados, com que, sem tocar os outeiros, transpunha os montes: "Ei-lo aí vem saltando sobre os montes, atravessando os outeiros" (Ct 2,8) — só ponderava quão excessivo foi o ímpeto e força do mesmo amor, que, arrancando-o do seio do Pai, o trouxe à terra. Porém, hoje que o vê subir e voltar para o céu, como desfazendo na segunda jornada, com sua despedida e ausência, quanto tinha obrado ou encarecido na primeira, com sua vinda, não duvidando, mas crendo, nem perguntando, mas pasmando com as admirações dos anjos, qualifica, e sobre as admirações dos mesmos anjos exagera a sua admiração: "Pela tua admirável ascensão".

§ VI

Não há coisa que mais mude os homens que o descer ou subir, e o subir muito mais que o descer. Bem se viu em Saul, em Jeroboão e em Jeú que, sendo eleitos por Deus para o trono, tanto que subiram a ele, logo foram muito outros do que dantes eram. Não assim o que se chamou Filho do homem, e foi a exceção de todos os homens. A Esposa viu-o descer, os anjos viram-no subir e, sendo os caminhos tão encontrados, assim eles como ela não acertaram a dizer se não "este". A Esposa na terra, quando veio e desceu do céu: "Ei-lo que vem" — os anjos no céu quando foi e subiu da terra: "Quem é este que vem?". — Este quando sobe, este quando desce, é sempre "este", porque descendo e subindo sempre foi o mesmo. Mas onde acharemos um autor que seja da terra e também do céu para que nos confirme este dito do céu e da terra? Só pode ser o apóstolo S. Paulo, o qual comentando e concordando um e outro "este", diz assim: "Aquele que subiu, esse mesmo é o que desceu" (Ef 4,9). O que subiu, e quando subiu, é o mesmo que desceu, e quando desceu. — Não só o mesmo na natureza e na pessoa, senão o mesmo no coração, no afeto, no amor e nas finezas.

Com este texto, que é de fé, temos desfeito a primeira admiração da Esposa; mas com a demonstração do mesmo texto, a meteremos de novo em outra admiração, não menos, senão muito mais admirável.

Parecia-lhe à Igreja, ou podia-lhe parecer, como dizíamos, que tornando Cristo seu Esposo para donde viera, como a mesma Igreja diz: "Tornou para onde viera" — era desandar o que tinha andado, desfazer o que tinha feito e quase desamar o que tinha amado; mas é tanto pelo contrário que não foi desandar, senão adiantar os passos, não foi desfazer senão aperfeiçoar a obra, nem foi desamar, senão apurar e afinar mais os extremos do seu amor. E para que vejamos os efeitos desta verdade com os olhos, sigamos os mesmos passos da sua despedida e vejamos como sobe.

Primeiramente subiu o Senhor do Monte Olivete, podendo-o fazer do Vale de Josafá, que jaz entre ele e a cidade de Jerusalém. E por que não quis subir de um vale, senão de um monte? Porque, ainda que ia para o céu, quis fazer o caminho pela terra quanto lhe era possível. Não amava tão pouco o amoroso Senhor a terra, onde desde toda a eternidade tinha o paraíso de suas delícias, que a houvesse de deixar e apartar-se dela senão a mais não poder. Aonde ela acaba, que é o cume dos montes, só ali pôde acabar consigo de se apartar dela. Depois de Hércules ter andado todo o mundo, quando chegou àquela última parte que ele entendeu era o fim da terra, porque além dela não se descobria mais que o elemento da água na imensidade do Oceano, fixou ali aquelas duas famosas colunas, com o soberbo título: "*Non plus ultra*" [Não vá além]"[2]: até aqui se pode chegar, mas não passar daqui. O mesmo sucede no mais alto dos montes, a quem olha para cima, onde se não vê mais que a imensidade invisível do elemento do ar. Subindo, pois, o soberano Redentor ao monte Olivete, e pondo no cume dele os sagrados pés, que eram as bases daquelas duas colunas a que a sua Esposa chamou de mármore: "As suas pernas são umas colunas de mármore, que estão sustentadas sobre bases de ouro" (Ct 5,15) — ali pôs ou esculpiu debaixo das mesmas bases o "Não vá além" do seu amor. Estas foram as pegadas que ali deixou impressas em uma pedra do mesmo monte, tão branda, que então se deixou penetrar, e tão dura, que ainda hoje persevera e conserva a mesma figura, por mais que a devoção dos peregrinos tire e leve dela as adoradas relíquias: "Adoraremos no lugar onde estiveram os seus pés" (Sl 131,7).

Conta Clemente Alexandrino[3] que era fineza naquele tempo usada dos espíritos mais generosos, e que mais se prezavam de amar, "trazer entalhadas nas solas do calçado as tenções ou saudações do seu amor, para que em qualquer parte onde fixassem os passos ficasse impresso e estampado, por modo de sinete, o quanto e a quem amavam". — E todos os passos de sua vida pudera o soberano amante dos homens deixar escrito à nossa memória estes caracteres expressos e estampas visíveis de seu amor, mas guardou esta fineza para o último passo em que se partia e apartava de nós, não formada na terra movediça, senão esculpida em uma pedra dura e firme, e não com a figura do calçado, de que o Batista não era digno de desatar a correia, mas dos mesmos sagrados pés descalços, como os de Moisés à vista da sarça, quando o fogo de seu amor se abrasava mais ao subir do que ardeu ao descer. E para quê? Para que entendêssemos os homens que foi tanta a violência com que a humanidade do Filho de Deus se apartou deles, e tanta a força que se fez a si mesma para se despegar de nós, que a não puderam resistir as mesmas pedras. Que diz o profeta quando desceu Cristo do céu à terra: "Oxalá romperas tu os céus, e desceras de lá!" (Is 64,1). — Quando desceu rompeu os céus; quando subiu, os mármores. Chegado o amor àquele último passo, que fez? "Toda a sua alma e todos seus espíritos esculpiu nele". — Trocou o amor às setas pelo cinzel, e não em lâminas de chumbo, que podia derreter o fogo, mas na pederneira mais dura — que foi a segunda eleição de Jó: "Ou que com cinzel se gravassem em pederneira" (Jó 19,24) — ali abriu e esculpiu aquelas duas estampas da sua amorosa partida, em perpétuo e visível testemunho nos olhos e consideração da posteridade, de que não amara menos aos seus no fim do que os tinha amado no princípio. Bem sabia que a pena do discípulo amado o havia de escrever assim depois, mas quis que enquanto o calavam os homens o clamassem as pedras: "Se eles se calarem, clamarão as mesmas pedras" (Lc 19,40).

§ VII

Escrito assim naquela pedra o epitáfio de sua ausência — que também é sepultura — começou o Senhor a subir. Mas não digo bem. Subir é a ação, e todos os movimentos do nosso amoroso peregrino nesta sua jornada foram passivos. Assim o notaram concordemente os evangelistas, com energia digna de toda a ponderação. S. Marcos: "Foi assumido" (Mc 16,19); S. Lucas: "Elevou-se" (At 1,9); e noutro lugar: "Separou-se deles" (Lc 24,51). Uma coisa é ir, outra ser levado. Ir significa vontade, ser levado argui repugnância, violência, força. Isto mesmo declarou admiravelmente Davi, descrevendo os encontrados caminhos ou diferentes rumos que o Senhor levou, ou com que foi levado nessa viagem do céu. Nos primeiros versos do salmo sessenta e sete, diz que subiu para a parte do ocaso: "Aquele que sobe sobre o ocidente, o Senhor é o seu nome" (Sl 67,5). — E antes do fim do mesmo salmo diz que subiu para a parte do oriente: "Dizei salmos ao Senhor, que subiu sobre todos os céus para a parte do oriente (Ibid. 33s). — Em ambos os lugares diz que "subiu"; e em ambos diz que foi o mesmo Senhor: "Dizei salmos ao Senhor, o Senhor é seu nome". — Pois, se o oriente e o ocaso são dois termos ou dois horizontes totalmente opostos, se subiu para o oriente, como subiu para o ocaso; e se subiu para o ocaso, como subiu para o oriente? Por que assim sobe quem sobe por violência mais que por vontade. Que sucede ao baixel, que sai do porto forcejando contra o vento? Um bordo o leva para o levante, outro para o poente, uma para o norte, outro para o sul, sem se poder apartar da terra. Assim se não podia apartar o nosso divino amante, porque nos deixava nela. Um voo o levava para o oriente, outro voo para o ocaso, sem lhe consentir a força do afeto que seguisse a derrota do céu — posto que do céu — em direitura.

Mas aqui oferece a teologia uma dúvida não leve. Os corpos gloriosos não pesam, posto que sejam estes mesmos que agora são tão pesados, e a razão é porque o dote que chamam de agilidade, não só os aligeira, mas lhes tira todo o peso. Apertam mais a dúvida as palavras de Isaías: "Tomarão asas como de águia" (Is 40,31) — as quais se entendem deste dote. "Terão asas como águias" — diz S. Hilário[4] — "aqueles que pela mudança na ressurreição poderão naturalmente voar ao céu". Quer dizer que no ponto da ressurreição, por virtude do dote da agilidade, se mudarão os corpos gloriosos de tal sorte, e ficarão tão ligeiros para subir e voar ao céu como se tiveram asas de águia. E por que razão de águia, e não de outra ave? A razão se pode tirar agudamente daquelas palavras do mesmo santo: "Poderão naturalmente voar ao céu". A natureza das asas da águia é tal, como notou Plínio, que "só ela pode voar direitamente para cima"[5]. — As outras aves, para voarem para cima, é necessário que façam diferentes ângulos ou giros, como navegando aos bordos; porém a águia, como rainha e senhora do seu elemento, só ela, como a nau com vento em popa, pode subir e navegar pelo ar em direitura. Pois, se o corpo glorioso de Cristo, pelo dote da agilidade, não tinha peso, e podia voar e subir direito ao céu, que impedimento ou força contrária era aquela que o abatia e levava aos horizontes da terra, já para o oriente, onde nasce o sol, já para o ocaso, onde se sepulta? É certo que não era nem podia ser o peso do corpo, mas era o peso do amor: "O meu peso" — dizia S. Agostinho[6] — "é o meu amor: para qualquer parte que sou levado, este peso é o que me leva". — Comparai agora o "era levado" do evangelista com este "sou levado". Já levado o Senhor para o oriente, já levado para o ocaso, e quem assim o trazia ou levava era o peso do seu amor: "Por ele era levado para qualquer parte que sou levado". — Oh! que indecisa e duvidosa parece que estava a mesma Ascensão neste passo! A agilidade do dote o elevava para o céu, o peso do amor o levava para a terra e, suspenso nesta afetuosa indiferença, ou indiferente nesta afetuosa suspensão, nem acabava de se apartar nem continuava a subir.

Tão admirados os anjos desta tardança, quão desejosos estavam de que o Senhor se apressasse a ser recebido no triunfo, que às portas do primeiro céu o estava aguardando, vieram a entender que os olhos dos discípulos que ficavam no monte eram as rêmoras que detinham e não deixavam subir o divino Mestre. Diz o profeta Habacuc que "o sol se levantou e a lua estava parada". — E esta maravilha nunca vista se viu no dia e hora da Ascensão. O sol é Cristo, a lua é a Igreja, sua Esposa. O sol levantou-se, porque começou Cristo a subir; a lua esteve parada, porque assim estavam parados no monte os discípulos, de que então se compunha todo o corpo da mesma Igreja. E que fizeram os anjos para desfazer esta suspensão? Inventaram um novo eclipse, não em que a terra eclipsasse a lua, ou a lua eclipsasse o sol, mas em que uma nuvem, atravessada entre o sol e a lua tirasse ao Senhor dos olhos dos discípulos: "E o recebeu uma nuvem, que o ocultou a seus olhos" (At 1,9). — Mas como a Esposa constante, e os discípulos sem se mover, e não só perseverassem no mesmo lugar, antes seguissem e acompanhassem com os olhos o seu amado Senhor, posto que encoberto com a nuvem: "E como estivessem olhando para o céu quando ele ia subindo" (Ibid. 10) — então, mais empenhados os anjos, desceram dois deles ao monte, estranhando muito aos discípulos que ainda estivessem olhando: "Varões galileus, que estais olhando para o céu?" (Ibid. 11). — Tudo hoje é digno de admiração, e estas palavras tanto como o demais. Se estes anjos não foram anjos bons, não estranhara eu o que eles tanto estranham. Estes homens, cujos olhos e cujo olhar se estranha e repreende, para onde olham? Para o céu: "olhando para o céu". — Para quem olham? Para Cristo: "quando ele ia subindo". — Pois, é possível que os anjos bons e santos estranhem e repreendam estes olhos e este olhar? Na ocasião presente sim, porque tinham experimentado e estavam vendo que os olhos dos discípulos eram as cadeias que prendiam ao Senhor, e o seu olhar o que o não deixava subir. Agora entendo eu um lugar da Escritura que há muitos anos não acabava de entender, nem achava em todos os intérpretes quem bastantemente o declarasse. Fala o Esposo divino com sua sagrada Esposa, no capítulo sexto dos Cânticos, e diz assim: "Esposa minha, apartai de mim os olhos, porque eles me fizeram voar" (Ct 6,4). — Notável implicância, não de uns olhos a outros, senão dos mesmos consigo. Estes olhos não são os da mesma Esposa, que nós dizíamos eram as rêmoras que detinham a Cristo, e as cadeias que o prendiam e não deixavam subir? Pois, como diz agora o mesmo Senhor que "esses olhos são os que o fizeram voar"? — Admiravelmente por certo. Notai o que tinha dito, e a consequência. O que tinha dito foi: "Apartai os vossos olhos de mim" — e aqui esteve a diferença: em a Esposa olhar ou não olhar, em ter os olhos postos em seu Esposo ou em os apartar dele. Enquanto olhava e o via, como os seus olhos eram as rêmoras que o retardavam e as cadeias que o prendiam, não podia voar nem subir; porém, depois que a nuvem e os anjos com dobrada força lho apartaram dos olhos, ou a obrigaram a que os apartasse dele: "Apartai os vossos olhos de mim" — despegaram as rêmoras, soltaram-se as cadeias e logo pôde subir e voar. "Porque eles me fizeram voar."

§ VIII

Voar, disse o divino Esposo, e não subir, por que o mesmo espaço brevíssimo que bastou para a Esposa que estava olhando, divertir os olhos, esse bastou também para o Senhor de um voo se pôr no céu empíreo. Tanta é a virtude sobrenatural do dote da agilidade. Mas se bem repararmos em outro dote, do qual estava igualmente revestida a sagrada humanidade de Cristo e parece que não teve uso nesta ocasião, acharemos que este foi o que mais encareceu e afinou o amor com que se apartou de nós. Os dotes dos corpos gloriosos são quatro: claridade, subtileza, agilidade, impassibilidade. O dote da claridade manifestou-o o Senhor no dia de sua Transfiguração, em que os três apóstolos lhe viram o rosto mais resplandecente que o sol; o dote da sutileza não só usou saindo da sepultura, como dissemos, mas entrando no Cenáculo com as portas cerradas; do dote da agilidade se serviu hoje na segunda parte da subida, que foi das nuvens que o encobriram até o empíreo, em que se assentou à destra do Pai. Só o dote da impassibilidade parece que não teve uso, mas este digo eu que foi o de que mais se aproveitou e preveniu o amor para a primeira parte desta mesma jornada. Ora, notai. Todos os dotes gloriosos, não só eram devidos ao corpo de Cristo em qualquer estado, mas mais devidos a seu corpo do que a visão beatífica à sua alma: por quê? Porque a visão beatífica era devida à alma de Cristo pela união da divindade, e os dotes gloriosos, não só eram devidos a seu corpo pela união da divindade, senão também pela união da alma. E contudo, exceto o dia da Transfiguração, sempre Cristo, por milagre particular, teve suspensos ou sequestrados, como diz S. Ambrósio, todos estes dotes. Logo, assim como fez na vida este sequestro ou suspensão, também o pudera fazer depois da morte, e ressuscitar passível, como ressuscitou Lázaro.

Acrescento que não só pudera, mas fora muito conveniente para a fé da mesma ressurreição, para prova de que o seu corpo era verdadeiro, e não fantástico, e para desengano de que viam e ouviam vivo o mesmo que tinham visto crucificado e morto. A este fim se deteve o Senhor quarenta dias na terra, a este fim apareceu tantas vezes aos discípulos; a este fim comeu com eles no mesmo dia da ressurreição e no mesmo da Ascensão; a este fim permitiu a Tomé que lhe tocasse as mãos e o lado, e a todos disse: "Apalpai e vede, que um espírito não tem carne nem ossos" (Lc 24,39). — E todas estas demonstrações em um corpo impassível, filosófica e teologicamente não podiam ser sem novo e grande milagre, como doutamente notou S. Gregório Papa: "Pois tudo o que se apalpa é necessário que se corrompa e o que não se corrompe não pode ser apalpado"[7]. — Pois, se era mais conveniente ressuscitar Cristo passível, e continuar passível enquanto se deteve neste mundo, por que escolheu antes o estado de impassível? Porque assim importava ao seu amor para o fim principal da mesma Ressurreição: Cristo não ressuscitou para viver neste mundo, mas para passar logo do mundo ao Pai. Assim o disse no mesmo dia da ressurreição à Madalena, e o mandou dizer aos apóstolos: "Vou para meu Pai, e vosso Pai, para meu Deus, e vosso Deus" (Jo 20,17). — E como o mistério e modo da ressurreição era ordenado ao dia e ato da Ascensão, não foi conveniente, mas necessário ao mesmo amor o dote da impassibilidade e o estado de impassível naquele dia e naquele ato: por quê? Não porque havia de subir ao Pai, mas porque se havia de apartar dos homens. O dote da impassibilidade, e o seu efeito, é uma isenção total de padecer ou poder padecer; e era coisa tão dura e insofrível para o amor de Cristo haver de se apartar de nós, que lhe foi necessário pôr-se primeiro em estado de não poder padecer, para se reduzir a estado de se poder apartar.

Oh! fineza sobre todas as finezas do amor de Cristo! Dizem que na frágua do padecer se prova e acrisola o amar. Mas há matérias em que o sofrimento é argumento de tibieza, e só a impaciência prova do amor. Este não querer nem poder padecer foi maior prova do amor de Cristo que tudo quanto padeceu por nós e alegamos ao princípio com tantas admirações. Que semelhança têm com esta simples verdade todos os encarecimentos do mistério da Encarnação? Quando desceu do Pai ao mundo, veio passível; mas quando houve de deixar o mundo e ir ao Pai, porque se ausentava de nós, foi-lhe necessário fazer-se impassível. E se passarmos de Nazaré a Jerusalém, e da Encarnação à morte, grande fineza foi dar a vida por nós. Mas com que diferença? Para subir ao Calvário a morrer, à cruz, aos cravos e à lança, ofereceu as mãos e pés, e o peito desarmado e nu; para subir, porém, ao Olivete a se apartar de nós, não se atreveu a o fazer senão armado da impassibilidade. Assim provou que para o seu amor o morrer era sofrível, o apartar-se intolerável. Lembra-me neste caso o que escreveu S. Paulino a Santo Agostinho. Amavam-se muito estes dois santos, e diz assim o que escrevia: "Embora leve com igualdade de ânimo não vos ver, é para mim intolerável chamar isso de tolerância"[8]. Sofro, amigo Agostinho, com igualdade de ânimo o estar ausente de vós e não vos ver; e não há coisa para mim mais intolerável que esta tolerância, nem mais insofrível que este sofrimento. — Oh! excelente modo e discretíssimo de encarecer o amor na ausência! Se assim era, não podia o amor ser mais fino, e, se não era, não podia ser a fineza mais bem imaginada. O amor em matéria de ausência, se é sofrido, não é grande; se não é impaciente, não é amor. E como o amor de Cristo, que, para deixar o céu e dar a vida em uma cruz, teve cabedal de paciência, só para se apartar dos homens se reconheceu incapaz de sofrimento, antes o mesmo sofrimento, se lhe fosse possível, era descrédito do seu amor, por isso o divino amante, prevendo que era forçoso este apartamento, com razão se pôs em estado de não sofrer nem poder. Em estado de não poder, porque verdadeiramente se não atrevia a sofrer a nossa ausência; e em estado de não sofrer, para que se não pudesse dizer dele que sofreu ausentar-se de nós. Poder-se-á dizer de Cristo que se ausentou, mas não se poderá dizer de seu amor que o sofreu: que se ausentou sim, porque se foi; mas que o sofreu não, porque já estava impassível.

§ IX

Parece que se não pode passar daqui; mas em dia em que Cristo subiu tanto, para que suba também o seu amor, eu quero dar um passo mais adiante. Suposto que o amoroso Senhor, para a partida e ausência da sua Ascensão, se preveniu e armou do estado de impassível, pergunto agora se, assim impassível, assim armado, assim defendido, e assim dentro da mesma impassibilidade sentiu o seu coração o apartar-se de nós. A teologia diz que não, mas os efeitos, que são testemunhas oculares, parece que provam que sim. Ao menos é certo que, se o Senhor sentira muito este apartamento, não pudera fazer a despedida senão como a fez. A jornada dilatou-a quarenta dias, o dia estendeu-o até as doze horas, a despedida — como ponderávamos — fê-la de um monte, que são as últimas raias da terra; finalmente, depois de partido, foi necessário que as nuvens se metessem de permeio para se desprender dos olhos dos homens, e que os anjos descessem a os retirar do monte, para que pudesse ir por diante: tudo vagares, tudo repugnâncias, tudo violências. Pois, se Cristo estava e subia impassível, como antes e depois se viam nele tão extraordinários efeitos, e tão manifestos, de sentimento? Porque foi tal o excesso — sobre todo o possível — com que Cristo amou os homens, e tão sensíveis no seu coração as saudades com que se apartou deles, que ainda no impassível teve lugar o sentimento e na mesma impassibilidade a dor.

Não me atrevera a dizer tanto se não fora maior a prova que o dito. Pode haver maior impassibilidade que a de Deus enquanto Deus? Não. E, contudo, no caso do dilúvio afirma a Escritura Sagrada que foi tal a dor de Deus que lhe penetrou o mais íntimo do coração: "Tocado interiormente de dor". — E por quê? Porque eram os homens os que pereciam, e tanto se compadecia Deus da mesma pena com que os castigava: "Tocado interiormente de dor, disse: Eu destruirei o homem a quem criei" (Gn 6,6s). — Note-se muito a palavra: os homens "a quem criei". — Deus naquele dia, obrigado da sua justiça, privava-se dos homens a quem tinha criado — que seria se os tivesse remido! — e ama tanto Deus aos homens que, quando se priva deles e os perde, até a sua impassibilidade é sensitiva: "Tocado interiormente de dor". — Tiremos a consequência. Se a força deste mesmo amor foi tão sensitiva que pôde introduzir dor na impassibilidade de Deus, por que não faria outro tanto no coração de Deus-homem, posto que impassível? E se tanto se deixou penetrar do sentimento a divindade quando chowiam do céu os maiores rigores, quão penetrada iria a humanidade e quão ferida quando subia ao céu com as maiores saudades?

A confirmação desta dor em Cristo hoje não hei de ir longe a buscá-la, porque a temos presente no Sacramento diviníssimo daquele altar, onde o mesmo Cristo se sacrifica. Argumento assim. Sacrifica-se Cristo naquele altar para descer todos os dias a estar conosco na terra: logo, grande foi a dor do mesmo Cristo no dia da Ascensão, quando se apartou de nós para subir ao céu. Provo. A história mais trágica e o caso de maior dor que viu o mundo enquanto se não desfez, foi o sacrifício de Abraão. As pessoas representadoras desta tragédia foram Deus, o mesmo Abraão e Isac: Deus, mandando a Abraão que lhe sacrificasse o filho; o filho já manietado sobre a lenha e Abraão com a espada desembainhada descarregando o golpe. À vista deste temeroso e doloroso espetáculo estava pasmada e tremendo a mesma natureza; mas nem Abraão se doeu, porque executava alegre o preceito de Deus; nem Isac se doeu, porque se conformava também alegre com a obediência do pai. E houve contudo neste sacrifício alguém que se doesse? Sim. É resposta e resolução admirável de S. Zeno, Bispo de Verona. Quem foi, pois, o que se doeu, ou pôde doer, se não foi Abraão nem Isac? Foi Deus, e só Deus, diz com altíssimo pensamento o mesmo santo: "Neste sacrifício só Deus se doeu"[9]. — De sorte que em um caso tão doloroso, nem se doeu o pai que matava, nem se doeu o filho que morria, e só Deus, que era incapaz de dor, se doeu. Mas donde se colhe que se doeu Deus? Colhe-se — continua o mesmo Zeno dando a razão do seu dito — colhe-se de ser Deus o que procurou e preveniu outra vítima: "Neste sacrifício só Deus se doeu, e preveniu outra vítima". — A outra vítima que Deus preveniu foi o cordeiro milagroso que ali apareceu, e Abraão sacrificou em lugar de Isac, para que no sacrifício do mesmo cordeiro se executasse e suprisse o que em Isac, tornando vivo do monte para casa de seu pai, já não podia ser.

Oh! quanto tem que admirar a Igreja neste tão maravilhoso como antigo exemplar! Três figuras representaram aquela famosa história enquanto tragédia; mas depois que Deus mudou a cena ou transfigurou o teatro, eu vejo representado a Cristo em outras três. Em Isac, no cordeiro e no mesmo Deus: em Isac, tornando do monte vivo e glorioso para casa de seu pai; no cordeiro, feito vítima naquele altar, onde verdadeiramente se sacrifica; e em Deus, sendo impassível e incapaz de dor, doendo-se, contudo, pois lhe buscou o remédio: "E doeu-se aquele que preveniu outra vítima". — E provou o amorosíssimo Senhor e diviníssimo amante esta dor na sua mesma impassibilidade, porque naquela sagrada vítima, que preveniu seu amor, substituiu e supriu melhor do que parecia possível todos os motivos de sentimento com que se despediu de nós e se partiu deste mundo. O primeiro sentimento era apartar-se dos homens, com quem tinha todas as suas delícias; mas naquela pequena e imensa vítima está sempre presente conosco, e não com uma só presença e em um só lugar, mas em todos os que rodeia o sol, assim quando aparece aos nossos olhos como quando se esconde a eles. O outro motivo era ir-se, como hoje se foi, para seu Pai; mas por um dia e por uma jornada em que subiu, desce todos os dias infinitas vezes quantas são as que é consagrado naquela mesma hóstia. Como se respondera o divino amante, ou se vingara deste apartamento, dizendo: Se um dia e uma vez subi da terra ao céu, todos os dias e infinitas vezes descerei do céu à terra por amor de vós. Finalmente, os vagares e rodeios com que se ausentou, posto que tanto encareceram o seu amor na repugnância e resistência interior e na violência manifesta com que se apartava ou com que se não podia apartar dos homens, muito mais se exageram na pressa com que desce e está sempre descendo a os buscar e assistir com eles no Sacramento. O modo com que Cristo desce ou, mais propriamente, com que se põe e faz presente na hóstia, é por reprodução e não por movimento local. E por quê? Por que o movimento local, posto que brevíssimo, faz-se em tempo, a reprodução em instante, e para quem tanto ama, como Cristo, até os instantes tardam. Quando se partiu de nós, os nossos olhos o prendiam para que se não pudesse despegar, e eram as rêmoras que o detinham; mas depois que está no céu, nem os olhos dos anjos — "Ao qual os mesmos anjos desejam ver" (1Pd 1,12) — nem os olhos de todos os bem-aventurados, nem os seus mesmos olhos com que está vendo a Deus o retardam, para que nem por um instante possa sofrer, não digo a ausência dos homens, mas nem a menor dilação em multiplicar presenças sobre presenças. Assim lhe doeu o apartar-se de nós, e assim preveniu naquela soberana vítima o remédio da amorosa dor, a que não pode resistir a sua mesma impassibilidade: "Doeu-se somente aquele que preveniu outra vítima".

§ X

Já creio que, em seguimento da subida de Cristo, e mais em seguimento do subido de seu amor, podemos ouvir à Igreja sua Esposa que neste dia lhe cante, e em todos os do ano o rogue, alegando-lhe o admirável de sua Ascensão: "Pela tua admirável ascensão". — Não admirável por, depois de ter feito tantas finezas por nós, hoje as desfazer deixando-nos, como ao princípio se representava; mas admirável por se despedir da terra no cume de um monte, que é o fim onde ela se despede de si mesma; mas admirável por deixar impressa e esculpida nas pedras a estampa do último passo com que se partia; mas admirável pelos vagares e rodeios com que, saindo deste único porto das suas saudades, não acabava de tomar a derrota do céu em direitura; mas admirável por se não poder desprender das cadeias de nossos olhos, que como rêmoras o detinham; mas admirável por se reduzir a estado de impassível, para sofrer de algum modo o ausentar-se de nós; mas admirável, e mais admirável, finalmente, por nessa mesma impassibilidade não poder seu coração resistir o sentimento e nem isentar-se da dor. Por todos estes motivos que deixamos ponderados, parece que tinha subido o nosso divino amante ao sumo grau de admirável no mistério de sua Ascensão. Eu, porém, sobre todos eles ainda tenho mais que admirar, e por isso mesmo. Pergunto: Se Cristo, Senhor nosso tanto sentia, e seu amor se doía tanto de se apartar e ausentar de nós, por que se ausentou? No mesmo ato e nesta mesma hora da sua partida o nomeia o evangelista S. Marcos, não só e simplesmente com o nome ordinário de Jesus, senão de Senhor Jesus, termo novo e sem exemplo em toda a história do mesmo evangelista: "E na realidade o Senhor Jesus, depois de assim lhes haver falado, foi assumido ao céu" (Mc 16,19). — Pois, se na mesma hora e no mesmo ato em que Cristo partia do mundo partia como Senhor, e era tão Senhor de suas ações como de tudo o mais, por que se não deixou ficar conosco na mesma forma visível, como antes da morte ou como depois da ressurreição, mas totalmente se tirou dos nossos olhos, e a nós dos seus, e se tornou para o céu, donde o tirara e trouxera à terra o mesmo amor com que tanto nos amava?

A razão verdadeira desta que ao princípio parecia mudança, e não foi senão maior amor e maior fineza, só o mesmo Cristo a podia dar e a deu aos mesmos homens, com palavras tão claras como estas: "A vós vos importa que eu me vá" (Jo 16,7). Aparto-me de vós, e vou-me para o céu, porque a vós vos importa que eu me vá. — De sorte que naquela mesma hora reinavam e se combatiam no coração de Cristo dois poderosíssimos afetos: o seu amor e a nossa conveniência: o seu amor instava que ficasse, a nossa conveniência requeria que se fosse; e, orando por ambas as partes toda a sabedoria divina e toda a eloquência humana, o mesmo Cristo, como Deus e como homem, sentenciou com tal resolução a controvérsia, que muito apesar do seu amor prevaleceu a nossa conveniência: "A vós vos importa que eu me vá". — Oh! resolução sobre todas as admirações admirável! A soberania incompreensível desta sentença e desta razão só se pode de algum modo entender comparando um "A vós vos importa" com outro "A vós vos importa". O mesmo Cristo, que antes de sua Ascensão disse por sua sagrada boca: "A vós vos importa que eu me vá" —, por boca de Caifás — o qual, por ser pontífice, falava profeticamente —, tinha também dito antes de sua morte: "Convém a vós que morra um homem" (Jo 11,50). — Em um "A vós vos importa" se continha a importância de Cristo morrer por nós; em outro "A vós vos importa" se declarava a importância de o mesmo Cristo se apartar de nós. A importância de morrer por nós, como fez na sua paixão: "A vós vos importa que morra um homem" — a importância de se apartar de nós, como fez na sua Ascensão: "A vós vos importa que eu vá". — E em um e outro caso de tal maneira prevaleceu no coração de Cristo a conveniência dos homens, que, quando a conveniência pedia que morresse, não duvidou padecer a morte, e quando a mesma conveniência importava que se ausentasse, também se sujeitou a sofrer a ausência. No primeiro caso antepôs a nossa conveniência à sua própria vida; no segundo prevaleceu a nossa conveniência contra o seu próprio amor. E qual destes dois foi maior excesso?

A questão pedia mais tempo, mas digo breve e resolutamente que neste segundo excesso, em que o amor ficou vencido, se excedeu e venceu muito o mesmo amor. Mas onde iremos buscar a prova? Não a outra parte, senão ao monte Tabor, onde Cristo, com um morto, que era Moisés, e com um vivo, que era Elias, tratou deste mesmo excesso. Diz o evangelista S. Lucas que no monte Tabor apareceram com Cristo Moisés e Elias, e que "falavam com o Senhor sobre o excesso a que havia de dar complemento em Jerusalém" (Lc 9,31). — Assim o Calvário, como o Olivete, ambos eram montes de Jerusalém. E, posto que comumente se cuide que o excesso se entende do Monte Calvário, onde Cristo morreu por nós, três grandes razões persuadem que não foi senão do monte Olivete, donde se ausentou de nós. Primeira, porque Cristo no Tabor estava glorioso, e era mais conveniente àquele estado a prática do Olivete, donde subiu à glória. Segunda, porque a palavra "excesso", no seu próprio e natural sentido, significa partida e apartamento, e dali se apartou o Senhor de nós e se partiu para o céu. Terceira, porque este excesso havia de ser "o complemento de suas ações" — e o complemento de todas as ações de Cristo não podia ser outra senão a última, que foi a sua Ascensão. Este pensamento concorda com o de todos aqueles autores, que, abstraindo de tempo e ação, e não do lugar — que necessariamente havia de ser o de Jerusalém — entendem o excesso em que falaram os dois profetas: "sobre o excesso da caridade". — E verdadeiramente que não podia subir o amor de Cristo para com os homens a maior e mais refinado excesso, que chegar a preferir e amar mais a nossa conveniência que o seu próprio amor.

Muito a seu pesar sofreu este extremado amor o apartar-se de nós, como vimos nas grandes violências com que se apartou. E que mais podia fazer aquele amorosíssimo coração com a nossa conveniência diante dos olhos, que chegar a ser cruel com o seu mesmo amor para ser piedoso conosco? Só um entendimento tão alumiado como o de S. Paulo pôde penetrar a profundidade deste segredo: "Grande segredo foi da piedade, que se mostrou em forma humana e foi elevado à glória" (1Tm 3,16). Grande segredo foi da piedade — diz o apóstolo do terceiro céu — que, tendo Cristo manifestado aos homens tudo o que obrou por eles depois que tomou nossa carne, no fim os deixasse e se fosse para a glória! — Mas qual é a razão por que chama S. Paulo a esta última cláusula da vida de Cristo segredo e sacramento da piedade: "Grande segredo foi da piedade"? A razão é porque no mistério da Ascensão esteve encoberta a piedade debaixo de acidentes de crueldade: cruel Cristo com seu amor, para ser piedoso conosco. Na morte foi o amor cruel com Cristo, na Ascensão foi Cristo cruel com seu amor: cortou por ele e por todos seus afetos, sem piedade, só pela ter de nós, de nosso maior bem, de nosso remédio e do que mais nos convinha: "A vós vos importa".

Quando o Verbo Divino, só para nos vir buscar, se vestiu de nossa carne, "o amor triunfou de Deus" — diz S. Bernardo[10]; mas quando o mesmo Verbo, depois de se manifestar na mesma carne, tornou para o céu: "Foi elevado à glória" — então triunfou Deus do seu mesmo amor. No primeiro triunfo o amor trouxe a Deus cativo à terra: "Tomando a natureza de servo, fazendo-se semelhante aos homens" (Fl 2,7); mas neste segundo triunfo, com que subiu ao céu, levou o Senhor cativo esse mesmo cativeiro: "Quando ele subiu ao alto, levou cativo o cativeiro" (Ef 4,8). — Este foi o mistério e a energia que ainda não ponderamos, porque só no dia da Ascensão se chama Cristo no nosso Evangelho Senhor. Oitenta e sete vezes nomeia S. Marcos na sua história o nome de Jesus, e só nesta ação lhe acrescenta o sobrenome ou antenome de Senhor: "E na realidade o Senhor Jesus foi assumido ao céu" (Mc 16,19). — E por que só hoje Senhor, e não antes? Porque até hoje andou Cristo sempre cativo, sempre senhoreado e sujeito ao seu amor; porém, hoje, em que lhe antepôs a nossa conveniência, hoje só o senhoreou e se mostrou Senhor dele, não ficando na terra conosco, porque nos amava, mas indo para o céu, porque nos convinha: "A vós vos importa que eu me vá".

§ XI

Todas estas razões, sempre mais e mais maravilhosas, tem a Igreja para chamar admirável a Ascensão de seu divino Esposo: "Pela tua admirável ascensão". — Mas, posto que a mesma Igreja esteja tão justamente admirada, nem por isso está menos admirável e menos digna de admiração neste mesmo dia. Estas são as duas admirações a que reduzi no princípio o meu discurso: uma admiração sua, e outra minha. Uma admiração da Igreja, com que ela se admira da Ascensão de Cristo, e outra admiração minha, com que eu me admiro da mesma Igreja neste mesmo da Ascensão.

Basta, Igreja Santa — dai-me licença para que declare as causas da minha admiração, como ponderei as da vossa. — Basta, Igreja Santa, amante e discreta, que estas são as correspondências do vosso amor, e estas as resoluções do vosso juízo? Tudo o que vejo e ouço em vós hoje, não só me parece alheio, senão contrário às obrigações deste dia. O que vejo são os altares ricamente paramentados, as paredes vestidas de ouro e seda, o pavimento juncado de flores, e até o teto chovendo rosas; o que ouço são contínuos repiques das vossas torres, músicas de vozes e ruído de instrumentos nos vossos coros, com tanta novidade na harmonia das solfas como nos pensamentos das letras: tudo enfim demonstrações de aplauso, de alegria e festa. E quem poderia crer nem imaginar que assim solenizasse o vosso amor a despedida, a partida, a ausência do seu tão singularmente amante como unicamente amado? Vai-se Cristo, e vós alegre? Parte-se o vosso Esposo, e vós com galas? Ausenta-se o vosso Deus, e vós cantando? Assim se pagam as finezas de trinta e três anos, e tão depressa se esquecem os desvelos de uma eternidade inteira? Não celebrava assim estas ausências Davi quando vós ainda éreis Sinagoga, e muito menos a Madalena depois que fostes Igreja. Davi chorava, e dizia: "As minhas lágrimas foram o meu pão, enquanto se me diz: Onde está o teu Deus?" (Sl 41,4). — A Madalena também chorava quando perguntada: "Por que choras" (Jo 20,13)? — Respondia: "Levaram o meu Senhor" (Ibid.). — Oh! quanto mais devidas eram as lágrimas à ausência de Cristo na Ascensão que na sepultura! A ausência da sepultura era ausência de três dias; a da Ascensão é ausência de toda a vida, e ainda mais. Assim o reconheceram e não puderam negar os mesmos anjos, que nesta ocasião desceram ao Olivete a retirar dele os apóstolos: "Varões da Galileia, por que estais olhando para o céu? Este Jesus, que foi levado do meio de vós para o céu, voltará do mesmo modo que o vistes subir" (At 1,11). Não vos desconsole, varões de Galileia, a ausência de vosso Mestre, porque assim como o vistes agora subir, assim há de tornar outra vez no dia do Juízo. — Extremada consolação por certo para umas saudades! Mais para perder o juízo que para esperar por ele. Pois, se a ausência que hoje faz Cristo é tão incapaz de todo o alívio, que até os anjos, quando lho quiseram buscar, saíram com uma desesperação, e se todas as circunstâncias desta despedida para tão longe e deste remédio para tão tarde mais agravam todas as causas da dor e do sentimento; se mais magoam os corações, se mais enternecem as saudades, sem consolação nem alívio ao amor, como a Esposa, tão amada e tão amante, triste, deixada e solitária, em vez de se derreter em lágrimas se desfaz em festas, e quando se devera meter e enterrar em uma cova do mesmo monte Olivete, mostra-se em público ao mundo todo, convidando-o a que lhe deem os parabéns, e celebra e soleniza com tantos extremos de alegria o que devera lamentar e chorar com os maiores excessos e demonstrações de tristeza?

Esta é a minha admiração, com que me parece não menos admirável nem menos digna de nós admirarmos a Igreja neste mesmo dia, do que ela se admirou e teve sempre por admirável entre todas e sobre todas as ações de seu divino Esposo esta de sua Ascensão: "Pela tua admirável ascensão". — E, se o amor de Cristo para conosco neste dia, sem embargo de nos deixar, foi admirável pelo modo com que nos deixou e, sem embargo de se ir para o céu, foi admirável pela razão por que se foi, que seria se eu dissesse que o amor da Igreja para com Cristo neste mesmo dia, sem embargo de não chorar sua ausência, é admirável pelo modo com que a não chora, e sem embargo de a festejar com tantos excessos, é admirável pela razão por que a festeja? Pois isto mesmo é o que digo e o que desfaz mais admiravelmente a minha mesma admiração. Em que foi admirável Cristo neste dia da sua Ascensão? Foi admirável em se ir para o céu, deixando a Esposa que tanto amava. E em que foi admirável neste mesmo dia a mesma Esposa, que é a Igreja e somos nós? É admirável em celebrar e celebrarmos com festas esta mesma ida de Cristo e sua ausência. Por quê? Porque só desta maneira podia corresponder o nosso amor ao seu amor, e pagar a nossa fineza à sua fineza. Notai. A fineza do amor de Cristo hoje consistiu em antepor as nossas conveniências aos seus desejos, e a fineza do nosso amor neste mesmo dia consiste em antepor as suas glórias às nossas saudades. A nossa perda era infinita, porque ele nos deixou; a sua glória era também infinita, porque se foi assentar à destra do Pai: "Foi levado ao céu e assenta-se à direita de Deus" (Mc 16,19)

— e posta a Igreja entre dois extremos, ambos infinitos, que havia ou devia fazer por seu Esposo, senão o que o Esposo fez por ela? Vós antepusestes as minhas conveniências ao vosso amor? Pois o meu amor há de antepor as vossas glórias à sua perda. Por isso vos festeja glorioso, quando vos havia de chorar ausente.

§ XII

Caso notável é, e sobre toda a admiração admirável, que naquele monte, e naquela hora, em que se representou a tragédia da mais lastimosa despedida, se não visse uma lágrima, e que o amor celebrasse as exéquias à última vista de todo seu bem com os olhos abertos e enxutos. Não há palavra que mais lastime e magoe o coração na despedida dos que se amam que um nunca mais. Se a despedida é para se tornarem a ver, o apartamento é sofrível; mas apartar-se de mim quem amo mais que a mim, para nunca mais o ver, este não ver mais é a maior dor dos olhos, e a que os desfecha e desfaz em rios de lágrimas. Quando S. Paulo se despediu dos efésios, declarando-lhes que aquela seria a última vez que se veriam, diz o texto sagrado que "entre todos se levantou um grande pranto" (At 20,37) — e que a principal causa da sua dor era porque nunca mais o haviam de ver: "O que mais os afligia era aquela afirmação de que não tornariam a vê-lo" (At 20,38). Pois, se esta consideração, ou desengano, de que não haviam de ver mais a S. Paulo, era a causa da maior dor de seus discípulos, e de que todos chorassem em pranto desfeito, sem haver nem um só que pudesse reprimir as lágrimas naquela última despedida, como nesta de Cristo se não viu uma só lágrima em todos os seus discípulos, que o amavam sem comparação tanto mais que a S. Paulo os seus? A razão é a que se tira do mesmo texto: "E como estivessem olhando para o céu quando ele ia subindo" (At 1,10). — Não se viu nos discípulos de Cristo uma lágrima, senão todos com os olhos enxutos, porque olhavam para ele e para o céu, aonde subia, e não para si, nem para a terra, onde os deixava. A nuvem lho tirou dos olhos, mas aos mesmos olhos que nela, como em carro triunfal, o viam subir ao céu, para se assentar à destra do Pai no trono da sua glória, esse mesmo céu, esse mesmo trono e essa mesma glória lhes suspendia as lágrimas para que, trocadas em júbilos de alegria, não chorassem o que perdiam, mas só se lembrassem e festejassem o que ele ia lograr. Daqui se segue e vê claramente que, quando os anjos vieram consolar os apóstolos, não acertaram com os motivos da verdadeira consolação que só podiam ter naquele caso. Que disseram os anjos aos apóstolos? Estranharam-lhes estar olhando para o céu: "Por que estais olhando para o céu?". — E isto que lhes estranharam é o que lhes haviam de persuadir, porque, se o verem que se ia Cristo os podia entristecer, só o olharem para onde ia os podia alegrar.

Assim o confirmou expressamente o mesmo Cristo, que só o seu entendimento podia emendar e ensinar o dos anjos. Tendo anunciado o Senhor depois da última Ceia aos discípulos que se havia de partir deste mundo, e vendo-os tão tristes com aquela não esperada nova, como ela merecia, estranhou-lhes a tristeza com estas palavras: "Agora volto para aquele que me enviou e nenhum de vós me pergunta: Aonde vais? Entretanto, porque vos disse isto, vossos corações se encheram de tristeza" (Jo 16,5s). Porque vos disse, discípulos meus, que me hei de ir, vejo-vos tristes, não só no rosto, senão no coração, "e nenhum de vós me pergunta para onde vou". — Oh! divinas palavras: "nenhum de vós" — diz — porque entre os discípulos uns eram mais entendidos, outros mais rudes, e nem os rudes nem os entendidos alcançavam a verdadeira razão com que se haviam de consolar e alegrar naquela despedida, porque todos reparavam em quem se ia, e nenhum considerava para onde ia. Se vos entristece o "volto", porque me vou, perguntai-me "Para onde vais?": para onde vou, e logo vos alegrareis. Esta foi a lição do divino Mestre quando anunciou aos discípulos a sua ausência, e, porque eles a observaram no dia da partida, por isso hoje se não viram no Olivete lágrimas, nem uma só lágrima: "E como estivessem olhando para o céu quando ele ia subindo". O "quando ele ia subindo" lhes podia provocar as lágrimas, porque se ia; mas como olhavam juntamente para onde ia: "E como estivessem olhando para o céu" — o para onde lhes suspendeu as lágrimas, de maneira que nem uma só se chorou onde eles ficavam.

A razão desta filosofia, tirada das entranhas do verdadeiro e fino amor, só podia ser do mesmo Mestre divino, e assim foi. Estranhando-lhes o Senhor aos discípulos a tristeza que acabamos de dizer e eles não acabavam de arrancar do coração, disse-lhes assim: Ah! discípulos meus, que vejo que me não amais! "Se vós me amáreis, vós vos alegraríeis muito, porque vou para meu Pai" (Jo 14,28). — Antes de chegarmos ao Pai, reparemos no "Porque torno". Se Cristo vira aos discípulos alegres em sua despedida, e lhes dissera: Bem parece que me não amais, pois vos alegrais quando me parto — esta é a consequência que dos olhos enxutos em semelhantes ocasiões costuma colher o juízo humano, ainda sem outros sinais de alegria. Mas, vendo os discípulos tristes, dizer-lhes o Senhor: Bem se vê que me não amais, pois vos entristeceis quando me vou? — Sim, porque só consideravam quem se ia, e não para onde: quem se ia — "Porque torno", e não para onde — "Para o Pai". Cristo, Senhor nosso, posto que enquanto Deus era igual ao Pai, enquanto homem era menor, como ele mesmo disse: "Porque o Pai é maior do que eu" (Jo 14,28). — E como o Senhor enquanto homem se ia assentar à destra do Pai, entristecerem-se os discípulos com a sua ausência, considerando-a perda e orfandade em que ficavam, era efeito do amor-próprio com que se amavam a si; porém alegrarem-se na mesma ausência, considerando a nova glória e majestade de seu Mestre e Senhor, era afeto de amor verdadeiro e fino com que o amavam a ele. Por isso a tristeza e lágrimas que chorassem naquela ocasião eram ofensa do amor, e a alegria e lágrimas que não chorassem, fineza.

Daqui se entenderá uma questão curiosa da Escritura, não sei se bem explicada dos intérpretes. Quando Davi, perseguido de Saul, se despediu do príncipe Jônatas, diz o texto sagrado que "Ambos choravam, mas Davi chorou mais" (1Rs 20,41). — É certo, como consta do mesmo texto em diversos lugares, que Jônatas amava mais a Davi do que Davi a Jônatas. Pois, se ambos se apartavam, e Jônatas amava mais, por que chorou menos? Em Cristo provaram os de Jerusalém na ressurreição de Lázaro que amava, porque chorou; na Madalena provou Cristo que amava muito, porque chorou muito. Pois, se a medida do amor são as lágrimas, e quem mais chora mais ama, por que razão nesta despedida chorou menos quem amava mais? Porque nas circunstâncias daquela despedida era prova do amar mais o chorar menos, e não mostrou Jônatas o excesso com que amava a Davi nas lágrimas que chorou, senão nas que deixou de chorar. Esta ausência, que Davi fazia, não lhe importava menos que o viver e reinar, porque, escapando das mãos de Saul, salvava a vida, e conservando a vida, segurava a coroa. E como a ausência de Davi era para tanto bem e glória sua, por isso Jônatas, amando mais, chorava menos, por que as melhoras do amigo que se ia suspendiam as lágrimas do amigo que ficava. Donde se segue que mais devia Davi a Jônatas pelas lágrimas que deixava de chorar que pelas que chorava, porque as lágrimas que chorava corriam das fontes do amor-próprio, com que se amava a si, e as lágrimas que deixava de chorar secavam-se nas fontes do amor fino, com que o amava a ele. Umas lágrimas corriam tristes, e outras suspendiam-se alegres; mas as primeiras corriam, porque eram grosseiras, as segundas suspendiam-se, porque eram finas. E tais são as lágrimas que hoje suspende e não chora a Igreja, tanto apesar das ocasiões de tristeza que lhe ficam na terra, como a prazer dos motivos de alegria que lhe leva o céu: "Foi levado ao céu".

§ XIII

Satisfeitas assim e tão finamente convencidas as razões que a Igreja tinha para chorar as suas saudades, delas se segue, com igualmente amorosa consequência, que as não havia de calar com o silêncio, que sói encobrir ou dissimular a tristeza, mas publicar a sua alegria com repiques, cantá-la com músicas, ostentá-la com galas e solenizá-la com festas. Saiu Jacó de casa de Labão ocultamente, levando consigo para a sua pátria o prêmio dos seus primeiros catorze anos, que era Raquel e Lia, e tudo o mais que ganhara nos seis seguintes, quando, sabendo o caso Labão, o foi alcançar ao caminho e lhe falou desta maneira: "Por que fugiste às escondidas e me enganaste, em vez de teres avisado? Deixar-te-ia partir com festas e cânticos, tamborins e harpas" (Gn 31,27). Se vos queríeis ir da minha casa, não seria bem, Jacó, que o soubera eu, porque quando vos partíreis, vos despedisse com festas, com músicas, com instrumentos e com todas as demonstrações públicas de alegria? — Assim disse Labão, que não era néscio. E verdadeiramente que este gênero de cumprimento não é fácil de entender. Se dissera que se queria despedir de Jacó para lhe dar os últimos abraços, para desafogar primeiro as saudades, para chorar muito com ele, já que se ia, isto é o que pedia o parentesco, o amor e ainda a urbanidade; mas para haver músicas, para haver festas, para haver todas as demonstrações de alegria e gosto na sua despedida: "Deixar-te-ia partir com festas e cânticos"? — Não é isto o que se costuma, mas esteve muito bem considerado, ou fingido, porque assim o pedia a razão nas circunstâncias presentes. Esta jornada de Jacó era de grande gosto e utilidade sua. Havia vinte anos que vivia peregrino em Mesopotâmia, agora tornava para a sua pátria: viera solitário e pobre com o seu báculo na mão, agora tornava rico e com numerosa família; viera a tomar estado, em que é tão duvidoso o acerto, e levava consigo a Raquel e Lia, suas esposas insignes, uma na formosura, outra na fecundidade; finalmente, tornava para casa de seu Pai, para a presença dos seus e para gozar descansado por toda a vida o fruto de seus compridos trabalhos. E como esta partida era tão conveniente a Jacó e para tanto bem seu e em Labão concorriam tantas razões de o amar, ou mostrar que o amava, por isso discretamente lhe disse que o havia de acompanhar e celebrar a sua despedida, não com lágrimas, senão com festas, posto que muito a sentisse, porque o verdadeiro e desinteressado amor entre os que se partem ou ficam mais atende às felicidades de quem se parte, para alegrar, que às saudades de quem fica, para enternecer.

Isto é o que fez ou dissimulou com fingido amor Labão, pintando com falsas mas proféticas cores aquela formosa figura que hoje se descobriu à realidade. E isto é o que faz com primorosa e verdadeira fineza na despedida do seu divino Jacó a Igreja Santa. Havia trinta e três anos que Cristo andava peregrino de sua pátria, e tornava hoje triunfante a ela; descera do céu vestido de nossa humanidade, só, e com o báculo de sua cruz na mão, e agora tornava acompanhado de tão inumerável família quantos eram os padres e santos do limbo, cujas almas eram as suas Lias e as suas Raquéis; tinha feito nos vales deste mundo vida de pastor, e tornava rico e glorioso para casa de seu pai, para gozar eternamente nela o fruto dos imensos trabalhos que padecera; e como a Igreja considerou que as felicidades a que subia seu Esposo eram tão avantajadas, ainda que as causas de sua dor e sentimento não fossem menores, achou que era mais conforme às obrigações de sua fidelidade e amor alegrar-se com ele que entristecer-se consigo. Por isso troca as tristezas em alegrias, as saudades em júbilos, as lágrimas em festas e as lamentações ou endechas em cânticos: "Deixar-te-ia partir com festas e cânticos".

§ XIV

Mas ouçamos em lugar de Labão a mesma Esposa, e em vez de Jacó ao mesmo Cristo. No último capítulo e nos últimos dois versos da amorosa história dos Cantares de Salomão, descreve ele a última despedida do Esposo e da Esposa, isto é, de Cristo e sua Igreja, que são os dois interlocutores ou figuras principais daquele diálogo pastoril. E que se diriam naquela ocasião os dois maiores amantes, ele divino, e ela mais que humana? O Esposo disse-lhe que cantasse de modo a que ele e todos os amigos de ambos — que são os fiéis — a ouvissem: "Os teus amigos estão atentos; faze-me ouvir a tua voz" (Ct 8,13). Obedeceu a Esposa, cantou, e o que disse foi rogar ao Esposo que se partisse com toda a pressa e se fosse para os montes de Beter: "Foge, amado meu, e faze-te semelhante a uma cabra montesa, e aos veadinhos sobre os montes de Beter" (Ct 8,14)[11]. — O Beter, ou Betel, quer dizer casa de Deus, qual é o céu, para onde o Esposo então subia. E haverá alguém que em tal ocasião pudesse esperar nem imaginar tais palavras, tanto da parte do Esposo, que se partia, como da Esposa, que ficava? Basta, Esposo e Amante divino, que vos partis e deixais vossa Esposa, e lhe dizeis que cante? Basta, Esposa santa, cuja santidade consiste no mesmo amor, que quando vosso Esposo se parte e se ausenta de vós, lhe rogais que acabe de se despedir e que se vá com toda a pressa? Este é o amor? Estas são as finezas? Estes são os extremos das saudades? E estes os esmorecimentos mortais na despedida, não de uma, senão de duas almas? Agora é que tinham melhor lugar os desmaios da Esposa, e o dizer que o não havia de largar: "Aferrei dele, nem o largarei" (Ct 3,4).

— Mas ele dizer-lhe que cante, quando havia de chorar, e ela dizer-lhe que se apresse, quando lhe havia de pedir os momentos que noutro tempo lhe pareciam eternidades? Sim, sim, sim. Não fora Cristo o que era, nem a Esposa o que devia ser, se falaram doutra sorte. Que tinha Cristo dito aos discípulos antes desta hora? "Se vós me amásseis, vós vos alegraríeis muito com a minha ida, porque vou para meu Pai" (Jo 14,28). — Assim devia ser e assim foi. Porque a Esposa se devia alegrar com sua ida, por isso lhe diz o Esposo que cante, como hoje faz a Igreja; e porque a Esposa amava muito ao Esposo, por isso lhe diz que se vá e não chora, mas festeja a sua partida.

Esta foi a admirável correspondência com que ambos os amantes neste dia se competiram e pagaram, sendo a mesma ausência em ambos a pedra de toque em que um e outro amor, não só qualificou, mas igualou seus quilates. E como? Ele comprando as nossas conveniências com se ausentar de nós, e nós estimando mais as suas glórias, posto que ficássemos ausentes dele. Ele na valentia da sua resolução, obrou como quem era Filho de Deus, e nós na nossa, como se não fôramos filhos de Adão. Comeu Eva — vede como se prova o que digo por um exemplo contrário — comeu Eva a fruta vedada, e diz o texto que "deu também dela a Adão, para que comesse" (Gn 3,6). — Que comesse Eva, não me admira: era mulher, e o seu apetite, a sua ambição e, quando não houvera outro motivo, a sua curiosidade — porque ainda não sabia a que sabia o comer — lhe pode servir de alguma desculpa. Mas, sendo a pena da proibição tão grave e cominada a ambos, que fim ou que pensamento podia ter Eva em querer que também comesse Adão? Descobriu-o profundamente S. Ambrósio.

Diz que quis Eva fazer a Adão cúmplice no delito para o fazer companheiro no desterro, como verdadeiramente sucedeu: "Sabendo que seria excluída da companhia do homem, a quem amava, não quis ser privada dele"[12]. — Depois que Eva quebrou o preceito, cega do seu pecado e cega também do amor do Esposo, fez este discurso: Suposto que eu comi do fruto vedado no paraíso, quando menos há-me de desterrar Deus do mesmo paraíso, e Adão, suposto que não comeu, não há de ser desterrado: donde se segue que havemos de ficar divididos e ausentes, ele no paraíso e eu no desterro. — Pois, que remédio? — diz Eva. — Também mostrou ser mulher na astúcia. Darei desta mesma maçã a Adão para que coma; comendo, ofender-se-á Deus igualmente; ofendido Deus, desterrá-lo-á também a ele do paraíso; desterrado, iremos juntos para onde nos lançarem, e desta maneira ficará remediada a sua ausência e as minhas saudades, porque antes quero a Adão no desterro comigo que no paraíso sem mim.

Eis aqui como ama Eva, aquela que foi tirada do lado de Adão; mas não ama assim a Igreja, que foi tirada do lado de Cristo. Aqueles ditames são os próprios do amor-próprio; estes os verdadeiros do amor verdadeiro. Bem conheceu a Igreja que, indo-se seu Esposo para o céu, fica ela só e peregrina na terra; mas como o ama a ele mais que a si mesma, troca as palavras de Eva e diz desta maneira: "Esposo e amado meu, ide-vos, ide-vos". — Bem vejo que fico ausente e desterrada; mas vivei vós glorioso com vosso Pai no céu, que eu antes vos quero no paraíso sem mim que no desterro comigo. No desterro era-me alívio a vossa presença; na ausência ser-me-á alívio a vossa glória, e muito maior alívio. Enquanto estáveis comigo na terra, padecia as minhas penas e mais as vossas; agora que estais no céu — posto que sem mim — nem as minhas venho a padecer, porque basta a consideração das vossas glórias para ser a suspensão das minhas penas. Não temos logo que nos admirar, nem de que os apóstolos na despedida de Cristo nenhuma demonstração fizessem de sentimento, nem de que a Igreja neste dia, em que a mesma despedida se representa, a celebre com festas, porque, quando as ausências são para glória de quem se parte, ninguém as sente melhor que quem mais se alegra.

§ XV

Alegre-se, pois, todo o fiel cristão, e ponha os olhos no céu, para que foi criado pelo nascimento e chamado pelo batismo. Lembre-se que este mesmo Senhor que hoje subiu, quando desceu nos veio buscar, e que, se partiu primeiro, não foi para nos deixar, senão para ir adiante. Hoje foi o dia da sua Ascensão e, por mais que dure esta vida, não tardará muito o dia da nossa, Lembremo-nos deste dia e preparemo-nos também para a nossa ascensão. Diz Davi que todo o homem que tem fé e prudência prepara e dispõe a sua ascensão neste vale de lágrimas: "Que dispôs elevações no seu coração, neste vale de lágrimas, no lugar que Deus destinou para si" (Sl 83,6s). — O vale é muito fundo, o monte é muito alto, e não se pode lá subir sem muita prevenção. Pergunte-se cada um, no caso em que agora se lhe acabasse a vida, se se acha disposto para subir ou para descer? Jacó, tendo uma escada lançada do céu à terra, e olhando para cima, disse: "Este lugar é terrível" (Gn 28,17). Oh! terrível, oh! que temeroso lugar é este! — E que seria se olhasse também para baixo? Mas deixemos esta tremenda consideração, que não é para dia tão alegre. Se o vale em que se prepara e dispõe a nossa ascensão é vale de lágrimas: "Colocaram-no lugar, no vale de lágrimas" — não choremos a Ascensão de Cristo, que tanto nos deve alegrar, mas choremos o perigo em que fica a nossa. Ó vícios, ó vaidades, ó invejas, ó ódio, ó vinganças, ó ambições, ó cobiças, ó torpezas, pelas quais se está desprezando na terra, e vendendo publicamente o céu, comprado com o preço infinito do sangue do Filho de Deus, e das chagas que, subindo, nos está mostrando do mesmo céu! Ah! Senhor, quem bem se vira nesses divinos espelhos, e logo voltara os olhos cheios de confusão à terra, e os fixara naqueles sagrados vestígios, que nas pedras do Olivete, menos duras que os nossos corações, nos deixastes impressos, para que nos animemos a seguir vossos passos: "Para que sigais as suas pisadas" (1Pd 2,21)! — No mesmo lugar se edificou depois um precioso templo, cujas abóbadas por nenhuma arte ou força se puderam jamais cerrar, querendo o sempre amoroso Redentor que aquele caminho ou via láctea, por onde subiu ao céu, nos ficasse perpetuamente aberto. Que nos detém logo, ou que nos prende, para que não subamos todos? Esta é a hora de se romperem as cadeias, que não são mais que umas teias de aranha, com que nos embaraça o mundo, com que nos enreda a carne e com que nos cativa o demônio. E se a mesma hora foi aquela em que o soberano Triunfador de todos estes inimigos levou o mesmo cativeiro rendido e maniatado no seu triunfo: "Cristo, quando subiu ao alto, levou cativo o cativeiro" (Ef 4,8) — desatados e livres já dos mesmos inimigos e cada um de si mesmo, que é o maior inimigo, metamos debaixo dos pés a terra e tudo o que acaba com o tempo e, com os olhos postos no céu e na eternidade, peçamos ao liberalíssimo Senhor que entre os dons que então repartiu aos homens: "Deu dons aos homens" (Ibid.), nos comunique agora os de sua graça e perseverança nela, para que no dia das nossas ascensões, que não pode tardar muito, subamos em seguimento seu a assistir e adorar o trono da glória, em que está assentado à destra do Pai: "Subiu ao céu e está assentado à destra do Pai".

SERMÃO DA

Dominga Vigésima Segunda Post Pentecosten

Na Sé de Lisboa. Ano 1649.

"É lícito dar tributo a César, ou não?"
(Mt 22,17)

    Há oito anos Vieira está em Lisboa, presença reconhecida e atuante não só na Capela Real, mas também nas principais igrejas de Lisboa. Hoje prega na Sé de Lisboa. Os fariseus propõem a Cristo um problema. Neste problema vê vários escrúpulos: na pessoa dos fariseus, no tributo de César, nos escribas e fariseus, juízes deste problema. Eis o assunto do sermão: fará o sermão dos escrúpulos. E o primeiro gênero de escrúpulos diz respeito às pessoas de boa consciência que de tudo têm escrúpulo. O segundo gênero de escrúpulos diz respeito àqueles que só fazem escrúpulo das coisas grandes e nenhum das pequenas. Nesse caso, Vieira discute a diferença entre os pecados mortais, porque são grandes, e os veniais, porque são pequenos. O terceiro gênero de escrúpulos diz respeito àqueles que só fazem grandes escrúpulos das coisas pequenas e nenhum das coisas grandes. Identifica os escribas e fariseus como exemplos deste gênero. Tratados esses pontos, examina os remédios e qualifica o melhor: Pilatos usou a água como remédio; Lutero se livrou com o vinho. Outros exemplos de falsos remédios são dados. O verdadeiro remédio é fazer com sinceridade e verdade o que os escribas e fariseus fizeram com fingimento. Estes pintaram em Cristo as características do verdadeiro médico: 1. Chamaram-no de Mestre; 2. Disseram que era veraz; 3. E que ensinava o único caminho do céu. Jesus cuidava de fundar bem o conselho que se lhe pedia. E não se deixava levar de respeitos humanos. Observando-se isso se aquiete cada um na consciência.

§ I

Toda a matéria do Evangelho que acabamos de ouvir é um escrúpulo dos escribas e fariseus, e um caso de consciência que vieram perguntar a Cristo. Bendita seja a graça divina, que já os escribas e fariseus são escrupulosos, e já tratam de sua consciência com tanto cuidado aqueles mesmos dos quais se publicava por estes púlpitos que eram homens sem consciência! Vamos ao caso. Como naquele tempo todo o mundo obedecia aos romanos, tinha mandado o César, ou imperador Tibério, que o mesmo mundo, isto é, todos os súditos do seu império, sem exceção de nação ou pessoa, em reconhecimento de sujeição e vassalagem, pagassem certo tributo. E como o povo de Israel, que era uma das nações sujeitas aos romanos, ou cresse ou presumisse que, a título de ser povo de Deus, devia ser isento desta regra geral, e que abaixo do mesmo Deus, a quem pagava os dízimos, a nenhum poder era obrigado a pagar tributo, sobre esta presunção se fundava o escrúpulo dos escribas e fariseus, e sobre este escrúpulo o caso de consciência em que vieram consultar a Cristo. Assim que toda a questão ou proposta se resumia nas palavras que propus: "É lícito dar tributo a César, ou não?". Se era lícito ou não aos hebreus pagar tributo ao César.

Torno a dar graças a Deus, porque não posso deixar de reconhecer neste caso e neste escrúpulo muitas circunstâncias que me edificam não pouco. Primeiramente os fariseus — nome hoje tão mal soante entre nós — eram os religiosos daquela nação, e os escribas, os doutores da mesma lei, e é resolução verdadeiramente admirável que em ponto de religião e letras se não fiem só de si, e se queiram sujeitar ao juízo e parecer de outrem. Também noto muito que o tributo do César era uma moeda de pouco preço, chamada dracma e, sendo a matéria venial, argumento é de consciências muito delicadas e timoratas fazerem tanto escrúpulo dela. Aperta e adianta mais este bom conceito que a questão não era sobre impor o tributo, em que podia haver injustiça, senão em o haver de pagar, que sendo, como sempre é, por força e não por vontade própria, esta os livrava de todo o pecado. Finalmente, o mesmo tributo era imposto não menos que pelo supremo poder dos Césares, imperadores romanos, e, no caso em que Cristo resolvesse que não era lícito ao povo de Israel pagá-lo, os mesmos escribas e fariseus se expunham a resistir a Tibério, homem não só tenacíssimo do que mandava, mas de condição cruel, com que parece estavam deliberados a dar a vida em defesa da religião e da pátria.

Por todas estas razões — as quais, posto que eu as tenha proposto, também para mim são escrupulosas — determino tratar hoje uma matéria tão importante como não usada, e assim será todo este sermão o sermão dos escrúpulos. É doutrina que toca a todos, e mais aos grandes que aos pequenos, mas nem por isso receio que lhes seja pouco agradável. Em toda a Sagrada Escritura uma só vez se acha esta palavra escrúpulo. Quem propôs o escrúpulo foi uma mulher, que o era de um lavrador, e se chamava Abigail; a quem se propôs, era um homem tão grande, que pouco depois foi rei, e já sabia que o havia de ser, Davi. Andando, pois, Davi homiziado pela morte do gigante — na qual granjeou as invejas e ódios de Saul — por certas descortesias que lhe tinha feito aquele lavrador, chamado Nabal Carmelo, não só tinha resoluto mas jurado que ele e toda a sua família, que era grossa, e até os cães da mesma casa morressem (1Sm 25,22). Já marchava com um troço dos seus soldados a executar este castigo, quando lhe saiu ao encontro Abigail para o aplacar, e a principal razão que lhe deu foi que, se não desistisse daquela vingança, em todos os dias de sua vida havia de trazer atravessado na garganta este escrúpulo: "Que isto não te seja um pesar, nem um remorso de consciência" (Ibid. 31). — E que faria então Davi, posto que tão ofendido, irado e resoluto? O que fez foi desistir no mesmo ponto da execução, e ficou tão agradecido a quem lhe propôs aquele escrúpulo que lho não agradeceu com menos que com a sua própria coroa, casando-se com Abigail, depois que morreu Nabal, e ele foi rei.

Tão venturosa e tão vitoriosa como isto se mostrou a palavra escrúpulo a única vez que se nomeou na Escritura; e posto que os escribas e fariseus não declarassem o seu escrúpulo com o mesmo nome, nas palavras da sua proposta o significaram ainda mais expressamente, porque nelas o definiram: "É lícito dar tributo a César, ou não?". — Todo o escrúpulo por uma e outra parte consiste em ser lícito ou não ser lícito. E como na mesma proposta entrava o nome de César: "Dar tributo a César" — este nome, o respeito dele, e suas dependências, são as que tapam as bocas aos pregadores, e queira Deus que não seja também aos confessores, para não declararem livremente aos Césares o que lhes é lícito ou não. Herodes era o César do seu reino, assim como também o foi Davi, mas vede a diferença com que um e outro ouviram um "não é lícito": ao Batista, porque disse a Herodes "não é lícito", custou-lhe a cabeça; a Abigail, porque disse a Davi "não é lícito", granjeou-lhe a coroa. Mas notem os que têm obrigação de declarar os escrúpulos que melhor coroa foi a da cabeça do Batista cortada que a de Abigail coroada. Eu também prego diante de coroas, e coroas que não só tem obrigação de viver sem escrúpulo, mas de os intimar e tirar aos que não têm medo de viver com eles. Para que todos nesta tão importante matéria façamos nossa obrigação, peçamos a graça. *Ave Maria*.

§ II

"*É* lícito dar tributo a César, ou não?" Por onde começará o sermão dos escrúpulos? Já dissemos a sua definição, vamos agora à divisão, que é o melhor método, e o mais claro. Deixando os homens que de nada têm escrúpulo, como os demônios, e já estão com eles no inferno, os outros, ou têm escrúpulo de tudo, ou têm escrúpulo das coisas grandes e não das pequenas, ou têm escrúpulo das pequenas e não das grandes. A consciência dos primeiros é boa, a dos segundos arriscada, a dos terceiros é péssima. Isto mesmo, que está proposto em poucas palavras, declaremos agora em muitas.

Os homens de boa consciência, que de tudo têm escrúpulo, são aqueles de quem diz o profeta que têm medo onde não há que temer: "Ali tremeram de medo, onde não havia que temer" (Sl 52,6). — O virtuoso, confiado na sua virtude, tem medo dos vícios; o escrupuloso, desconfiado de si, tem medo até das suas virtudes. De Jó dá testemunho a Sagrada Escritura no princípio da sua história, que "era homem simples, reto, temente a Deus, e que fugia de todo o mal" (Jó 1,1), que é o pecado. Isto diz dele a Sagrada Escritura. E ele, que dizia de si? Dizia que "Sempre andava tendo medo a todas as suas obras, porque sabia que Deus nenhum pecado deixa sem castigo"

(Jó 9,28), conforme aquela sentença depois declarada pela Igreja: "Nada ficará sem castigo"[1]. — Mas, assim como Jó diz que "sabia que Deus nenhum pecado deixa sem castigo" — assim sabia também, e ele o afirma, que nunca com advertência tinha ofendido a Deus: "Ainda que tu sabes que eu não cometi impiedade alguma" (Jó 10,7). — Dizia mais que "desde a sua infância e desde o ventre de sua mãe nascera e crescera juntamente com ele a misericórdia e a piedade" (Jó 31,18). — Que nunca comeu a sua fatia de pão sem que a partisse com o pobre, nem que o fizesse esperar, quando lhe pedia esmola; que ele era os pés do manco, os olhos do cego, o pai do órfão, o amparo da viúva, o vestido do nu, a cura do enfermo, a defesa do perseguido, e tudo o mais que se lê no seu livro e seria infinito relatá-lo. Pois, se estas eram as obras de Jó, tão pias, tão santas, tão louváveis, e com uma caridade tão comum a todos, como diz, que "se receava e temia de todas elas"? Porque tal como isto é a consciência dos timoratos e escrupulosos.

Ouçamos agora não em outro, senão no mesmo sujeito o maior exemplo ou o maior encontro e batalha dos escrúpulos dentro na estreita campanha de uma consciência timorata, já afirmando o que nega, já negando o que afirma, contradizendo, não a outrem, senão a si, e implicando-se consigo mesma. No capítulo sétimo diz Jó: "Pequei, que vos hei de fazer, Senhor?" (Jó 7,20). No capítulo dezessete diz: "Não pequei, e não cessam meus olhos de chorar amargamente" (Jó 17,2). — Pois, se Jó primeiro confessa que "pecou", como depois diz, que "não pecou"? Pode haver maior implicância que pequei e não pequei? Não, e isto que não pode ser e não ser, cuida e crê de si o escrupuloso. Umas vezes, olhando para a mesma ação sua, cuida e crê que é pecado; e outra vez, como se não fora a mesma, nem os mesmos os olhos com que a via, cuida e crê que não é pecado. Mais. Quando diz que não pecou, chora: "Não pequei, e não cessam meus olhos de chorar amargamente" — e quando confessa que pecou não chora, antes diz que não sabe o que há de fazer a Deus: "Pequei, que vos hei de fazer, Senhor?" — Tanta é a confusão que causa em uma alma o escrúpulo! De sorte que o que havia de fazer, quando confessa que pecou, era chorar, e então não chora; e o que não havia de fazer, quando diz que não pecou, era não chorar, e então se desfazem os seus olhos em lágrimas, e lágrimas amargosas, devendo ser alegres: "E não cessam meus olhos de chorar amargamente". — Mais ainda. No primeiro "pequei" confessa que pecou, e no segundo "não pequei" torna a negar o mesmo pecado que tinha confessado; e tudo isto é o que faz e desfaz um escrupuloso, não se confessando só uma, senão muitas vezes, e não só tornando a confessar o mesmo pecado, como se o não tivera confessado, mas tornando a desdizê-lo, como se tivera mentido na confissão. Pode haver maior labirinto que este, duvidosa sempre a alma, e posta a consciência em balança, não menos que entre pecado e não pecado, como se estivera suspensa entre o céu e o inferno?

Ninguém melhor declarou os dois polos desta suspensão que Davi, quando disse que Deus o livrara da pusilanimidade do espírito e da tempestade: "Que me salvou da pusilanimidade do espírito, e da tempestade" (Sl 54,9). — Que pusilanimidade é esta de um homem tão valente como Davi, e que tempestade da qual Deus o livrou, pois não lemos dele que navegasse? Responde Santo Antonino[2], comentando o mesmo texto: "Porque a pusilanimidade se chama escrúpulo, a consciência escrupulosa induz tempestade". O que Davi chama pusilanimidade do espírito é o escrúpulo — diz o santo — e dá-lhe o profeta com grande propriedade este nome, porque os escrúpulos só se acham em almas e consciências muito timoratas, que temem e tremem de ofender a Deus. E a mesma consciência escrupulosa causa e levanta dentro em si uma tempestade tão terrível e horrenda qual os poetas a costumam descrever, e a descreve o mesmo Davi, porque se vê a alma suspensa, como dizíamos, entre o céu e o inferno, já subindo às estrelas e já descendo aos abismos: "Sobem até aos céus, e descem até aos abismos" (Sl 106,16) — diz o profeta. E tudo isto é o que padece a alma escrupulosa na consideração e exame das suas mesmas ações, umas vezes persuadindo-se como Jó a dizer "pequei", e outra vez animando-se com ele a dizer "não pequei". O "pequei" é uma onda que a abisma e mete entre os condenados no inferno; o "não pequei" é outra onda que a levanta e põe entre os bem-aventurados no céu, sendo, porém certo, posto que ela o não entenda, que este mesmo temor de ofender a Deus, ou pavor de o ter ofendido, a faz já nesta vida bem-aventurada: "Bem-aventurado o homem que está sempre com temor" (Pr 28,14).

§ III

Os escrupulosos do segundo gênero são aqueles que só fazem escrúpulo das coisas grandes, e nenhum das pequenas. A consciência destes digo que é muito perigosa e arriscada, porque não pode faltar a verdade daquela sentença ou provérbio do Espírito Santo: "Quem despreza as coisas pequenas, pouco a pouco decairá" (Eclo 19,1).

O homem que despreza, e não faz caso nem escrúpulo das coisas pequenas, pouco a pouco descairá de maneira que venha a cair e cometer as grandes. — As pequenas são os pecados veniais, que se chamam leves; as grandes são os graves e mortais. E para que vejamos quão grande é o risco e perigo que está encoberto nesses mesmos a que damos o nome de leves, diz S. Gregório Papa elegantemente que, se os desprezamos pelo peso, que os temamos muito pelo número: "Os próprios feitos, se são desprezados temerariamente quando pesam, devem ser temidos quando são numerados"[3]. — As gotas de água, cada uma por si é gota; juntas, elas são as que enchem os rios e fazem os mares. Aquela que, pela costura de um dedo mal calafetada, entra no navio, se não tornar ao mar pela bomba, bastará continuada para o meter a pique. Que coisa menor que a unidade, a qual por si não é número? E das unidades multiplicadas se fazem os milhares e os milhões. Um homem só pouco temor pode causar, mas de muitos homens juntos se formam os exércitos formidáveis que fazem tremer os muros e rendem as cidades. Com enxames de mosquitos e gafanhotos assolou Deus o Egito armado de toda a sua cavalaria, e maiores danos têm feito sempre no mundo as pragas destes bichinhos, por muitos, que as baleias no mar, ou na terra os elefantes, por grandes. Tais são os efeitos dos pecados menores, que desprezados por leves, sem escrúpulo nem temor se deixam crescer e multiplicar, dos que somente os pesam e não contam: "Os próprios feitos se são desprezados temerariamente quando pesam".

Mas, suposto que estes escrupulosos mal-entendidos não fazem caso nem escrúpulo dos pecados menores, porque somente os pesam, eu me contento, deixado por agora o número, com os tomar também pelo peso. E porque as balanças dos homens são muitas vezes falsas e enganosas: "Mentirosos são os filhos dos homens em balanças" (Sl 61,10) — façamos este peso pelas balanças de Deus, que não podem ser senão justíssimas, e vejamos nelas quanto pesa um pecado venial. Começando pelos exemplos mais sensíveis e palpáveis, pecado venial foi em Davi mandar fazer resenha por todo o seu reino de quantos soldados tinha para a guerra; e esta venialidade castigou Deus com sentença de três dias de peste, a qual em uma só manhã lhe matou setenta mil vassalos. Pecado venial foi o de Moisés em dar dois golpes na pedra, para que dela brotasse uma fonte, tendo-lhe dito Deus que lhe falasse somente, e por esta venialidade, depois dos trabalhos e peregrinações de quarenta anos do deserto, o condenou, sendo tão seu valido, a que não entrasse na Terra de Promissão. Pecado venial foi em Nabucodonosor gloriar-se, olhando para Babilônia, de ter edificado uma cidade tão grande e tão magnífica; e por esta venialidade o converteu Deus em bruto, e que entre os brutos pastasse e se sustentasse das ervas sete anos inteiros. Tanto pesam nas balanças da justiça divina aquelas coisas de que, por pequenas e leves, se não faz caso nem escrúpulo!

Pecado foi, não venial mas mortal, aquele por que Deus lançou do paraíso a Adão; mas se não fora mortal, senão venial, que havia de suceder no mesmo paraíso? Os teólogos, com Santo Tomás, respondem que esta suposição é falsa, e resolvem que no paraíso podia haver pecado mortal, mas pecado venial por nenhum modo. E por quê? Se o paraíso era capaz de nele se cometer, como cometeu, um pecado mortal e grave, um venial e leve, por que não? A razão é muito sutil, mas igualmente bem fundada. Cometendo-se no paraíso um pecado mortal, perderia o homem o paraíso, como o perdeu Adão; mas se o pecado que cometesse fosse somente venial, não perderia o homem o paraíso, porque a culpa não era bastante, mas perder-se-ia o mesmo paraíso. E por que, outra vez? Porque o paraíso era um estado felicíssimo, incapaz de toda a infelicidade e miséria, e como repugna e implica que um estado incapaz de toda a infelicidade e miséria se conservasse, admitindo em si uma tal miséria e infelicidade qual é a do pecado venial, daqui se segue, como se seguiu, que o pecado possível naquele estado só havia de ser mortal, pelo qual o homem perdesse o paraíso, e que não fosse possível no mesmo paraíso pecado venial, para que o mesmo paraíso se não perdesse. A consequência é manifesta. O homem podia perder a felicidade do paraíso, e por isso podia cometer pecado mortal; mas o paraíso não podia perder a felicidade do seu estado, sem que o mesmo paraíso se perdesse, e por isso não admitia pecado venial.

Só neste caso, se os escrupulosos de quem falamos estivessem no paraíso, podiam temer os pecados graves, e não fazer escrúpulo dos que têm por leves. Mas para que façam maior conceito do peso deles, posto que nunca o poderão fazer adequado, passemos do paraíso ao inferno. Tornando à nossa balança, se de uma parte pusermos o inferno com toda a sua eternidade de penas, e da outra um só pecado venial, qual pesa mais, o pecado venial ou o inferno? Parece paradoxa a pergunta, e não duvido que muitos dos que me ouvem escolheriam antes para a sua alma muitos pecados veniais que um momento de inferno, quanto mais toda a sua eternidade. Mas, se são cristãos, são obrigados a crer de fé que mais pesa um pecado venial que todo o inferno. E se são doutos, ainda que não fossem cristãos, assim o haviam de entender só com o lume da razão. O fundamento desta tão notável verdade é porque o pecado, ainda que venial, é mal de culpa, o inferno é mal de pena, e qualquer mal de culpa, por mínimo que seja, é maior mal e mais digno de se temer e aborrecer que todos os males, ainda que sejam eternos, e tão horrendos e intoleráveis como os do inferno. No inferno é castigado o pecador, no pecado venial, ainda mínimo, é ofendido Deus, e tanto maior mal é esta ofensa, pelo que toca à majestade ofendida, quando excede o infinito a todo o criado. E se eu agora perguntasse a estes escrupulosos qual é a razão por que só fazem escrúpulos das coisas grandes, e não das pequenas, dos pecados graves, e não dos veniais, é certo que, se falarem verdade, hão de dizer: porque os pecados mortais levam ao inferno e os veniais não. Oh! ingratos e ignorantes no mesmo pecado venial! Enquanto venial, ingratos à misericórdia divina, que o perdoa, e enquanto pecado, ignorantes, porque, pesando mais que todo o inferno, o têm por leve: "Desprezam, quando pesam".

§ IV

Confundidos assim, e convencidos estes maus escrupulosos quanto à primeira parte do peso, quanto à segunda, do número, cuidam que podem defender o seu erro, e arguem desta maneira. É teologia certa que mil e cem mil pecados veniais não podem fazer um mortal: logo, não se deve temer tanto o seu número, como diz S. Gregório: "Devem ser temidos quando são numerados" — nem a consciência dos escrupulosos deste gênero está tão perigosa e arriscada, como eu digo. Primeiramente, esta sentença, que pronunciou S. Gregório com autoridade de Sumo Pontífice, repetem muitas vezes Santo Agostinho, S. Jerônimo, S. Basílio, S. João Crisóstomo, todos quatro doutores da Igreja. O mesmo dizem S. Cipriano, S. Isidoro, S. Pedro Damião, S. Bernardo, S. Nilo, S. Efrém, Cassiano, Ricardo Vitorino, e todos os grandes mestres do espírito de todas as idades. E em que se fundam? Na fé, na razão e na experiência. Porque, ainda que todos os pecados veniais não podem fazer um mortal, todos e cada um deles são as disposições naturais de que o pecado mortal se segue. Há alguma enfermidade que seja morte? Nenhuma, e todos os que temem a morte temem igualmente as enfermidades, porque são as disposições para a morte; logo, não menos se devem temer os muitos pecados veniais que o mortal, pois são as disposições que naturalmente introduzem a forma ou a deformidade dele na alma. O pecado venial não mata a graça, mas esfria a caridade, em que a mesma graça consiste, e assim como o calor é disposição para acender o fogo, assim é disposição o frio para o apagar. Os pecados veniais com os seus atos enfraquecem os hábitos das virtudes, e as virtudes enfraquecidas, como hão de resistir aos vícios? Isto ensina com evidência a Filosofia. E daqui se segue outra consequência em Teologia mais formidável. E é que os grandes pecados e as grandes tentações não se podem vencer sem grandes auxílios, e justissimamente nega Deus os auxílios grandes provocados pelos pecados veniais, posto que pequenos. Os que mais atenuam o pecado venial dizem que não é rigorosamente ofensa, senão desagrado somente de Deus; e quem não tem medo de desagradar a Deus muitas vezes vede se se atreverá facilmente a ofendê-lo. Aquela gota que, continuando a cair na pedra, faz nela o mesmo efeito que o cinzel, não é porque a água seja tão forte como o ferro, mas porque cai muitas vezes: "Não pela violência, mas por cair frequentemente". — Se caís muitas vezes nos veniais, tende por certo que haveis de cair nos mortais.

Acabai de conhecer quão mal entendido é o vosso escrúpulo e o vosso temor, se é que o tendes. Temeis os pecados mortais, porque são grandes, e não fazeis caso dos veniais, porque são pequenos, como se os pequenos não cresceram, nem se fizessem grandes. Uma leoa, diz o profeta Ezequiel, tomou um leãozinho dos que criava, e meteu-o entre os leões, para que aprendesse a o ser; e crescendo saiu tão leão e tão feroz, que comia as gentes e despovoava as cidades: "Aprendeu a apanhar a presa, e a devorar os homens; aprendeu a fazer viúvas, e a tornar em deserto as cidades" (Ez 19,6s). — Dos leõezinhos se fazem os leões, dos tigrezinhos os tigres, e dos pecados pequenos os grandes. Coisa notável é naquela lavradora de Salomão — a qual, por ser de Salomão, não devia ser ignorante — que mandasse tomar as raposas nomeadamente pequeninas, porque destruíam a vinha: "Peguem para nós as raposinhas que destroem as vinhas" (Ct 2,15). — Pois, se mandava que lhe tomassem as pequenas, ou pequeninas, por que não mandava tomar as grandes? Porque as raposas são muito astutas, e se não se tomam enquanto pequeninas, depois de grandes não se podem tomar. Neste sentido dizia alegoricamente Davi: Ditoso aquele que quebra a cabeça aos seus vícios, enquanto são pequeninos: "Feliz é aquele que segurará e esmagará os seus pequenos sobre a pedra" (Sl 136,9). — A palavra "seus pequenos" não tem uma só, senão dobrada energia. "Pequenos", enquanto pequeninos, por que não cresçam e se façam grandes; "Seus", enquanto seus, e enquanto os domina, porque, crescidos e grandes, não os dominará, antes será dominado deles. Os vícios, comenta aqui Hugo Cardeal, se ao princípio se deixam crescer, de cabelos se fazem traves, e os que dantes podia dominar facilmente a alma, eles, depois de crescidos, a dominam e fazem escrava: "Os pequenos a princípio são fracos, mas ao crescerem pouco a pouco se tornam mais fortes. Assim os movimentos maus na alma, se se permitem que cresçam subitamente passam de cabelos a traves, e dominam a alma"[4].

Neste mundo só o céu não cresce; do céu abaixo, assim como todas as outras coisas crescem, assim crescem os vícios. Cresce o homem e cresce a inveja; cresce o animal e cresce a ira; cresce a árvore e cresce a cobiça; cresce o peixe e cresce a luxúria; cresce a ave e cresce a vaidade e a soberba. E se vós não venceis os vícios enquanto são pigmeus, como os vencereis depois que forem gigantes? Não vos fieis em os verdes pequeninos quando começam. Quando o demônio tentou a Judas que fosse ladrão, não lhe disse logo que havia de vender a Cristo; mas porque começou cerceando as esmolas dos discípulos, acabou vendendo o Mestre. Ponhamos este exemplo em praxe. Um ladrão formigueiro, que furta quatro reais de prata a quatro homens, faz quatro pecados veniais; e quem furta quatro a quatro, parece-vos que também não furtará quatro a um, que é pecado mortal? A pior coisa que tem o pecado venial é o nome de venial. Significa perdão, e por isso não causa medo, sendo que por isso mesmo o havia de causar maior. Ouvi um notável pensamento de S. João Crisóstomo: "Atrevo-me a dizer" — diz o eloquentíssimo padre — "uma coisa admirável e inaudita" — E qual é? "Representa-se-me muitas vezes que se não devem evitar com tanto cuidado os pecados grandes e mortais, como os pequenos e veniais". — E dá razão: "Porque nos pecados grandes e mortais, o mesmo nome de mortal causa terror e espanto; e pelo contrário, nos pequenos o nome de leve e venial tira o medo, e nos faz descuidados". — E daqui se segue, conclui o santo, "que, enquanto desprezamos e fazemos menos caso dos pequenos, eles, por nossa negligência, de pequenos se fazem grandes"[5].

Aqui pudera acabar bem este discurso com uma coisa que o grande Crisóstomo chama admirável e inaudita; mas eu lhe quero pôr fim com outra, não inaudita, senão muito sabida de todos, porém muito mais admirável, e verdadeiramente tremenda. E qual será esta? Que não são necessários muitos pecados veniais, mas basta um só para que Deus o castigue com a permissão de muitos mortais. Quando S. Pedro disse — e levado do amor de Cristo — que, se os outros fugissem e o negassem, ele o confessaria até à morte, esta presunção com que se antepôs aos demais não passou de pecado venial, e bastou este pecado, um e venial, para que o mesmo Cristo, e a S. Pedro, o permitisse cair em três pecados mortais. Uma vez disse venialmente: "Não te negarei" (Mt 26,35) — e três vezes o negou, pecando mortalmente. Para que veja a ignorância e cegueira destes segundos escrupulosos se está mais que arriscada, e mais que perigosa a sua consciência, quando se dão por seguros no falso escrúpulo das coisas grandes, sem o fazer das pequenas.

§ V

Somos chegados aos escrupulosos da terceira espécie, que só fazem grandes escrúpulos das coisas pequenas e nenhum totalmente das grandes. E porque tal barbaria se não pode imaginar de entendimentos racionais, sejam os seus mesmos escrúpulos a prova desta temeridade. Eram tão escrupulosos os escribas e fariseus, em tempo de Cristo, na matéria de pagar o dízimo a Deus, que até o pagavam das hortaliças mais vis, de que o rendeiro do verde não faz conta. E quando eu cuidava que o zelo do mesmo Senhor passaria em silêncio estas miudezas, como assunto menos nobre para um auditório tão grave, como o da corte de Jerusalém, ou como menos decente para um lugar tão autorizado como o púlpito, leio em S. Mateus que, nomeando o soberano pregador as pessoas dos escrupulosos dizimadores, e declarando também por seu nome a vileza das verduras dizimadas, com voz mais alta e um ai arrancado do peito, exclamou assim: "Ai de vós, escribas e fariseus, que pagais o dízimo da hortelã, do endro e dos cominhos" (Mt 23,23)! — Mais vai por diante o divino Mestre. Mas antes que ouçamos a segunda parte da mesma sentença, paremos no muito que tem que admirar esta primeira. Começa dizendo: "Ai" — e parece que havia de começar dizendo: "Bravo!". Não era Cristo, Senhor nosso, tão zelador da Lei, que dizia e ensinava se haviam de observar nela, não só as palavras, as sílabas e as letras, senão também aquele pontinho que se põe em cima do i: "Não passará da lei um só i, ou um til, sem que tudo seja cumprido" (Mt 5,18)? Não era tão delicado estimador das coisas pequenas, que ameaçou com ser mínimo no seu reino quem não observasse as mínimas: "Aquele que quebrar um destes mínimos mandamentos será chamado mui pequeno no reino dos céus" (Ibid. 19). — O fiar muito delgado não é o argumento mais certo das boas consciências e que amam a perfeição? O pagar os dízimos não era um dos mandamentos de Deus, e o mesmo Deus não mandava que fossem os homens nímios na observância dos seus mandamentos: "Tu ordenaste que os teus mandamentos fossem guardados à risca" (Sl 118,4)? — Pois, como o mesmo Cristo, em vez de louvar aqueles ministros de sua lei com dois "Bravos": "Bravo, bravo" — os condena e anatematiza com um "Ai" tão áspero e tão tremendo: "Ai de vós"?

Agora entra a segunda parte da mesma sentença, que é o comento da primeira. Depois de dizer: "Pagais o dízimo da hortelã, do funcho e do cominho" acrescenta: "E deixais os pontos mais importantes da lei: a justiça, a misericórdia e a fidelidade" (Mt 23,23). Pagais o dízimo das ervas que não têm preço nem nome, e desprezais e quebrais os preceitos da lei, maiores e de maior necessidade e importância, como são a justiça, a misericórdia e a fé. — Notai como contrapôs o Senhor os três pecados maiores aos três dízimos e escrúpulos das coisas menores. Pagais o dízimo da hortelã, e não tendes fé; pagais o dízimo do endro, e não tendes justiça; pagais o dízimo dos cominhos, e não tendes misericórdia. Homens sem misericórdia, homens sem justiça, homens sem fé, e no cabo muito escrupulosos em coisas tão miúdas, tão baixas e tão vis, que se envergonha a língua de as pronunciar. Mas, assim como a soberana retórica da eloquência de Cristo se abateu a nomear a matéria dos escrúpulos, assim, levantando a voz, lhes descobriu e declarou a brados as injustiças e impiedades, enormíssimas, com que sem nenhum escrúpulo, sacrílegos profanavam as leis divinas, e cruéis tiranizavam as humanas: "Que devorais as casas das viúvas" (Mt 23,14) — diz o Senhor por S. Mateus, e por S. Marcos e S. Lucas: "Que devorais" (Mc 12,40; Lc 20,47). Com a salsa daquelas ervas e daqueles adubos, comiam e tragavam as casas das viúvas e dos órfãos. Comer é levar pouco a pouco, e a bocados; devorar é tragar e engolir de uma vez. E uma e outra coisa faziam devotissimamente estes escrupulosos. E digo devotissimamente porque acrescenta o texto que, quando faziam isto, "faziam juntamente umas orações mui compridas" (Mt 23,14).

Aqui entra em seu próprio lugar o famoso epifonema, com que em duas palavras, elegantissimamente contrapostas, compreendeu e definiu a Sabedoria divina toda esta matéria: "Engasgavam" — diz o Senhor — "com um mosquito, e engoliam um camelo" (Mt 23,24). — Ainda engoliam mais os nossos escrupulosos, a quem com razão podemos achar cominheiros. Engasgavam com um cominho, e engoliam, não só uma, senão muitas casas inteiras: "Que devoram as casas da viúvas". — Oh! Jerusalém! Oh! Lisboa! Quantas casas se veem hoje em pé nessas grandes ruas e praças, devoradas e engolidas sem nenhum escrúpulo! Esta engoliu o amigo infiel, que ficou por tutor do órfão; aquela engoliu o parente esquecido do sangue, que ficou por testamenteiro; a outra engoliu o credor fingido, por dívidas falsas; a outra, e muitas outras, engoliram os trapaceiros, por demandas injustas. E por estes e por tantos outros modos, tantas casas engolidas, tantas viúvas desamparadas, tantos órfãos deserdados, tantas pobrezas, tantas misérias, tantas lágrimas sem compaixão, sem piedade, sem remédio. E também sem nenhum escrúpulo? Isso não: com escrúpulo, e com muitos escrúpulos: com escrúpulo da hortelã; com escrúpulo do endro e com escrúpulo dos cominhos!

Parecem-me estas gargantas ou gorgomilos com o que se diz das baleias. A baleia, com aquela sua grande boca, pesca de um lanço ou de um bocado um cardume de sardinhas; e dizem os anatomistas daquele monstro, que tem o gorgomilo tão estreito, que não pode ir engolindo senão uma e uma. Mas eu leio, não nas fábulas, senão na Sagrada Escritura, que quando a baleia, no meio da tempestade, chegou a bordo do navio que ia para Jope, ou o seu gorgomilo fosse tão estreito ou não, ela engoliu o profeta Jonas vestido e calçado. Se foi por milagre naquele mar, eu não o nego; mas só posso afirmar que vi semelhantes milagres em outra terra. Como estive em tantas, bem posso referir o exemplo sem que se entenda quem foi o milagroso. Era um julgador de muito escrupulosa consciência, o qual não só partiu deste porto com o mesmo escrúpulo muito recomendado, mas chegou também com ele a um dos portos das nossas conquistas. E note que não só partiu, mas chegou com o mesmo escrúpulo, porque os escrúpulos nesta navegação costumam ser como os açúcares rosados, que refervem na Linha. Chegado pois o julgador, como lhe mandassem um cacho de uvas de moscatel de Jesus, por ser fruta do reino, ele, metido nas conchas do seu escrúpulo, com o mesmo nome de Jesus na boca se benzeu da tentação e tornou a mandar as uvas para donde tinham vindo. Espalhou-se pela terra a repulsa, e todos deram graças a Deus de a ter provido de um juiz tão desinteressado e tão inteiro. Mas esta inteireza, e este desinteresse, e este escrúpulo tão isento, quanto durou? Não era passada a metade do tempo da alçada, quando soube todo o mundo que o meu juiz, que tinha engasgado com o cacho de uvas, engoliu duas barcas, que lá têm outro nome, uma confeitada de fechos de açúcar e outra perfumada de rolos de tabaco.

§ VI

Mas, tornando a Jerusalém, clima tão fecundo de escrúpulos como de hipocrisias, porque ambas estas más plantas nascem da mesma raiz, que é o engano e a mentira, infinita coisa seria se eu houvesse de ponderar tudo o que referem os evangelistas daquela terra e tempo. Contentar-me-ei só com ponderar dois casos muito particulares, um de escrúpulos masculinos, outro de femininos, para doutrina de todos.

Preso Cristo, nosso Redentor, e levado primeiro ao palácio de Anás e depois ao de Caifás, iam com ele triunfando com a presa os ministros e os príncipes da Sinagoga, e, como guardas mais fiéis e seguras, entravam em um e outro palácio, porque ambos os pontífices eram hebreus. Presentado, porém, o Senhor diante de Pilatos, todos os hebreus ficaram fora do pretório, e a causa deste retiro foi, diz o evangelista: "Para não se contaminarem" (Jo 18,28). — Como Pilatos era gentio e eles judeus, tinham para si que só com meterem o pé em casa de um gentio a santidade da sua lei, a pureza da sua religião e a inocência imaculada da vida que professavam, ficava manchada e perdida. Tudo isto quer dizer: "Para não se contaminarem" — e isto é o em que só reparo, e me admira. Que os chamados príncipes dos sacerdotes procurem tão descoberta e impiamente tirar a vida a quem a dava aos seus enfermos e aos seus defuntos; que multipliquem contra a sua inocência tantas acusações; que busquem e tragam a juízo tantas testemunhas falsas; que negoceiem a absolvição e liberdade de Barrabás;

que peitem os algozes, para que os açoites sejam tantos e tão cruéis que neles acabe a vida, porque viam inclinado Pilatos a livrar; que provoquem e subornem os clamores do povo, e que intimidem ao juiz com a inimizade do César; e finalmente que se não satisfaçam com outra morte, senão a de cruz, tão cruel, tão infame e tão atroz: não me admira, nem o estranho, quanto por outra via merece, porque tudo isto faz o ódio, a inveja, a ira, a vingança, o interesse e ambição desatinada e cega; mas que estes mesmos homens, por tantos modos pérfidos e sacrílegos, sem lei, sem religião, sem verdade, sem fé, sem consciência, no mesmo tempo façam tantos escrúpulos, tantos retiros e tantos ascos de entrar em casa de Pilatos, seu governador, e que digam que se não querem contaminar, por ser gentio, esta é a minha admiração e a minha raiva. Pilatos é o que havia de fazer asco de vós, e o que não havia de querer que tão maldita e infame gente entrasse das suas portas a dentro e lhe contaminasse a casa. Mas estes são os escrúpulos e estas são as consciências farisaicas. Grandes escrúpulos de entrar em casa de um gentio e nenhum escrúpulo de crucificar ao Filho de Deus entre dois ladrões. "Oh ímpia e estulta cegueira!" — exclama Santo Agostinho. "São contaminadas as casas alheias e não se contaminam pelos crimes próprios."[6] Basta que vos há de contaminar a casa alheia, e não vos contaminam tantas maldades próprias! Em uma cerimônia da lei de Moisés tantos escrúpulos; e na maior traição, na maior ingratidão, na maior aleivosia, na maior injustiça, na maior tirania, na maior abominação, no maior sacrilégio, no maior crime de lesa-majestade humana e divina, nenhum escrúpulo! Tais são os escrúpulos dos que só o fazem das coisas pequenas, e não das grandes, ainda que a sua grandeza seja tão imensa e infinita.

Este é o escrúpulo que eu chamei do gênero masculino; vamos ao feminino; menos cruel, mas muito mais delicado. Chegado Cristo, Senhor nosso, ao poço de Sicar, fatigado do caminho e abrasado da calma, pediu um púcaro de água a uma mulher, que no mesmo tempo ali a veio buscar, Samaritana de nação (Jo 4,7). E que responderia ao Messias encoberto uma mulher publicamente de cântaro? Não só teve escrúpulo de lhe dar água, mas o arguiu de pouco escrupuloso em lha pedir: "Como vós, sendo judeu, me pedis de beber a mim, sendo eu uma samaritana?" (Jo 4,9). — Tão delicada e mimosa era a sua consciência, que não só a picavam os escrúpulos próprios, senão também os alheios. E não pode ser mais fino o escrúpulo, nem subir mais o encarecimento dele que chegar uma mulher a meter escrúpulos ao mesmo Cristo. Mulher enfim, e metida a beata, posto que sem manto nem capelo. Era erro corrente entre os hebreus que só os da sua nação eram próximos. Mas, propondo esta mesma questão a Cristo um doutor da lei, respondeu-lhe o Senhor com o caso de um samaritano, o qual, achando em um caminho, despojado e ferido dos ladrões um hebreu, não só o curou com suas próprias mãos, mas o socorreu com casa, cama e dinheiro, e ficou ensinado e confessando o letrado que a diferença das nações não encontrava nem impedia o exercício da proximidade. Logo se foi lícito a um samaritano curar as feridas a um judeu, por que não seria lícito a uma samaritana matar a sede a outro? Mas ela, como se fora mais doutora que o doutor, e mais cristã que Cristo, especulou no seu caso, não um, senão dois escrúpulos.

Os samaritanos do tempo de Cristo eram assírios transplantados à Samaria, corte que tinha sido dos reis de Israel, e assim como, segundo uso da sua pátria, adoravam os ídolos, assim, segundo o da terra em que viviam, adoravam o Deus verdadeiro. E sendo tal a fé samaritana, que não tinha escrúpulo de adorar dois deuses, tinha escrúpulo de dar uma sede de água a um homem. O Deus verdadeiro mandava-lhe que desse a esmola; o falso devia de lhe mandar que a não desse, e daqui lhe vinha o escrúpulo. Porém, o que mais me escandaliza é que, dizendo a samaritana a Cristo que aquele poço fora edificado por Jacó, chamou a Jacó pai seu: "És tu porventura maior do que nosso pai Jacó, que foi o que nos deu este poço?" (Jo 4,12). — E outra vez, como tão letrada, tornou a repetir o mesmo: "Nossos pais adoraram sobre este monte" (Ibid. 20). — Pois se Jacó é teu pai, e tu não podes negar que és judia, por que põe o teu escrúpulo a Cristo a exceção de ser judeu: "Como vós, sendo judeus"? — Provera a Deus que este escrúpulo e esta consequência ficara sepultada no mesmo poço. Mas os caldeirões que chegam ao fundo muitas vezes tiram a água misturada com lodo.

Finalmente disse Cristo à samaritana que fosse chamar seu marido, e como ela respondesse que o não tinha, equivocando o Senhor na palavra "vir" [homem] — que quer dizer homem e marido. — Assim é, lhe disse, porque cinco homens, que já tiveste, não eram teus maridos, nem é teu marido o que agora tens. — E esta era a santinha dos escrúpulos. De sorte que o escrúpulo de se dar a seis homens, que não eram seus maridos, esse bebia ela como um púcaro de água, e sobre dar um púcaro de água a um homem morto à sede, não só arguia um grande escrúpulo senão dois: um, com que ela a não podia dar; outro, com que ele a não podia pedir: "Como, sendo tu judeu, me pedes de beber a mim?" (Jo 4,9).

§ VII

Parece-me que tenho bastantemente declarado as três espécies de escrupulosos que propus ao princípio, e quão boa e temente a Deus é a consciência dos primeiros, quão arriscada e perigosa a dos segundos, e quão péssima e maldita a destes últimos. Resta agora saber a qual destas espécies pertence o escrúpulo dos escribas e fariseus do nosso Evangelho, e que censura merece o caso de consciência, ou a consciência do caso, sobre que vieram consultar a Cristo.

Digo que este escrúpulo dos escribas e fariseus não era de alguma espécie das três referidas, mas de outra quarta espécie, muito pior que péssima, e digna de mais infernal e diabólica censura do que cabe em significação de palavras. Era um escrúpulo que não era, porque o pretexto do escrúpulo era fingido, e debaixo desta ficção vinha dissimulada e encoberta uma tal maldade, e traçada e armada uma tal traição e aleivosia que, se Cristo não fora Deus, não pudera escapar dela como homem: "Assediaram com uma questão ambígua de modo que fosse pego por qualquer resposta escolhida: se respondesse que era lícito, seria considerado réu contra o povo de Deus; se pelo contrário dissesse que não era lícito, resultaria como inimigo de César". A pergunta fraudulenta e traidora — diz Santo Agostinho[7] — vinha dividida e armada sobre dois laços, compostos e tecidos com tal artifício que, se Cristo escapasse de um, não podia deixar de cair no outro. A questão se resumia toda em um "lícito, ou não?". Se era lícito ou não era lícito pagar o povo de Deus o tributo a César: se dizia que não era lícito, incorria na indignação do imperador, e ficava réu de lesa-majestade humana; se dizia que era lícito, incorria no ódio do povo, no desprezo da lei, da religião e do mesmo Deus, com que ficava réu de lesa-majestade divina; e por qualquer destes dois crimes, ambos de primeira cabeça, sujeito à pena, não só de morte, mas de morte infame, como aqueles que tanto ódio lhe tinham à vida como inveja à honra. — Pelo contrário, os escribas e fariseus ficariam honrados e celebrados por religiosos e santos, como zeladores da liberdade, da pátria, das imunidades da lei, e do culto e reverência de Deus, e tudo isto contra Cristo e para si, debaixo da capa fingida de um escrúpulo. Os outros escrúpulos maiores ou menores só fazem mal à consciência própria; este dos escribas e fariseus, desprezada a própria consciência e a própria condenação, todo se armava contra a vida, contra a honra e também contra a consciência alheia, com tal aparência, porém, de virtude e santidade que, sendo forjado no inferno, parecia caído do céu: "Fará chover laços sobre os pecadores" (Sl 10,7) — e tais eram estes dos ministros eclesiásticos armados contra Cristo.

Mas donde lhe acharemos exemplo para maior declaração? Tenha Deus de sua mão aos reis, porque três que acho na Escritura todos três são em palácio. Muito havia que Herodias desejava tirar a cabeça ao Batista, também por um "não é lícito", e que traça inventaria aquela má mulher para uma execução tão abominável como esta? A invenção, concertada com Herodes, não foi outra que um escrúpulo muito bem fingido. No dia em que festejava os seus anos Herodes, saiu a dançar na sala do banquete a filha de Herodias: celebraram todos os aduladores o ar, que propriamente se devia chamar desenvoltura, e o rei, para encarecer o extremo do seu agrado, disse na última mesura à menina que pedisse, confirmando com juramento que, ainda que fosse a metade do seu reino, cumpriria a promessa. Por não parecer a petição ensaiada, entrou a dançante a consultar a mãe do que pediria; tornou a sair e "Pediu a cabeça do Batista em um prato, e logo" (Mc 6,25). — Ah! rei, que se souberas responder seria digna a tua resposta de se escrever com letras de ouro! Dize que não prometeste tanto, porque um só cabelo da cabeça do Batista vale mais que todo o teu reino. Mas como a fatal iguaria antes de pedida já estava guisada: "Entristeceu-se o rei de haver jurado" (Mc 6,26). Entristeceu-se o rei, ou mostrou-se muito triste de haver jurado o que tinha prometido; e por escrúpulo de não quebrar o juramento, mandou cortar a cabeça ao maior dos nascidos. Veio à mesa, ainda quente com o sangue, o prato horrendo e sacrílego, e foi recebido sem horror, antes com lisonjas à fé da palavra e juramento real, porque vinha encoberta nele a vingança e tirania com pretexto de religião, e o sacrilégio mais ímpio e cruel com nome de escrúpulo.

Acompanhe o de Herodes o de Acás. Em prova de que não seria vencido da liga ou conjuração que contra ele tinham feito dois reis, cada um igualmente poderoso, mandou-lhe dizer Deus por Isaías que pedisse o milagre que mais quisesse, ou do céu, ou da terra, ou do inferno. E que responderia Acás, não menos empenhado nesta guerra que com a coroa e a vida? "De nenhum modo pedirei, porque não quero tentar a Deus" (Is 7,12). — Notável razão ou sem-razão: Se Isaías dissera a el-rei Acás que pedisse milagres a Deus em confirmação do que lhe prometia, ainda no tal caso não era tentar a Deus, porque assim o fez Gedeão, não só uma, senão duas vezes, e Deus lhe concedeu, não outros, senão os mesmos milagres que ele pedia; mas se Deus era o que convidava a Acás com os milagres e lhe mandava oferecer que os pedisse, em que fundava o dizer que não queria tentar a Deus? S. Jerônimo, S. Cirilo, S. Basílio, e comumente os outros intérpretes, dizem que se fundava Acás em uma tão refinada maldade qual só podia imaginar um homem tão mau e tão ímpio como ele. Acás era idólatra, e se pedisse os milagres a Deus e não aos ídolos, que os não podiam fazer, ofendia aos ídolos; e se Deus fizesse os milagres, ou sem os fazer lhe desse a vitória como havia de dar, pois a tinha prometido, ficava acreditado Deus, e os ídolos desacreditados. E porque o mau e ímpio idólatra queria tirar a glória e honra a Deus, e dar as graças aos seus ídolos, para não declarar a Isaías a impiedade destes seus pensamentos, fingiu o escrúpulo de que não queria tentar a Deus: "De nenhum modo pedirei, porque não quero tentar a Deus". — De sorte que a falta da fé, o sacrilégio da idolatria, o roubo da glória do verdadeiro Deus, e o crédito e honra dos deuses falsos, tudo isto encobriu e disfarçou um homem chamado rei, debaixo da capa de um escrúpulo, e esse fingido. Se eu pregara em Constantinopla, grande matéria se me oferecia neste caso de el-rei Acás e no de el-rei Herodes para fazer uma tremenda exclamação sobre estes escrúpulos. Mas também não quero ir ao Egito, nem ao palácio de el-rei Faraó, que era o terceiro exemplo: pode ser que tenha lugar depois.

§ VIII

O que agora se segue, e somente resta para complemento da matéria e obrigação deste lugar, é que, assim como dividimos e definimos os escrúpulos, assim examinemos os remédios e qualifiquemos o verdadeiro. A maior coisa que neste mundo intentou e executou a temeridade humana foi a morte do filho de Deus, e nenhuma outra com maiores e mais conhecidos escrúpulos. Quantas vezes afirmou Pilatos que nenhuma causa achava naquele homem: "Eu não acho nele crime algum" (Jo 18,38). Quantas vezes respondeu às instâncias dos acusadores que nenhum mal tinha feito: "Que mal tem ele feito?" (Mt 27,23). Por isso cometeu aos príncipes dos sacerdotes que eles o julgassem: "Tomai-o lá vós outros, e julgai-o segundo a vossa lei" (Jo 18,31). Por isso, sabendo que era galileu, o remeteu a el-rei Herodes: "E quando soube que era da jurisdição de Herodes, remeteu-o ao mesmo Herodes" (Lc 23,7). — Tudo isto eram escrúpulos de não ser ele o que julgasse a causa de Cristo, a que se acrescentou também a visão e recado de sua mulher: "Não te embaraces com a causa deste justo" (Mt 27,19): que se guardasse de ter parte alguma nas coisas daquele justo. — Sem embargo, porém, de todos estes escrúpulos, podendo mais os clamores do povo que a razão, e o respeito e dependência do César que a justiça, e, prevalecendo a fraqueza, a covardia e a pusilanimidade do juiz à obrigação do ofício, aqui foi o maior escrúpulo de Pilatos, porque já não era sobre a dúvida de condenar ou não o inocente, mas sobre a resolução de o ter condenado. E que remédio tomaria para aquietar a consciência, que naturalmente estava tremendo de um tão horrendo escrúpulo? "Tomou a água e lavou as mãos diante de todo o povo, protestando e dizendo: Eu estou inocente no sangue deste justo" (Mt 27,24). — E quantas cerimônias destas se tomam por remédios de escrúpulos que não são cerimônia! Condenava a inocência e declarava-se por inocente! O escrúpulo era o sangue do justo, e o purificatório da consciência do juiz lavar as mãos com uma pouca de água! Ó! Pilatos, que há tantos anos estás no inferno! Ó! julgadores, que caminhais para lá com as almas envoltas em tantos e tão graves escrúpulos de fazendas, de vidas, de honras, e cuidais, cegos e estúpidos, que essas mãos com que escreveis as tenções e com que firmais as sentenças, se podem lavar com uma pouca de água! Não há água que tenha tal virtude. A água benta lava os pecados veniais; a água do batismo lava dos veniais e mortais passados; mas nem a água que corre dos olhos, que é a mais poderosa de todas, pode lavar destes escrúpulos porque, sem restituição dos danos que causais, não pode haver contrição verdadeira.

Reprovado o remédio de Pilatos contra os escrúpulos, que foi da água, qual será o que agora se segue? Estou certo que ninguém o imagina. É o do vinho. Pois o vinho, remédio contra os escrúpulos? Sim. Lutero, por uma causa e vingança tão leve, como todos sabem, rebelou-se contra a Igreja, e fez-se, não só herege, senão heresiarca. Mas como era grande letrado, e fora criado em uma religião tão santa, eram também contínuos os escrúpulos com que a consciência o acusava e fortissimamente lhe batia e combatia a alma. E que remédio tomava Lutero para se livrar da bataria, da aflição e da tristeza que naturalmente causam escrúpulos, ainda nas mais depravadas e obstinadas consciências? O que fazia Lutero era fazer-se Calvino: "Calvino, porque pela manhã estás quente e pela tarde pelo vinho"[8]. — Tinha sempre presto muito e bom vinho, bebia valente e alegremente, perturbava-se-lhe o juízo e, posto desta maneira fora de si, tinha paz consigo. "Como sofresse de pesados escrúpulos por causa da nova fé e da adventícia heresia, para entorpecê-los ou extingui-los com vinho todos os dias bebia demasiadamente e se regalava bem de modo que sempre se via embriagado." — São palavras de Cocleu na vida do mesmo Lutero. E porque os seus discípulos e sequazes, como antigos filhos da Igreja Católica, também não podiam aquietar naquela nova doutrina e padeciam os mesmos escrúpulos, diz o mesmo autor que, quando recorriam a Lutero com as suas dúvidas, ele os brindava logo, e com o mesmo antídoto lhes carregava juntamente e aliviava o cérebro: "E assim sugeria o mesmo remédio aos seguidores de suas maldades que se agitavam com os mesmos escrúpulos de consciência, que abafassem os escrúpulos com o vinho"[9].

Depois de ouvida uma tão admirável história, quase dos nossos tempos, em terras dantes tão católicas, parece-me que todo este auditório está dando graças a Deus por nos vermos livres, por mercê sua, tanto de semelhante escrúpulo como de semelhante remédio. Do escrúpulo, porque todos somos fidelíssimos filhos da Santa Madre Igreja, sem heresia; e do remédio, porque aos portugueses as fontes são as que nos matam a sede, e não as vides. Contudo, em outras matérias, não poucas nem pouco graves, vejo entre nós viver muito leves e muito alegres sem nenhum escrúpulo algumas almas, e não das menores, como fala Sêneca — "sombras menores"[10] — as quais, pelo que obram ou têm obrado, assim no reino como fora dele, deveram andar muito tristes e muito escrupulosas. Aquelas dívidas que não se pagam, aquelas violências e os danos delas, aqueles votos injustos e suas consequências, aquelas informações falsas antepostas ao merecimento verdadeiro, aquelas riquezas adquiridas não sei como, ou como todos sabem, não são matérias bastantes para causar grandes escrúpulos? Pois, como é possível que o não façam homens cristãos, e que se confessam e comungam? É porque lhes diverte o escrúpulo, e porque lhes perturba e tira o juízo, não o remédio de Lutero, mas outro muito semelhante.

Fala com a corte de Samaria o profeta Isaías, e chama-lhe com esta mesma exceção: "Embriagada, sem ser de vinho" (Is 51,21). — Não é só o vinho, senhores, o que embebeda. E se me estranhais a palavra, perdoai-me a licença, como a quem veio há poucos dias de cortes muito autorizadas, onde nem a palavra nem a significação se estranha. E basta que usem dela os santos e profetas, e o mesmo Deus, para que não sejam tão mimosos ou tão escrupulosos os nossos ouvidos. O mesmo profeta Isaías, em outro lugar: "Ai da coroa da soberba dos embriagados de Efraim" (Is 28,1). O profeta Joel: "Espertai-vos, embriagados, e chorai" (Jl 1,5). S. Paulo: "Uns têm fome, e outros estão muito fartos" (1Cor 11,21). Salomão: "O vinho e a embriaguez cheia de desordens" (Pr 20,1). E Jó — que é mais — falando dos príncipes e seus conselheiros, debaixo da censura do mesmo nome diz que permite Deus neles esta alienação do juízo, para que não acertem com o que devem fazer: "Andarão às apalpadelas, como em trevas, e não em luz, e os fará desatinar como bêbados" (Jó 12,25). — Assim que, não é só o vinho o que embebeda. Embebeda a soberba, embebeda a ambição, embebeda a cobiça, embebeda a luxúria, embebeda a ira, embebeda a inveja, e até aos que não têm que invejar embebeda a sua mesma fortuna, como de Cleópatra disse o poeta: "Embriagada pela fortuna propícia". — Por este modo, sem perder a fé, bebendo-se docemente os vícios, se adormentam neles os escrúpulos e se divertem os estímulos da consciência, como fazia Lutero. Na mocidade, esperando pela velhice, na velhice, não crendo a morte, e na mesma morte, por amor da família que cá fica, levando o escrúpulo atravessado na garganta e sendo levados dele aonde já não têm remédio.

§ IX

Excluídos estes dois, que só seus autores podiam chamar remédios, tais como eles, segue-se receitar os verdadeiros e qualificados. Mas estes, a que botica os iremos buscar? Será donde menos se espera. Digo que o único remédio que têm ou podem ter os escrúpulos de todos os três primeiros gêneros, e também do quarto, é fazermos com sinceridade e verdade o que os escribas e fariseus fizeram com fingimento. Duas coisas observaram os escribas e fariseus neste caso: a primeira, que não quiseram, sendo letrados, resolver o seu escrúpulo por si mesmos; a segunda, que buscaram para a resolução o sujeito da maior sabedoria e virtude, e mais independente e isento de todos os respeitos humanos, como eles mesmos confessaram.

Primeiramente, nenhum homem, e muito menos os maiores, se deve fazer juiz dos escrúpulos da sua consciência, pelo grande perigo a que se expõe de errar. Entre os egípcios, todos os seus mistérios se declaravam por hieroglíficos, e é notável a nosso propósito a propriedade do que agora direi. Conta a história Sagrada que estavam presos no cárcere daquela corte dois oficiais maiores da casa real, um o copeiro-mor, outro, que não tem semelhante ofício no palácio dos nossos reis, mas responde ao veador da casa. De ambos diz o texto que tinham pecado contra el-rei, seu senhor: "Aconteceu que dois eunucos, o copeiro-mor, e o padeiro-mor do rei do Egito, pecaram contra seu senhor" (Gn 40,1). — E, posto que do mesmo texto não conste qual fosse o pecado, é tradição dos hebreus que a culpa do copeiro foi ver el-rei no vinho da taça um mosquito, e a do veador achar com os dentes no pão uma pedrinha. Veio, pois, o dia em que o mesmo rei fazia anos, e estando à mesa com muitos convidados, mandou que o copeiro viesse exercitar nela o seu ofício e que o veador o pusessem na forca. Quem esperara tal sentença e em tal dia? Mas não há reino sem o seu Herodes, nem Herodes sem morte de inocentes. Se combinarmos as culpas, não há dúvida que a do copeiro foi maior, e a do veador, se culpa se pode chamar, tão merecedora de desculpa e de perdão, que com nenhum cuidado ou vigilância se podia evitar. Aquela pedrinha, se foi da eira, como devia ser, da eira passou ao celeiro, do celeiro à joeira, da joeira ao crivo, do crivo ao moinho, do moinho à peneira, da peneira à massa, da massa ao pão, e do pão à boca do rei, sem a poder ver, como o mosquito, o pobre veador. Pois, se o copeiro, por defeito tão manifesto, que o viram os olhos do rei, não desmereceu ser restituído, o veador pelo que não podia ver nem adivinhar, por que o condena o mesmo rei à forca? Eu não vejo nem sei a razão; só digo que livre Deus ao criado, ou vassalo, não de que veja o rei os seus defeitos, ainda que grandes, mas de que os seus, ainda que mínimos e sem culpa, os tome o mesmo rei entre dentes.

Esta é a resposta historial; vamos à hieroglífica. Que significa hieroglificamente aquela pedrinha? Com toda a propriedade do nome e da etimologia, significa o escrúpulo, porque escrúpulo quer dizer pedrinha. E porque basta uma pedrinha metida entre o sapato e pé para que o pique e magoe, de modo que não possa dar passo sem moléstia, daqui se tomou a metáfora e etimologia de se chamarem escrúpulos aqueles estímulos e moléstias da consciência com que se afligem e inquietam os escrupulosos. Sendo, pois, a pedrinha hieroglífico do escrúpulo, se o rei do Egito mandara julgar o caso dos dois criados por José ou outros dois ministros retos, não há dúvida que o veador havia de sair absolto e julgado inocente. Mas, como ele, estimulado da pedrinha que lhe tocou nos dentes, quis ser o juiz daquele escrúpulo, por isso julgou injustamente por culpa mortal a que verdadeiramente o não era, e condenou no mesmo ato o seu próprio juízo, julgando a do companheiro, que não tinha desculpa, por venial, pois lhe deu perdão.

E já que estamos nas significações da palavra escrúpulo, nos pesos e nas medidas se acha também este mesmo nome. Nos pesos uma onça se divide em vinte e quatro escrúpulos; nas medidas, um escrúpulo contém e se estende a cem pés quadrados de comprimento. Oh! quão enganados andam os juízos, e muito mais os afetos humanos, em pesar e medir os escrúpulos! De um defeito alheio, leve e levíssimo que, quando muito, pesa uma onça, fazem vinte e quatro escrúpulos, e de uma centopeia de pecados próprios, tão quadrados que por nenhuma das quatro faces podem deixar de ser e parecer pecados, apenas fazem um escrúpulo. Mas a maior injustiça, a maior maldade e a maior hipocrisia destes escrupulosos é que os compassos com que medem e as balanças com que pesam os vícios, nos próprios e nos alheios, são muito diferentes. Ouçamos esta diferença da boca da mesma verdade: "Como é ou pode ser" — diz Cristo — "que não vendo tu, ó hipócrita, nos teus olhos uma trave, vejas nos de teu irmão um argueiro?" (Mt 7,3). — Tal modo de quimera ninguém a inventou jamais, com olhos juntamente de lince e de toupeira! De toupeira, para não veres em ti os vícios grandes e enormes; e de lince, para notares e descobrires nos outros os átomos e argueiros que não merecem nome de vício! De um argueiro, que não pesa a quarta parte de uma onça, tantos escrúpulos; e de uma trave quadrada de cem pés, que pode ser quilha a uma nau da Índia, nenhum escrúpulo! E como neste medir e pesar, ou acrescentando, ou diminuindo, não só os juízos e afetos, mas até os olhos próprios erram e se enganam tanto, se a intenção dos escribas e fariseus não fora tão perversa e fingida, é sem dúvida que o ditame era muito verdadeiro, acertado e prudente, em não quererem eles, posto que letrados, ser os árbitros e juízes do seu escrúpulo: "É lícito dar tributo a César, ou não?".

§ X

Quanto à eleição da pessoa que escolheram para a segurança de suas consciências — se elas foram sinceras e bem intencionadas — nenhuma houve nunca nem podia haver em que concorressem tão altamente todas as qualidades e suposições necessárias para aquele juízo, como as pintou a sua lisonja e enfeitou o seu engano. As palavras que disseram foram estas: "Mestre, nós sabemos que és verdadeiro, e que ensinas o caminho de Deus pela verdade, e não se te dá de ninguém, porque não fazes acepção de pessoas: Dize-nos, pois, qual é o teu sentimento" (Mt 22,16s)? — Se o evangelista ou o mesmo Cristo quisera descrever ou definir, não digo um sujeito humano, mas um oráculo do céu e da verdade, que nas dúvidas ou escrúpulos da consciência se deva consultar com segurança, e aquietar e sossegar a alma com o seu parecer, com nenhumas outras cláusulas se pudera formar a definição, nem mais sérias nem mais sólidas, nem mais exatas nem mais santas. Nem eu tenho que tirar ou acrescentar, nem que dizer nelas.

Todo o escrupuloso, pois, que verdadeiramente quiser sarar desta tão molesta enfermidade — digo verdadeiramente, porque os que de verdade quiseram adoecer raramente têm verdadeiro propósito de sarar: não querem quem os cure, senão quem lhes dê certidões de saúde. — Mas se verdadeiramente, como dizia, querem estar seguros dela, assim para a vida como para a morte, eu não lhes receito o remédio, senão o médico. Seja tal qual os escribas e fariseus o pintaram em Cristo. Ouçamos e ponderemos as cláusulas uma por uma.

"Mestre". A primeira cláusula ou condição é que seja douto, e não mestre pelos graus, nem ainda pelas cadeiras da Universidade, senão pela ciência e teologia sólida e bem fundada, e onde ela tiver opiniões, pela mais segura, e que não deixe a salvação e eternidade em dívida. — "Sabemos porque és verdadeiro" — segunda condição: que não seja verdadeiro só pela verdade, senão pela veracidade, isto é, que não só saiba a verdade para a conhecer e distinguir, senão que tenha valor e constância para a dizer claramente, e não a dissimular. — "E ensinas o caminho de Deus na verdade" — terceira condição: que não só creia, mas ensine que para o céu não há mais que um caminho, e esse estreito, como ensinou Cristo, e não dois, que é encaminhar as almas com um pé para o céu e com outro para o inferno. — "E não tens outro cuidado" — quarta condição: que não tenha outro cuidado nem outra pretensão ou dependência, porque no tal caso tratará mais de agradar ao conselheiro, de quem depende, que de fundar bem o conselho que se lhe pede. — "Pois não olhas a pessoa dos homens" — quinta e última: que se não deixe levar de respeitos humanos, nem olhe para quem é o homem que o consulta ou a quem pode tocar a verdade da sua resolução, ainda que seja o mesmo César, e esse tão injusto e cruel como Tibério, para que o tema.

Finalmente, depois de cada um eleger um tal médico e lhe declarar os seus escrúpulos, sem encobrir ou dissimular circunstâncias algumas que o possa agravar ou favorecer, a doutrina comum de todos os santos, de todos os teólogos e de todos os mestres da vida espiritual — não beatos ou beatas, que são a peste da salvação e das consciências — é que, com a resolução que lhe der a pessoa consultada, tal qual fica dito, e com a confissão geral — se por seu conselho for necessária — se aquiete de tal sorte na consciência como se por uma revelação do céu fora certificado de estar seguro. Não quero citar ou alegar mais autores que dois, os que mais exatamente trataram esta matéria, Santo Antonino, e o grande cancelário de Paris, João Gerson. Santo Antonino, depois de ensinar o que tenho dito, confirma a sua doutrina com a resposta de um religioso de S. Domingos, defunto, que apareceu ao outro muito fatigado de escrúpulos e, perguntado que remédio tomaria para se livrar daquelas moléstias da sua alma, respondeu: "Consultai alguém discreto, e consenti a ele"[11]. Consultai um confessor discreto, e aquietai-vos com o que ele vos disser. — Com o mesmo conselho curou S. Bernardo outro religioso muito escrupuloso da Ordem de Cister. E, como replicasse outro: Se eu tivera um confessor tão douto e tão santo como S. Bernardo, também eu me aquietara, responde e conclui Gerson: "Quem assim fala, e entende, erra e se engana. Portanto deves obedecer-lhe não como a um homem mas como a alguém enviado por Deus, cujas as vezes faz"[12]. Tu, escrupuloso, que isso dizes e assim o entendes, erras e te enganas, porque a esse confessor, posto que não seja tão santo nem tão douto, deves obedecer, não como a homem, senão como a Deus, que assim o manda e em seu lugar te guia.

Agora determinava eu tratar da matéria em que se fundava o escrúpulo dos escribas e fariseus, que é a dos tributos dos Césares, mas fique para sermão particular sobre o mesmo tema: "É lícito dar tributo a César, ou não?".

SERMÃO DO

Santíssimo Sacramento

Em Santa Engrácia. Ano 1662.

∽

"O que come a minha carne, e bebe o
meu sangue, esse fica em mim, e eu nele."
(Jo 6,57)

Em 1662, continua no seu trabalho de pregação. Não se deve admirar o tom "agressivo" contra os portugueses no seu comportamento com respeito ao Sacramento enquanto comunhão. Vieira acabara de ser deportado. Corte nobilíssima de Portugal, falemos claro. A vossa fé e a vossa piedade é a que desagrava a verdade daquele mistério enquanto sacramento, e a vossa desunião e a vossa discórdia é a que agrava o mesmo mistério e a mesma verdade enquanto comunhão. Neste mistério não há só uma união, senão duas e estas mui diferentes: uma união com que Cristo nos quis unir consigo e outra união com que nos quis unir conosco. Ele em mim e eu nele. Existem, no entanto, católicos do sacramento e hereges da comunhão: isso é dito por São Paulo. Só a união desagrava a desunião. Os três motivos da união e os quatro vícios que geram a desunião. Todo o reino desunido será assolado e umas casas cairão sobre as outras. Todo fundamento da esperança dos inimigos de Portugal é a desigualdade da nossa competência. Sempre vencemos poucos a muitos. E para que a união faça de poucos muitos, é necessário que de muitos e de todos faça primeiro um só. Termina com uma oração pela unidade e união de todos.

§ I

Agravado e satisfeito, queixoso e agradecido, ofendido e obrigado considera o meu sentimento neste dia e neste lugar a vossa encoberta Majestade, todo-poderoso Senhor. Agravado e satisfeito, mas como satisfeito, se agravado? Queixoso e agradecido, mas como agradecido, se queixoso? Ofendido e obrigado, mas como obrigado, se ofendido? No mesmo dia, no mesmo lugar, no mesmo mistério, na mesma pessoa de Cristo, como podem caber juntas obrigação e ofensa, agradecimento e queixa, satisfação e agravo? Eu direi como, e isto é o que venho dizer. Ouça-me a nobreza ilustríssima de Portugal, porque com ela é o caso, para que ainda com esta circunstância cresça e se suspenda mais a nossa admiração. — Está Cristo naquele soberano mistério obrigado e juntamente ofendido, agradecido e juntamente queixoso, satisfeito e juntamente agravado, porque a mesma piedade portuguesa, que celebra os seus desagravos hoje, nem hoje cessa de multiplicar os seus agravos. Naquele altar e nesta mesa logra e padece Cristo os dois extremos desta tão notável diferença. Naquele altar enquanto Sacramento, nesta mesa enquanto Comunhão; naquele altar enquanto o adoramos, nesta mesa enquanto o recebemos.

O sagrado mistério da Eucaristia — no sentido em que o meu discurso o distingue — ou se pode considerar enquanto Sacramento precisamente, que faz presente a Cristo, ou enquanto Comunhão. Enquanto Sacramento, foi instituído para o Senhor estar conosco, enquanto Comunhão foi instituído para estar em nós. Enquanto Sacramento, para residir nos nossos altares, enquanto Comunhão, para entrar nos nossos corações. Daqui se segue que a Comunhão foi um *plus ultra* [mais além, o apogeu][1] do Sacramento. No Sacramento chegou o amor a tirar a Cristo do céu e pô-lo em nossos altares, para que aí o adorássemos como mistério da fé; na Comunhão passou o amor a tirar a Cristo dos altares e metê-lo em nossos corações, para que aí o abraçássemos como mistério da caridade. Estes são os dois efeitos maravilhosos que, para mais e mais nos obrigar, obra Cristo no mistério da Eucaristia, e estas são as duas considerações em que juntamente está recebendo de nós ali desagravos e aqui agravos. Desagravado enquanto o adoramos em nossos altares, agravado enquanto o recebemos em nossos corações; desagravado enquanto está conosco, agravado enquanto está em nós; desagravado enquanto mistério da fé, agravado enquanto mistério da caridade; desagravado, enfim, enquanto não comungado, e agravado enquanto Comunhão.

Tenho dito, mas não me tenho declarado. O modo — verdadeiramente digno de seus autores — com que a nobreza ilustríssima de Portugal desagrava em públicas demonstrações aquele divino mistério enquanto Sacramento não é necessário que eu o repita aos ouvidos, e mais quando os olhos os estão lendo em tão elegante escritura. Este paraíso da vista, tresladado do céu à terra, esta grandeza, esta riqueza, esta majestade, este culto exterior, verdadeiramente divino, de que Deus sempre se agradou tanto, ainda antes de ter corpo esta assistência das majestades e altezas, esta frequência de tudo o ilustre e grande da corte de Portugal, estas adorações e estes obséquios, este zelo e esta piedade, esta fé e este amor, ambos com os olhos abertos, este nome e este instituto de escravos, estes tosões lançados ao peito, como ferretes dos corações, tudo isto são desagravos e satisfações gloriosas daquele sacrossanto mistério, contra a perfídia, contra a cegueira, contra a obstinação, contra o atrevimento, contra o desatino herético.

Mas, se Cristo neste dia e neste lugar está tão honrado e tão desagravado enquanto Sacramento, como pode estar ofendido e agravado enquanto Comunhão? Melhor fora não se poder dizer como, mas é lástima que se possa dizer e é força que se diga. Corte nobilíssima de Portugal, falemos claro. A vossa fé e a vossa piedade é a que desagrava a verdade daquele mistério enquanto Sacramento, e a vossa desunião e a vossa discórdia é a que agrava o mesmo mistério e a mesma verdade enquanto Comunhão. Vamos ao Evangelho.

§ II

"O que come a minha carne, e bebe o meu sangue, esse fica em mim, e eu nele" (Jo 6,57). Quem come o meu corpo e bebe o meu sangue — diz Cristo — está em mim e eu estou nele. — Se perguntarmos aos intérpretes o entendimento destas palavras, todos respondem que significam uma união real e verdadeira com que, por meio da Comunhão, ficamos unidos a Cristo. Isto dizem os expositores e os teólogos comumente, mas eu, com licença sua, tenho para mim que neste mistério não há só uma união, senão duas, e essas mui diferentes: uma união com que Cristo nos quis unir consigo, e outra união com que nos quis unir conosco. O efeito da primeira união é estarmos unidos com Cristo; o efeito da segunda união é estarmos unidos entre nós. Ponderemos o nosso texto: "O que come a minha carne, e bebe o meu sangue". Quem come o meu corpo e bebe o meu sangue — "esse fica em mim, e eu nele": está em mim e eu nele. — Reparo muito nesta duplicação de termos: ele em mim, e eu nele. Se Cristo na Comunhão pretendera somente unir-se conosco, um destes termos bastava, e o outro era supérfluo. Provo. Porque para estas duas mãos estarem unidas, basta que a direita esteja na esquerda, ou a esquerda na direita. Da mesma maneira, para Cristo e nós estarmos unidos, basta que nós estejamos em Cristo: "fica em mim" — ou que Cristo esteja em nós: "e eu nele". Pois, se para explicar a união que há entre Cristo e o que comunga bastava qualquer destes termos, por que os dobra e multiplica Cristo? Por isso mesmo. Dobra Cristo e multiplica os termos porque também a união se dobra e se multiplica. Se a união fora uma só, bastava dizer: "fica em mim" ou "e eu nele"; mas diz "fica em mim, e eu nele" duplicadamente, para significar as duas uniões que obra aquele mistério: uma união imediata, com que nos unimos a Cristo, e outra união mediata, com que mediante Cristo nos unimos entre nós. Notai os termos destas uniões e vereis como são distintas. Uma união se termina de nós a Cristo: "fica em mim" — e outra união se termina de Cristo a nós: "e eu nele". Pela união que se termina de Cristo a nós fica Cristo unido conosco; pela união que se termina de nós a Cristo ficamos nós unidos entre nós. Mais claro. Pela união que se termina de Cristo a nós, fica Cristo unido a cada um de nós e como dividido de si; pela união que se termina de cada um de nós a Cristo, ficamos todos unidos com Cristo e todos unidos entre nós.

Esta última proposição é toda a dificuldade e toda a novidade deste assunto: dizer que por meio da união sacramental, com que na Comunhão nos unimos a Cristo, ficamos não só unidos com ele, senão também unidos entre nós. E como esta verdade grande é a pedra fundamental de todo o discurso, mostrá-la-ei com o exemplo, prová-la-ei com a Escritura, confirmá-la-ei com os santos, e até os mesmos acidentes do Sacramento e o mesmo nome de Comunhão nos servirão de prova.

Começando por esta última, pergunto: que quer dizer comunhão? O nome "comunhão" não é inventado por homens, senão imposto por Deus e tirado das Escrituras sagradas em muitos lugares do Testamento Novo. E que quer dizer "comunhão"? Quer dizer "união comum". Assim explicam sua etimologia todos os intérpretes. De maneira que dando Cristo nome à Comunhão, não lhe pôs o nome da união particular que temos com ele, senão da união comum que causa entre nós. A união que cada um de nós tem com Cristo no Sacramento é união particular; a união que mediante Cristo temos todos entre nós é união comum, e esta união comum, como efeito principal e ultimamente pretendido por Cristo, é a que dá o ser e o nome à Comunhão: "comunhão": "união comum". Mas como pode ser que da união particular nasça a união comum? Como pode ser que, por ficar cada um de nós unido com Cristo, fiquemos todos também unidos entre nós? Agora entra o exemplo.

É prolóquio dos filósofos que, quando dois extremos distintos se unem a um terceiro, ficam também unidos entre si. Dois ramos de uma grande árvore são muito distintos e muito distantes; mas porque se unem ao mesmo tronco, ficam também unidos um com o outro. É o exemplo de que usou Cristo na mesma mesa em que acabava de comungar aos discípulos: "Eu sou a vide, e vós os ramos" (Jo 15,5). E assim como os ramos, pela união que têm com a vide, ficam unidos entre si, assim os que comungamos o corpo de Cristo, pela união que temos com Cristo ficamos unidos entre nós. Parece-vos humilde comparação esta? Ora, remontai o pensamento sobre as nuvens, sobre os céus, sobre as estrelas, sobre os anjos, e ouvi a semelhança incomparável e incompreensível com que o mesmo Cristo se declara ou se comunica com seu Pai. A primeira comparação foi de homens a homens, a segunda é de Deus a Deus. Na sobremesa da instituição do Sacramento fez Cristo oração ao Pai eterno: "Pai santo, guarda-os para que sejam um como nós somos um" (Jo 17,11s). Eterno Pai, encomendo debaixo de vossa divina proteção os homens de quem nesta hora me aparto; e o que vos peço para eles é que sejam tão unidos entre si como nós o somos entre nós. — Só por esta comparação devíamos infinito amor e eterno agradecimento a Cristo. Mas é ela tão alta e tão sublime, que só o Pai, com quem o Filho falava, a podia compreender. Pede Cristo ao Pai que "sejam os homens uma só coisa" — e parece que pede um impossível. Como pode ser que tantos homens, que são coisas tão diversas e tão distantes, "sejam uma só"? — Só no mistério da Eucaristia se pudera conseguir esta possibilidade, e só no mistério da Trindade se pudera achar esta semelhança. A maior maravilha do mistério da Trindade é haver nela multidão e unidade, muitas pessoas e uma essência. E o que faz no mistério da Trindade a unidade faz no mistério da Eucaristia a união. A pessoa do Pai é distinta do Filho e do Espírito Santo; a pessoa do Filho é distinta do Espírito Santo e do Pai; a pessoa do Espírito Santo é distinta do Pai e do Filho, e, contudo, são um só Deus. Por quê? Porque se unem todas — não falo bem — porque se identificam todas em uma só essência. Identifica-se o Pai com a essência divina, o Filho com a essência divina, o Espírito Santo com a essência divina; e como a divina essência é uma só, e uníssima, como lhe chamou S. Bernardo, ainda que as três pessoas sejam realmente distintas, podem ser, e são uma só divindade; podem ser e são um só Deus. O mesmo passa no mistério soberano da Eucaristia, só com chamarmos aqui união o que lá se chama unidade. Chegam todos os homens àquela sagrada mesa: eu que comungo uno-me com Cristo, vós que comungais uni-vos com Cristo, o outro que comunga une-se com Cristo, e por meio desta união com Cristo ficamos unidos também entre nós: "Para que sejam um como nós somos um".

Quereis Escritura mais clara? Texto de S. Paulo, expresso na primeira Epístola aos Coríntios: "Nós todos somos um só corpo, nós que participamos de um mesmo pão — e de um mesmo cálice" (1Cor 10,17)[2]. Não se pudera declarar mais breve e mais maravilhosamente o efeito, a causa e todo o mistério: Somos muitos um só corpo — diz a maior trombeta da verdade, S. Paulo: "Nós todos somos um só corpo". — E estes muitos quem são, glorioso apóstolo? São todos os homens? Não. São todos os cristãos? Não. Pois quem são logo? São todos aqueles que comemos um pão e bebemos um cálice, todos aqueles que comungamos: "Nós que participamos de um mesmo pão". — Vede a consequência do apóstolo, se é em termos a nossa. Como o pão é um: "de um mesmo pão" — e como o cálice também é um: "de um mesmo cálice" — infere e conclui a teologia de Paulo que também os que participamos e nos unimos a este um, por necessária consequência havemos de ficar unidos: "Nós todos somos um só corpo, nós que participamos de um mesmo pão — e de um mesmo cálice".

Santos, que confirmem a verdade deste pensamento não temos mais que dois, mas de grande antiguidade e autoridade em ambas as Igrejas. Da Igreja grega, S. Cirilo Alexandrino, da Latina, o maior lume de uma e outra, Santo Agostinho: "Se somos muitos, nele, contudo somos um, pois participamos de um só pão"[3]. — E Santo Agostinho: "Pois se nós que recebemos o corpo de Cristo somos o corpo de Cristo, devemos nos unir não só à cabeça pelo amor, mas também aos membros"[4]. — Não me detenho, nem é necessário, em romancear as palavras destes grandes padres, porque o mesmo que eles resumiram em tão poucas é o que nós até agora dissemos em mais dilatado discurso.

Por conclusão de todo ele, ouçamos o último testemunho que prometi dos mesmos acidentes sacramentais. Consagrou Cristo seu corpo e sangue debaixo de acidentes de pão e vinho. E por que mais escolheu o Senhor esta matéria vulgar para tão soberano Sacramento, que alguma outra de quantas tinha criado? Sem dúvida para que os mesmos acidentes visíveis — que é o que só naquele Sacramento ocultíssimo percebem os sentidos — nos estivessem pregando e apregoando por fora os efeitos maravilhosos que lá se obram por dentro. Não reparais — diz Santo Agostinho — que a matéria da hóstia e a do cálice, a matéria que cobre o corpo e a que disfarça o sangue, uma e outra é composta de coisas que, sendo primeiro muitas, se fazem uma? O pão, matéria do corpo, que foi antes e que é depois, senão muitos grãos de trigos unidos e amassados em uma hóstia? O vinho, matéria do cálice, que foi antes, e que é depois, senão muitos cachos e muitos bagos espremidos e unidos em um licor? E por que, ou para quê? Para que naquelas paredes de fora vejam os olhos o que crê a fé por dentro, e para que aquela obra exterior da natureza seja testemunho visível e manifesto da virtude interior e oculta da graça. Assim como os acidentes sacramentais são composição de muitas coisas unidas em uma, assim o efeito do Sacramento é união de muitos homens unidos entre si. Este é o mistério daqueles acidentes sagrados, e este o documento divino que a fé nos está pregando e ensinando neles. Mas não é pensamento ou consideração só minha — diz Agostinho — senão tradição recebida dos antigos padres da Igreja que, mais chegados às fontes da verdade, beberam delas primeiro e depois nos descobriram este segredo. "Por isso" — são palavras do grande doutor — "assim como homens de Deus antes de nós entenderam, Jesus Cristo nosso Senhor apresentou o seu corpo e sangue em coisas que foram reunidas numa unidade. Assim, com muitos grãos se faz um pão e com cachos de uva o vinho."[5] — De sorte, como dizíamos, que o mistério do Sacramento, enquanto comunhão, visto ao lume da fé, visto ao lume da razão e visto ao lume dos olhos, não só é união de Cristo aos que comungam, senão também, mediante o mesmo Cristo, união dos que comungam entre si: "Esse fica em mim, e eu nele".

§ III

Sendo, pois, o fim de Cristo naquele Sacramento, ou naquela oficina de amor, não só unir-se conosco, senão unir-nos entre nós, sendo o fim de Cristo em se nos dar a comer ou a comungar introduzir-se aos nossos corações para os concordar e unir entre si, e sendo o mesmo Cristo, não só o mediatário, senão também o meio desta união, vede se tem justas causas de estar queixoso, de estar ofendido e de estar agravado. Tanta comunhão e tão pouca união? Oh! que agravo, oh! que ofensa, oh! que afronta tão pública e tão injuriosa de Cristo comungado! Os hereges fizeram um agravo àquele Senhor, e nós, que professamos seus desagravos, atrevo-me a dizer que lhe fazemos outro igual. Grande agravo foi o que cometeram neste lugar os hereges contra Cristo sacramentado; mas não é menor o agravo que cometem os mesmos que o vêm desagravar, porque não só é agravo, senão também heresia. Heresia? Sim. E ninguém se ofenda da palavra, porque não é minha, senão do mesmo agravado, Cristo, por boca do maior intérprete do Sacramento, S. Paulo.

Concorriam os coríntios a comungar juntos, como nós comungamos, e havia entre eles discórdias e dissensões, posto que não tão pesadas como as nossas. Soube S. Paulo o que passava, e diz assim por escrito: "Quando vindes à Igreja comungar, ouço que há desuniões entre vós, e em parte o creio, porque é força que haja heresias" (1Cor 11,18s). — Notáveis consequências são hoje as de S. Paulo. De maneira que, porque é força que haja heresias, crê S. Paulo que há desuniões entre os que comungam? E porque há desuniões entre os que comungam, daí infere que é força haver heresias? A heresia é pecado contra a fé, a desunião é pecado contra a caridade. Como chama logo S. Paulo à desunião heresia? Divinamente o apóstolo: porque era desunião de homens que comungavam. A desunião entre os outros homens é pecado contra a caridade; a desunião entre os que comungam é delito contra a fé, e por isso heresia: "Porque é força que haja heresias". — Mas, por que, ou como? Por que é, ou como é pecado contra a fé a desunião dos que comungam? Porque a comunhão, como dizíamos, é união comum entre os comungantes, e quem depois de comungar não tem união, nega e desmente a verdade da comunhão. Não a nega com a palavra, mas nega-a com a obra: "Confessam que conhecem a Deus, mas negam-no com as obras" (Tt 1,16). — Há heresias que se dizem e heresias que se fazem, e tal é esta, dos que comungam e andam desunidos. Os hereges obstinados dizem que o Sacramento não é Sacramento, e os católicos desunidos fazem que a comunhão não seja comunhão. O mesmo apóstolo o disse assim, continuando o seu discurso: "Quando vindes à Igreja comungar, já não é mais para comer a ceia do Senhor" (1Cor 11,20). Comungar como vós comungais, comungados e desunidos, isso não é comungar: "Já não é mais para comer a ceia do Senhor". — Julgai agora se é espécie de heresia a vossa desunião, e em certo modo mais danosa e mais cruel que a dos mesmos hereges. O herege nega o Sacramento, mas não faz que o Sacramento não seja Sacramento; vós confessais a Comunhão, mas fazeis que a Comunhão não seja comunhão: "Já não é mais para comer a ceia do Senhor". — Os hereges dizem que não é, e nós fazemos que não seja: "Já não é mais". — Os hereges são blasfemadores daquele mistério, e nós destruidores dele. Os hereges negam-lhe a essência, nós desmentimos-lhe as virtudes. Os hereges desfazem nele, mas nós desfazemo-lo a ele. Oh! que desgraça nossa! Oh! que injúria daquele soberano mistério! Muito a pesar dos hereges há e há de haver sempre Sacramento, mas muito a pesar de Cristo nós fazemos que já não haja Comunhão: "Quando vindes à Igreja comungar, já não é mais para comer a ceia do Senhor".

Por reverência de nossa fé e de nossa piedade, que ponderemos e sintamos bem aquele "Já não é mais". A heresia é contradição do Sacramento, a desunião é contraditória da Comunhão. Por isso o apóstolo chamou a este comungar não comungar: "Já não é mais para comer a ceia do Senhor". — De maneira que a desunião dos que comungam implica um "Não é" da Comunhão. A fé diz "é", a desunião diz "Não é"; e desunião que inclui um "não" é contra a Comunhão, vede outra vez se é e se pode chamar heresia: "Porque é força que haja heresias". — Não será heresia contra o Sacramento enquanto mistério da fé, mas será heresia contra o Sacramento enquanto mistério da caridade; não será heresia da palavra, pela qual vos queimem na terra, mas será heresia de obras, pela qual ardereis no inferno. E por que diz S. Paulo que cria isto em parte, e não em todo: "E em parte o creio"? — Porque os coríntios verdadeiramente eram como nós somos hoje: muita fé, muita piedade, muito zelo, muita reverência ao mistério da Eucaristia, mas, como S. Paulo por uma parte os via tão devotos e por outra tão desunidos, por uma parte tão amigos da comunhão e por outra tão inimigos da união, por uma parte com o Sacramento no peito — e ao peito — e por outra com o ódio nos corações, não acabava de se deliberar S. Paulo se eram os coríntios inteiramente católicos ou se tinham parte de hereges, e por seu modo tudo eram. Eram católicos do Sacramento e hereges da Comunhão. E isto é o que nós somos: católicos no que professamos, e hereges no que fazemos; católicos de boca para com Deus, e hereges de coração para com os homens; católicos da fé e hereges da caridade; enfim, católicos do Sacramento, e hereges da Comunhão: "Porque é força que haja heresias".

Para última ponderação deste agravo sejam exemplo aos grandes de Portugal dois também grandes de outro reino, em que se professava a mesma fé, posto que não tanta nem tão pura. Levado Cristo à casa de Pilatos, e remetido por ele a Herodes, diz assim o evangelista S. Lucas: "Naquele dia se fizeram amigos Pilatos e Herodes, porque dantes eram inimigos" (Lc 23,12). — Pois, saibamos: disse Cristo alguma coisa a estes dois ministros? Persuadiu-os, exortou-os, rogou-os a que se reconciliassem, a que não escandalizassem o povo, a que não violassem a paz e caridade pública? Nada disto fez Cristo, antes não lhes falou nem uma só palavra. Pois, se Cristo não disse coisa alguma a Herodes nem a Pilatos, se mudo foi presentado e mudo esteve diante deles, como os fez, ou se fizeram amigos? Aqui vereis a eficácia do corpo de Cristo para causar união entre homens desunidos. Bastou que o corpo de Cristo mudo entrasse em casa daqueles dois homens tão grandes, que eram os maiores da corte de Jerusalém, para que logo, sem mais diligência, estando discordes, se unissem e, sendo inimigos capitais, se fizessem amigos. Oh! que grande confusão para a nossa fé! Oh! que afronta para a nossa desunião! Que entre Cristo uma vez em casa de Pilatos e Herodes, e que logo se reconciliem e se façam amigos, e que entre o mesmo Cristo — que não é outro — tantas vezes nos nossos corações, e que as nossas inimizades e as nossas desuniões fiquem tão inteiras, tão duras e tão obstinadas como dantes? As inimizades de Pilatos e Herodes eram dúvidas de jurisdições, desconfianças de autoridade, ciúmes do favor e graça do César, e todos aqueles achaques de que adoecem gravemente todos os que ocupam os postos supremos. E que, vencendo Cristo todos estes reparos em Pilatos e Herodes, sem nenhum empenho os não possa vencer nem derrubar em nós, empenhando nisso todo o corpo e todo o sangue? Se cada um quer conhecer nesta parte aonde chega sua fé e sua religião, considere quem foi Pilatos e quem foi Herodes, e onde estão hoje. Pilatos crucificou a Cristo, Herodes zombou de Cristo; Pilatos e Herodes foram dois homens precitos, e são hoje dois condenados que estão ardendo e hão de arder eternamente no inferno; e obrou Cristo, só entrando em suas casas, o que não obra comungando em nossos corações. Mas que digo, o que não obra, sendo os efeitos tão enormemente contrários? Acabamos de comer o corpo de Cristo no Sacramento, e logo partimos a nos comer uns a outros; acabamos de comungar o sangue de Cristo, e ali mesmo desejamos beber o sangue aos que ali conosco o comungaram. Vede se está bem justificada a queixa, se está bem provada a ofensa, se está bem conhecido — posto que nunca assaz ponderado — este segundo e novo agravo. Assim se quebraram na dureza de nossos peitos as mais fortes e finas setas do amor de Cristo, assim se malogrou na resistência de nossas vontades e na rebeldia obstinada de nossas desuniões o maior invento de sua sabedoria e o maior empenho de seu poder. E este fim teve o fim daquele prodigioso desejo com que traçou o amoroso Senhor unir-nos a si para nos unir entre nós: "Esse fica em mim, e eu nele".

§ IV

Temos demonstrado o agravo, mas quem se atreverá a persuadir o remédio? Desagravamos o agravo alheio, e quem há de desagravar o nosso? Desagravamos o agravo herético, e quem há de desagravar o católico? Desagravamos o agravo do Sacramento, e quem há de desagravar o agravo da Comunhão? Como homens, como cristãos e como ilustres corre por conta da nobreza de Portugal esta nova satisfação e desagravo. E estes mesmos três respeitos nos descobrem três motivos dele. Onde a desunião é o agravo, o desagravo não pode ser outro senão a união. Três motivos, pois, de união nos descobrem os mesmos três respeitos que concorrem nesta congregação ilustríssima. Motivo de união como cristãos, motivo de união como homens, motivo de união como ilustres. Como cristãos o motivo da fé, como homens o motivo da conveniência, como ilustres o motivo da honra. Do motivo da fé, como a cristãos, não direi palavra, porque, se o não convenceu o discurso passado, não vejo meio de o persuadir. Os dois motivos da conveniência e da honra são os que agora quisera apertar. Até agora me ouvistes como cristãos; dai-me agora atenção como homens e como Ilustres.

§ V

"O que come a minha carne, e bebe o meu sangue." Assim como as duas cláusulas das palavras que já ponderamos nos deram as duas uniões, assim as presentes, que também são duas, nos hão de dar os dois motivos. Todos os padres e expositores reparam muito em que a caridade e providência de Cristo não só nos desse sua carne, senão também seu sangue, e este mesmo reparo, por si só, e sem outro respeito, é muito bem fundado em seguimento do nosso discurso e sobre a suposição de tudo o que até aqui temos dito se esforça ainda e se aperta muito mais. Para a união consigo e entre nós, que era o intento de Cristo, bastava dar-nos só o corpo, ou só o sangue, porque tanta virtude e eficácia tem o corpo só como o corpo e o sangue juntamente. Pois, por que razão nos deu o Senhor não só a carne, senão também o sangue: "O que come a minha carne, e bebe o meu sangue"? Porque, para a união que pretendia, não só nos quis dar os efeitos, senão também os motivos. Como aquela união dependia do seu poder e mais da nossa vontade, eram necessários meios que obrassem a união e meios que nos afeiçoassem a ela. Para obrar a união bastava só o corpo ou o sangue de Cristo, mas para nos afeiçoar a ela foi necessário o corpo e mais o sangue: o corpo, para nos dar um motivo, e o sangue para nos dar outro. E que motivos foram estes? O da conveniência e o da honra. Deu-nos a carne para nos sustentar, deu-nos o sangue para nos enobrecer. E não podia dar-nos maiores motivos para nos unir, porque o primeiro levava consigo a conveniência da conservação, e o segundo o pundonor da nobreza.

Começando por esta segunda — a que sempre é devido o primeiro lugar — o sangue com que Cristo nos enobreceu no Sacramento, não só é meio da união que pretende, senão motivo mui forte para nos unir, porque não há coisa mais contrária à verdadeira nobreza que a desunião: "e bebe o meu sangue, esse fica em mim, e eu nele". Fez Abraão um sacrifício a Deus, em que ofereceu certo número de aves e outro de animais terrestres, e diz o texto sagrado que dividiu os animais e que não dividiu as aves: "Tomando todos estes animais, partiu-os pelo meio, mas não dividiu as aves" (Gn 15,10). — Pois, se o sacrifício era o mesmo, consagrado ao mesmo Deus, e oferecido pelo mesmo sacerdote, suposto que se dividem os animais, as aves também por que se não dividem? Sabeis por quê? — diz S. Ambrósio[6] — Porque as aves eram de melhor elemento e de melhor nascimento. Na criação do mundo os animais nasceram da terra: e ficaram na terra: as aves nasceram da água e passaram à região do ar. E como os animais terrestres eram de baixo nascimento e de baixo elemento, admitiam divisão; porém, as aves, que eram de nascimento claro e de elemento sublime, achou Abraão que era contra sua natural nobreza o dividi-las: "Mas não dividiu as aves". — Nobreza nobilíssima de Portugal, ali está o verdadeiro sacrifício, figurado no sacrifício de Abraão. Será bem que neste sacrifício veja o mundo as aves divididas? Antes de vir ao sacrifício podem as aves fazer bandos, antes de vir ao sacrifício podem as aves estar divididas; mas depois de oferecidas àquele altar, já não admitem divisão: "Mas não dividiu as aves".

E por que não pareça esta união reverência do sacrifício, e não qualidade natural da mesma nobreza, saímos do Templo às praças e ainda da fé ao gentilismo. A estátua de Nabucodonosor de pés a cabeça era composta daquela variedade de metais que todos sabemos. A cabeça de ouro, o peito de prata, o ventre de bronze, do ventre aos pés de ferro, os pés de ferro e de barro. E nota o texto sagrado que o ferro e o barro dos pés não estavam unidos: "Como o ferro se não pode ligar com o barro" (Dn 2,43). — De maneira que o ouro estava unido com a prata, e a prata estava unida com o bronze, mas o barro dos pés não estava unido com o ferro. Olhai por onde rendeu a estátua, olhai por onde estava a desunião: nos pés e no barro. A parte mais baixa da estátua eram os pés, a matéria mais vil dos metais era o ferro e o barro, e onde estava a maior baixeza e a maior vileza, ali se achou a desunião. Pelo contrário, o mais alto da estátua era a cabeça e o peito, o mais ilustre dos metais era o ouro e a prata, e o que na estátua era o mais alto e o mais ilustre, isso era o que estava unido. À cabeça e ao peito, ao ouro e à prata não lhes faltavam seus altibaixos, em que poder tropeçar a desunião. A prata pudera dizer que era mais branca que o ouro, o ouro pudera dizer que tinha mais quilates que a prata, a cabeça pudera dizer que tinha mais juízo que o peito, o peito pudera dizer que tinha mais coração que a cabeça. Mas como a cabeça e o peito, como o ouro e a prata, eram o mais alto e o mais ilustre, todos se compunham entre si, todos estavam unidos.

Quis Nabuco emendar o erro ou melhorar a fortuna da estátua que vira, e mandou fazer outra estátua dos pés até a cabeça toda de ouro: "Fez uma estátua de ouro" (Dn 3,1). — E esta estátua toda de ouro tinha alguma desunião? Nenhuma. Como tudo era ilustre, tudo estava unido. Tão própria qualidade e tão próprio atributo é da nobreza a união. Mas se esta estátua toda de ouro — vede o que agora digo — se esta estátua toda de ouro tivera alguma desunião, ainda que a desunião fora na cabeça, também havia de ter pés de barro. Pés de barro? Pois, como assim, se da cabeça até os pés a estátua toda era de ouro; e se a desunião, como supomos, não estava nos pés, senão na cabeça? Por isso mesmo. Porque ouro sem união é barro, e cabeça sem união é pés. Não havemos de ir longe buscar a prova. Quando esta mesma estátua de Nabuco se desfez em pó e foi levada dos ventos por esses ares, diz Daniel — que é o autor desta prodigiosa história — que se desfez o ouro, a prata, o bronze e todos os outros metais, e que todos se converteram em pó de terra: "Como se fossem palha que o vento leva para fora da eira no verão" (Dn 2,35). — Aqui é o meu reparo e grande reparo. Que os pés de barro se convertessem em pó de terra, bem está; mas o ferro parece que se havia de converter em pó de ferro, e o bronze em pó de bronze, e a prata em pó de prata, e o ouro em pó de ouro, ou em ouro em pó. Mas não foi assim o caso. Pois, por que razão o ouro da cabeça e os metais dos outros membros se converteram em pó de terra, como o barro dos pés? Porque, quando se desfez a estátua, desuniram-se todos os membros e desuniram-se todos os metais; e como houve desunião, o ouro e todos os outros metais logo foram barro; a cabeça e todos os outros membros logo foram pés. — Por isso todo o pó foi de pés de barro: "Como se fossem palha que o vento leva para fora da eira no verão". Por mais alta que esteja a cabeça, se não está unida, é pés; por mais ilustre que seja o ouro, se não está unido, é barro. Nobreza, e desunida, não pode ser, porque, em sendo desunida, logo deixa de ser nobreza, logo é vileza.

Ora, eu tive curiosidade de averiguar o nascimento à desunião, e consultando, não os vossos nobiliários, senão os livros da verdade, achei nas Escrituras Sagradas que não há desunião que não seja vil de nascimento, ou de um, ou de dois, ou de três, ou de todos os quatro costados. Toda a desunião quanta há no mundo, e muito mais nas cortes, ou nasce do vício vil da ambição, ou do vício vil da cobiça, ou do vício vil da inveja, ou do vício vil da vingança. Para que venha a prova mais em seu lugar, vejamo-lo em quatro irmandades ilustres, que todas se prezavam muito de seus nascimentos. Houve desunião entre Caim e Abel, e nasceu a desunião da inveja de Caim; houve desunião entre Esaú e Jacó, e nasceu a desunião da ambição de Esaú. Houve desunião entre Absalão e Amnon, e nasceu a desunião da vingança de Absalão. Houve desunião entre o Filho Pródigo e o outro filho, e nasceu a desunião da cobiça do Pródigo. Se se examinar bem o nascimento de qualquer desunião honrada, achar-se-á que não há desunião que não nasça de alguma destas vilezas; e se se examinar melhor, achar-se-á que não há desunião que não nasça de todas quatro. Todas têm — e se não, diga-o a consciência de cada um — todas têm sua parte de ambição, sua parte de cobiça, sua parte de inveja e sua parte de vingança. E desunião que nasce de quatro vilezas, como pode deixar de ser vil e vilíssima? Nobreza, e desunida, torno a dizer que não é possível, porque, em sendo desunião, logo é vileza.

Só vejo que poderá replicar alguma advertência crítica que bem pode um homem estar desunido sem ser culpado na desunião. Depois que houve desunião entre Caim e Abel, bem pode Caim ser o desunido e Abel o inocente, porque pode a desunião estar da parte de Caim, e não da parte de Abel. Concedo tudo. Ainda que a desunião não pode ser senão entre dois, a culpa da desunião bem pode ser de um só; mas o culpado nesse caso sempre há de ser quem eu tenho dito. Entre os unidos sempre a união está da parte do mais nobre, e entre os desunidos sempre a desunião está da parte do mais vil. O ferro e o barro da estátua estavam desunidos; e de que parte esteve a desunião? É certo que esteve da parte do barro, que era o mais vil. Provo.

Porque o ferro na mesma estátua estava unido com o bronze; logo a falta de união não ficava por parte do ferro, senão pela do barro. Se entre o ferro e o barro havia quebra, claro está que o barro era, e não o ferro, o que havia de quebrar. A união, assim como todas as outras coisas, sempre quebra pelo mais fraco, e quem é sempre o mais fraco, senão o mais vil? De sorte que entre os desunidos sempre a desunião está da parte do menos nobre.

E que entre os unidos esteja a união da parte do mais nobre também é fácil de comprovar. Os homens mais unidos que houve no mundo foram Jônatas e Davi: Jônatas era príncipe, filho de el-rei Saul; Davi naquele tempo não era mais que um soldado de fortuna, muito valente, mas filho de um pastor. E de qual destas partes vos parece que estaria a união? Todos hão de dizer que da parte de Davi, porque até os filósofos naturais dizem que donde está a dependência daí está a união; e posto que Davi fundava os seus despachos na funda, e não no favor, enfim era vassalo, e Jônatas Príncipe. Consta, contudo, que estava a união da parte de Jônatas, e não da parte de Davi. É verdade expressa do texto: "A alma de Jônatas se uniu à alma de Davi" (1Rs 18,1). Notai bem. Não diz que a alma de Davi se uniu à alma de Jônatas, senão a alma de Jônatas à alma de Davi. Porque, como Jônatas era o mais nobre, uma vez que estavam unidos, havia de estar a união da sua parte: da parte de Davi estava a fortuna, da parte de Jônatas a união.

Ah! Jônatas de Portugal, se seguíreis todos este generoso exemplo! Bem creio que a causa de se não comporem muitas amizades, e de se não unirem muitas desuniões, é aquela desconfiança ou aquele pundonor de nenhum querer ser o primeiro que concorra para a união. Oh! que errados e que mal entendidos brios! O mais nobre, o mais ilustre, o mais príncipe, o mais Jônatas, o de sangue mais real, esse há de ser o primeiro que concorra, que procure, que deseje, que solicite, que concerte a união. "Quem como Deus?" Fidalguia endeusada de Portugal, quem como Deus? Havia desunião entre Deus e o homem, e qual foi o que solicitou a união? Não foi o homem, senão Deus. Ele foi o que desceu do céu, ele foi o que cortou pela majestade, ele foi o que abraçou os homens e o que se lançou a seus pés com estupendo exemplo, só por se unir com eles e os fazer seus amigos. Lembremo-nos que depois que comungamos somos sangue de Deus. Se o sangue de vossos avós fizer alguma repugnância a esta união, o sangue de Deus, que é o mais honrado, vos inclinará e levará logo a ela. Este sangue, com que Cristo nos enobreceu no Sacramento, não só é sangue seu absolutamente, senão sangue seu enquanto derramado: "Que será derramado — por vós — e por muitos" (Mt 26,28). — E para que derramou Cristo este sangue? Só para afogar desuniões e para matar inimizades e as tirar do mundo — diz S. Paulo que Cristo "Matou as inimizades em si mesmo" (Ef 2,16). — Os homens matam os inimigos, Cristo matou as inimizades, e matou-as "em si mesmo" — porque, como as inimizades e os ódios estão em nossos corações, dentro em nós mesmos se hão de matar. Ora, em reverência do sangue de Cristo, que neste ponto cada um de nós mate todas as inimizades no seu coração. Morram, morram as inimizades, morram os ódios, morram as desuniões, e só viva a paz, a amizade, a concórdia, e aquela tão desejada união que Cristo pretendeu entre nós, quando nos enobreceu com seu sangue: "O que bebe o meu sangue, esse fica em mim".

§ VI

Passando à segunda consideração — que era a da conveniência — digo da mesma maneira que o corpo ou carne com que Cristo nos sustenta no Sacramento, não só é meio para a união que deseja entre nós, senão motivo igualmente forte e ainda mais eficaz para nos unir: "O que come a minha carne, esse fica em mim". — E por quê? Porque não há coisa mais alheia da conservação, nem mais contrária a ela que a desunião. Quem se não pode sustentar nem conservar desunido, por que se não há de unir? Deus me dê sua graça para declarar este ponto, como eu o entendo e como ele há mister, pois não é só de muita, senão de toda a importância.

As obras da natureza e as da arte, todas se conservam e permanecem na união, e todas na desunião se desfazem, se destroem e se acabam. Esta máquina tão bem composta do mundo, com ser obra de braço onipotente, que é o que a sustenta e a conserva, senão a perpétua e constante união de suas partes? Não vemos o cuidado vigilantíssimo com que a natureza anda sempre em vela sobre este ponto principal de sua conservação, violentando-se a si mesma — se é necessário — e fazendo subir os corpos pesados e descer os leves, só para não impedir os danos daquela desunião a que os filósofos chamam vácuo? Seis mil anos há que dura o universo, sem se sentir nem ver nele o menor sinal de desunião, e por isso dura tanto; e quando finalmente chegar seu fim, a falta ou a rotura desta união será o último paroxismo de que há de morrer o mundo. Esse foi o pensamento profundo do grão príncipe da Igreja, S. Pedro, o qual chamou ao fim do mundo desunião do universo; e para dizer que todas as coisas se hão de acabar, disse que todas se hão de desunir: "Como, pois, todas estas coisas hajam de ser desfeitas" (2Pd 3,11). — Toda a vida — ainda das coisas que não tenham vida — não é mais que uma união. Uma união de pedras é edifício; uma união de tábuas é navio; uma união de homens é exército. E sem esta união tudo perde o nome e mais o ser. O edifício sem união é ruína; o navio sem união é naufrágio; o exército sem união é despojo. Até o homem — cuja vida consiste na união de alma e corpo — com união é homem, sem união é cadáver. A maior obra da Sabedoria e da onipotência divina, que foi o composto inefável de Cristo — consistia em duas uniões: uma união entre o corpo e a alma, e outra união entre a humanidade e o Verbo. Quando perdeu a primeira união, deixou de ser homem; se perdera a segunda, deixara de ser Deus. Oh! Deus! Oh! homens! Que só a vossa união vos há de conservar e só a vossa desunião vos pode perder.

Perdeu-se a nossa estátua de Nabuco — que bem lhe podemos chamar nossa, pois nos servimos tanto dela. — Vejamos quem a perdeu. Estava ela em pé, robusta, ufana e soberba, prometendo-se duração eterna na riqueza, na formosura e na dureza dos metais de que era composta; arranca-se uma pedra do monte, toca-lhe nos pés de repente, e no mesmo ponto caiu a estátua, desapareceram os metais, e não ficaram dela e deles mais que o lugar e as cinzas. Notável caso, mas mais notável o tiro! Sei eu que a pedra de Davi foi direita à cabeça do gigante. Pois, se a pedra do gigante tirou à cabeça, a da estátua, por que tira aos pés? Não vos lembra que nos pés da estátua estava a desunião entre o barro e o ferro? Pois, por isso o tiro se encaminhou aos pés, e não a outra parte, porque onde havia desunião ali estava certa a ruína. Nos corpos inteiros e unidos, como era o gigante, o melhor tiro é a cabeça; mas em corpos onde há desunião, como era o da estátua, o mais seguro tiro é ao desunido, ainda que sejam os pés.

E adverti que não são necessárias muitas desuniões para uma total ruína. Unido estava o ouro, unida estava a prata, unido estava o bronze, e ainda o mesmo ferro em parte estava unido; mas bastou uma só desunião para dar com tudo em terra. Faça cada um muito escrúpulo da sua desunião, porque pode ser que dela dependa ou a ruína ou a conservação da estátua. Cuida a providência política que os reinos se conservam com ferro e com bronze, e sobretudo com ouro e com prata, e é engano. O que sustenta e conserva os reinos é a união. Muito ferro e muito bronze, muito ouro e muita prata tinha a estátua; mas porque lhe faltou a união, não lhe serviram de mais todos esses metais bélicos e ricos que de acrescentar maior peso para a caída. Ainda não tenho dito a maior admiração. O ouro e a cabeça significava o império dos Assírios; a prata, o peito e os braços significavam o império dos Persas; o bronze, da cintura até o joelho significava o império dos Gregos; o ferro do joelho até os pés significava o império dos Romanos; e bastou uma só desunião para derrubar e desfazer quatro impérios, dos mais valentes, dos mais poderosos, dos mais sábios e dos mais bem governados homens do mundo. Se quatro impérios, com uma só desunião se arruínam e acabam, um reino, e não muito grande, dividido em muitas desuniões, que se pode temer dele?

Ainda falta que ponderar, e é a coroa de tudo. A pedra que fez aquele tiro fatal, com que de um golpe obrou tamanho estrago, que mão e que impulso foi o que a tirou? Oh! caso estupendo e inaudito! "Uma pedra foi arrancada do monte sem intervenção de ninguém" (Dn 2,45). Ninguém pôs a mão na pedra; ela per si se despegou, caiu, e rodou do monte, e desfez o que desfez. Aqui vereis quão fácil é a ruína e quão aparelhada está onde há desunião. Para derrubar um reino, e muitos reinos, onde há desunião não são necessárias batarias, não são necessários canhões, não são necessários trabucos, não são necessárias balas nem pólvora: basta "uma pedra". — Para derrubar um reino, e muitos reinos, onde falta união não são necessários exércitos, não são necessários cavalos, não são necessários homens, nem um homem, nem um braço, "nem umas mãos". — Nós temos muito boas mãos, e o sabem muito bem nossos competidores; mas se não tivermos união, nem eles haverão mister mãos para nós, nem a nós nos hão de valer as nossas.

§ VII

Pois, se na união está o remédio, e na desunião a ruína, por que nos não aconselharemos com a nossa mesma desunião para nos unirmos? Será bem que nos demos nós as batalhas, para que nossos inimigos logrem as vitórias? Não sabemos que a nossa desunião é a maior vitória que lhes podemos dar, como a nossa união a maior guerra que lhes podemos fazer? "A nossa paz é a guerra dele" — disse lá Tertuliano[7]. Que importa que nos cansemos em fechar as cidades de muros, se a brecha está aberta nos corações? Que importa — outra vez — que fortifiquemos e muremos as cidades, se dentro dos muros e dentro da maior cidade temos a mais arriscada guerra e o mais perigoso inimigo? Não basta que, para conquistar Portugal, convoque Castela todas as nações; também nós nos havemos de armar contra nós? Que todas as nações de Europa se alistem contra Portugal, oh! que glória! Mas que na guerra de Portugal se vejam também portugueses contra portugueses, oh! que desgraça, por lhe não chamar outro nome! Que agravo — pergunto — e que ofensa nos fez Portugal, ou que nos tem desmerecido a Pátria? Será justo que possa mais conosco o ódio particular que o amor público? Será justo que, por levantar uma casa e abaixar outra, queiramos assolar todo o reino? Pode haver resolução mais mal entendida que lançar a pique o navio em que vou embarcado, só por que meu inimigo se afogue? Mas vamos a esse inimigo. Já que esse inimigo e esse ódio é tão irreconciliável, por que não matais esse inimigo? Responde a vossa bizarria que o não matais porque não há causas para tanto. Agora vos convenci. Basta que a vossa desunião não tem causas para matar um homem, e tem causas para matar um reino?

Pois, estai certos que só a vossa desunião o pode matar. "Todo o reino desunido será assolado" (Lc 11,17). — E se alguém cuida que, sendo assolado o reino, pode a sua casa ficar em pé, engana-se muito enganado. E se não, veja o que continua Cristo. O reino dividido será assolado, "e umas casas cairão sobre outras casas" (Ibid.). — Notai bem. Se umas casas hão de cair sobre as outras casas, segue-se que as mais altas hão de cair primeiro. Das casas mais humildes será a opressão, mas das mais altas há de ser a ruína. Pois, se a ruína universal do reino, se a particular da casa de cada um não tem outro reparo, nem outra resistência, nem outra conservação segura mais que a da nossa união, por que nos não uniremos todos? Oh! quem pudera examinar este porquê! Os porquês desta desunião nenhuma coisa valem, nenhuma coisa montam, nenhuma coisa pesam, e as consequências dela montam tudo, pesam tudo e levam tudo. Senhor, para vós só apelo. Espero na eficácia daquele divino mistério, Sacramento de amor e de união, que de tal maneira há de assistir à força destas razões e com tal força há de unir a resistência de nossas vontades, domando a rebeldia de nossos ânimos, quebrando a dureza de nossos afetos e aluminando a cegueira e vaidade de nossos juízos, que hoje — neste grande dia — havemos de sair de sua presença todos unidos com Cristo e todos unidos entre nós. Àquele Senhor havemos de dever nossa conservação, nossa defensa e nossa vitória, porque a ele havemos de dever nossa união: "esse fica em mim, e eu nele".

Mas por que não pareça a algum menos confiado que prometo e fio dos poderes da união mais do que dela se deve esperar, quero conceder liberalmente tudo o que presumem contra nossa conservação, assim os inimigos como os neutrais, uns discorrendo com a vontade, outros com o entendimento. Não meto neste número os nossos, porque desses nenhum há que receie ou suspeite que podemos ser vencidos ou conquistados. E verdadeiramente eles têm razão na experiência, na qual se reforça ainda mais o meu argumento. Se mal unidos fizemos tanto, bem unidos que faremos? Se mal unidos temos sido tão duros e tão impenetráveis, bem unidos e inteiros, quem nos romperá ou quem nos resistirá? Mas tornemos aos que menos nos conhecem e discorrem de fora. Quando Portugal tão inopinadamente se restituiu à sua liberdade, fizeram juízo sobre nossa conservação todos os políticos da Europa: uns a julgaram por arriscada e duvidosa, outros — e não eram poucos — por temerária e impossível. Assim o brasonam ainda hoje, e o espalham pelo mundo nossos competidores; e, segundo a fé desta voz, ou deste sonido, obram também ainda em nosso despeito os adoradores daquela potência. Já os puderam ter desenganado vinte e dois anos de conservação e vinte e dois de vitórias. Se medem a monarquia, de que nos separamos, como gigante, contem-lhe bem os golpes da cabeça, e verão que Portugal é Davi. Mas quando a nossa conservação — como eles cuidam, ou dizem sem o cuidar fora — empresa verdadeiramente impossível, ainda digo e torno a dizer que na nossa união estava segura, porque ela faria possível esse impossível, e ainda outros maiores.

Antes que os homens depois do dilúvio se dividissem a povoar o mundo, tomaram uma resolução notável e, se a não referira a Escritura, totalmente incrível (Gn 11,4). "Antes que nos dividamos" — diziam — "deixemos célebre o nosso nome, e fabriquemos uma cidade e uma torre, cuja altura chegue ao céu" e cujas ameias vão topetar com as estrelas. — Não sei se reparastes no termo: "antes que nos dividamos". — Bem sabiam eles já — com saberem por outra via tão pouco — que depois de divididos não podiam fazer coisa grande nem merecedora de nome. Tomada a resolução, mãos à obra, começaram a edificar a torre. O que agora se segue parece a fábula dos filhos da terra e a guerra dos gigantes com Júpiter. Diz o texto que desceu Deus a ver o que intentavam os filhos de Adão e que disse — devia ser aos anjos que o acompanhavam — estas palavras: "Estes homens" — diz Deus — "estão unidos, e todos falam pela mesma língua: não hão de desistir do que começaram até não levarem a obra ao cabo; pelo que importa dividi-los e confundir-lhes as línguas: vamos logo a fazê-lo assim" (Ibid. 6s). — Oh! poderes, oh! prodígios da união! Vede bem que coisa são homens unidos. De maneira que se fora possível alguma força ou potência do mundo que desse receio ou cuidado a Deus, essa força e esse poder havia de ser o de homens unidos; e se dentro dos muros de diamante do céu se pudessem temer assaltos e combates de fora, só de homens unidos e que falassem todos pela mesma língua, se puderam temer. E, finalmente, querendo o mesmo Deus estorvar e resistir intentos de homens unidos, não tomou outro meio nem teve outra traça mais pronta com que o fazer, senão com os desunir. Mas vamos ao ponto rijo da nossa suposição.

Levantar esta torre era empresa por muitos títulos impossível: impossível pelo sítio, impossível pela matéria, impossível pela condução, e por outras mil coisas impossível. Era impossível pelo sítio, por que em toda a redondeza do mundo não havia campo ou terreno capaz em que lançar os fundamentos a tão enorme edifício. Era impossível pela matéria, porque todo o globo da terra, ainda que se minasse até o centro, não podia ministrar materiais bastantes para a fábrica de tão imensas muralhas. Era impossível pela condução, porque em muitos centos e em muitos milhares de anos não chegaria a se guindar uma pedra a tão inacessível altura. E, dado que fosse crescendo e subindo a máquina da torre, em tocando a segunda região do ar, a todos havia de matar o agudíssimo frio e o mesmo ar, que em seu puro elemento é incapaz da respiração. Finalmente, quando pudessem escapar deste inimigo, lá acima os estava esperando a esfera do fogo, ou o fogo sem esfera, em que todos sem remédio haviam de morrer abrasados. Pois, se era totalmente impossível, ou se tantos impossíveis envolviam aquela insana empresa, como supõe e afirma Deus que seus fabricadores a haviam de continuar e levar ao cabo: "Não hão de desistir do que começaram até não levarem a obra ao cabo"? — Era obra impossível, e haviam de fazer? Era impossível, e haviam de acabar? Sim, que tudo isso podem homens unidos. O que é impossível à arte e à natureza é possível à união. Valorosos portugueses, já que com tanta resolução e ventura começastes a edificar esta torre, não permitais que a vossa desunião a faça Babel. A nossa empresa é grande, foi arriscada, será trabalhosa, mas não é impossível; porém, quando fora uma e muitas vezes impossível, haja em nós união, que todos esses impossíveis ficarão vencidos.

§ VIII

E por que não fique sem resposta a razão vulgar e famosa em que se funda a esperança de nossos êmulos, quero satisfazê-la. Todo o fundamento de sua opinião, e todo o Aquiles da sua teima, é a desigualdade da nossa competência. Contam mais léguas nas suas terras, contam mais cidades nos seus reinos, contam e fazem muito por contar mais soldados nos seus exércitos, e dizem que a fortuna e a vitória sempre se põe da parte dos mais mosqueteiros, posto que ela não o faz assim, ao menos nos nossos campos. As vitórias de portugueses nunca se alcançaram por aritmética: sempre vencemos poucos a muitos. Mas, quando às nossas batalhas lhes importara ser a tantos por tantos, com a vantagem só da nossa união podemos igualar e exceder largamente o número de nossos inimigos. Desunidos somos menos, unidos seremos muito mais. E por quê? Porque assim como é natureza da união de muitos fazer um, assim é milagre da união de poucos fazer muitos.

No capítulo trinta e dois do Deuteronômio promete Deus assistir poderosamente na guerra aos que o servirem, e, explicando o excesso deste favor e desta assistência, diz assim: "Como pode ser que um persiga a mil, e dois façam fugir a dez mil?" (Dt 32,30). — Tal será o ânimo que infundirei em vossos corações e o esforço com que armarei vossos braços, que um de vós vença e ponha em fugida a mil de seus inimigos, e dois a dez mil. — Bem entendo eu a grandeza deste favor, mas a proporção desta conta não a entendo. Se um há de vencer a mil, segue-se que dois hão de vencer a dois mil; mas Deus não diz assim, senão "Um a mil e dois a dez mil". — Pois, se um vence a mil, dois por que não hão de vencer a dois mil, senão a dez mil? Porque essa e a vantagem e a maravilha da união. Ora vede. Em um há unidade, mas não pode haver união; em dois, que são duas unidades, já pode haver união; e vai tanto de haver união e não haver união entre os homens, que um homem antes da união é um, e dois homens depois da união são dez. E como dois, por virtude e benefício da união, se multiplicam em dez, bem se segue que, se um vence a mil, dois hão de vencer a dez mil: "Um a mil e dois a dez mil". — De sorte que, para sermos mais dos que somos — quando assim nos importara — não é necessário multiplicar homens, basta unir corações. Se a união de dois unidos faz dez, e de dez, pela mesma conta, duzentos, e de duzentos dois mil, sendo tantos mil os que temos, e estando unidos, vede se somos inconquistáveis a toda Espanha, a toda Europa e ao mundo todo.

Finalmente, atando o fim de todo o discurso com o princípio, acabo com dizer ou lembrar que esta última maravilha da união supõe necessariamente a primeira, assim como as propriedades supõem a natureza. A natureza da união é unir, a propriedade multiplicar, e para que a união faça de poucos muitos é necessário que de muitos e de todos faça primeiro um só. Quando el-rei Saul convocou todas suas gentes para a defesa da cidade de Jabés cercada pelos amonitas, ajuntaram-se de Israel e Judá trezentos e trinta mil homens. E nota o texto sagrado que acudiram todos tão unidos como se fora um só: "Saíram como se fossem um só homem, e acharam-se trezentos mil homens de Israel, e trinta mil homens da tribo de Judá" (1Rs 11,7s). — Não somos nem havemos mister trezentos mil homens para a defesa do nosso reino, mas se formos unidos como um só: "Como se fossem um só homem" — seremos muitos mais do que somos e muitos mais do que havemos mister. E esta é com toda a propriedade a união que Cristo sacramentado pretende de nós, e a que obram nos corações, que lhe não resistem, os poderes soberanos daquele sacrossanto mistério. Não só quer Cristo de nós qualquer união, senão uma união tão estreita, tão forte, tão inteira e tão unida que de união passe a ser unidade. Assim o estão clamando as primeiras palavras do nosso texto, ou a primeira palavra dele, que só nos restava por ponderar: "O que come". — Reparai que não diz Cristo: aqueles que me comem — senão: aquele que come: "O que come"; fala de singular, e não de plural, fala de um, e não de muitos, porque o fim por que Cristo se dá a comungar a todos é para que todos os que o comungarem se unam em um só. Falando do maná, fala de muitos: "Não como vossos pais, que comeram o maná" (Jo 6,59) — porque o maná, depois de o comerem muitos, ainda ficavam muitos: "comeram"; mas o corpo de Cristo não é assim, porque depois de o comerem muitos, já não ficam nem devem ficar muitos, senão um só: "O que come". — O maná que comiam os filhos de Israel não era um só em todos, senão diverso para cada um deles; e como os manás comidos eram muitos, ficavam também muitos os que o comiam. Dava-lhes o maná os sabores, porque os tinha, mas não lhes dava nem lhes podia dar a unidade, porque a não tinha. Porém, o corpo de Cristo, a quem comungamos, como é um só e o mesmo em todos os que o comungam, a mesma unidade que tem e conserva comido comunica aos que o comem. E assim todos, por mais e mais que sejam, ficam não já muitos, senão um só: "O que come".

§ IX

Conclusão e oração.

Com esta união — nobreza ilustríssima de Portugal — com esta união tão unida e tão uma, ficarão gloriosamente satisfeitas as justas queixas daquele segundo, posto que não pretendido agravo. E o mesmo agravado Senhor ficará tão servido e tão obrigado enquanto o comungamos nesta mesa, quão satisfeito e quão agradecido nos está enquanto o veneramos naquele altar. Com esta união tão unida e tão uma, ficaremos todos, não só unidos, senão aunados com Cristo, entre nós e conosco: unidos pela graça: "Esse fica em mim, e eu nele" — e aunados pela unidade: "O que come a minha carne, e bebe o meu sangue".

E vós, Senhor — que não quero exortar aos homens, senão orar-vos e pedir-vos a vós — vós, Senhor, que nesse trono ardente de vosso mais subido amor, todo sois unidade e todo união; vós, que em todas as vossas obras mostrastes a eficácia e suavidade de vossa onipotência em unir os extremos de maior dificuldade e resistência; vós, que nas obras da criação unistes extremos tão opostos, como corpo e espírito; vós, que nas obras da redenção unistes extremos tão distantes, como homem e Deus; vós, que nas obras da justificação unistes extremos tão desproporcionados, como natureza e graça, com a graça, com a eficácia e com a suavidade desse onipotente mistério, vencei as repugnâncias de nossos afetos, abrandai a dureza de nossos corações, dobrai a resistência de nossas vontades e quebrantai a rebeldia de nossos vãos e mal entendidos juízos. Domai, abatei, sujeitai e ponde rendido a vossos pés tudo aquilo que pode impedir a verdadeira concórdia e união deste reino todo vosso, para que unidos o defendamos, unidos o conservemos, unidos logremos nele os aumentos e felicidades que lhe tendes prometido, e unidos, finalmente, vos sirvamos e recebamos de tal modo nesse soberano mistério que, conservando sempre inteira e perfeita unidade em vós e conosco, na terra perpetuamente vos louvemos em união de graça, e no céu eternamente vos gozemos em união de glória. "Que a mim e a vós o Senhor Deus Onipotente digne-se conceder."

SERMÃO DA
Quinta Terça-Feira da Quaresma

*Pregado em Roma, na língua italiana, à Sereníssima
Rainha de Suécia, em obséquio de um ditame daquele
sublime espírito, que, detestando as beatarias públicas,
só reputava por verdadeiras virtudes as que se
ocultam aos olhos do mundo.*

∽

"Ninguém obra coisa alguma em secreto."
(Jo 7,4)

Sermão sem data, apenas com indicação do lugar, Roma, da língua, italiana, e da destinatária, a Rainha da Suécia. De 1670 a 1675, Vieira está em Roma à espera de um breve pontifício que o absolva das penas passadas e o isente para sempre da jurisdição inquisitorial portuguesa. O tom do sermão revela bastante o estado de alma do pregador. E o tema diz respeito aos olhos. Não obrar para os olhos dos homens (isto é o seguro), obrar só para os olhos de Deus (isto é o perfeito) e obrar como se Deus não tivera olhos (isto é o heroico). Tudo aquilo que se faz para os olhos dos homens, ainda que se faça, não se faz. O mais perfeito é o que mais une o homem com Deus, e Deus só dá os seus braços a quem busca só com os seus olhos. Obrar por Deus não porque me vê, nem para que me veja, senão como se Deus me não vira. Isto quer dizer servir, não por agradar, mas por servir; amar, não por agradar, mas por amar; e por isso como se Deus não tivesse olhos. Depois da morte se conhecem os verdadeiros amigos e Cristo só se achou com José e Nicodemus porque ambos eram discípulos e discípulos ocultos.

§ I

A maior graça da natureza e o maior perigo da graça são os olhos. São duas luzes do corpo, são dois laços da alma. Mas como os mesmos olhos, ou são os próprios, com que vemos, ou os alheios, com que somos vistos, questão pode ser não vulgar e útil curiosidade saber quais deles sejam o maior laço e o maior perigo. Eu, em tanta estreiteza de tempo, não o tenho para disputar, e assim digo resolutamente que o maior perigo e o maior laço são os olhos alheios. E por quê? Porque, sendo tão natural no homem o desejo de ver, o apetite de ser visto é muito maior. Considerava Jó a sua morte, e vede a espinha que mais lhe picava o coração: Morrerei, "E não me verão mais os olhos dos homens" (Jó 7,8). — O uso de ver tem fim com a vida, o apetite de ser visto não acaba com a morte. Esta foi a origem das estátuas romanas sepulcrais. Punha-se a estátua e imagem do defunto sobre o sepulcro, para que o homem que dentro dele não podia ver sobre ele fosse visto. Já que me falta a vida própria, ao menos não me falte a vista alheia. De maneira que, devendo os mármores da sepultura ser uns espelhos em que se vissem os vivos, são uma antecipada ressurreição da arte em que se veem os defuntos. Tão imortal é nos mortais o desejo de ser vistos. E se esta ambição vive nos mortos, nos vivos, que será? Será o que diz o texto que propus, com maior erro ainda e indignidade na vida que a ambição e vaidade depois da morte: "Ninguém obra coisa alguma em secreto". Ninguém faz ocultamente coisa digna de louvor, porque oculta não pode ser vista. — Tirai do mundo — diz Sêneca — os olhos alheios, e nada se fará do que o mesmo mundo admira e preza: "Ninguém é encantador aos seus olhos: quando o testemunha e o espectador se afastam, restam todas as coisas cujos frutos se mostram e se veem"[1]. — Este era o uso de Roma no tempo do Estoico. Mas porque então, e depois, e ainda hoje se usa o mesmo em tempo de Cristo, que faremos? Para desterrar de Roma o "ninguém", e ajuntar nela o "obra" com o "secreto", isto é, para que as boas obras se façam e juntamente se ocultem, vos oferecerei brevemente neste discurso três documentos: um seguro, outro perfeito, e o terceiro heroico. O seguro, não obrar para os olhos dos homens; o perfeito, obrar só para os olhos de Deus. E o heroico? Obrar por Deus como se Deus não tivera olhos. Este é o meu argumento. Bem vejo quanta dissonância vos fará aos ouvidos a rudeza de uma voz tão pouco romana, como a minha, no meio da harmonia destes coros reais pouco menos que celestes. Mas o mesmo autor do nosso Evangelho, São João, diz que no tempo em que os anjos no céu estavam cantando os louvores de Deus, se fez lá pausa e silêncio por espaço de meia hora para se ouvirem as vozes da terra: "Fez-se silêncio no céu por espaço de meia hora" (Ap 8,1). — Eu farei por não exceder a meia, nem ainda o quase.

§ II

"Ninguém obra coisa alguma em secreto."

Contra o abuso tão geral como errado deste dogma, ensina o nosso primeiro documento, a que chamei seguro, que nenhuma coisa se deve obrar para os olhos dos homens. E por que razão? Não só para justificar as mesmas obras, senão para as fazer, porque tudo aquilo que se faz para os olhos dos homens, ainda que se faça, não se faz. Parece paradoxo, mas é verdade divina. Ensinava Cristo, Senhor nosso, aos homens do seu tempo que se guardassem de fazer o que faziam os escribas e fariseus: "Não obreis segundo a prática das suas ações" (Mt 23,3). — E, sinalando o divino mestre o fundamento desta sua doutrina, acrescenta: "Porque dizem e não fazem" (Mt 23,3). — Senhor meu, dai-me licença para que vos represente uma réplica a minha ignorância, que o não parece, pois se funda nas vossas mesmas palavras. Vós não dizeis que estes mesmos homens, não só jejuam, mas andam pálidos e macilentos, e com aparência mais de cadáveres que de vivos, de pura abstinência? Vós não dizeis que não só fazem oração no templo, mas que nas praças e nas ruas públicas, com as mãos e os olhos levantados ao céu estão orando? Vós não dizeis que não só dão esmola, mas que a som de trombetas chamam aos pobres, para que de perto e de longe venham todos? Como logo dizeis deles que "não fazem"? Aperto mais a minha admiração. Estas obras sinaladas por Cristo, são todas aquelas que S. Paulo reduz as obrigações de um verdadeiro cristão: "Vivamos neste século sóbria, justa e piamente" (Tt 2,12): "sóbria", para conosco; "piamente", para com Deus; "justa", para com o próximo. Tudo isto faziam os escribas e fariseus. "Sóbria" para consigo, porque jejuavam; "piamente" para com Deus, porque oravam; "justa" para com o próximo, porque davam esmola. Como logo diz Cristo: "E não fazem"? Fazer tudo isto é não fazer? Sim, porque "Todas as suas obras fazem para serem vistos pelos homens" (Mt 23,5). Tudo aquilo faziam para que os homens o vissem — e o que se faz para ser visto dos homens, ainda que se faça, não se faz. "Fazem para serem vistos pelos homens?" "E não fazem." — Jejuam, e não fazem jejum; oram, e não fazem oração; fazem esmolas, e não as fazem: "E não fazem". Oh! quantas coisas se fazem neste mundo que não se fazem! Discorrei vós por elas, que eu não tenho tempo.

Senhores meus, as boas obras são a alma da fé: fazei-as, mas guardai-as dos olhos, que a mesma fé é cega. Faça a virtude por cautela o que faz o vício por vergonha. "Quem age mal, odeia a luz" (Jo 3,20). Quem faz mal foge da luz, e não quer que o vejam, porque faz mal. — Quem faz bem fuja também da luz, e não queira ser visto, porque faz bem. Toda uma noite tinha gastado ou empregado Jacó, não rondando, não jogando, nem em saraus ou festins, mas abraçado estreitissimamente com Deus. Começaram a se pintar os horizontes com as primeiras cores da manhã — e basta — diz Deus — porque vem aparecendo a aurora: "Largai-me, porque a aurora já sobe" (Gn 32,20). — E que importa que venha a aurora, o sol, o dia? Se Jacó fizera algum mal, fuja e esconda-se da luz, para que o não vejam; mas se está bem ocupado, e no maior bem a que pode aspirar um homem, também há de fugir e ter medo da luz? Sim, porque a luz é o maior perigo das boas obras. A virtude é como o segredo: oculto, conserva-se; manifesto, perde-se. Retire-se logo Jacó, não o veja a aurora; e pois tem vencido e triunfado de Deus, faça a retirada para que não perca a vitória. Por isso os santos se retiravam aos desertos e se metiam nas covas: sepultavam a virtude, para que não morresse. Estas eram aquelas estrelas de que dizia Deus a Jó que as estrelas da manhã o louvavam: "Quando os astros da manhã me louvavam" (Jó 38,7). — E por que louvam a Deus mais as da manhã que as da noite, ou as da manhã sim e as da noite não? Porque as estrelas da manhã escondem-se aos olhos, as da noite manifestam-se e brilham. As que se manifestam são louvadas dos homens, as que se escondem louvam a Deus: "Quando os astros da manhã me louvavam".

§ III

Este foi o documento seguro. E qual é o perfeito? Obrar só para os olhos de Deus. E por quê? Porque aquilo é o mais perfeito que mais une o homem com Deus, e Deus só dá os seus braços a quem busca só os seus olhos. Torne Jacó, já que o nosso teatro nos não dá lugar de multiplicar figuras. Verdadeiramente é caso estupendo ver a Deus abraçado com um homem, e quando Deus não era homem! Cresce o pasmo com saber que Jacó não era Hilarião nem Macário. Era um homem leigo, e tão leigo que nenhum hoje o pode ser tanto por muitas circunstâncias. Ele, com boa licença de Raquel, de Lia e das duas criadas, não tinha voto de castidade. Ele não professava obediência, porque era senhor independente de copiosa família, não falando na investidura do morgado universal. Ele não professava pobreza, porque os seus rebanhos de gados maiores e menores, que eram os tesouros daquele tempo, não cabiam nos campos. Como logo mereceu Jacó uma união com Deus tão estreita, tão forte e tão singular e inaudita? O mesmo texto o diz: "Passado tudo o que lhe pertencia, ficou só: e eis que um varão lutava com ele até pela manhã" (Gn 32,23s). — Jacó naquela ocasião, passado da outra parte de um rio tudo o que levava consigo e todos os que o acompanhavam, ele só em um deserto, e de noite, se deixou ficar orando onde, quando e como só os olhos de Deus o podiam ver. Onde, porque era em um deserto; quando, porque era de noite; e como, porque estava só. De sorte que não uma só vez, nem por um só momento, senão três vezes e por três modos se retirou e escondeu Jacó dos olhos dos homens, para assim só, e mais só, e ainda mais só, buscar só os olhos de Deus. E se namorou tanto desta ação a divindade do Verbo, que, não se podendo conter nem no céu nem em si mesmo, como se antecipasse a encarnação, se vestiu de homem: "eis que um varão" — para se abraçar e unir fortissimamente com ele: "lutava com ele". — Enfim, Deus feito homem antes de ser homem, só para se unir a um homem que só buscava os olhos de Deus.

Senhores cortesãos da cabeça do mundo, isto não é só para os desertos e para os anacoretas. Querer que as vossas obras sejam boas e sejam vistas é contradição manifesta nos olhos humanos, porque nos olhos humanos as boas obras, ou enquanto vistas não podem ser boas, ou enquanto boas não podem ser vistas. Ouvi um notável segredo da razão de estado de Deus. "O homem vê o que está patente, mas o Senhor olha para o coração" (1Rs 16,7). Para os olhos dos homens fez Deus as cores, e para os seus os corações. E por que reservou Deus só para si a vista e conhecimento do coração humano? Para que só Deus pudesse ver as obras boas. Os homens podem ver as obras; mas a bondade delas, ainda que a tenham, não a podem ver, porque não veem os corações. E como o coração é a fonte da bondade, onde as obras se batizam e recebem o caráter de boas, daqui é que reservou Deus só para si a vista dos corações, para que o homem, ainda que quisesse, não pudesse dirigir as suas obras boas a outros olhos que aos de Deus. Aos olhos de Deus sim, só a eles, porque eles só as veem; aos outros não, porque as não veem. E que doidice verdadeiramente seria não consagrar as boas obras aos olhos de Deus, que só as vê, e sacrificá-las ao ídolo dos olhos humanos, que as não podem ver?

A razão desta cegueira os mesmos que se deixam levar dela, sendo tantos, a não sabem, nem eu a sabia; mas a agudeza de Santo Agostinho a descobriu sutilíssimamente. Argumentava Agostinho contra os idólatras, e dizia assim: "Os ídolos dos povos são prata e ouro, têm olhos mas não verão". O ídolo tem olhos mas não vê: o verdadeiro Deus vê tudo. Como ofereceis logo os vossos sacrifícios ao ídolo, que os não vê, e não a Deus, que vê?² O mesmo argumento e a mesma pergunta faço eu aos idólatras da cristandade. É certo que estes idólatras o fim por que dedicam as suas boas obras aos olhos dos homens é para que elas, enquanto boas, lhes granjeiem reputação e nome de bons; mas se a bondade dessas mesmas obras só a veem os olhos de Deus, e os dos homens não, por que a não dedicais aos olhos que a veem, senão aos que a não podem ver? Só a perspicácia da mesma águia dos doutores podia penetrar o segredo desta cegueira. "Têm olhos mas não verão." Os olhos do ídolo — diz Agostinho — ainda que não veem, vê-os o idólatra; os olhos de Deus, ainda que veem tudo, o idólatra os não vê; e tal é a propensão e inclinação humana a nos deixarmos levar só do que vemos, que antes quer o idólatra dedicar os seus sacrifícios aos olhos visíveis do ídolo, porque ele os vê, ainda que eles o não vejam, do que aos olhos invisíveis de Deus, ainda que eles o vejam, porque ele os não vê. E daqui se colhe a dobrada perfeição dos que consagram as suas boas obras só aos olhos de Deus, porque as consagram visivelmente aos olhos que as veem, e invisivelmente aos que eles não podem ver. E isto basta quanto ao documento perfeito.

§ IV

Segue-se o heroico, com que somos chegados ao último grau e mais sublime desta matéria. E agora vos peço um momento de atenção. O documento heroico, como prometi, é obrar por Deus como se Deus não tivera olhos; não porque me vê, nem para que me veja, senão como se Deus me não vira. Notai a diferença entre o servo fiel dos homens e o servo fiel de Deus: o servo fiel dos homens é o que serve a seu senhor onde o mesmo senhor o não vê, como se o estivesse vendo; e o servo fiel de Deus é o que serve a Deus, que sempre e necessariamente o está vendo, como se o não visse. Mas como pode ser isto, se Deus vê e não pode deixar de ver tudo? Direi. — Um espírito heroico há de crer e amar a Deus, mas não o há de amar como crê. Há de crê-lo com todos seus atributos e há-o de amar como se lhe faltasse algum. Isto não negando, mas abstraindo. Os maiores mestres da teologia ascética dizem que se há de temer a justiça de Deus como se não tivera misericórdia, e que se há de esperar na misericórdia de Deus como se não tivesse justiça. Mas esta abstração não chega a ser sublimemente heroica. Não se há de ajudar o respeito de um atributo com a desatenção do outro, senão com a desatenção do mesmo: temer a Deus justo como se não tivesse justiça; obedecer a Deus onipotente como se não tivesse onipotência; servir a Deus liberalíssimo como se não tivesse liberalidade; e, ao nosso intento, temer, obedecer, servir e amar a Deus, que tudo vê e sabe, como se não soubesse nem visse. E qual é a razão? Divinamente São Paulo: "Não os servindo ao olho, como para agradar a homens" (Ef 6,6). — Quem serve aos olhos serve para agradar, e quem serve a Deus por agradar a Deus já não obra heroicamente, porque no mesmo agradar busca o prêmio de o servir: "Não por agradar, mas porque Deus agrada" — diz São Bernardo[3]. Servir, não por agradar, mas por servir; amar, não por agradar, mas por amar; e por isso como se Deus não tivesse olhos: "Não os servindo ao olho".

No tempo de Davi havia alguns ímpios tão ímpios que negavam os olhos a Deus: "Disseram: Não o verá o Senhor, nem o saberá o Deus de Jacó" (Sl 93,7). — E por que negavam estes os olhos a Deus? Para o ofenderem com maior liberdade, diz o profeta. Do mesmo modo, assim como a malícia consumada nega os olhos a Deus para o ofender com maior liberdade, assim a virtude heroica não há de atender aos olhos de Deus para o amar com maior fineza. Vede todo o caso nos piores homens da terra e nos melhores anjos do céu. — Os piores homens da terra foram os algozes de Cristo. E estes que fizeram? "Cobriram-lhe os olhos, e davam-lhe bofetadas" (Lc 22,64). Os melhores anjos do céu são os serafins. E que fizeram estes? "Cobriam os olhos a Deus, e cantavam-lhe louvores" (Is 6,2): — Pois como? Os piores homens da terra cobrem os olhos a Cristo, e os melhores anjos do céu cobrem os olhos a Deus? Sim. Aqueles para o ofender e afrontar com maior liberdade; estes para o louvar e amar com maior fineza. Aqueles crendo que Cristo os não via, que era o maior erro da fé; estes como se Deus os não visse, que é o mais heroico do amor. Da Madalena disse Cristo: "Porque amou muito" (Lc 7,47) — e amor que parece muito a Deus grande amor é. Mas que teve de grande este amor? Lágrimas, e de uma mulher? Muitas choram, e facilmente. Quebrar o alabastro? Os mármores se quebram por si mesmos na morte de Cristo. O preço do unguento? Só na avareza de Judas foi grande preço. Enxugar os pés do Senhor com os cabelos? Mais faria se os cortara. Onde está logo a grandeza daquele ato? Onde está o muito daquele "amou muito"? S. Pedro Crisólogo o observou agudamente em duas palavras do texto: "Por detrás dele"[4]. Tudo o que a Madalena fazia não era aos olhos, senão às espaldas de Cristo: "por detrás" — e neste modo de servir consistiu o muito do amar. O ver e não ver em Deus só se pode verificar na pessoa de Cristo. Cristo com os olhos da divindade via a Madalena, mas com os olhos da humanidade não a via; e como ela chorava e ungia, servia e amava não como Deus a via, senão como Deus a não via: "Por detrás dele" — nela se verificou à letra: Servir a Deus que nos vê como se o mesmo Deus nos não visse. Por isso o seu amor por boca do mesmo Deus foi canonizado por heroico, que no conceito de Deus só o heroico é muito: "Por detrás dele, amou-o muito" (Lc 7,38.47).

Ânimos grandes e generosos, não vos engane a grandeza de vossas obras, para as julgardes por heroicas. Por maiores e mais heroicas que vos pareçam, se forem feitas porque Deus as há de ver, e não feitas como se Deus as não visse, é certo que ficarão abaixo deste supremo grau e não chegarão a merecer tal nome. A façanha ou fineza que viu e celebrou o mundo com nome de maior entre as maiores foi o sacrifício de Abraão. Mandou Deus a Abraão que lhe sacrificasse o seu filho, com expressão de todos aqueles motivos que faziam a novidade de tal ação árdua, difícil e quase impossível a um coração humano. É possível — dizia dentro de si o pai — que hei de sacrificar o meu filho, o meu primogênito, o meu amado, o meu Isac? Eu sou, e outra e mil vezes eu o que lhe hei de meter o ferro pelas entranhas? Eu o que hei de derramar o sangue que me saiu das veias? Eu o quê, morto por estas mãos, o hei de pôr na fogueira? Eu o quê com estes olhos o hei de ver arder? Mas enquanto o amor paterno estava suspenso e como irresoluto nesta terrível consideração, vede o pensamento com que se resolveu, e lhe deu ânimo, valor e coragem para executar valentemente o sacrifício. Quando Deus disse a Abraão que lhe sacrificasse o filho, foi com estas palavras: "Vai à terra da vista" — notai muito o "à terra da vista" — vai à terra da vista, "e aí sacrificarás o teu filho em um monte que eu te mostrarei" (Gn 22,2). — Se Deus me há de mostrar o monte — diz o pai — aí há de estar Deus; se o monte há de ser na terra da vista, aí me há de ver. — E é tão certo que foi este o pensamento de Abraão, que ele deu por nome ao mesmo lugar "O Senhor vê", e ao mesmo monte "Pôs por nome àquele lugar: O Senhor vê. Donde até o dia de hoje se diz: O Senhor verá no monte" (Gn 22,14). — De sorte que com certeza três vezes repetida conheceu Abraão que naquela terra, naquele lugar e naquele monte o havia de ver Deus: naquela terra: "à terra da vista"; naquele lugar: "àquele lugar: O Senhor vê"; naquele monte: "O Senhor verá no monte"; e como Abraão conheceu certamente que Deus o havia de ver, e os olhos de Deus lhe haviam de fazer o teatro naquela grande ação, este foi o pensamento e o motivo com que se resolveu a sacrificar o filho. E que se infere daqui, conforme a verdade do nosso documento? Infere-se que quantas foram as certezas que Abraão teve de Deus o haver de ver naquela ação, tantos degraus se abateu ela para não subir a ser perfeitamente heroica. Se fora perfeitamente heroica, não havia de imaginar nem atender Abraão a que Deus o via, mas sacrificar o filho, degolá-lo e queimá-lo como se Deus o não visse.

§ V

Tenho acabado e não sei se persuadido o que prometi; e para que estes três documentos sirvam a todos, a todos digo só três palavras conforme a generosidade de cada um. Vós, espíritos sublimes, que voais ao mais alto, obrai como se Deus não tivera olhos, que isto é o heroico. Vós, almas que aspirais à perfeição, obrai só para os olhos de Deus, que isto é o perfeito. E vós, os que vos contentais com menos, guardai-vos de obrar coisa alguma para os olhos dos homens, que isto é o seguro. Nestes dias em que entramos, nos quais se celebra a morte do Redentor, lembrai-vos daquele grande mistério que observou S. Epifânio. Depois da morte se conhecem os verdadeiros amigos, e Cristo depois da morte só se achou com José e Nicodemos. E por que razão ou mistério com estes dois, e só com eles? Porque não só ambos eram discípulos do Senhor, senão ambos discípulos ocultos. Os discípulos manifestos todos o deixaram e fugiram: "Todos o deixaram, e fugiram" (Mt 26,56). — Só os discípulos ocultos, na vida, na morte, e depois da morte foram fiéis. Para que no mesmo sepulcro de Cristo se sepultasse aquele indigno epitáfio das obras humanas: "Ninguém obra coisa alguma em secreto" (Jo 7,4).

SERMÃO DO
Nascimento da Mãe de Deus

Em Odivelas, Convento de Religiosas do Patriarca S. Bernardo.

~

"Maria, da qual nasceu Jesus."
(Mt 1,16)

---

*Sermão sem data. Vieira vai com frequência até Odivelas: freguesia de Portugal, da província da Extremadura, em cujo convento professavam as freiras da aristocracia portuguesa. Se o evangelista cala o quando, o donde, e se cala de quem nasceu, por que diz o **para quê**? Assim o **para que** nasceu Maria: nasceu para que dela nascesse Deus. É essa a matéria do sermão. Avaliar o nascimento pelos pais é vaidade, medi-lo pelo tempo é superstição, estimá-lo pela pátria é ignorância e só julgá-lo pelo fim é prudência. Todas as matronas do Antigo Testamento foram representação desse nascimento: Eva, Sara, Rebeca, Raquel, Lia, Ester, Débora, Judite, Abigail, Rute, Maria (a mãe de Moisés), e os Santos Padres acrescentam todas essas figuras; umas eram naturais e animadas e por isso de mais fácil inteligência. Outras, porém, artificiais e enigmáticas e por isso de grande dificuldade de inteligência. E que figuras eram essas? Uma nau, uma escada, um cajado de pastor, querubins etc. Para tudo isso nasce a Menina. Seja suficiente desenrolar as figuras. E podemos acrescentar os títulos de Maria. Todos esses títulos se resumem em um só nome: nasce Maria para ser Maria e para ser mãe de Jesus. Se o fim de cada pessoa é muito incerto e duvidoso, a resposta a essa questão disse o Senhor. No final, Vieira se dirige às religiosas que o ouvem. Nenhuma filha de São Bernardo, pois é filha de tal pai, se contente com menos que com ser mãe de Jesus.*

§ I

Se eu licitamente me pudera queixar do evangelista, neste dia me queixara, e cuido que com razão. Cala nele o evangelista três coisas não pequenas, que devera dizer, e diz só uma, posto que grande, que devera calar. A obrigação dos historiadores nos nascimentos das grandes personagens é dizer o lugar onde nasceram, o tempo em que nasceram e os pais de que nasceram. E celebrando o mundo hoje o nascimento da maior pessoa depois de Deus que saiu à luz do mesmo mundo, o Evangelho que canta e nos propõe a Igreja Católica, nem do lugar, nem do tempo, nem dos pais de que nasceu faz memória ou menção alguma. Isto é o que cala o evangelista, que devera dizer. E que é o que diz, que devera calar? Diz que de Maria nasceu Jesus: "Maria, da qual nasceu Jesus". — É verdade que, antecipando os olhos ao futuro, a soberana Princesa que hoje nasce, nasce para que dela haja de nascer Jesus; mas, se o evangelista cala o quando, cala o donde e se cala o de quem nasceu, por que diz o para quê? Bem se mostra que a pena que isto escreveu foi tirada das asas do Espírito Santo. Nos nascimentos humanos fazem grande caso os filhos de Adão da conjunção do tempo e constelação em que nascem, prezam-se muito da grandeza da terra e pátria onde nascem; estimam e estimam-se sobretudo da nobreza da geração e pais de quem nascem. Mas quando nasce a que o Espírito Santo preveniu com a graça original para Esposa sua, não quer o mesmo Espírito Santo que se diga que nasceu na sexta idade do mundo e no quarto ano da Olimpíada cento e noventa; nem que nasceu na cidade de Nazaré, chamada por antonomásia Flor de Galileia; nem que nasceu de Joaquim e Ana, nos quais se uniu, desde Abraão e Davi, por legítima e continuada descendência, o sangue de todos os patriarcas e reis; e só manda escrever que nasce a de quem nasceu Jesus. Por quê? Porque só quando se sabe o para que nasceu cada um se pode fazer verdadeiro juízo do seu nascimento. Quereis saber quão feliz, quão alto é e quão digno de ser festejado o nascimento de Maria? Vede o para que nasceu. Nasceu para que dela nascesse Deus: "Da qual nasceu Jesus". Este para que será toda a grande matéria do meu discurso. E para que vejamos quão gloriosa é para a virgem Maria, e quão proveitosa para nós, peçamos à mesma Senhora a assistência de sua graça. *Ave Maria.*

§ II

Para fundamento do que pretendo dizer sobre o soberano nascimento de que celebramos a memória neste felicíssimo dia, consideremos primeiro que coisa é nascer e filosofemos um pouco. Os homens — deve de ser porque são mortais — o que costumam festejar com maiores demonstrações de gosto, parabéns e aplausos, assim pública como privadamente, são os nascimentos. Mas isto de nascer, pelo que tem de si, nem merece alegria nem tristeza; antes, se bem se considera, mais digno é de tristeza que de alegria. Não debalde, com ser o risível a primeira propriedade de nossa natureza, a mesma natureza nos ensina a nascer chorando. Com lágrimas choraram muitas nações os nascimentos que nós solenizamos com festas, e não sei se nos deveram tornar o nome de bárbaros que lhes damos. Queixamo-nos da vida e festejamos os nascimentos, como se o nascer não fora princípio da mesma vida que nos traz queixosos. O nascimento é o princípio da vida, como a morte o fim; e uma carreira que tem o fim tão duvidoso, uma navegação que tem o porto tão pouco seguro, como pode ter o princípio alegre? Nascemos sem saber para que nascemos, e bastava só esta ignorância para fazer a vida pesada, quando não tivera tantos encargos sabidos. Os ditosos e os desgraçados todos nasceram, e como são mais os que acusam a fortuna que os que lhe dão graças, maior matéria dão os nascimentos ao temor que à esperança. A esperança promete bens, o temor ameaça males, e entre promessas e ameaças tanto vem a se padecer o que se espera como o que se teme. A quem começa a vida, tudo fica futuro, e no futuro nenhuma distinção há de males a bens: todos são males, porque todos se padecem. Os males padecem-se porque se temem; os bens padecem-se, porque se esperam; e para afligir o mal, basta ser possível; para molestar o bem, basta ser duvidoso. Se alguma coisa nos pudera segurar os sobressaltos desta contingência, parece que era o tempo, o lugar e as pessoas de que nascemos; mas por mais que destas circunstâncias conjecture a vã sabedoria felicidades, o certo é que nem o tempo as influi, nem a pátria as produz, nem dos mesmos pais se herdam. Do mesmo pai nasce Isac e Ismael, e um foi o morgado da fé, outro da heresia. Na mesma hora nasceu Jacó e Esaú, e um foi amado de Deus, outro aborrecido. Na mesma terra nasce Caim e Abel, e um foi o primeiro tirano, outro o primeiro mártir. Assim que avaliar o nascimento pelos pais é vaidade, medi-lo pelo tempo é superstição, estimá-lo pela pátria é ignorância, e só julgá-lo pelo fim é prudência.

Salomão, o mais sábio de todos os que nasceram, faz uma comparação tão superior ao nosso juízo que só podia caber no seu. Compara o dia da morte com o do nascimento, e na diferença destes dois extremos quem não imaginará que se compara o dia com a noite, a luz com as trevas, a alegria com a tristeza, a felicidade com a desgraça, a coisa mais desejada com a mais temida, e com a mais terrível a mais amável? Sendo, porém, tão prenhe de admiração a proposta, mais digna de espanto é a sentença. Resolve Salomão que "melhor é o dia da morte que o dia do nascimento" (Ecl 7,2). E que tem o dia da morte para ser melhor que o do nascimento? O dia do nascimento não é o mais alegre, e o da morte o mais triste? O do nascimento não é o que povoa o mundo, o da morte o que abre e enche as sepulturas? O do nascimento o que veste de gala as famílias e as cortes, o da morte o que as cobre de lutos? A morte não é o maior inimigo da vida, e o nascimento não é o que, sendo ela mortal, a imortaliza? Que é o nascer, senão o remédio do não ser, e que seria do mundo se em lugar dos mortos não nasceram outros que lhes sucedessem? Até em Deus necessita do nascimento a mesma Trindade porque, sendo só a pessoa do Pai inascível, Deus, sem nascimento, seria um, mas não seria trino. Pois, se tantos são os bens e felicidades que traz consigo o dia do nascimento, os quais todos funesta, consome e acaba o dia da morte, que motivo teve o juízo de Salomão para antepor o dia da morte ao dia do nascimento? Entendeu-o melhor que todos o maior intérprete das Escrituras. É melhor — diz S. Jerônimo — o dia da morte que o dia do nascimento "Porque no dia do nascimento ninguém pode saber o que haverá de ser, e só no dia da morte se sabe o que fomos"[1]. — Se no nascimento de Judas e Dimas se levantasse figura certa ao que cada um havia de ser em sua vida, a do primeiro diria que havia de ser apóstolo, a do segundo que havia de ser ladrão, e assim foram na vida; mas o verdadeiro juízo do fim para que cada um deles nascera ainda estava incerto; veio finalmente o dia da morte, que foi o mesmo em que ambos acabaram, e esse dia declarou, com assombro do mundo, que Judas nascera para morrer enforcado como ladrão, e Dimas para confessar e pregar a Cristo como apóstolo. E como se não pode fazer verdadeiro e certo juízo do nascimento sem se saber juntamente o para que nasce quem nasce, por isso no dia do nascimento de Maria nos diz o Evangelho que nasce para dela nascer Jesus: "Da qual nasceu Jesus" — e quando se publica e se sabe o felicíssimo e altíssimo fim para que nasceu, então se soleniza e festeja com razão o dia do seu nascimento.

§ III

O mais notável nascimento que houve no mundo foi o do mesmo mundo. Tirou-o Deus do não ser ao ser, e das entranhas do nada às existências e perfeição de tudo, e como o parto era tão grande, tardou em acabar de nascer seis dias. Seguiu-se o sétimo, e a este santificou Deus: "Descansou no dia sétimo, e o santificou" (Gn 2,2s). — Mas, se perguntarmos de que santo era este dia sétimo e a que festa foi dedicado, diz Filo Hebreu, em duas partes, que foi dedicado ao nascimento do mundo: "O sétimo dia é do nascimento do mundo"[2]. — Pois, se o mundo por maior nasceu no primeiro dia e por partes nos seguintes, por que razão se não faz a festa do natal e nascimento do mundo ao primeiro dia em que foi criado, senão ao dia sétimo? Faz dias o mundo, como se fizera anos, em um dia; e a festa do seu nascimento não se lhe faz no mesmo dia, senão em outro? Sim, porque as festas dos nascimentos não se podem fazer seguramente senão depois de se saber o fim para que nasce quem nasce. E como o fim para que nasceu o mundo era o homem, e o homem foi criado ao dia sexto, por isso se guardou a festa do nascimento do mundo para o sétimo. Enquanto o mundo se criou e foi nascendo por partes, esteve suspenso e duvidoso o aplauso entre a esperança e o temor, porque não se sabia o fim para que nascia; porém, tanto que ao sexto dia apareceu o homem, glorioso fim para que fora criado o mundo, por isso logo se lhe dedicou dia de festa, e foi dia santo o do nascimento do mundo: "O sétimo dia é do nascimento do mundo e o santificou".

Mas daqui nasce outra dúvida, não menos bem fundada, antes mais. Se ao nascimento do mundo, que nasceu para servir ao homem, se dedicou dia de festa, ao nascimento do homem, que nasceu para senhor do mesmo mundo, por que se não dedicou mais dignamente esse dia, ou quando menos outro? S. Ambrósio: "Porque o louvor do homem não está no fim, mas no começo"[3]. — O dia em que acabou de nascer o mundo foi o mesmo dia sexto em que também nasceu o homem; mas ao mundo podia-se-lhe dedicar o dia de festa logo depois do nascimento, que foi ao sétimo, e ao homem não. E por quê? Porque o fim para que nasceu o mundo foi para servir ao homem; o fim para que nasceu o homem foi para servir a Deus; e aquele fim sempre foi certo desde o nascimento das outras criaturas, e no homem, pelo contrário, sempre foi e é duvidoso até o dia da sua morte. Por isso Deus, assim como iam nascendo as outras criaturas, ia juntamente louvando: "Viu

Deus que isso era bom" (Gn 1,10) — porém, ao homem, posto que o viu quando nasceu, não o louvou, porque a bondade e felicidade do seu fim ainda estava duvidosa quando Deus o viu a ele, e só estaria segura quando ele visse a Deus. Foi logo necessário que a festa do nascimento do homem se trasladasse para o dia da morte, e assim o faz a Igreja, que ao dia da morte dos santos chama "Natalícios dos santos". Se Moisés falara como profeta, poderia dizer o que calou como historiador; mas o que ele não fez no nascimento de Adão fez S. Mateus no nascimento de Maria, anunciando o seu Evangelho, quando nasce, que nasce para dela nascer Jesus: "Da qual nasceu Jesus".

Daqui se infere contra o atrevimento dos juízos humanos, posto que eles o façam com os olhos nas estrelas, que o solenizar e festejar nascimentos só os profetas o podem fazer sem erro, nem os outros crer sem ignorância. Advertiu Orígenes, é certo, que em todo o Testamento Velho se não lê que "algum homem santo fizesse festa ao nascimento de seus filhos"[4]. — Com isto ser assim vemos, contudo, que o nascimento do Batista, nascendo de pais santos, eles o celebraram com tantas festas que então alegraram toda a montanha, e depois o mundo. Pois, se os santos não costumam celebrar nascimentos, por que se celebra o do Batista em casa de Zacarias? A razão é porque a casa de Zacarias era casa de profetas. Profetizava Zacarias, profetizava Isabel, profetizava o mesmo Batista, e como todos tinham espírito de profecia, por isso só naquela casa se celebra o nascimento do filho, que só onde se sabem os sucessos futuros se podem festejar com razão os nascimentos presentes. Bem se vê no modo com que o festejaram os montanheses porque o estribilho de suas alegrias era: "Quem vos parece que há de ser este menino?" (Lc 1,66). — De sorte que não o festejaram pelo que era, senão pelo que havia de ser; não porque era nascido, senão porque havia de ser o maior dos nascidos. E como para as festas dos nascimentos serem bem fundadas é necessário saber os sucessos futuros da pessoa que nasce, por isso o evangelista com grande conveniência antecipou em profecia as leis da história, e quando havia de dizer que nasceu Maria, disse: Maria, de quem nasceu: "Da qual nasceu Jesus".

§ IV

Este foi o novo e misterioso estilo que, depois do nascimento da Mãe de Deus, observou o evangelista como profeta do passado; e o mesmo tinham já feito, muito antes do seu nascimento, todas as Escrituras do Testamento Velho, como evangelistas do futuro. Diz S. João Damasceno que desde o princípio do mundo contendiam os séculos sobre a felicidade de qual deles se havia de honrar com o nascimento da que nasceu para dela nascer o Redentor do mesmo mundo. E todas as grandes matronas que, dentro da sucessão dos mesmos séculos, ou a graça, ou a fortuna, ou a natureza fez singulares, foram a sombra deste sol, foram a figura desta verdade, foram a representação deste nascimento. Em todas nasceu Maria, ou todas tornaram hoje a nascer em Maria, muito mais avantajadas que em si mesmas e para fins muito mais gloriosos. Nasce hoje Eva (Gn 3), para meter debaixo do pé e quebrar a cabeça à antiga e enganosa serpente, que com o veneno original tinha infeccionado toda sua descendência. Nasce hoje Sara (Gn 17). para ser mãe universal da fé, e de todos os que desde então haviam de esperar escuramente e depois crer com toda a luz, a divindade do Messias. Nasce Rebeca (Gn 25), para tirar a bênção do cego Isac ao rústico e fero Esaú, e dá-lo ao manso e religioso Jacó. Nasce Raquel (Gn 29), para ser a mais formosa, a mais servida e a mais amada que Lia, mas, como Lia, a mais fecunda. Nasce Ester (Est 5), para ser a maior senhora do mundo, a mais respeitada do seu supremo monarca, isenta de todas as leis, e superior a todas. Nasce Débora (Jz 4), a famosa guerreira, a quem seguiam como soldados em ordenados esquadrões as estrelas do céu, e por quem os soldados venciam sem ferida como estrelas na terra. Nasce Judite (Jt 13), para libertar dos exércitos inimigos a sitiada Betúlia, e arvorar sobre seus muros, cortada com a própria espada, a cabeça do soberbo Holofernes. Nasce Abigail (1Rs 25), para convencer com sua prudência e aplacar com sua piedade, não a Davi, descortesmente ofendido, mas ao mesmo Deus das vinganças, justamente irado. Nasce Rute (Rt 4), não só para colher, mas para regar com o orvalho do céu e criar as espigas, de que se há de fazer o pão que há de ser o sustento do mundo. Nasce finalmente hoje Maria (Ex 15), não a irmã, mas a Mãe do verdadeiro Moisés, para passar o Mar Vermelho a pé enxuto, para ser a primeira que cante o triunfo da tirania de Faraó, e a primeira que ponha os passos seguros no caminho da terra de Promissão.

Tudo isto quer dizer que de Maria, que hoje nasce, há de nascer Jesus. E quer dizer mais alguma coisa? Muitas e grandes, estampadas também todas nas páginas dos segredos divinos. E para que não possa imaginar algum pensamento humano que são isto estátuas mortas fabricadas pelo afeto da devoção ao nascimento da verdadeira Mãe dos viventes, ouçamos, antes que passemos adiante, o que sempre entenderam e ensinaram os maiores lumes da Igreja Católica. Santo Agostinho, tomando por testemunha ao mesmo Deus: "Somente ela mereceu no parto receber o Deus e homem, como o mesmo Deus nos ensinou por figuras"[5]. S. Ildefonso, com os olhos em todo o Testamento Velho: "Esta é aquela Virgem gloriosa, cujo mérito inefável era há muito tempo preanunciado pelas figuras da lei"[6]. E Santo Anselmo, falando nomeadamente do mistério deste dia: "Grandes e admiráveis indícios de sinais divinos anteciparam o seu nascimento"[7]. — O mesmo deixara escrito S. Cirilo, S. Jerônimo, Santo Ambrósio, S. Pedro Damião, S. João Damasceno, S. Bernardo, e outros padres. Mas o que nesta matéria, por ilustração divina nos descobriu o mais oculto, o mais antigo e o mais profundo segredo foi S. Metódio.

Quarenta dias esteve Moisés com Deus dentro daquela nuvem escura e caliginosa no cume do Monte Sinai, e bastando muito menos tempo para ele ouvir o que então declarou ao povo, e depois escreveu no deserto, é questão curiosa saber em que se gastou o resto de tantos dias entre Deus e aquele seu grande valido. Dizem os antigos hebreus, cuja opinião nesta parte não só é verossímil, mas recebida dos mais doutos intérpretes das letras sagradas, que em todo este tempo revelou Deus a Moisés a que eles chamam lei oral, ou lei de boca, na qual se continham os mistérios mais profundos, de que então o mesmo povo não era capaz se lhe descobrissem e fiassem, os quais, enquanto não chegava a lei da graça, só ficaram em tradição na fé dos patriarcas. Tal foi o mistério altíssimo da Trindade, o da divindade do Messias, o do Santíssimo Sacramento da Eucaristia, e muito particularmente — que é o nosso ponto — as figuras que pertenciam à Virgem, Senhora nossa. Isto é o que não só afirma, mas supõe como indubitável S. Metódio, por estas palavras: "Por acaso o grande Moisés não se demorou longamente no monte por causa das figuras dificultosas de entender que se referiam a ti, ó Virgem casta, e assim aprendesse os mistérios desconhecidos a teu respeito?"[8]. De sorte que o tempo da maior demora que Moisés teve no monte com Deus o empregou o mesmo Deus em ensinar a Moisés e lhe descobrir a verdadeira e oculta inteligência dos segredos que se encerravam nas figuras daquela Virgem, que havia de ser sua Mãe. Estas figuras, que tanto antes do seu nascimento ainda não estavam retratadas nas Escrituras — porque ainda não havia Escrituras — depois que as houve, que foi sucessivamente em muitos séculos, com a mesma sucessão se foram estampando nelas, posto que com sombras escuras e cores pouco vivas, porque estava ainda muito longe a vida de que haviam de receber a luz. Isto é o que nota o mesmo santo, dizendo que "aquelas figuras eram dificultosas de entender" — porque, como bem distinguiu Sofrônio[9], quando chamou à mesma Senhora: "Pré-caracterizada por figuras enigmáticas" — as figuras que representaram e significaram a Mãe de Deus antes que o fosse, umas eram naturais e animadas, como as que temos referido, e por isso de mais fácil inteligência; outras, porém, artificiais e enigmáticas, que não se podia entender senão com grande dificuldade, e são as que agora diremos.

§ V

As pinturas de que se formavam os corpos destes enigmas eram notáveis. Em um se via, no meio de uma horrenda tempestade, uma grande máquina de madeira, a que hoje chamaríamos nau, mas sem mastros, nem velas, nem leme (Gn 6); em outro uma escada, que com o pé se firmava na terra e com as pontas tocava nas estrelas (Gn 28); em outro um cajado de pastor, não enroscada, mas entalhada nele, desde a cabeça até a cauda, uma serpente (Ex 4); em outro dois querubins, que se olhavam reciprocamente com as asas estendidas, e sobre elas uma lâmina de ouro (Ex 35); em outro um trono de seis degraus, assistido cada um de dois leões que de uma e outra parte o defendiam (3Rs 10); em outro uma torre alta e de formosa arquitetura, de cujas ameias estavam penduradas as armas, e estas só eram escudos (Ct 4); em outro uma arca dourada cerrada, mas sem fechaduras, e coroada com duas coroas (Ex 37); em outro um pavilhão forrado de peles e um grandioso templo todo coberto de ouro (Ex 26); em outro um formoso jardim regado de quatro fontes, e no meio duas árvores muito altas, ambas carregadas de frutos (Gn 2); em outro um meio corpo de anjo sobre duas colunas, uma de nuvem, que reparava os raios do sol, outra de fogo, que alumiava a noite (Ex 13); em outro, finalmente, deixando por brevidade os demais, uma vara e uma flor, mas assim a flor como a vara nascidas da mesma raiz (Is 11). E sendo tanta a variedade das figuras sem letra até então que as declarasse, bem se vê quão dificultosa seria a inteligência: "Aquelas figuras eram dificultosas de entender" — e que só Deus podia ser o mestre que as ensinasse a Moisés: "E assim aprendesse os mistérios desconhecidos a teu respeito".

Mas o que sobretudo dificultava o entendimento de tantos e tão vários enigmas era ser um só o sentido de todos. E qual era? Era a prodigiosa Menina que hoje nasce, e o fim e fins altíssimos para que nasceu. Nasce — ide agora lembrando-vos, ou desenrolando as figuras — nasce para ser arca de Noé, em que o gênero humano, afogado no dilúvio, se reparasse do naufrágio universal do mundo. Nasce para ser escada de Jacó, e não para que os descuidados de sua salvação se não aproveitassem dela, como o mesmo Jacó dormindo, mas para que, vigilantes e seguros, subam por ela da terra ao céu. Nasce como vara de Moisés, para ser o instrumento de todas as maravilhas de Deus e a segunda jurisdição, fama e alegria de sua onipotência. Nasce para ser o verdadeiro e infalível propiciatório, em que o Deus das vinganças, ofendido e irado, trocada a justiça em misericórdia, o tenhamos sempre propício. Nasce para ser trono do Rei dos reis, o Salomão divino, ao qual trono as três jerarquias das criaturas visíveis e as três das invisíveis, servem de peanha, não humildes como degraus, por se confessarem sujeitas à sua grandeza, mas soberbas como leões, por acrescentarem altura à sua majestade. Nasce para ser torre fortíssima de Davi, fornecida e armada de milhares de escudos, tão prontos e aparelhados sempre à nossa defesa, como seguros e impenetráveis a todos os tiros e golpes de nossos inimigos. Nasce para ser verdadeira Arca do Testamento, coroada com as duas coroas de Mãe e Virgem, dentro da qual não só se conservavam sempre inteiras as tábuas da lei, mas esteve e está encerrado o maná que desceu do céu, donde cotidianamente o podemos colher, por isso coberto e encoberto, mas não fechado. Nasce para ser tabernáculo no deserto e templo de Jerusalém: tabernáculo em que Deus havia de caminhar peregrino, e templo em que havia de morar de assento, tão imóvel e permanente nela como em si mesmo. Nasce para ser, não uma, senão as duas árvores famosas do paraíso terreal, a da vida e a da ciência, porque dela havia de nascer o bendito fruto em que estão depositados todos os tesouros da ciência e sabedoria de Deus, e o da vida da graça no mesmo paraíso perdida, e por ela restaurada. Nasce para ser em seus passos como os daquelas duas colunas que guiaram o povo escolhido à Terra de Promissão: uma de nuvem, para nos amparar e defender dos raios do sol de justiça, e outra de fogo, para nos alumiar na noite escura desta vida, até nos colocar seguros no dia eterno da glória. Nasce enfim para ser Vara de Jessé, de cujas raízes havia de nascer a mesma Vara, Maria, que hoje nasce, e a mesma flor, Cristo Jesus, que dela nasceu: "Maria, da qual nasceu Jesus".

§ VI

Para todos estes bens nasce hoje esta grande Menina, posto que entre figuras e enigmas, como sol entre nuvens, as quais, porém, desatadas em orvalho e chuva de benefícios, não é necessário já recorrer à escuridade de oráculos passados, mas à experiência ocular dos efeitos presentes. Infinitos são os nomes ou sobrenomes com que a mesma Virgem Maria costuma ser invocada e louvada, nascidos todos — notai — na etimologia dos mesmos benefícios, que é o mais nobre e sublime nascimento que eles podem ter. Uma das mais notáveis questões, e para muitos intérpretes uma das mais dificultosas da Escritura, é aquela a que deram ocasião as palavras de Jacó, depois que acordou do sono em que viu a escada que chegava da terra ao céu. E que disse então Jacó?: "Se Deus me der pão para comer e pano para vestir, eu o terei por Deus" (Gn 28,20s). — Pois, Jacó não tinha a Deus por Deus? Não o venerava e adorava como Deus? Sim. Com o mesmo nome de Deus o acaba de nomear pouco antes, e isso mesmo significa o nome "Senhor", absolutamente pronunciado: Senhor, porque com sua onipotência criou o mundo; Senhor, porque com sua majestade o domina; Senhor, porque com sua providência o governa. Pois, se Jacó o reconhece, venera e adora como Deus, por que diz que o terá por Deus "e será para ele Deus, se lhe der o que pede"? Porque no tal caso não só obraria Deus como Senhor quanto ao domínio do poder, senão como Deus quanto à etimologia do nome. Ora vede. A etimologia deste nome Deus deriva-se do verbo dar: chama-se Deus porque dá: "A Deus, que a todos dá liberalmente" (Tg 1,5) — diz o apóstolo São Tiago neste sentido; e no mesmo a Igreja: "Vem, doador de dons"[10]. — Diz pois Jacó: "Se Deus me der o de que eu tenho necessidade para comer e vestir" — então obrará comigo como Deus e eu o reconhecerei como Deus, não só pelo que é, senão pelo que significa o seu nome. O seu nome significa dar: logo, "se me der a mim" — será para mim Deus que dá: "Será para mim Deus, isto é, doador, segundo o seu nome".

De passagem vejam os humanistas esta mesma energia e bizarria de retórica no Príncipe dos poetas: "Vós, ó deuses inferiores, sede bons para mim". — Fala Virgílio de um, desconfiado ou desesperado dos Deuses superiores, que são os do céu, o qual recorria aos inferiores, que são os do inferno, e se chamam manes: "Vós, ó deuses inferiores, sede bons para mim, porque a vontade dos deuses superiores me é adversa"[11]. Mas naquele "Sede bons", em que pede aos manes que sejam bons, parece que se esfriou e abateu não pouco, senão muito o espírito ardente e sublime de tão insigne poeta; porém, não foi assim, senão que nisto mesmo mostrou a sua grande erudição e eloquência. "Manes" na etimologia antiga e já antiquada, era o mesmo que "bons", como se prova da palavra *immanes*, que significa o contrário. Diz pois o que invocava aqueles deuses subterrâneos: "Vós, o manes, sede bons para comigo" — como se dissera: "Sede para comigo propriamente como chamais" — já que a etimologia de *manes* é *boni* e quer dizer bons: "Sede bons para comigo" — e sereis propriamente, respondendo à significação do vosso nome. — Assim também Jacó dois mil anos antes de Virgílio, não como imitador, mas como exemplar desta poesia, diz com a mesma energia e com o mesmo sentido: "Se Deus me der o que hei mister, será para comigo Deus" — não porque não seja Deus ainda que não dê, mas porque dando responderá à etimologia e significação do nome Deus, que significa dar. Tais são todos os nomes e sobrenomes com que a cristandade invoca, venera e dá graças à Virgem Maria, tirados todos e fundados nas etimologias dos benefícios já experimentados e recebidos, para obradora dos quais hoje nasce ao mundo.

E se não perguntemos a todos os estados do mesmo mundo, e mais aos que mais padecem as suas misérias, que todos nos dirão este para quê. Perguntai aos enfermos para que nasce esta celestial Menina: dir-vos-ão que nasce para Senhora da Saúde; perguntai aos pobres: dirão que nasce para Senhora dos Remédios; perguntai aos desamparados: dirão que nasce para Senhora do Amparo; perguntai aos desconsolados: dirão que nasce para Senhora da Consolação; perguntai aos tristes: dirão que nasce para Senhora dos Prazeres; perguntai aos desesperados, dirão que nasce para Senhora da Esperança. Os cegos dirão que nasce para Senhora da Luz, os discordes para Senhora da Paz, os desencaminhados para Senhora da Guia, os cativos para Senhora do Livramento, os cercados para Senhora do Socorro, os quase vencidos para Senhora da Vitória. Dirão os pleiteantes que nasce para Senhora do Bom despacho, os navegantes para Senhora da Boa Viagem, os temerosos da sua fortuna para Senhora do Bom Sucesso, os desconfiados da vida para Senhora da Boa Morte, os pecadores todos para Senhora da Graça, e todos os seus devotos para Senhora da Glória. E se todas estas vozes se uniram em uma só voz, todas estas perguntas em uma só pergunta, e todas estas respostas em uma só resposta ou, mais abreviadamente, todos estes nomes em um só nome, dirão que nasce Maria para ser Maria e para ser Mãe de Jesus: "Maria, da qual nasceu Jesus".

§ VII

Temos visto como, para os nascimentos se festejarem, não vãmente, e por costume, senão com verdadeiro e sólido fundamento, é necessário saber primeiro dos mesmos nascidos o fim para que nasceram. E deste princípio tão certo e evidente inferiu e provou o nosso discurso quão digno é de ser elaborado com as maiores demonstrações de festa, aplauso e alegria o felicíssimo nascimento de Maria, Senhora nossa, pois sabemos que o fim para que nasceu foi para nascer dela o Filho de Deus e seu, o Redentor do mundo. Agora será razão que este mesmo discurso o dobremos e volte sobre nós, e consideremos todos e cada um o fim para que nascemos. As coisas não começam do princípio como se cuida, senão do fim. O fim por que as empreendemos, começamos e prosseguimos esse é o seu primeiro princípio; por isso, ainda que sejam indiferentes, o fim, segundo é bom ou mau, as faz más ou boas. Tal é, como dizíamos, o nascer. Importa, pois, considerar o fim para que nascemos e se as ações da nossa vida são tais que devamos esperar delas que hajam de conseguir esse fim. Assim como esta grade divide o auditório, e esta divisão é tão grande quanto vai do céu à terra, assim dividirei eu também as consequências do que tenho dito. Comecemos pelos ouvintes de fora.

O fim para que Deus nos criou, e para que nascemos neste mundo, não é para servir ao mesmo mundo, como os pequenos, nem para nos servirmos dele, como os grandes, mas para grandes e pequenos — em que somos todos iguais — servirmos a Deus nesta vida e o vermos e gozarmos na outra. E há alguém que saiba de certo, enquanto vive neste vale de misérias, se há de conseguir aquela suma felicidade e se há de ver a Deus ou não? O que só sabemos com certeza infalível é que este fim para que nascemos é fim sem fim. No fim da vida se abrem as portas da eternidade ou, para dizer tudo, de duas eternidades: uma a que sobem os bons a gozar os eternos bens, e outra a que descem os maus a penar e a padecer os males, também eternos. E o estado em que de presente estamos, qual é? É a suspensão, a dúvida, a incerteza, a ignorância de qual destes dois é, será e há de ser o fim para que realmente nascemos. Oh! terrível consideração! Oh! cuidado que sempre nos devera trazer atônitos e pasmados, em comparação do qual todos os outros, em que tão divertidos andamos, importam nada!

Nesta vida muitos há que lhes não pesa de ter nascido, e por fundamentos tão leves, que não é muito que lhes não pese nem pese. Outros lançam maldições ao dia e hora em que nasceram, e também com pouca razão, porque olham para o que padecem, e não para o fim. Até Jó, com ser o exemplo da paciência, caiu nesta fraqueza. Afogado naquele naufrágio de todos os bens e martirizado pelo mais cruel de todos os tiranos, com tantos tormentos e dores, volta-se Jó contra o dia de seu nascimento, lançando-lhe maldições, quais se não podiam imaginar da sua paciência e do seu juízo, e diz assim: "Pereça e morra o dia em que nasci; não seja contado nos meses do ano; não faça caso dele Deus lá de cima, nem nasça nele o sol" (Jó 3,3.6.4): seja mais escuro e tenebroso que a noite; os trovões, as tempestades, os raios o façam horrendo e medonho — e muitas outras pragas a este tom, que eu não posso deixar de lhas estranhar. — E bem, Jó, este dia não passou já há tantos anos, e todas estas maldições que lançais sobre ele, não são impossíveis? Pois, como vos entram no juízo, e vos saem à boca tais dissonâncias e implicações? Deus vos livre de dores maiores que grandes: não só atormentam o corpo e alma, mas tiram o juízo. Assim o tiraram a Jó as suas dores. Mas nunca chegariam a tanto se ele, como empregou toda a vista em olhar para os trabalhos, olhara também para o fim. Se Jó olhara para o fim dos mesmos trabalhos que padecia, é certo que abendiçoaria mil vezes e daria mil parabéns ao dia em que nasceu. Mas este erro ponderou e emendou depois admiravelmente o apóstolo Santiago: "Ouvistes a paciência de Jó e vistes o fim do Senhor" (Tg 5,11). Ouvistes, dizia, paciência de Jó, e ouvistes também as pragas e maldições que lançou sobre o dia do seu nascimento? Pois, se quereis padecer animosa, constante e alegremente, sem cair em semelhante fraqueza, olhai para o que ele não olhou, e vede o fim que Deus teve em lhe dar aqueles grandes trabalhos, que foi fabricar-lhe deles no céu uma coroa igual a eles.

Esta é a razão por que nenhum homem em nenhuma fortuna se devia queixar do dia em que nasceu. E haverá algum tão mofino, que justamente lhe deva pesar de ter nascido? Sim, e muitos. Todos aqueles que, esquecidos do fim para que nasceram, por seguirem desatinadamente os seus apetites e se entregarem aos vícios sem arrependimento e sem fim, em lugar de conseguirem a eternidade do céu, caíram na do inferno. Assim o disse Cristo, Senhor nosso, de Judas estando ainda nesta vida: "Quanto melhor lhe fora a este homem não haver nascido!" (Mt 26,24). Quanto melhor lhe fora a tão mofino homem nunca haver nascido! Porque, se não nascera, ainda que não conseguisse o fim da bem-aventurança para que todos fomos criados, ao menos não estaria ardendo no inferno, nem padecera os tormentos que não padecem os que não nasceram, nem nós padecíamos antes que nascêssemos. Suposta esta sentença da suma verdade, não há dúvida que vivem hoje neste mundo muitos, e queira Deus que não estejam alguns neste auditório, que lhes fora muito melhor não nascerem nunca. E se me perguntarem quem são, como Judas perguntou a Cristo: "Sou eu porventura, Mestre?" (Mt 26,25). — assim como Cristo lhe respondeu: "Tu o disseste" — assim respondo eu a cada um que ele o diga. O fim para que fomos criados goza-se na outra vida, mas depende desta: nesta vida fomos criados para servir e amar a Deus, e na outra para o gozar; e como o gozar a Deus no céu depende de o servir e amar na terra, veja cada um se o serve e se o ama, e daí infira se vai bem encaminhado para o último fim. Todos nesta vida servem, e todos amam. Mas a quem servis e a quem amais? Vós o sabeis. Se é a Deus, esperai nele, que ele vos espera com a glória aparelhada; mas se é alguma criatura, temei e tremei, porque ireis parar onde ela vos leva.

Se a verdade e evidência desta consideração vos persuadiu alguma coisa, vejo que me estais perguntando: Pois, que farei para segurar este fim tão incerto e duvidoso? A resposta que vos darei é muito segura e sem dúvida, porque é da boca do mesmo Cristo. Contam os evangelistas que veio um mancebo desejoso de sua salvação perguntar a Cristo, Senhor nosso, como mestre de todo o bem, "Que boas obras faria nesta vida para alcançar a eterna?". — Respondeu-lhe o Senhor: "Se te queres salvar e alcançar a vida eterna, guarda os mandamentos" (Mt 19,16s). — Esta é a resposta que alimpa a pauta e tira toda a dúvida aos que a têm de sua salvação. Se quereis saber se vos haveis de salvar e conseguir o fim para que nascestes neste mundo, vede se guardais os mandamentos, e guardai-os sempre. O que noto aqui, e reparo muito, é que não falou Cristo uma só palavra em predestinação, que é o maior tropeço desta mesma dúvida. Se sou predestinado, salvar-me-ei; se não sou predestinado, não me posso salvar. Pois, se assim é, por que não respondeu o Senhor com a predestinação? Não respondeu por este nome, que é muito embaraçado e escabroso, mas como "bom Mestre" — reduziu toda a matéria a termos mais claros, que são os mandamentos de Deus. Quereis saber se sois predestinado e vos predestinou Deus? Vede se guardais ou não guardais os seus mandamentos. Se guardais os mandamentos de Deus e perseverardes na guarda deles, sois predestinado; e se os não guardais, ou deixardes de os guardar, sois precito. Notai as palavras do mesmo Cristo: "Se vos quereis salvar" logo, na nossa vontade está o salvarmo-nos ou não. Daqui se colhe que a predestinação foi "com previsão das nossas obras". De sorte que, se eu quiser cooperar com a graça de Deus e guardar seus mandamentos, seguro está na minha mão o salvar-me, que não está na mão de Deus negar-me o paraíso.

Estais já contentes? Ainda me parece que vos remorde na consciência um escrúpulo, e é que a observância dos mandamentos, ainda que sejam só dez, e esses se reduzem a dois, é muito dificultosa e apertada. Por isso o mesmo Cristo, falando da mesma observância e dos mesmos mandamentos, disse que o caminho do céu é muito estreito. Mas já eu apontei no princípio deste último discurso o remédio muito fácil com que o mesmo caminho de estreito se pode fazer largo, e muito largo, e também muito largos os mandamentos. Em que está este remédio? Nos olhos. Em olharmos para o último fim para que fomos criados. Expressamente o Real profeta: "Eu" — diz Davi — "olhei para o fim último e consumado para que Deus me criou" (Sl 118,96), e logo com esta só vista, voltando-a para os mandamentos do mesmo Deus, que me pareciam muito estreitos, conheci claramente que eram muito largos. — O tempo que há de durar a observância dos mandamentos é o estreito, porque há de acabar com a vida; porém, o prêmio e o fim, esse há de durar por toda a eternidade. E como o fim é tão largo e tão imenso, como podem não ser largos também os meios: "Fim último e consumado"?

§ VIII

Muito me detive com o auditório das grades para fora, que é o que tem necessidade de maior doutrina. Agora que hei de falar com almas religiosas, falarei também como religioso. A primeira coisa que digo, falando comigo, é o assombro que me causa considerar que também de um religioso se possa verificar "que lhe seria muito melhor nunca ter nascido" (Mt 26,24). — Homem chamou Cristo a Judas neste caso, e não religioso, nem sacerdote, nem discípulo, que foi o mesmo que degradá-lo da ordem e das ordens, e despir-lhe tremendamente o hábito naquele cadafalso público. Foi Judas não só religioso, senão bom religioso, e tão santo que fez muitos milagres. Mas foi mau sacerdote, porque comungou em pecado, e mau discípulo, porque depois deste horrendo sacrilégio acrescentou o de ir vender a seu mestre. Se na escola de Cristo, se na comunidade dos doze apóstolos sucede uma desgraça como esta, quem se dará por seguro na religião e quem não temerá de si que lhe fora muito melhor não haver nascido?

Já falei comigo; agora, muito veneráveis senhoras, que poderei dizer a esta tão grave como religiosa congregação? Direi o que de outra muito santa refere o profeta Jeremias, muito a propósito da matéria em que estamos. A cidade de Jerusalém chamava-se por antonomásia a Cidade Santa; mas como não há lugar neste mundo em que a santidade esteja segura, caiu a santidade e a cidade com ela. Lamentando Jeremias esta miséria, representa a Jerusalém em uma figura viva, como outra Madalena antes de convertida: "Uma mulher pecadora, que havia na cidade" (Lc 27,37) — e diz ou chora desta maneira: "Jerusalém cometeu um grande pecado" (Lm 1,8). Pecou Jerusalém — e continua no seu pecado: "Está encravada no lodo", sem se tirar ou arrancar dele: "E ela se não recordou do seu fim" (Ibid. 9) — e a toda esta miséria chegou porque se não lembrou do seu fim. De que nos lembramos, se disto nos esquecemos? E que se pode esperar ou temer deste esquecimento, ainda nos lugares mais santos, senão o que o profeta lamenta e nós não choramos. De sorte que o cair Jerusalém do cume da santidade no abismo do lodo e do pecado não foi por outro descuido ou negligência, senão por se haver esquecido de olhar para o seu fim: "E ela se não recordou do seu fim".

Toda a vida humana, por mais religiosa que seja, se não trouxer sempre diante dos olhos o fim para que nasceu, é navio sem norte, é cego sem guia, é dia sem sol, é noite sem estrela, é república sem lei, é labirinto sem fio, é armada sem farol, é exército sem bandeira; enfim, é vontade às escuras, sem luz do entendimento que lhe mostre o mal e o bem, e lhe dite o que há de querer ou fugir. Que lugar mais religioso e mais santo — para que não vamos mais longe — que este mesmo coro? Que exercício mais agradável a Deus que a oração, e de muitos? Que orações mais aprovadas que as de que se compõe o Ofício Divino, ditadas pelo Espírito Santo? Que compostura, que modéstia, que harmonia do canto, que pausas do silêncio, que retrato de um coro dos anjos no céu, como este na terra? E bastará toda esta união de pessoas, de vozes, de corações para fazer consonância aos ouvidos de Deus? Se os olhos não estiverem postos no fim para que ele nos criou, não bastará. Ouvi a prova, que não pode ser mais autêntica nem mais admirável. O Saltério de Davi, de que principalmente se compõe a reza eclesiástica, contém cento e cinquenta salmos, e a terceira parte deles alternadamente tem por título: "Ao fim, ao fim, ao fim". E por que se lembra tantas vezes o fim, e no título e princípio dos salmos, como antífona universal de todos? Porventura para que se chegue depressa ao fim das horas, rezando tumultuariamente, como se faz em alguns coros com tanta indecência? Só o interesse e a indevoção dirá que sim. Pois, por que se lembra e repete tantas vezes nos salmos: "Ao fim, ao fim, ao fim"? Porque, sendo as nossas orações um dos principais atos de religião, e nas religiões o mais frequente, não só de dia, mas de noite, se nelas faltar a consideração do fim para que nascemos, será o mesmo que se à música faltasse o compasso com que as vozes, em lugar de fazerem harmonia, ofenderiam os ouvidos e seriam dissonância, confusão e tumulto.

Este fim tão necessário, falando destas grades para dentro, porventura é o mesmo que eu preguei delas para fora, que foi a observância dos mandamentos? Não. É outro fim muito mais alto, muito mais sublime, muito mais santo. Também tem duas partes, como o outro, e esse é o fim de que fala Davi. "É o fim que de presente nos encaminha às obras da graça e de futuro aos prêmios da glória" — diz Hugo Cardeal[12], e antes e depois dele todos os intérpretes. — Mas, assim de presente como de futuro o fim das almas que professam religião é muito mais alto. Na mesma história do mancebo que veio perguntar a Cristo como se salvaria temos a diferença. Respondeu-lhe o Senhor que, se queria ir ao céu, guardasse os mandamentos: "Se queres entrar na vida, guarda os mandamentos". — E como ele respondesse que desde menino os tinha guardado, então lhe revelou o divino mestre, e lhe abriu outro caminho menos rasteiro e muito mais sublime: "Se queres ser perfeito, vai, e vende quanto tens, e dá-o aos pobres, e vem, e segue-me" (Mt 19,21). — Estas palavras, diz nosso padre S. Bernardo, são "As que encheram os claustros de religiosos e religiosas, e os desertos e as covas de anacoretas"[13]. — Em suma, que para ir ao céu há dois caminhos, um da salvação, outro da perfeição: da salvação: "Que devo eu fazer para alcançar a vida eterna?" (Mt 19,16); da perfeição: "Se queres ser perfeito" (Ibid. 21). — O caminho da salvação é o dos mandamentos, o da perfeição o dos conselhos; o dos mandamentos é forçoso e necessário, o dos conselhos é voluntário e livre; no dos mandamentos obriga-nos Deus a nós, no dos conselhos obrigamo-nos nós a Deus, e isto é o que fazem todos os que professam religião. Deus a ninguém obriga a guardar pobreza, castidade e obediência, e estas três virtudes são os três votos essenciais da religião a que todos os religiosos se obrigam, sacrificando a Deus e oferecendo-lhe em perfeitíssimo holocausto tudo o que são e o que têm: o que têm, são os bens temporais, e desses se despojam pelo voto da pobreza; o que são é o corpo e alma de que somos compostos; o corpo dão-no a Deus pela castidade, e a alma pela obediência. E como o fim com que os religiosos e religiosas servem a Deus nesta vida é tanto mais alto, assim também o é na outra o fim do que hão de gozar no céu. Vede-o nas palavras da primeira resposta que Cristo deu ao mancebo que perguntava como se poderia salvar: "Se queres entrar no céu, guarda os mandamentos" (Mt 19,17). — Notai muito aquele "entrar". Para entrar no céu, e para ir ao céu, basta guardar os mandamentos; mas uma coisa é poder entrar no céu, outra ter e gozar no céu um lugar e um trono muito alto e altíssimo, e este é o fim dos que na terra guardam os conselhos de Cristo. Lastimosa e lastimosíssima coisa é que neste mundo todos queiramos ser dos maiores, e só para o céu nos contentemos com ter lá um cantinho: "Se queres entrar no céu".

Ora, senhoras, para que o fim que vos espera no céu seja não só alto, mas altíssimo — sendo certo que o grau em que lá havemos de ver e gozar a Deus se há de medir com a mesma vantagem e excesso com que o servirmos e amarmos na terra — que exemplo vos proporei eu para imitar nesta primeira parte do mesmo fim? Estou quase certo que nunca ouvistes deste lugar uma lisonja que agora vos direi. E qual é? Que para agradecerdes a Deus o terdes nascido neste mundo, imiteis a mesma Virgem Maria que hoje nasceu. E em quê? Naquele mesmo fim com que provamos ser digno das maiores demonstrações de festa, aplauso e alegria o dia do seu nascimento. O fim com que provamos esta verdade não foi nascer Maria para dela nascer Jesus: "Maria, da qual nasceu Jesus"? Pois, este mesmo fim, e em próprios termos, é a lisonja que vos prometi dizer. Vede se pode ser maior. Vem a ser que nenhuma filha de S. Bernardo, pois é filha de tal pai, se contente com menos que com ser Mãe de Jesus. Nosso Padre S. Bernardo, falando nesta matéria mais altamente que todos, disse com a eminência de seu espírito e juízo, que havendo Deus de ter Mãe, não era decente que fosse senão virgem, e que havendo uma virgem de ter filho, não era também decente que fosse senão Deus: "Certamente a Deus convinha que o seu nascimento fosse unicamente de uma Virgem e à Virgem cabia um tal parto de modo que não gerasse senão a Deus"[14]. — Não é coisa logo alheia do estado virginal, ó virgens consagradas a Deus, que cada uma de vós imite a Virgem das Virgens em ser Mãe de Jesus. E para que nenhuma humildade religiosa se assombre com a grandeza deste nome, saiba toda esta venerável comunidade que eu me não atrevera a dizer tanto se o mesmo Jesus e o mesmo Filho, que nasceu de Maria, o não dissera.

Estava Cristo pregando, ou a primeira vez, ou uma das primeiras vezes que ensinou em público, quando lhe disseram que sua Mãe e seus parentes o buscavam. E o Senhor, levantando mais a voz, respondeu: "Quem é minha mãe, e quem são os meus parentes?" (Mt 12,48). — "Quem fizer a vontade de meu Pai, esse é meu irmão e minha irmã, e minha mãe." — Destes três parentescos já sabeis que vos tocava o "irmã"; eu acrescento que não só o "irmã", senão o "irmã e mãe". Os parentescos do espírito têm muito maior largueza que os da carne e sangue. "Tu feriste o meu coração, irmã minha, esposa" (Ct 4,9). — Ser irmã e ser esposa, fora do parentesco espiritual não pode ser; e, contudo, toda a virgem consagrada a Deus sabe que não só é irmã, senão irmã e esposa de Cristo. O ser "irmã" e "mãe" parece união mais dificultosa, mas basta que o mesmo Filho da Virgem Maria, sem fazer agravo a sua Santíssima Mãe, afirme e conceda que o podem ser outras. O modo só resta saber, perguntando a nossa admiração como perguntou a da Virgem das Virgens ao anjo: "Como isso se fará?" (Lc 1,34s). Como pode ser uma coisa tão alta e tão divina? — Respondeu o anjo à Senhora: "O Espírito Santo sobrevirá em vós" (Ibid. 35). — Para entendimento desta resposta, temos aqui um discreto e sutil reparo: e de quem havia de ser, senão de S. Bernardo? Por que não diz o anjo que virá o Espírito Santo, senão que sobrevirá? Sobrevir é vir sobre ter já vindo; e quando o Espírito Santo veio no dia da Encarnação, para que a Virgem concebesse o Verbo corporalmente, e fosse Mãe de Jesus no corpo, já tinha vindo para que o concebesse espiritualmente, e fosse Mãe de Jesus no espírito: "por isso não disse virá em ti, mas acrescentou sobre, porque já antes nela esteve". De sorte que foi a Virgem duas vezes Mãe de Jesus: uma no corpo depois, e outra na alma primeiro.

E qual destas duas maternidades é mais excelente, mais alta e mais sublime: a corporal com que nasceu dela: "O que há de nascer de ti" (Lc 1,35) — ou a espiritual, com que nasceu nela: "O que nela se gerou" (Mt 1,20)? — Não há dúvida que a maternidade espiritual, quanto vai do espírito à carne e da alma ao corpo. Assim o resolve sem controvérsia a teologia, assim o celebram todos os santos e assim o definiu o mesmo Cristo. Quando a mulher do Evangelho lhe disse: "Bem-aventurado o ventre que te trouxe" — respondeu o Senhor: "Antes bem-aventurados aqueles que ouvem a palavra de Deus, e a põem por obra" (Lc 11,27s) — não porque quisesse diminuir as excelências do sagrado ventre, mas para ensinar que havia outro modo de maternidade mais excelente e mais alto, com que o mesmo Verbo já encarnado podia ser concebido, não corporal, mas espiritualmente. Na primeira maternidade é singular a Virgem Maria, mas na segunda admite companhia, e esta é principalmente das outras virgens consagradas a Deus: "Serão apresentadas ao rei virgens após ela" (Sl 44,15). — E por quê? Porque a dignidade de conceber a Deus, e ser Mãe de Deus, como também disse o nosso S. Bernardo, é privilégio "próprio da virgindade". — Este foi o altíssimo fim para que hoje nasceu a Virgem Maria; e este é, não fingida, senão verdadeiramente, o mesmo para que nasceu cada uma das virgens de que se compõe esta santa comunidade, isto é, para ser Mãe de Jesus, como foi Mãe de Jesus a mesma Virgem Maria: "Maria, da qual nasceu Jesus".

SERMÃO DA
Publicação do Jubileu

Na Dominga Terceira Post Epiphaniam, *em S. Luís do Maranhão. Ano de 1654.*

∽

"E Jesus, estendendo a mão, tocou-o, dizendo:
Pois eu quero. Fica limpo. E logo ficou limpa a sua lepra."
(Mt 8,3)

A novidade deste dia será declarar um Evangelho com outro Evangelho. Vieira se propõe explicar detalhadamente os termos do documento pontifício publicado Jubileu. Evangelho é também a boa-nova que nas letras de Roma havemos de ouvir hoje, diz ele. Supondo primeiramente que este leproso é cada um de nós e que a lepra é o contágio do pecado que desde Adão se derivou a todos os seus descendentes, em dizer o leproso que o Senhor o podia sarar e alimpar, fez um ato de fé católica em que confessou à pessoa de Cristo, e nela a seus sucessores, os Sumos Pontífices, o poder de conceder indulgência e perdoar pecados, que os hereges tão cegamente lhes negam. Cristo curou a lepra com as palavras: "Quero, fica limpo"; as do confessor são: "Eu te absolvo". — Os privilégios do jubileu da lei e do jubileu da graça. Por ele, as dívidas que devemos a Deus, que se não pagam senão com pena eterna, nos são perdoadas todas; por ele, do cativeiro do pecado, muito maior mal que essa mesma eternidade de penas, ficamos absolvidos e livres. São poucos os passos a que nos obriga o jubileu para o ganhar, e também muitos os de que nos desobriga e livra. Eis as circunstâncias necessárias para conseguir as indulgências: o sacramento da penitência e a mesa do Santíssimo Sacramento; e também a oração, a esmola e o jejum. Se alguém não quiser essas bênçãos do jubileu agora que pode, pode ser que não possa quando as queira.

---

§ I

Publicar e declarar a todos o que nos diz e concede a Santidade de Inocêncio X, nosso senhor, na bula que vedes com os selos apostólicos pendentes, pendente também ela do meio daquele altar, assim como é o motivo do presente concurso, assim há de ser o assunto de todo o sermão[1]. Esta é sem novidade a obrigação deste dia, mas o desempenho da mesma obrigação não será sem grande novidade. Nos outros sermões o expositor e intérprete do texto evangélico é o pregador; neste porém — com encontro tão notável, que não parece caso, senão providência — o expositor daquele texto, que também é sagrado, não há de ser o pregador, senão o mesmo Evangelho que hoje nos propõe a Igreja. Será isto — se bem se considera o que havemos de ouvir: declarar um Evangelho com outro Evangelho. Que quer dizer Evangelho? Quer dizer boa-nova: "Que formosos são os pés dos que anunciam a paz, dos que anunciam os bens" (Rm 10,15)! — E por que pôs a Sabedoria divina encarnada, por que pôs Cristo legislador e redentor nosso, este nome de boa-nova à sua lei? Será a causa por que só a lei de Cristo e da graça nos anuncia e promete, e dá o céu o que antes dela não podia nem a lei da natureza, nem a lei escrita? Esta é a primeira e principal razão. Mas a segunda, e não menos principal, é porque, sendo esta boa-nova tão boa, só ela é boa-nova para todos: "Pregai o Evangelho a toda a criatura" (Mc 16,15). — As boas novas deste mundo, por mais felizes e alegres que sejam, sempre trazem consigo alguma mistura de pesar e tristeza. São como as boas novas das batalhas e vitórias as quais, posto que universalmente se festejam com repiques e aplausos públicos, a muitas casas particulares cobrem de lutos e se recebem com lágrimas. Esta é a diferença com que o anjo no nascimento de Cristo deu a boa-nova aos pastores: "Eis aqui vos venho anunciar um grande gozo, que o será para todo o povo" (Lc 2,10). — Nova alegre, e alegria grande, mas não só para vós, senão para todos: "Para todo o povo". — Tal é a boa-nova que naquelas letras de Roma havemos de ouvir hoje, porque o sobrescrito delas diz que vêm para todos: "Para todos os fiéis de Cristo". — Nenhuma coisa mais se deseja neste novo mundo em que vivemos, que as novas que se esperam do outro de ano em ano. Mas chegam cá tão várias e incertas quantas são as cartas que as referem. Não há novas dadas por homens que sejam Evangelho. Estas, porém, que havemos de ouvir, como dizia, não são um só Evangelho, senão dois Evangelhos: um enviado de Jerusalém, por carta de Cristo, e outro de Roma, por carta do Vigário do mesmo Cristo. "O Evangelho é a epístola de Deus" — dizia o grande Antônio, como refere S. Atanásio[2]. Um e outro Evangelho e uma e outra carta temos naquele altar. E para que o alvoroço de ouvir estas boas novas não pare só em alvoroço, mas passe dos ouvidos ao coração, e nos animemos a conseguir os grandes bens e graças que nelas se nos prometem e oferecem, peçamos ao divino Espírito nos assista com a sua. *Ave Maria.*

§ II

"E Jesus, estendendo a mão, tocou-o, dizendo: Pois eu quero. Fica limpo. E logo ficou limpa a sua lepra" (Mt 8,3).

Conta o evangelista S. Mateus — cujo é o Evangelho que hoje nos propõe a Igreja — que apareceu diante de Cristo, Redentor nosso, um leproso, o qual, prostrado de joelhos, lhe disse: — Senhor, se vós quiserdes, eu sei que me podeis sarar e alimpar desta enfermidade tão asquerosa. Estendeu o Senhor a mão, dizendo: — Quero, sê limpo — e no mesmo ponto ficou limpo e são da lepra. — O que agora hás de fazer — continua o Senhor — é que, guardando segredo a este milagre, vás logo mostrar-te ao sacerdote, e lhe dês a sua oferta, conforme a lei. Esta é a breve história do Evangelho, o qual na consideração de suas circunstâncias, como prometi, será a declaração e comento do presente jubileu do Sumo Pontífice, e do que nós devemos fazer para ganhar os grandes tesouros das graças que nele se contêm. Vamos ponderando o texto parte por parte.

Supondo primeiramente que este leproso é cada um de nós, e somos todos enquanto pecadores, e supondo que a lepra, mal contagioso, é o contágio do pecado que desde Adão se derivou a todos seus descendentes, em dizer o leproso: "Se queres, podes me limpar" (Mt 8,2): que o Senhor o podia sarar e alimpar — conforme a frase de Davi: "Purifica-me de meus pecados" (Sl 50,4) — fez um ato de fé católica em que confessou à pessoa de Cristo, e nela à de seus sucessores, os Sumos Pontífices, o poder de conceder indulgência e perdoar pecados, que os hereges tão cega como ignorantemente lhes negam. Funda-se este soberano poder naquelas palavras de Cristo a S. Pedro: "Tudo o que desatares na terra, será desatado no céu" (Mt 16,19). — Os pecados são umas cadeias ou cordas com que estamos atados, como diz o profeta: "Laços de pecadores me cingiram por todas as partes" (Sl 118,61). — E destas ataduras só nos podem desatar, não os reis, nem os imperadores, senão unicamente os sacerdotes.

Quando Cristo houve de entrar triunfante em Jerusalém naqueles dois animais humildes, que foram o carro triunfante da sua modéstia e mansidão, disse aos apóstolos que os achariam atados e que eles os desatassem: "Desprendei-a, e trazei-mos" (Mt 21,2) — porque só os apóstolos e seus sucessores, que são os sacerdotes, podem desatar o que assim estão atados — diz Santo Ambrósio. No mesmo sentido, quando Lázaro saiu da sepultura amortalhado e atado de pés e mãos, mandou Cristo que o desatassem: "Desatai-o, e deixai-o ir" (Jo 11,44) — porque só aqueles, a quem o mesmo Senhor dá esta jurisdição e este poder podem desatar os que estão envoltos e atados nas mortalhas de seus pecados. E quando deu Cristo aos sacerdotes este poder? Quando disse a S. Pedro o que já alegamos. Santo Agostinho: "Que quer dizer desatai-o, e deixai-o ir, senão: o que desligares na terra será desligado também no céu?"[3].

E sendo esta verdade tão clara e assentada no Evangelho, não só é miséria grande, senão ridícula, que os mesmos hereges, que dizem creem o mesmo Evangelho, neguem aos sucessores de S. Pedro e Vigários de Cristo este poder. Para que vejais quão dignos são, não só de lágrimas, mas de riso nesta cegueira os hereges, ouvi uma história verdadeiramente ridícula. No ano de 1517 mandou o Papa Leão X[4] promulgar Jubileu, e larguíssimas indulgências a todos os que concorressem com certa esmola para a guerra contra os turcos e fábrica do templo Vaticano de S. Pedro. E querendo Lutero ser o pregador que publicasse este jubileu e indulgências, o arcebispo de Mogúncia, a quem o Papa cometera a superintendência deste negócio, encomendou a publicação a outro pregador, por hábito e por outras causas seu êmulo. Queixoso e como afrontado Lutero, daqui tomou ocasião para pregar contra as indulgências, chegando por palavra, por escrito e por conclusões públicas a negar e defender que o Pontífice não tinha poder, nem na Igreja o havia para conceder tais indulgências. — De sorte, maldito apóstata, que porque o arcebispo te negou publicar o Jubileu, tu negas ao Sumo Pontífice o poder concedê-lo? Dize-me, se tu foras o pregador, não havias de fazer grandes panegíricos das indulgências e empregar toda a tua eloquência em as persuadir? Claro está: logo, as mesmas indulgências que, se tu as pregaras, eram verdadeiras, por que as não pregaste, são falsas? — Tão ridículos são os fundamentos com que os hereges deixam uma fé e tomam ou fazem outra. E estas foram as palhas com que se acendeu o fogo daquele incêndio fatal que abrasou Alemanha, Suécia, Inglaterra, Holanda, e com o fumo tisnou tantas nações e províncias, para que demos graças a Deus, os portugueses, de nem esta, nem outra heresia chegar à nossa. Escolheu-nos Deus para levar a sua fé ao mundo que descobrimos. Levamo-la à África, estendemo-la pela Ásia, trouxemo-la a esta América, e em nenhuma gente bárbara ou política a transplantamos que não seja da mesma cor que a nossa, obedecendo e adorando o nome do sucessor de S. Pedro e confessando a verdade de seus poderes. Nós também teremos a nossa lepra e as nossas lepras, mas o ponto de "Se tu queres, podes" (Mt 8,2), está tão impresso e constante na nossa fé que o defenderemos com a vida; e só por esta mesma fé quando não houvera outras causas, era merecedora a nossa nação de que os Sumos Pontífices lhe concedessem as mesmas indulgências e graças, dizendo: "Faça-se-te segundo tu creste" (Mt 8,13).

§ III

Às duas palavras do leproso: "Se tu queres, podes" (Mt 8,2), respondeu Cristo com outras duas: "Quero, fica limpo" (Ibid. 3) — "e no mesmo instante fugiu delas e desapareceu a lepra". — Comparai-me agora o instante deste "no mesmo instante" com os vagares de tempo e dificuldades das observações com que, segundo a Lei do Levítico, se procedia a julgar e purificar um leproso (Lv 13 e 14). Eram muitos e mui exatos os exames, muitas as reclusões de sete dias, encerrado o enfermo e separado da outra gente; muitas as vistas e revistas do miserável corpo, desde o remoinho da cabeça até às solas dos pés. Queimavam-lhe as roupas, queimavam-lhe as alfaias, picavam-lhe as paredes da casa, e também as purificava o fogo. No último ato da purificação eram tantas e tão miúdas as cerimônias, que até lidas cansam. O miserável, que já não era, mas tinha sido leproso, ou havia de provar que o não era, havia de trazer dois pardais, uma vara de cedro, uma pequena de lã tinta de vermelho, e não uma, senão duas vezes tinta, e a erva chamada hissopo. Atada esta erva e esta lã à vara ou estaca de cedro, prendia-se nela um dos pardais e, levado ao campo, ali o degolavam sobre água viva, isto é, da que corre das fontes ou rios, e não morta, como a dos lagos. Tomado, pois, o sangue do pardal morto em um vaso de barro, com ele, e com a água sobre que fora degolado, borrifavam ao pardal vivo, e o lançavam a voar. Com o mesmo sangue aguado, ou água ensanguentada, faziam sete asperges sobre o que se purificava da lepra, o qual, depois de lavar os vestidos e o corpo em água também viva, estava recolhido sete dias, sem poder comunicar com outra pessoa. Acabada esta reclusão, oferecia três cordeiros, um dos quais se sacrificava, e com o sangue lhe ungiam ou tingiam os dedos polegares da mão e do pé direito, e a ponta da orelha também direita. Sobre esta unção faltava ainda outra de óleo, com que o sacerdote, depois de fazer sete asperges ao Tabernáculo, tornava a ungir os dedos dos pés e mãos e a orelha do que ainda não acabava de estar purificado, e tudo o que sobejava do óleo lhe lançava sobre a cabeça, que era a última cerimônia da purificação.

Por tudo isto havia de passar um homem, ainda que fosse rei, como Osias (2Par 26,19), e uma mulher, ainda que fosse irmã de Moisés e Arão, como Maria, para se purificar da lepra, como se não fosse mais fácil e mais barato deixar-se estar leproso. S. João Crisóstomo pondera muito a diferença dos nossos sacerdotes aos da lei antiga[5], porque aqueles só podiam conhecer e julgar a lepra, mas não a podiam curar, e os nossos sim, sendo mais feia, mais asquerosa e mais perigosa a lepra que eles curam. Mas eu não pondero esta diferença, senão a semelhança que tem com Cristo no caso em que estamos. Cristo, Senhor nosso, curou aquela lepra com duas palavras: os nossos sacerdotes curam a lepra do pecado com outras duas; as de Cristo foram: "Quero, fica limpo" — as do confessor, em que precisamente consiste a cura do pecado, são: "Eu te absolvo". — E se alguém me perguntar quais destas duas palavras são mais milagrosas, se as de Cristo ou as do confessor, não há dúvida que as do confessor, porque as palavras de Cristo curaram a lepra do corpo, as do confessor curam a lepra da alma; e tanto mais feia é a lepra da alma que a do corpo quanto maior sem comparação é a fealdade do pecado que a da lepra. Reparo na fealdade, porque é a que mais se vê e a que mais se aborrece. Oh! se Deus nos descobrira e mostrara neste auditório a fealdade de um pecado, ainda dos menos feios! Sabeis vós, e vós — falo particularmente com o gênero feminino — sabeis por que não tendes ao pecado o horror e aborrecimento que o menor deles merece? É porque não conheceis a sua fealdade. Representá-la como verdadeiramente é não é possível, mas para que vejais ao menos quanto maior é que a da lepra...

Considerai-me uma cara — que não mereça nome de rosto, nem ainda de monstro — desformissimamente macilenta, seca e escaveirada: a cor verde-negra e funesta; as queixadas sumidas; a testa enrugada; os olhos sem pestanas nem sobrancelhas e em lugar das meninas, com duas grossas belidas; calva, remelosa, desnarigada; a boca torta, os beiços azuis, os dentes enfrestados, amarelos e podres; a garganta carcomida de alporcas; em lugar de barbas um lobinho que lhe chega até aos peitos, e no meio dele um cancro fervendo em bichos, manando podridão e matéria, não só asqueroso e medonho à vista, mas horrendo, pestilente, e insuportável ao cheiro. Cuidais que tenha dito alguma coisa? Do que verdadeiramente é, nem sombras; mas isto basta para se conhecer que nenhum rosto há coberto de lepra cuja fealdade não seja muito menos feia que a do pecado.

Agora pergunto: Se uma mulher de poucos anos, ou de muitos, se visse ao espelho com semelhante figura, que faria? Que sentiria? Que inventaria? Digam-no as boticas e os seus venenos, e as penitências insofríveis a que se condenam estas mártires da vaidade, para emendar ou encobrir qualquer defeito. Mas se no meio deste desgosto, desta desesperação e deste aborrecimento de si mesmas, se lhes dissesse que havia neste mundo um homem, ainda que fosse nigromante, que podia curar aquela fealdade, e muito mais se a esta promessa se acrescentasse que não só a podia curar, senão convertê-la em tanta formosura e graça como a de Raquel, que tesouros haveria que não dessem de boa vontade, que tormentos a que se não oferecessem, que impossíveis que não intentassem? Pois este homem, não fingido nem fantástico, senão verdadeiro, este homem que se não há de ir buscar ao cabo do mundo, nem comprar-se com a menor despesa, este homem que não só há de curar aquela fealdade, mas convertê-la na maior formosura, é o confessor. O confessor é o que pode fazer e faz tudo isto, e não com medicamentos ásperos ou instrumentos de ferro, senão com duas palavras somente. Assim o diz o Real profeta com outras duas: "Louvor e formosura" (Sl 95,6). — Quereis-vos livrar da fealdade do pecado, quereis ver restituída e aumentada na vossa alma a formosura da graça? Ponde-vos aos pés do confessor como o leproso aos pés de Cristo, manifestai a vossa lepra como ele a sua, e no mesmo momento se obrará em vós esta milagrosa mudança. As mais formosas criaturas que Deus criou foram os anjos, e bastou um só pecado para ficarem tão feios como são os demônios. Mas, se esses mesmos demônios se confessaram, tornariam a ser tão anjos e tão formosos como dantes eram. Eles não querem, porque não podem, e os que podem não querem, porque nem conhecem a fealdade do pecado nem "a virtude da confissão".

§ IV

E por que não cuideis que tenho dito muito, tornemos ao nosso texto. Diz o evangelista que não só pronunciou Cristo aquelas duas palavras tão milagrosas, mas que estendeu a mão até o leproso; "Estendendo a sua mão, tocou-o". — Esta ação não fazia Cristo, Senhor nosso, em outros muitos milagres, bastando só a sua divina palavra, ou que os enfermos lhe tocassem as vestiduras sagradas, para que ficassem subitamente sãos: "Pois saía dele uma virtude que os curava a todos" (Lc 6,19). Que razão houve logo, ou que mistério nesta cura do leproso, para Cristo estender o braço até ele? A razão e o mistério foi, como já notamos com São João Crisóstomo, porque neste milagre foram significados os poderes que o mesmo Senhor, por si ou por seu Vigário, o Sumo Pontífice, comunica aos sacerdotes da lei da graça. Todos os poderes do sacerdote são recebidos e comunicados pela mão de Cristo; mas esta mão, quando os comunica, ou é encolhendo o braço ou estendendo-o: os poderes do braço encolhido são os ordinários e limitados; os do braço estendido são os extraordinários e sem limite; e tais são os que o sacerdote recebe e exercita em virtude do Jubileu.

Nos outros dias chegais aos pés do confessor, absolve-vos dos vossos pecados quanto à culpa, mas não de toda a pena merecida por eles; porém hoje, por virtude deste jubileu pleníssimo, está Cristo com o braço tão estendido, nos poderes que concede ao confessor, que não só vos absolve de todas as culpas, senão juntamente de todas as penas temporais e eternas, e fica o confessado tão inocente e tão puro como se naquela hora, não digo nascera, mas saíra da água do batismo. Nos outros dias podeis-vos confessar, se sois leigo, ao confessor aprovado pelo vosso bispo, ou seu vigário, e se sois religiosos, ao confessor aprovado pelo vosso prelado, e não a outro; porém hoje, por virtude do Jubileu, o secular, o eclesiástico, o religioso, pode eleger o confessor que quiser, e com quem mais se consolar, ou de dentro ou de fora da religião, contanto que na mesma parte, ou em outra, fosse aprovado. Nos outros dias pode o confessor absolver dos pecados ordinários e que não tenham reservação; mas dos pecados reservados não pode, porque não tem jurisdição para isso; porém hoje, por virtude do Jubileu, não só vos pode absolver de todos os pecados, por graves e enormes que sejam, mas também de todos os reservados, ou sejam reservados ao bispo ou reservados ao Papa, e ainda de todos os casos da Bula da Ceia. Nos outros dias pode o confessor absolver dos pecados, mas não das censuras; porém hoje, por virtude do Jubileu, pode também absolver de todas as excomunhões, suspensões e interditos, e só onde houver parte, satisfeita primeiro ela, ou com promessa segura de se satisfazer. Nos outros dias pode o confessor absolver dos pecados contra os votos, mas não de todos, porque dos votos essenciais da religião não pode, como também não pode da obrigação dos mesmos votos, que sempre ficam em seu vigor; porém hoje, por virtude do mesmo Jubileu, não só pode absolver de todos os pecados contra os votos, mas pode comutar os mesmos votos em outras obras pias, exceto somente o voto da castidade e religião, o que se entende, se não forem penais — isto é, impostos pelo mesmo penitente em pena de alguma promessa, se a quebrarem — porque na tal circunstância também os poderá comutar. Tão larga, tão aberta, tão estendida está hoje a mão de Cristo: "Estendendo a sua mão".

Oh! Jubileu da lei da graça! Oh! mão estendida de Deus! Que diferente vos vejo hoje, e que menos estimada por mal entendida dos cristãos esta mesma diferença! Ouvi como Deus estendia a sua mão antigamente. O demônio, para oprimir e destruir a Jó, pediu a Deus que estendesse um pouco a sua mão sobre ele: "Estende tu um pouco a tua mão" (Jó 1,11). — O mesmo Deus, para castigar e assolar o Egito, diz que estenderia a sua mão: "Estenderei a minha mão, e ferirei o Egito" (Ex 3,20). O profeta Isaías, para declarar a ira e vingança de Deus contra os idólatras, sem se mover a perdoar nem usar de misericórdia com eles, repete uma e muitas vezes que ainda a mão de Deus estava estendida: "Ainda está alçada a sua mão" (Is 5,25; 9,12.17.21). — Estes eram os temerosos efeitos e esta a mão estendida de Deus antigamente. Porém, depois que ele estendeu as mãos na cruz, e nelas se abriram aquelas fontes de sangue, já da sua mão estendida não saem nem podem manar rigores e castigos contra nossos pecados, senão perdões, indulgências, graças, misericórdias, como as do presente Jubileu. Antigamente também de cinquenta em cinquenta anos concedia Deus um Jubileu; mas que Jubileu? Quitavam-se nele as dívidas de uns homens a outros, mas as que deviam a Deus não se quitavam. Os escravos restituíam-se à sua natural liberdade, mas do cativeiro do pecado não se libertavam as almas. As herdades tornavam a seus primeiros possuidores, mas da herdade, ou herança do céu, não se fazia memória nem se lhe sabia o nome. Não assim o nosso Jubileu. Por ele as dívidas que devemos a Deus, que se não pagam senão com pena eterna, nos são perdoadas todas; por ele do cativeiro do pecado, muito maior mal que essa mesma eternidade de penas, ficamos absolutos e livres; por ele, com tanto direito à coroa e reino do céu que, se nós mesmos o não quisermos perder, sem dúvida e incerteza alguma o iremos gozar e seremos bem-aventurados eternamente.

§ V

Mas porque os privilégios deste Jubileu, ainda comparados com a mesma lei da graça em outros tempos, têm uma diferença muito notável que reservou para os nossos a misericórdia e piedade divina, continuemos a ponderação do nosso texto, em que não há palavra vazia ou redundante, senão cheias todas de mistério sobre mistério.

Purificado o leproso, a primeira coisa que lhe encarregou o Senhor foi o segredo, mandando-lhe que a ninguém dissesse o que entre ambos tinha passado: "Então lhe disse Jesus: Vê, não o digas a alguém" (Mt 8,4). — Este total segredo de quanto passa entre o confessor, que representa a pessoa de Cristo, e entre o confessado, que representa a do leproso, é uma graça e diferença notável, advertida de poucos e ignorada de quase todos, a qual grandemente nos facilita hoje a salvação, e é digna e digníssima de que todos a advirtam e saibam. O juízo que por virtude do Jubileu se faz no tribunal da confissão, é tão universal, como o do dia do Juízo, e não menos da parte do juiz quanto aos poderes que da parte do réu quanto às culpas, porque, assim como no Juízo do último dia se hão de julgar todas as culpas, as de pensamentos, as de palavra e as de obra, assim no tribunal da confissão se julgam todas. Mas nesta mesma igualdade ou semelhança se deve considerar uma grande vantagem de conveniência e graça. Lá uns hão de sair absolutos, outros condenados: cá todos saem absolutos; lá todas as culpas e os castigos hão de ser públicos: cá as culpas, e sem castigo, todas são secretas. E neste segredo inviolável consiste dentro da mesma Igreja e lei da graça a maior graça e privilégio do tempo presente comparado com o antigo, e da maior facilidade da salvação.

Ouvi e notai com grande atenção. No tempo da primitiva Igreja — costume que durou nela até o século undécimo, isto é, por espaço de mil e cem anos — castigavam-se os pecados dos cristãos com penitências públicas. E que penitências e por quanto tempo? É coisa que faz tremer. Por um pecado contra o sexto mandamento se prescrevem nos cânones de S. Basílio quinze anos de penitência[6]. Estes anos se dividiam em três partes, com diferentes nomes dos mesmos penitentes. Nos primeiros cinco se chamavam prostrados, nos segundos ouvintes, nos terceiros e últimos assistentes, todos vestidos de luto, desgrenhados e sem nenhum ornato ou composição das mesmas roupas, em significação da verdadeira dor. Os prostrados, no tempo dos Ofícios Divinos, lançados por terra e chorando, estavam fora das portas da Igreja; os ouvintes, mais chegados a elas, mas também fora, e tanto que se entrava ao Ofertório, eram lançados uns e outros, e despedidos daquele lugar sagrado como indignos; os assistentes enfim eram admitidos à igreja e a ouvir toda a Missa, mas de nenhum modo à Comunhão, a qual só se permitia aos mesmos penitenciados na hora da morte, com condição porém que, se escapavam, tornavam outra vez a cumprir o que lhes faltava da penitência. Enquanto ela durava, nem podiam ser soldados, nem casar, nem assistir a convites, nem usar de banhos, jejuando, trazendo cilício, não dormindo em cama e castigando-se a si mesmos com estas e outras asperezas que lhes eram sinaladas. Sobretudo, o que mais admira e faz ao nosso caso, é que estas penitências públicas, não só se davam pelos pecados públicos, senão também muitas, e as mais vezes, pelos ocultos e secretos: "Nem sempre as penitências públicas se faziam por delitos conhecidamente públicos, mas muitas vezes por delitos ocultos" — são palavras colhidas e resumidas fielmente dos sagrados concílios, santos padres e ritos antigos da Igreja[7]. E isto faziam não só os homens, senão as mulheres, como Fabíola, senhora principalíssima entre as romanas, cuja penitência pública na basílica lateranense, sendo viúva, descreve com elegância e louvores no seu epitáfio S. Jerônimo[8]. E se depois a mesma Igreja moderou aquele estilo, foi porque se tinha esfriado o primitivo fervor e espírito dos cristãos, condescendendo como mãe piedosa com a nossa fraqueza.

Considerai agora que repugnância e dificuldade seria a dos homens, e muito mais das mulheres, se os seus pecados ocultos se houvessem de fazer públicos e castigar-se com públicas e tão rigorosas penitências! Pelo contrário, que facilidade, que favor, que indulgência e graça maior que toda a estimação é que, por virtude do Jubileu, se perdoem todas essas e quaisquer outras penitências, e que os pecados públicos ou secretos, por reservados que sejam e pertencentes a outro foro ou tribunal, se absolvam debaixo de um sigilo tão inviolável, qual é o da confissão! Ponderemos as palavras do nosso texto em que estamos, que nenhumas há em toda a Sagrada Escritura com que melhor se possa declarar e definir a força, a obrigação e a natureza maravilhosa deste secretíssimo e sacratíssimo segredo. Que disse Cristo ao leproso? Que a ninguém dissesse o que tinha passado entre os dois: "Veja, a ninguém dirás". — Pois, isto mesmo é o que passa entre o confessor e o confessado quando o que se confessa lhe diz os seus pecados, porque dizê-los ao confessor debaixo daquele sigilo é não os dizer a ninguém: "A ninguém dirás".

Falando Cristo, Senhor nosso, no dia do Juízo, diz que ninguém sabe quando há de ser aquele dia e aquela hora, nem os anjos do céu, nem ele, Cristo, enquanto homem, senão o Pai somente: "A respeito, porém, deste dia ou desta hora ninguém sabe quando há de ser, nem os anjos no céu, nem o Filho, mas só o Pai" (Mc 13,32). — É certo, porém, em sentença de todos os santos e teólogos, que Cristo não só enquanto Deus, senão enquanto homem, sabe quando há de ser o dia e hora do Juízo universal, porque a ele pertence, como juiz de vivos e mortos. Pois, se ele o sabe, como diz que "Ninguém o sabe, senão o Pai"? Porque este segredo sabe-o Cristo por revelação do mesmo Pai, mas com obrigação de o não poder dizer a outrem; e o que se sabe com obrigação de se não poder dizer, ainda que seja Cristo ou quem está em lugar de Cristo o que o sabe, ninguém o sabe: "Ninguém o sabe". "Cristo nega conhecer isso, como homem, porque assim não sabia que pudesse revelar aos homens". — Responde com os mesmos santos padres e teólogos o doutíssimo A Lápide[9]. Agora pergunto: aquele pecado secreto e secretíssimo de que só vós tínheis notícia antes de o dizerdes ao confessor, sabia-o alguém? Ninguém, senão Deus somente. Pois o mesmo é depois que confessastes e dissestes o mesmo pecado, porque, como vós o dissestes a quem o não pode dizer, "ninguém o sabe senão só Deus". E assim como o que sabe quem o não pode revelar, "ninguém o sabe" — assim o que se diz a quem o não pode dizer, "a ninguém se diz".

E por que ninguém cuide ou receie que pode haver algum sacerdote tão mau homem e de tão danada consciência que revele aquele segredo por algum caso, ouvi um bem notável. A última vez que Cristo, Senhor nosso, subiu a Jerusalém, revelou em segredo aos discípulos que ia a morrer, e os tormentos que havia de padecer na cruz e antes dela: "Tomou de parte os seus doze discípulos, e disse-lhes: Eis aqui vamos para Jerusalém, e o Filho do homem será entregue aos príncipes dos sacerdotes etc." (Mt 20,17; Mc 10,33). — O primeiro reparo que aqui ocorre é o que à flor da terra topa naquela palavra "em segredo", e que o Senhor fiasse de tantos homens um segredo de tanta importância; mas como eles eram os primeiros ministros do sacramento da Confissão e os que haviam de ser o exemplo de seus sucessores, nesta mesma confiança mostrou o divino mestre quão fundados os tinha já a providência da sua eleição na firmeza e constância do segredo. Que diremos, porém, à palavra "doze"? De fiar Cristo o segredo a todos os doze discípulos, segue-se que também o fiou a Judas. Pois, a Judas, um tão mau homem, tão infiel, tão traidor, que o havia de entregar e vender, fia o mesmo segredo que aos demais discípulos, tão fiéis e tão santos? Sim, porque esta graça de guardar o segredo, que ali se figurava, na confissão, anda junta à santidade e virtude do Sacramento, e não à bondade ou maldade do homem que o exercita. Vede-o no mesmo Judas.

Tanto que ele soube que o Senhor, relaxado pelo príncipe dos sacerdotes a Pilatos, ia condenado, no mesmo ponto se arrependeu da venda, e foi entregar o dinheiro aos mesmos de quem o recebera. Assim o nota o evangelista: "Então Judas, vendo que fora condenado Jesus, tocado de arrependimento, tornou a levar as trinta moedas de prata aos príncipes dos sacerdotes" (Mt 27,3). — Agora entra o grande mistério. Judas pela experiência de três anos sabia muito bem a certeza infalível com que Cristo dizia antes o que havia de suceder depois. E o Senhor, quando revelou aos doze discípulos o que havia de padecer em Jerusalém, expressamente disse pelas mesmas palavras que havia de ser condenado à morte: "E sentenciá-lo-ão à morte" (Mc 10,33). — Pois, se Judas se arrependeu agora da venda com esta segunda notícia de Cristo ser condenado: "Vendo que fora condenado" — por que se não arrependeu com a primeira, sendo totalmente a mesma: "E sentenciá-lo-ão à morte"? Porque esta notícia foi pública, e a primeira foi revelada a todos em segredo: secreto — e deste segredo, que Cristo fia e encarrega a seus ministros, nem um homem tão mau e tão infiel e traidor, como Judas, se atreve a usar, ainda em caso de tanta importância que lhe custe a própria vida e haja de rebentar pelo meio, como Judas rebentou. Cristo revelou e disse o segredo a todos, mas Judas não se valeu dele, como se o Senhor o não tivera revelado, nem o dissera: "A ninguém se diz".

§ VI

Segue-se no mesmo texto a breve palavra dita por Cristo ao leproso: "Vai". Sobre ela declararemos os poucos passos a que nos obriga o Jubileu para o ganhar, e também os muitos de que nos desobriga e livra. O tempo desta graça, para maior comodidade dos que a hão de receber, se reparte em duas semanas, de tal maneira que, dentro da que cada um escolher, há de cumprir inteiramente as obras de piedade e devoção que Sua Santidade ordena. A primeira é que se visitem ao menos uma vez as cinco igrejas sinaladas, ou cinco vezes a mesma, onde houver só uma, como nos lugares pequenos. E para que ninguém fique excluído de lucrar para sua alma tão grandes tesouros, os que tiverem legítimo impedimento para não ir à igreja os podem conseguir desde o mesmo lugar onde estiverem impedidos, como os presos no cárcere, os enfermos na cama, os homiziados no seu retiro e em sua mesma casa as pessoas que, sem a devida decência, não podem sair dela.

Este é o primeiro modo com que aquele breve nos abrevia os passos. Mas o segundo e mais admirável é que, sem sair desta vossa cidade, ganhais todas as indulgências e graças que estão concedidas a todos os que pessoalmente visitam os maiores santuários da cristandade. Quantas vezes ouvistes falar nas indulgências de Santiago de Galiza, nas das estações de Roma, nas de Jerusalém e do santo Sepulcro? Considerai as léguas, os caminhos, os gastos, os trabalhos e os perigos de mar e terra que padecem os que fazem estas compridíssimas peregrinações; e tudo o que eles vão granjear e adquirir tão longe para suas almas, adquiris e granjeais vós igualmente para a vossa, por virtude deste santo Jubileu, sem sair nem dar um passo fora da vossa terra. Confesso que parece isto enigma ou milagre: enigma pelo que diz, milagre pelo que significa. Porque se sem sair da vossa terra haveis de adquirir os tesouros de graças que estão repartidos por todas as do mundo, ou a presença do homem se há de alargar imensamente, ou a grandeza do mundo se há de estreitar outro tanto:

a presença do homem estendendo-se a todos os lugares da redondeza da terra, e a mesma redondeza da terra reduzindo-se ao lugar de um só homem. Assim se segue. E por que nem o enigma pareça escuro, nem o milagre ou maravilha impossível à dignidade e poder do Sumo Pontífice que concede o Jubileu, vamos à Escritura.

Descreve a Sabedoria divina o ornato pontifical do Sumo Sacerdote da lei velha, e diz que na túnica talar, isto é, que o revestia dos ombros até os pés, estava toda a redondeza da terra: "Porque na vestidura talar que trazia estava simbolizado todo o mundo" (Sb 18,24). — De sorte que naquela túnica pontifical, ou fosse tecida, ou bordada, ou pintada, estava representado todo o mundo, e abreviado ou recopilado nela como em um mapa. E por que ou para que era este mapa universal o ornato ou vestidura exterior do Sumo Sacerdote? Para que todos vissem — diz Filo Hebreu — quando olhassem para ele e ele entendesse de si, que não só lhe pertencia o domínio espiritual de Jerusalém, senão também e igualmente o de todo o mundo e suas partes, por mais distantes e remotas que fossem; que assim como o vestido o cercava, assim ele era o centro da redondeza da terra, e a redondeza da terra a sua circunferência; que assim como o vestido está junto ao corpo, e o corpo junto ao vestido, assim para ele não havia distância em todo o mundo, como se estivera presente em toda a parte; e assim como o vestido não tem movimento próprio e em tudo se move ao compasso de quem o veste, assim ele, como alma do mesmo mundo, havia de ser o único e imediato móvel de suas ações e a vida dos espíritos vitais que lhe influísse.

Este é, mais declarado e amplificado, o sentido do que diz em menos palavras Filo, o qual, porém, manifestamente se enganou na aplicação, porque aplica o mapa universal à vestidura do Sumo Sacerdote da lei velha, sendo que só pertence ao da nova. Ao da lei velha não, porque só era Sumo Sacerdote de uma nação e de um povo, qual era o hebreu, e de nenhum modo de todo o mundo. Ao da lei nova sim, porque o Sumo Sacerdote de todo o mundo é só o Sumo Pontífice da Igreja, que por isso se chama católica, isto é, universal. E porque aquele pontífice era a figura de enigma em que se representa o nosso, por isso se lhe pintou na vestidura o mapa do mundo. E não só pelas razões que bem considerou Filo, mas muito particularmente porque um dos admiráveis poderes do Pontífice, não de Jerusalém, mas de Roma, é abreviar o mundo e suas distâncias, e reduzi-las, por remotíssimas que sejam, a tão pequeno espaço como de um mapa, e esse mapa não maior que a grandeza ou estatura natural de um homem, por cujas medidas se corta o vestido, que isto quer dizer: "Porque na vestidura talar que trazia estava simbolizado todo o mundo" (Sb 18,24). — E, suposta esta primeira maravilha, não menos acreditada que com a fé da palavra divina, já fica corrente a que parecia dificultosa, de poder um homem, sem sair da sua terra, colher os frutos de todas as outras.

Só se pode duvidar que, sendo os poderes deste mapa, ou o mapa destes poderes ornato próprio das vestiduras pontificais, os possa comunicar o Sacerdote Sumo, que está em Roma, aos sacerdotes inferiores, que estão divididos por todo o mundo. Do Sumo Sacerdote da lei velha é certo que só o que lhe sucedia na dignidade se podia paramentar com as mesmas vestiduras. E assim, quando Eleazaro, primogênito de Arão — que foi o primeiro Sumo Sacerdote — lhe houve de suceder, mandou Deus que Moisés despisse delas ao pai e vestisse com elas ao filho: "E depois de teres despido de seu vestido ao pai, vestirás com ele a Eleazar, seu filho" (Nm 20,26). — Mas também aqui faltou a semelhança da figura, para que se visse a diferença do Sumo Pontífice da lei da graça, o qual, sem se despir da mesma vestidura e mapa do mundo, veste dela e dele a todos os sacerdotes inferiores, a quem se digna comunicar a mesma graça. E isto quando e por que modo? O quando é em semelhantes dias ao de hoje, e o modo por meio dos privilégios e poderes daquele Jubileu. Qualquer sacerdote, com aquele Jubileu na mão, está revestido do mapa pontifical do mundo, tendo-o todo tão junto a si para abreviar as distâncias dele como tem o mesmo vestido. Publica-se um jubileu na Europa, vem a esta América, passa à África, chega à Ásia, e no mesmo ponto o sacerdote da Índia, da China, do Japão e de qualquer outra região ainda mais remota, assim como, se estivesse vestido de um mapa do mundo, podia tocar com o dedo qualquer parte daquele mundo pintado, assim pode pôr aos que gozam do Jubileu em qualquer parte do mundo verdadeiro para ganhar as graças que ao mesmo lugar são concedidas. Quereis as graças do Santo Sepulcro? Aqui está Jerusalém. Quereis as de Santiago? Aqui está Compostela. Quereis as de S. Pedro? Aqui está o Vaticano. Quereis as de Santa Maria Madalena? Aqui está Marselha. Quereis as de S. Marcos? Aqui está Veneza. Quereis as de S. Antônio? Aqui está Pádua. Quereis as do Loreto ou Guadalupe? Aqui está Guadalupe, aqui o Loreto. Finalmente se quereis a de Roma no Ano Santo, que são as maiores de todas, aqui está Roma no Ano Santo, e não só no de cinquenta, que já passou, senão no de setenta e cinco, que está por vir. Ide, pois, a qualquer parte do mundo: "vai" — mas ide sem sair da vossa pátria, ide sem dar um passo fora da vossa casa, ide sem caminhar, ide sem vos abalar nem mover, ide enfim sem ir, que é o modo mais fácil e descansado: "Vai".

§ VII

"*Mostra-te ao sacerdote*" (Mt 8,6) — continua o texto, e ao mesmo passo que até agora, as obrigações do Jubileu, que ele comenta. Mandou Cristo ao leproso que se mostrasse e presentasse ao sacerdote; e na mesma forma manda Sua Santidade que o façam os que houverem de ganhar o Jubileu, e não uma só, senão duas vezes, e por dois modos. A primeira vez, que se presentem ao sacerdote no tribunal do Sacramento da Penitência, que é a confissão; a segunda na mesa do Santíssimo Sacramento de altar, que é a Comunhão. E porque a perfeição e pureza da Comunhão depende da perfeição e inteireza da Confissão, deixadas as condições e circunstâncias necessárias, que todos sabem, só farei uma advertência de grande importância, e por falta ou ignorância da qual se não consegue nos Jubileus a indulgência plenária tão plenária e perfeitamente como ele promete e de sua parte é capaz.

Para inteligência do que hei de resolver, havemos de supor, com todos os teólogos, que para se conseguir a indulgência é necessário que concorram juntamente três coisas. Da parte do Sumo Pontífice, que a causa por que concede a indulgência seja justa; e, da parte do que a há de ganhar e conseguir, que não só cumpra inteiramente todas aquelas coisas ou obras que o mesmo Pontífice prescreve e ordena, senão também que esteja em graça. De sorte que, faltando qualquer destas três circunstâncias, de nenhum modo se consegue nem pode conseguir a indulgência. E, pelo contrário, se todas três concorrem, infalivelmente se consegue. Funda-se esta certeza infalível, como já disse, naquelas palavras de Cristo a S. Pedro e seus sucessores: "Tudo o que desatares sobre a terra será desatado também nos céus" (Mt 16,19). — Mas porque o supremo Legislador acrescentou nomeadamente esta limitação "sobre a terra", daqui inferem muitos doutores que a indulgência plenária que o mesmo Pontífice concede "como sufrágio" às almas do Purgatório, as quais já não estão sobre a terra, senão debaixo da terra, não tem esta infalível certeza — posto que a contrária opinião também é provável, e porventura mais provável e mais conforme à benignidade divina — porém as indulgências que se concedem aos vivos até a hora da morte, como estão sobre a terra, e por isso isentos daquela limitação ou cláusula exclusiva, de nenhum modo pode suceder que deixem de conseguir a indulgência, senão que todos certa e infalivelmente, e sem dúvida alguma, ganham a indulgência plenária.

Mas, contra a verdade desta suposição, se opõe um fortíssimo argumento, cuja solução tem dado muito trabalho a famosíssimos teólogos, e é este. Consta das histórias eclesiásticas, e crônicas das religiões que muitos religiosos foram ao Purgatório, e padeceram aquelas penas por muito tempo; logo, a indulgência plenária não tem tão certo e infalível efeito, como se supõe. Provo por todas as três circunstâncias referidas. Primeira, porque o Sumo Pontífice concede indulgência plenária a todos os religiosos que perseverarem na sua religião até a morte, e não pode haver causa mais justa nem mais justificada que aquela mesma perseverança e sujeição, não de um dia, ou muitos dias, nem de um ano, ou de muitos anos, senão de toda a vida. Segunda, porque a obra pia e santa, que o Pontífice requer, não é ato algum particular de oração ou mortificação, senão a mesma perseverança do hábito e estado religioso, em que supomos que acabou a vida este que foi penar ao Purgatório. Terceira e última, porque também se supõe que o tal religioso acabou em graça porque, se morrera em pecado mortal, não iria ao Purgatório, senão ao inferno; logo, não basta que a causa seja justa, nem que se cumpra o que o Pontífice requer, nem que esteja em graça o sujeito que há de alcançar a indulgência, para que o efeito dela se cumpra e seja infalível.

A força deste argumento obrigou a muitos doutores a filosofarem nas indulgências dos vivos como nas dos defuntos, dizendo que o cumprimento delas também depende da aceitação divina, o que se não compadece com o sentido absoluto das palavras: "Tudo o que desligares sobre a terra". — Outros, por defender, como devem, esta parte, disseram com notável audácia que todas aquelas histórias, enquanto afirmam o contrário, são apócrifas, sentença que parece tira do mundo não só a fé humana, mas a autoridade de gravíssimos escritores. Eu entre uns e outros não tenho voto, e por isso me trouxe atormentado este mesmo argumento mais de vinte anos, até que sem revelação do outro mundo, nem especulação nova deste, a mesma e simples definição da indulgência plenária me deu fácil e naturalmente a solução que tenho por verdadeira. Como se define a indulgência plenária? Deixadas outras cláusulas ou partículas, que não importam ao nosso caso; "A indulgência plenária é a relaxação de toda pena temporal devida pelos pecados perdoados". É a indulgência plenária uma relaxação ou perdão universal de toda a pena temporal devida pelos pecados já perdoados quanto à culpa e diz a definição perdoados quanto à culpa, que isso é "Já perdoados", porque antes de se perdoar a culpa, não se pode perdoar ou não se perdoa a pena. Ao intento agora. E como os religiosos e os outros cristãos de qualquer estado podem morrer e morrem com muitos pecados veniais não perdoados quanto à culpa, ou porque os não confessaram, ou porque havendo-os confessado não se estendeu a eles a contrição ou atrição dos demais, daqui se segue que podem ganhar e ganham infalivelmente a indulgência plenária, e contudo vão pagar no Purgatório a pena dos pecados veniais não absolutos nem perdoados quanto à culpa, dos quais lá se purificam, com maior rigor de tormentos e maior dilação do tempo do que nós imaginamos, como consta de muitas revelações.

Esta é a advertência que chamei importantíssima e de muitos não advertida, a qual se deve observar com grande atenção e cuidado, assim nas confissões ordinárias, como — e muito mais particularmente — nos Jubileus da vida e da hora da morte, para que as indulgências plenárias se consigam tão plenariamente da nossa parte quanto da sua são pleníssimas. Feito, pois, diligente exame, hão de se confessar, não só todos os pecados mortais lembrados e esquecidos, mas também todos os veniais da mesma forma, e o ato de contrição, ou quando menos de atrição, com que verdadeiramente nos doemos de ter ofendido a Deus, e com que detestamos os mesmos pecados com propósito firme da emenda, há de ser tão universal e geral, e feito com tal tenção e advertência, que não só se estenda, abrace e compreenda todos os pecados mortais, senão também todos os veniais. E desta maneira, ficando a alma, ou na vida ou na morte, purificada totalmente de toda a culpa, ficará também plenária e plenissimamente livre de toda a pena.

Finalmente, quanto à inteireza da confissão não tenho mais que dizer que o que dizem com toda a clareza as palavras do texto. "Mostra-te a ti e manifesta-te ao sacerdote". — Aquele *te*: a ti, é enfático, porque alguns — e mais algumas — parece que mais vão confessar os pecados alheios que os próprios. E os seus os confessam com tais escusas e rodeios, e tão disfarçados e enfeitados — como se não foram manifestar-se ao confessor, senão esconder-se dele — de tal modo e com tal artifício, que o mesmo pecado que o confessor sabia antes da confissão, por ser público, depois da confissão ignora. Lembremo-nos que somos filhos de Cristo e da Igreja, e não de Adão e Eva. Adão e Eva pecaram, e em lugar de confessar o seu pecado esconderam-se; por onde disse Jó: "Se encobri como homem o meu pecado" (Jó 31,33). — E que mais? Ainda depois de arguidos por Deus não observaram o "mostra-te", ou o "te" do "mostra". Eva lançou a culpa à serpente, Adão lançou a culpa a Eva, e por isso, quando os dois haviam de ficar absolutos, todos três foram condenados.

§ VIII

"E faze a oferta que ordenou Moisés" (Mt 8,4). — Somos chegados à última cláusula do texto e também à última do Jubileu. Ao leproso mandou o Senhor que, ainda sendo milagrosa a saúde que recebera, concorresse com a sua oferta, conforme a lei (Lv 14,13). — E do mesmo modo manda Sua Santidade que, sendo tão fácil e verdadeiramente tão milagrosa a indulgência de culpas e penas que por virtude do Jubileu se nos concede, concorramos também com a nossa oferta. Esta oferta consiste em três coisas: oração, esmola, jejum. A oração é aquela que havemos de fazer quando visitarmos as Igrejas, devota e pela tenção do mesmo Sumo Pontífice. A esmola há de ser quando menos uma, conforme a caridade e possibilidade de cada um. O jejum o ordinário, mas de três dias dentro na semana em que se ganhar o Jubileu. Todas estas três coisas fez também o leproso. Orou, quando prostrado de joelhos diante de Cristo confessou o seu poder e lhe representou a sua miséria; deu a esmola, quando levou a sua oferta segundo a lei; e também então jejuou, porque a esmola que faz o pobre é tirando-a da boca.

E por que manda e ordena o Sumo Pontífice mais estas três obras pias que outras? Porque a estas três obras de oração, esmola e jejum se reduzem todas as obras penais e satisfatórias, e é muito justo e conforme a razão que, quando tão liberalmente se nos perdoam as culpas e penas de nossos pecados da parte de Deus, concorramos nós também da nossa parte com algum modo e reconhecimento de satisfação, posto que tão fácil e leve. Estas mesmas três obras nomeadamente, e o valor delas para com Deus, encareceu muito o anjo Rafael, louvando-as em Tobias, e atribuindo a elas as grandes e milagrosas mercês que, por meio do mesmo anjo, assim o pai como o filho tinham recebido: "É boa a oração acompanhada do jejum, e dar esmola vale mais do que juntar tesouros de ouro" (Tb 12,8). — Melhor é a oração acompanhada da esmola e do jejum que entesourar ouro. — Assim o dizem os anjos, posto que são poucos os homens como Tobias que assim o entendam. E a razão é porque o ouro entesourado fica com os ossos na terra, e a oração acompanhada da esmola e do jejum leva as almas ao céu. E porque diz o anjo não que a esmola seja acompanhada da oração e do jejum, ou que o jejum seja acompanhado da oração e da esmola, senão que a oração seja acompanhada da esmola e do jejum? Porque oração "é a elevação da mente a Deus": é um voo com que o homem se levanta e sobe a Deus; e como o homem de terra é tão pesado, para que a sua oração se levante e suba a Deus, é necessário que seja ajudada destas duas asas: de uma parte a asa da esmola, e da outra a asa do jejum: "Oração com esmola e jejum" — e com razão se chamam asas a esmola e o jejum, porque ambas aliviam: o jejum o peso do corpo, a esmola o da bolsa.

E para que se veja com quanta proporção e propriedade reduz o Sumo Pontífice àquelas três obras esta leve satisfação de todos os pecados que nos perdoa, a proporção e propriedade é tão admirável e divina como o mesmo oráculo que a dispõe e ordena. Ora vede. Todos os pecados que cometem ou podem cometer os homens, ou são imediatamente contra Deus, ou imediatamente contra o próximo, ou imediatamente contra nós mesmos. Contra Deus, como a infidelidade, a blasfêmia, o juramento, não guardar as festas; contra o próximo, como o ódio, a inveja, a detração, o homicídio, o furto; contra nós mesmos, como o ócio, a gula, a sensualidade e todas as outras intemperanças. E para que neste perdão e indulgência universal de todas as culpas satisfaçamos também universalmente e com a mesma proporção de algum modo por todas, na oração satisfazemos pelos pecados que são imediatamente contra Deus, na esmola pelos que são imediatamente contra o próximo, no jejum pelos que são imediatamente contra nós mesmos. Mais, e por outro modo. Todas estas três espécies, em que se dividem os pecados, se reduzem também a um gênero sumo, em que todo o pecado em comum se define: "Aversão a Deus, e conversão às criaturas". — E também aquelas três obras penais se reduzem a um sacrifício comum, no qual desfazemos toda aquela conversão às criaturas e satisfazemos por toda a aversão de Deus, convertendo e sacrificando ao mesmo Deus tudo o que somos e temos. O que somos é a alma e o corpo; o que temos é o que possuímos, pouco ou muito. Na oração, que é elevação da alma a Deus, sacrificamos a alma; no jejum, que é mortificação do corpo, sacrificamos o corpo; e na esmola, que é parte do que possuímos, sacrificamos o que temos. E como por este modo nos sacrificamos a nós e o nosso, com a proporção que é possível satisfazemos por toda a aversão e conversão do pecado. Entre agora ou saia S. Paulo confirmando e fechando tudo o que temos dito, não com outra proporção ou divisão de obras, senão a mesma. "Vivamos neste mundo" — diz o apóstolo, — "sobriamente, piamente e justamente" (Tt 2,12) — *piamente* para com Deus; *justamente* para com o próximo; e *sobriamente* para conosco. E desta maneira, assim como o leproso por meio da palavra de Cristo ficou puro e limpo, assim nós o ficaremos por meio do santo Jubileu: "Quero, fica limpo".

§ IX

Aqui acabou o Evangelho de publicar e explicar o Jubileu. E se eu agora quisesse exortar a que o tomássemos todos e ganhássemos estes grandes tesouros para nossas almas, e nos aproveitássemos desta ocasião, que é certo para muitos será a última, parece-me que seria descrédito e afronta não pequena de um auditório tão cristão. O leproso disse a Cristo: "se quereis, podeis". — O mesmo nos diz Cristo a cada um de nós: se quereis a minha graça e as minhas graças, ali as tendes assinadas por mim; e se algum de vós as não quiser agora que pode, pode ser que não possa quando as queira.

Oh! quantas almas há neste mundo que quiseram poder o que nós podemos! Se este Jubileu se levara ao Purgatório, que festa, que alegrias se fariam naquele cárcere, e como todas aquelas labaredas se converteriam em luminárias e fogos artificiais de prazer! Se fosse possível descer o mesmo Jubileu ao inferno, que efeito causaria esta indulgência naqueles condenados e nos mesmos demônios, ainda que fosse por um só momento! Demônio era aquele que respondeu ao santo frei Jordão que de boa vontade padeceria as penas, não só suas, senão de todo o inferno, só por ver a Deus enquanto se abre e fecha uma mão. Refiro com alguma esperança este exemplo, porque ele foi o que me fez religioso. Se é grande felicidade a dos que morrem depois do Batismo, porque vão direitos a ver a Deus, não é menor a dos que ganham o Jubileu como devem, pois se tornam a repor no mesmo estado de inocentes. Mas vamos ao mesmo céu. Se no céu se publicasse este Jubileu, que fariam os bem-aventurados? Não há dúvida que todos em luzidíssimos exércitos voariam à terra, não para ganhar as graças, ou se pôr em graça, mas para granjear a qualquer preço de obras penais muito maiores, maiores aumentos da mesma graça e da mesma glória que gozam.

Sabeis o que considero que fazem no céu todos os santos em tal dia como este? Parece-me que por uma parte se estão rindo e por outra indignando contra nós, da nossa tibieza e pouca fé, pois tão frouxamente nos aplicamos a querer de graça o que eles nos granjearam a preço de tantos trabalhos e de tantas penitências, de tantos tormentos, de tantos martírios. As indulgências tiram-se dos tesouros da Igreja, e estes tesouros, além do preço infinito do sangue de Cristo, constam de tudo o que sobejou aos merecimentos de todos os santos. Do que sobejou a Abraão e aos outros Patriarcas; do que sobejou ao Batista e aos outros anacoretas; do que sobejou a S. Pedro e aos outros apóstolos; do que sobejou a Santo Estêvão e aos outros mártires; do que sobejou a S. José e aos outros confessores; do que sobejou com todas as virgens sem conta, nem peso, nem medida à Virgem das virgens. "Outros foram os que trabalharam, e nós entramos nos seus trabalhos" (paráfrase de Jo 4,38). — Eles nos ajuntaram estes tesouros com tanto trabalho, e nós somos ou seremos tais que os não queiramos de graça! Deus, por quem é, no-la dê, para que vamos considerar bem neste ponto, de que depende não menos que a glória.

SERMÃO DE

São Pedro

À Venerável Congregação dos Sacerdotes.
Lisboa, em S. Julião. Ano 1644.

∽

"E vós quem dizeis que eu sou?"
(Mt 16,15)

Há três anos Vieira está em Portugal e acaba de ser nomeado Pregador Régio. Com apenas trinta e seis anos ele se apresenta em São Julião à Venerável Congregação dos Sacerdotes. Cristo faz uma pergunta hoje. Quem não pergunta não quer saber, e quem não quer saber quer errar. A resposta dos discípulos e a resposta de Pedro. E a promessa de Cristo dada a Pedro são as chaves do reino. A singularidade da divindade de Pedro sobre a divindade dos demais apóstolos. Pedro é confirmado pela eleição do Pai e pela eleição do Filho. Os atos judiciais que exercitou São Pedro. A semelhança do Espírito Santo com a promoção de Pedro. Em Pedro há um só e o mesmo entendimento, uma só e a mesma vontade, uma só e a mesma potência como Cristo. Falando a sacerdotes Vieira não deixa de exaltar as excelências dos sacerdotes.

§ I

Mui seguro está de seu valor quem tira a sua opinião ao campo. E se é temeridade tomar-se com muitos, com todo o mundo se tomou quem desafiou sua fama. Na ocasião de que fala S. Mateus — cujo é o Evangelho que hoje nos propõe a Igreja — diz que perguntou Cristo, Senhor nosso, que diziam dele os homens: "Quem dizem os homens que é o Filho do homem?" (Mt 16,13).

Perguntou o Senhor, para que os senhores que mandam o mundo se não desprezem de perguntar. Se pergunta a Sabedoria divina, por que não perguntará a ignorância humana? Mas esse é o maior argumento de ser ignorância. Quem não pergunta não quer saber, quem não quer saber quer errar. Há, porém, ignorantes tão altivos que se desprezam de perguntar, ou porque presumem que tudo sabem, ou por que se não presuma que lhes falta alguma coisa por saber. Deus guie a nau onde estes forem os pilotos.

Não perguntou o Senhor o que era, senão o que se dizia: "Quem dizem?". Antes de se fazerem as coisas há-se de temer o que dirão; depois de feitas há-se de examinar o que dizem. Uma coisa é o acerto, outra o aplauso. A boa opinião, de que tanto depende o bom governo, não se forma do que é, senão do que se cuida; e tanto se devem observar as obras próprias como respeitar os pensamentos e línguas alheias. A providência com que Deus permite a murmuração é porque talvez de tão má raiz se colhe o fruto da emenda. E se eu de murmurado me posso fazer aplaudido, por que me não informarei do que se diz?

Respondendo os discípulos à questão, referiram os pareceres ou ditos do povo a respeito da pessoa de Cristo. Eram do povo, claro está que haviam de ser errados. "Uns diziam que era o Batista, outros que era Elias, outros que era Jeremias, ou algum dos profetas antigos" (Mt 10,14). — Antigos não disse S. Mateus, mas advertiu-o S. Lucas: "Ressuscitou algum dos antigos profetas" (Lc 9,19). — Grande é o ódio que os homens têm à idade em que nasceram. Não diziam que era um profeta como os antigos, senão um deles: "Um dos antigos". — Pois, assim como antigamente houve tantos profetas, não poderia também agora haver um? Cuidam que não. Por menos milagre tinham ressuscitar um dos profetas passados que nascer em seu tempo outro como eles. Tudo o moderno desprezam, só o antigo veneram e acreditam. E porque a Cristo não lhe podiam negar a sabedoria, fingiam-lhe a antiguidade. Ora, desenganem-se os idólatras do tempo passado, que também no presente pode haver homens tão grandes como os que já foram, e ainda maiores: Cristo passava pouco dos trinta anos, e tudo o que souberam os antigos e antiquíssimos era aprendido dele.

E vós, discípulos meus — continua o Senhor — vós que não sois povo e estudais na minha escola, "Quem dizeis que sou eu"? — Estas são as palavras que tomei por tema, e ficam para o discurso. Respondeu a elas por todos S. Pedro: "Vós, Senhor, sois Cristo, Filho de Deus vivo" (Mt 16,16). — Aludiu primeiramente aos deuses dos gentios, que eram estátuas mortas. Queira Deus que entre os cristãos não haja também estes ídolos. Não sendo mais que umas estátuas, querem que os adoremos como Deuses. Mas além desta alusão, ainda subiu mais alto o pensamento de S. Pedro. Cristo é Filho de Deus, e nós também somos filhos de Deus: "Deu-lhes o poder de se fazerem filhos de Deus" (Jo 1,12). — Em que se distingue logo Cristo de nós? Em que Cristo é Filho de Deus vivo, nós somos filhos de Deus morto. Cristo Filho de Deus vivo, porque Deus, que é imortal, o gerou "desde toda a eternidade"; nós filhos de Deus morto, porque o mesmo Cristo morto nos braços da cruz foi o que nos gerou de novo, e nos deu este segundo e mais sublime nascimento.

Não tinha S. Pedro bem acabado a confissão da sua fé quando o Senhor lha premiou com a certa esperança da maior dignidade. Ele disse a Cristo o que era, e Cristo disse-lhe o que havia de ser: "E eu te digo, Pedro, que tu és Pedro, e sobre esta pedra hei de fundar a minha Igreja" (Mt 16,18). — De tal maneira obra Deus com a sua e suma sabedoria, que parece se emenda com a experiência. Arruinou-se-lhe o primeiro edifício, porque o fundou em um homem de barro; para que se lhe não arruíne o segundo, funda-o em um homem de pedra. Retrata-se do que tem feito Deus, que não pode errar, e os homens estão tão namorados de seus erros que antes os vereis obstinados que arrependidos. Dirão que é timbre este de entendimentos Angélicos, porque nenhum anjo errou que se retratasse. Eu digo que não é senão contumácia de entendimentos diabólicos, porque nenhum anjo errou que não fosse demônio.

Todos os demônios do inferno, diz Cristo que não prevalecerão contra sua Igreja: "As portas do inferno não prevalecerão contra ela" (Mt 16,18). — E porque não basta estarem as portas inimigas defendidas, se as próprias não estiverem seguras, à fidelidade de Pedro cometeu o Senhor as chaves do seu Reino: "Eu te darei as chaves do reino dos céus" (Ibid. 19). — Primeiro lhe chamou homem de pedra, e depois lhe entregou as chaves, porque as chaves do reino só em homens de pedra estão seguras. Os homens de barro quebram, os de pau corrompem-se, os de vidro estalam, os de cera derretem-se, tão duro e tão constante há de ser como uma pedra quem houver de ter nas mãos as chaves do reino: "Tu és Pedro, eu te darei as chaves".

E qual há de ser o ofício ou o exercício destas chaves? Fechar e abrir? Não diz isso o Senhor. As chaves que abrem e fecham podem abrir para dentro e fechar para fora. Por isso vemos os tesouros tão estreitos e tão fechados para os outros, e tão largos e tão abertos para os que têm as chaves. Que havia logo de fazer com elas S. Pedro? Atar e desatar, diz Cristo: "Tudo o que ligares será ligado, tudo o que desatares será desatado" (Ibid.) — A peste do governo é a irresolução. Está parado o que havia de correr, está suspenso o que havia de voar, porque não atamos nem desatamos. Não debalde escolhe Cristo para o governo da sua casa um homem tão resoluto como Pedro. Se Cristo lhe não mandara embainhar a espada, bem necessárias lhe eram as ataduras para as feridas. Assim há de ser quem há de obrar, e não homens que nem atam nem desatam. Aqui para a história do Evangelho: para passarmos ao discurso, peçamos a graça. *Ave Maria*.

§ II

"E vós quem dizeis que eu sou?"
Suposto andarem tão válidas no púlpito e tão bem recebidas do auditório as metáforas, mais por satisfazer ao uso e gosto alheio que por seguir o gênio e ditame próprio, determinei, na parte que me toca desta solenidade, servir ao Príncipe dos Apósto-

los também com uma metáfora. Busquei-a primeiramente entre as pedras, por ser Pedro pedra, e ocorreu-me o diamante; busquei-a entre as árvores, e ofereceu-se-me o cedro; busquei-a entre as aves, e levou-me os olhos a águia: busquei-a entre os animais terrestres, e pôs-se-me diante o leão; busquei-a entre os planetas, e todos me apontaram para o sol; busquei-a entre os homens, e convidou-me Abraão; busquei-a entre os anjos, e parei em Miguel. No diamante agradou-me o forte, no cedro o incorruptível, na águia o sublime, no leão o generoso, no sol o excesso de luz, em Abraão o patrimônio da fé, em Miguel o zelo da honra de Deus. E, posto que em cada um desses indivíduos, que são os mais nobres do céu e da terra, e em cada uma de suas prerrogativas achei alguma parte de S. Pedro, todo S. Pedro em nenhuma delas o pude descobrir. Desenganado, pois, de não achar em todos os tesouros da natureza alguma tão perfeita de cujas propriedades pudesse formar as partes do meu panegírico — que esta é a obrigação da metáfora — despedindo-me dela e deste pensamento, recorri ao Evangelho para mudar de assunto, e que me sucedeu? Como se o mesmo Evangelho me repreendera de buscar fora dele o que só nele se podia achar, as mesmas palavras do tema me descobriram e ensinaram a mais própria, a mais alta, a mais elegante e a mais nova metáfora que eu nem podia imaginar de S. Pedro. E qual é? Quase tenho medo de o dizer. Não é coisa alguma criada, senão o mesmo Autor e Criador de todas. Ou as grandezas de S. Pedro se não podem declarar por metáfora, como eu cuidava ou, se há ou pode haver alguma metáfora de S. Pedro, é só Deus. Isto é o que hei de pregar, e esta a nova e altíssima metáfora que hei de prosseguir. Vamos ao Evangelho.

"E vós quem dizeis que eu sou?" — Aquele "E vós" refere esta segunda pergunta à primeira. Na primeira tinha dito o Senhor: quem dizem os homens; nesta segunda diz: e vós quem dizeis? — De sorte que a pergunta e a questão era a mesma, e só as pessoas diferentes. Mas também esta segunda diferença parece dificultosa de entender. Os apóstolos não eram homens? Sim. Pois, se Cristo na primeira pergunta tinha dito: quem dizem os homens, parece que já ficavam incluídos nela os mesmos apóstolos. Por que os distingue logo o Senhor dos outros homens com uma exclusiva tão manifesta como a daquele "E vós"? O reparo não é menos que de S. Jerônimo, a quem a mesma cadeira de S. Pedro tem canonizado, não só pelo maior Doutor, senão o Máximo na exposição das Escrituras Sagradas. E que responde S. Jerônimo? Diz que distinguiu Cristo aos apóstolos dos outros homens, porque os apóstolos não são homens. E se não são homens, que são? São anjos? São arcanjos? São querubins? São serafins? Muito mais: são deuses. Palavras expressas do Doutor Máximo: "Advirta o prudente leitor que, segundo este texto e a consequência destas palavras de Cristo, os apóstolos não são homens, nem se chamam homens, senão deuses, nem homens, mas deuses"[1].

Grande dizer, e tão grande que não só diz tudo o que eu queria, e o meu assunto há mister, senão muito mais. Diz tudo, porque afirma expressamente a metáfora e semelhança de Deus quanto ao nome, quanto à dignidade e quanto à diferença e soberania desta divindade superior absolutamente a todo o ser humano: "Nem homens". Mas diz muito mais do que o meu assunto prometeu e há mister, porque ele supõe a excelência desta prerrogativa como própria de S. Pedro, e singularmente sua e de nenhum outro, e S. Jerônimo parece que a estende a todos os apóstolos: "Os apóstolos não são homens, nem se chamam homens, senão deuses". — Donde se segue que esta extensão, posto que em pessoas de tão alta dignidade, desfaz muito a singularidade de S. Pedro, da minha metáfora e do meu intento, porque fica sendo uma prerrogativa, senão de todos, ao menos de muitos.

§ III

Vamos devagar, que o ponto o pede. Primeiramente não nego, nem se pode negar que o texto parece que fala com todos os discípulos e apóstolos, a quem o divino Mestre fazia a pergunta. Mas eu pergunto também quem foi o que única e singularmente respondeu a ela? Claro está que foi S. Pedro: "Respondeu Pedro". — E por que respondeu só ele, e nenhum outro? Excelentemente S. Ambrósio: "Quando o Senhor interrogou o que os homens pensavam do Filho, Pedro calou-se. Portanto" — disse — "não respondi porque não fui interrogado; quando for interrogado então responderei o que eu sinto"[2]. Enquanto Cristo perguntou o que diziam os homens, Pedro esteve calado sem dizer palavra: "calou-se". — E por que esteve calado Pedro, e não respondeu palavra? Por que aquela pergunta, diz ele, não fala comigo: "Não respondi porque não fui interrogado"; porém, quando eu for perguntado, então responderei e direi o que sinto, porque a mim me pertence: "Quando for interrogado então responderei o que eu sinto". — Note-se muito esta última palavra: "o que eu sinto", na qual exclui o mesmo S. Pedro a todos os outros apóstolos, e confiadamente diz que a resposta daquela altíssima pergunta só era sua, e só a ele pertencia. É verdade que a palavra da pergunta, "E vós", parece que compreendia a todos, mas a resposta excluiu os demais, como encaminhada a ele por quem sabia o que só Pedro sabia e os demais ignoravam.

Em um famoso milagre do mesmo S. Pedro temos um extremado exemplo com que a extensão do "E vós" se limita só a ele. Entrando S. Pedro com S. João por uma das portas do Templo de Jerusalém a orar, estava ali um pobre tolhido dos pés desde seu nascimento, o qual lhes pediu uma esmola: disse-lhe S. Pedro "Olha para nós" (At 3,4) — e respondendo ao que pedia o pobre: Eu — diz — não tenho ouro nem prata, mas o que tenho isso te dou; e tomando-o pela mão, o pôs em pé inteiramente são: "E no mesmo ponto foram consolidadas as bases dos seus pés" (At 3,7). — Pois, se S. Pedro só havia de fazer, como fez, o milagre, sem ter parte nele o companheiro, por que não disse também: olha para mim, senão: olha para nós: "Olha para nós"? A razão fique para outro dia; o exemplo nos serve agora, e é quanto se pode desejar adequado. De sorte que o "Olha para nós" referiu-se a Pedro e mais a João, mas o milagre não o obraram Pedro e João, senão só Pedro. Pois, assim como então o "Olha para nós" se referiu a ambos, e o obrador do milagre foi só um, assim no caso presente o "E vós" "referia-se a todos" — e a milagrosa confissão foi só de Pedro. Só de Pedro, sem que o número ou multidão a que foi dirigida a pergunta impedisse a glória única e singular de quem deu a resposta. E se não, combinemos o "vós" com o "tu" e o "para ti". O "E vós" foi de todos, e o "tu" só de Pedro: "Tu és Pedro"; o "E vós" de todos, e o "digo" só de Pedro: "digo-te";

o "E vós" de todos, e o "revelou" só de Pedro: "revelou-te"; o "E vós" de todos, e o "darei" só de Pedro: "Te darei".

§ IV

Assentada esta singularidade de S. Pedro, dentro na mesma diferença que distinguia a todos os apóstolos dos outros homens, segue-se que vejamos também singular nele a divindade, com que a mesma diferença lhe dava por consequência o nome de deuses "Nem se chamam homens, senão deuses". — Em confirmação da sua consequência excita questão S. Jerônimo por que os outros homens, por mais que quiseram encarecer as grandezas de Cristo, comparando-o às maiores personagens do mundo, sempre contudo o fizeram homem; pelo contrário, um só dos apóstolos, que respondeu à pergunta sem comparações nem rodeios, disse direitamente que era Filho de Deus? E a razão de tão notável diferença — sendo o soberano sujeito o mesmo — diz o mesmo S. Jerônimo que foi porque cada um fala como entende, e entende como quem é. Os homens, porque falavam e entendiam como homens, chamaram a Cristo homem; S. Pedro, porque falava e entendia como Deus, chamou-lhe Filho de Deus: "Aqueles que falam do Filho do homem são homens; aqueles no entanto que conhecem a sua divindade não são homens, senão deuses"[3] — Note-se muito a palavra "conhecem". Eutímio diz o mesmo: "Somente Pedro entendeu ser Cristo por natureza e propriamente Filho de Deus"[4]. — S. Pascásio o mesmo: "S. Pedro era mais que homem, porque sabia mais que o homem: embora visse o Filho de Deus como homem, viu e entendeu além dos olhos humanos"[5]. — E outra vez aqui se deve notar esta última palavra.

Em suma, que toda a divindade de S. Pedro se atribui ao entendimento com que penetrou e conheceu a do Verbo, oculta debaixo da humanidade de Cristo. E por que mais ao entendimento que a outra qualidade ou excelência de quantas resplandeciam em um sujeito tão sublime? Porque assim havia de ser para se poder chamar Deus com toda a propriedade. É grave questão entre os Teólogos qual seja em Deus o último e formal constitutivo da essência divina: e a sentença hoje mais recebida nas escolas, e mais comum é que a essência divina se constitui e consiste no intelectivo radical e na mesma intelecção, por ser este, como eles chamam, o primeiro predicado de Deus. E como o intelectivo radical e intelecção divina é a que última e formalmente constitui a divindade e essência de Deus, para que nem esta propriedade e correspondência faltasse à divindade de Pedro, e a metáfora com que é chamado Deus se ornasse também com os esmaltes de tão semelhante origem, foi conveniente à glória de tão soberana participação e semelhança que a deidade do mesmo Pedro se fundasse nas raízes do seu intelectivo, e que a intelecção, com que entendeu e conheceu a divindade de Cristo, fosse pelo mesmo modo o constitutivo da sua. Já não havemos mister as autoridades dos santos padres, porque temos a do Eterno Pai, e a do mesmo Cristo: "Porque não foi a carne e sangue quem to revelou mas sim meu Pai que está nos céus" (Mt 16,17). — A intelecção de Pedro não teve nada de humano, o qual se compõe de carne e sangue; mas, elevado o seu intelectivo e o seu entendimento, pela revelação do Pai, a uma altíssima participação e semelhança do divino, ali se constituiu a última formalidade da sua essência e se conseguiu, do modo que era possível, o nome e dignidade de Deus: "Aqueles que conhecem a sua divindade não são homens, senão deuses".

§ V

Elevado S. Pedro à divindade pela revelação do Pai, vejamo-lo segunda vez elevado ou confirmado nela pela eleição do Filho: "E eu te digo que tu és Pedro e sobre esta pedra edificarei a minha Igreja". — O imperador Nerva, como refere Plínio[6], elegeu por seu sucessor a Trajano, e Trajano em agradecimento colocou a Nerva entre os deuses, e pagou-lhe a sucessão com a divindade. Muito melhor Pedro que Trajano, e muito melhor Cristo que Nerva. Pedro disse a Cristo: "Tu és o Cristo, Filho de Deus vivo" — e Cristo disse a Pedro: "Tu és Pedro, e sobre esta pedra edificarei a minha Igreja". Pedro na sua confissão deu a divindade a Cristo, e Cristo na sua sucessão não só deu a Pedro a sucessão, senão também a divindade. Assim foi, e assim havia de ser, porque nem Pedro seria digno sucessor de Cristo, nem seria digna de Cristo a Providência de sua Igreja, se Pedro fora somente homem, e não fora juntamente Deus.

Notificou Moisés ao povo de Israel como tinha Deus resoluto que dali por diante o governasse um anjo; e diz o texto sagrado que, ouvida esta nova, todo o povo se pôs a chorar em pranto desfeito, e todos se cobriram de luto: "E o povo se pôs a chorar, e nenhum vestiu as suas galas costumadas" (Ex 33,4) — Quem imaginara de tal notícia tão encontrados efeitos? Antes parece que todos se haviam de vestir de gala, e dar muitas graças a Deus por tal governador. Que melhor governador se podia desejar que um anjo? Um anjo que não come, nem veste, nem granjeia; um anjo que não tem parentes, nem criados, nem apetites; um anjo tão sábio e tão verdadeiro que nem pode enganar nem ser enganado; benévolo, afável e sempre de bom rosto; enfim, um anjo? Pois, se todas as outras nações se contentam ou sofrem de ser governadas por homens e os trazem sobre a cabeça: "Puseste homens sobre as nossas cabeças" (Sl 65,12) — que razão teve o povo de Israel para receber com lágrimas e lutos a nova de o haver de governar um anjo? Muito grande razão, porque até ali quem governava aquele povo era Deus por si mesmo, e suceder a Deus um anjo não era favor, senão rigor, não era benefício, senão castigo: eram sinais da majestade divina ofendida e irada, e demonstrações de que antes queria desamparar e destruir aquele povo que conservá-lo. Esta foi a justa razão daquelas lágrimas, e já temos concluído que, ainda que S. Pedro fora um anjo, não seria digno sucessor de Cristo, nem ele deixaria dignamente provida a sua Igreja, e ela por aquela eleição e sucessão não se devia vestir de festa, como hoje a vemos, senão chorar e cobrir-se de lutos.

Vamos agora buscar a segunda consequência, e no mesmo povo a acharemos. Vendo o povo de Israel que Moisés, depois de subir ao monte, havia quarenta dias que tardava e não aparecia, cansados de esperar os que agora cansam, vão-se ter com Arão, pedindo-lhe que lhes faça um Deus: "Fazei-nos deuses que nos dirijam, porque ignoramos o que teria acontecido a este homem Moisés que nos tirou do Egito" (Ex 32,1). Porque não sabemos — dizem — o que é feito deste homem que nos tirou do Egito. — Deste homem, disseram, palavra em que manifestamente implicavam e desfaziam a sua mesma petição. Pois, se Moisés é homem: — por que não pedem outro homem, mas dizem que lhes faça um Deus em seu lugar: "Fazei-nos deuses"? — A petição foi ímpia, o intento, não só bárbaro, mas sacrílego e blasfemo; porém a consequência não se pode negar que foi muito bem entendida, muito bem deduzida e muito bem fundada. Moisés, ainda que era homem, era juntamente Deus: "Eis que te constituí Deus de Faraó" (Ex 7,1) — e para suceder dignamente a um homem-Deus, é necessária consequência que o sucessor seja também Deus. Parece-me que, sem mais explicação, estou declarado.

Cristo, Senhor nosso, era verdadeiro homem e verdadeiro Deus, como acabava de confessar S. Pedro, e se Pedro fosse somente homem, e não fosse também Deus, nem ele seria digno sucessor de Cristo, nem Cristo corresponderia àquela altíssima confissão com prêmio e recompensa igual. Esta é a força daquele "E eu te digo". Tu dizes que eu sou Deus, pois eu te digo que tu também o serás, sucedendo em meu lugar e tendo as minhas vezes. — S. Ambrósio: "Porque me disseste: Tu és Cristo, Filho de Deus vivo — eu te digo, não com palavras vãs, e sem efeito, que tu és Pedro, e sobre esta pedra edificarei minha Igreja, e te darei as chaves do reino dos céus"[7]. — Assim pagou Cristo a Pedro uma divindade com outra, dando-lhe o poder de Deus no céu, porque ele o tinha confessado por Filho de Deus na terra.

Daqui se entenderá a solução de um grande reparo de Santo Agostinho, duas vezes repetido por ele. E é que a mesma confissão que fez S. Pedro fez também o demônio. "Acabais de ouvir no Evangelho que Pedro disse: Tu és Cristo, Filho de Deus vivo" (Mt 16,16). "Lede mais adiante, e encontrareis que também os demônios disseram: Sabemos que és Filho de Deus" (Mc 1,24)[8]. — O demônio era o mais jurado inimigo de Cristo que havia, houve nem haverá. Pois, por que confessa a Cristo, e pelas mesmas palavras com que S. Pedro o confessou por Filho de Deus? Porque viu quanto lhe montou a Pedro esta confissão, diz agudamente S. Crisóstomo. O intento do demônio foi "sempre ser como Deus". — Pedro conseguiu ser como Deus pela confissão da divindade de Cristo? Pois eu também o quero confessar, para conseguir o que ele conseguiu. Enganou-se como cego da ambição, mas inferia bem, se não fosse quem era, e com o seu testemunho, posto que do inferno, confirmou o mesmo que tenho dito. De sorte que aquele soberbíssimo espírito, tão ambicioso da divindade, de tal maneira reconheceu a de Pedro que, porque antigamente não pôde ser como Deus no céu, agora se contenta e procura ser como Pedro na terra.

§ VI

Estabelecida tão amplamente a divindade de S. Pedro, vejamos com igual admiração quão divina e endeusadamente a pratica, e usa dela. Quantos grandes há neste mundo que não sabem ser o que são? Depois de lhes dar o que lhes deu, parece que se arrependeu a Fortuna do que lhes tinha dado. O rico é avarento, e não sabe usar da riqueza; o sábio é imprudente, e não sabe usar da sabedoria; o valente é temerário, e não sabe usar do valor; e até os que têm as coroas na cabeça e os cetros na mão não têm cabeça nem mãos para saber reinar. Não assim Pedro, em tudo igual a si mesmo.

Pondera S. Pedro Damião alta e profundamente quanto pode admirar e apenas compreender o juízo humano aquela imensa e inaudita comissão de Cristo a S. Pedro: "Tudo o que ligares sobre a terra será ligado também nos céus, e tudo o que desatares sobre a terra será desatado também nos céus" (Mt 16,19). — E diz assim elegantemente: "Aparece Pedro e ao seu arbítrio todo o mundo se desata e se liga. E a sentença de Pedro precede a sentença do Redentor, porque não o que Cristo liga Pedro o liga, mas o que Pedro liga é o que Cristo liga. E por que é que excluídos todos os anjos e os homens, somente Pedro preside com o Senhor essa comunidade divina? Porque esse conselho especial de Pedro com Deus une fortemente o homem mortal a Deus"[9]. — Até aqui o eloquentíssimo cardeal, depois de renunciar à púrpura. Eu o explico e comento. Aparece Pedro, e ao arbítrio do seu império todo o mundo é ou não é o que ele quer que seja ou não seja: se liberta, todo livre; se ata, todo atado e preso. Deus está no céu e na terra quando manda o céu e a terra; Pedro, estando na terra, manda a terra e mais o céu. Se da terra chovesse para cima, como descreve Lactâncio[10] dos antípodas, não seria grande maravilha? Pois, isto é o que passa no governo de Pedro: não descem os decretos do céu para a terra, mas sobem da terra para o céu; Pedro é o que manda, e Deus o que se conforma. Conforma-se com o entendimento, conforma-se com a vontade, conforma-se com o poder. O que entende, o que quer, o que ordena e manda Pedro, isso entende Deus, isso quer Deus, isso ordena e manda Deus. E por que razão, quando Deus despacha no seu tribunal supremo, todos os espíritos angélicos assistem em pé, e só Pedro preside assentado? Porque o tribunal de Deus e o tribunal de Pedro não são dois, senão um só e o mesmo.

O primeiro ato judicial que exercitou S. Pedro foi no caso de Ananias. Eram naquele tempo da primitiva Igreja as fazendas e bens temporais dos cristãos comuns a todos, e contra esta lei, ou voto, vendeu Ananias uma herdade e ocultou parte do preço; manda-o chamar à sua presença S. Pedro, e que é o que fez e o que disse? O que só podia dizer e fazer Deus. O que disse foi: "Sabe, Ananias, que no que encobriste não mentiste aos homens, senão a Deus" (At 5,4). — Vede se se tratava como Deus quem assim falava. O que fez foi ainda mais divino, mais admirável e de maior terror. "Ouvindo aquelas palavras, caiu morto Ananias aos pés de Pedro" (Ibid. 5). — Descrevendo Isaías a justiça de Cristo, diz que "só com o espírito de sua boca matará o ímpio" (Is 11,4). — E nisto mostrou o profeta que o mesmo que havia de ser o Redentor era o Deus que tinha sido o Criador. O modo com que Deus, quando criou o primeiro homem, lhe deu vida, foi inspirar-lhe no rosto com o espírito de sua boca: "Inspirou no seu rosto um assopro de vida, e foi feito o homem em alma vivente" (Gn 2,7). — Pois, assim como só com o espírito de sua boca deu a primeira vida, assim com o mesmo espírito, sem outro instrumento, diz Isaías que Cristo dará a morte ao ímpio. Isto é, nem mais nem menos, o que fez S. Pedro. Nem mandou matar a Ananias, nem lhe disse que morresse, e só com lhe tocar nos ouvidos o espírito de sua boca, caiu morto. Mas tal execução como esta, posto que de poder tão divino, nunca a fez Cristo; como diz logo o profeta que com o espírito de sua boca havia de matar o ímpio? É profecia que ainda está por cumprir, e diz S. Paulo que se cumprirá quando Cristo, no fim do mundo, com o espírito só de sua boca, matará o anticristo: "Então aparecerá o tal iníquo, a quem o Senhor Jesus matará com o assopro da sua boca, e o destruirá com o resplendor da sua vinda" (2Ts 2,8). — Esta será a última execução de justiça de Cristo, e tal foi a primeira de Pedro.

Mas, assim como Deus é muito mais largo nas mercês sem comparação que nos rigores, assim mostrou também S. Pedro esta divina condição no poder da sua divindade. Por uma vida que tirou deu infinitas vidas e, para maior maravilha, com muito menor instrumento. Concorriam os enfermos de toda a parte, punham-se em compridíssimas fileiras nas ruas por onde Pedro havia de passar, e todos a quem tocava a sua sombra se levantavam subitamente sãos. Não é muito menor instrumento a sombra que o espírito da boca? Pois esta só bastava para dar vida, e tantas vidas. Assim parece que se competiram estes dois instrumentos em Pedro, como já se tinham competido em Deus, ficando a sombra com infinita glória vencedora. Que fez Deus com o espírito de sua boca? Deu o ser e a vida ao primeiro Adão: "Inspirou no seu rosto um assopro de vida" (Gn 2,7). — E que fez o mesmo Deus com a virtude da sua sombra? Deu o ser e a vida ao segundo Adão, que é Cristo: "A virtude do Altíssimo te cobrirá com a sua sombra. E por isso mesmo o santo, que há de nascer de ti, será chamado Filho de Deus" (Lc 1,35). — Ó Deus, ó Pedro! Em tudo quis Deus que a divindade de Pedro fosse semelhante à sua.

§ VII

Só parece que lhe falta ainda uma semelhança divina, que é a pessoal. Em Deus, e na divina essência, há três pessoas. E foi S. Pedro também semelhante a alguma delas? Também, mas não a alguma somente, senão a todas três: semelhante a Deus Pai, semelhante a Deus Filho, semelhante a Deus Espírito Santo.

Quanto à semelhança de Deus Pai, não pode ser maior. Quando Cristo, Senhor nosso, se fez batizar no Jordão, abriram-se os céus, e de lá se ouviu a voz do Eterno Pai, que disse: "Este é o meu Filho muito amado, no qual muito me agradei" (Mt 3,17). — No monte da Transfiguração apareceu sobre ele uma nuvem resplandecente, de dentro da qual se ouviu segunda vez a voz do mesmo Pai, tornando a declarar por Filho seu a Cristo, não com outras, senão com as mesmas palavras. Isto fez e disse o Eterno Pai; e não é isto o mesmo que fez S. Pedro quando disse: "Tu és o Cristo, Filho de Deus vivo"? — O mesmo. De sorte que este pregão e esta declaração da divindade de seu Filho quis o Eterno Pai que saísse da sua boca e da boca de Pedro. Por isso o mesmo Pai foi o que lhe revelou o mistério a todos os outros apóstolos escondido. E em que consistiu aqui o fino e o sublime deste tão singular favor? Consistiu em que, assim como o Pai tinha dado a seu Filho a divindade por geração, assim tomasse por companheiro a Pedro, para ambos lha darem por manifestação. No Apocalipse viu S. João a Cristo em figura de cordeiro, e logo ouviu que toda a corte do céu o aclamava a uma voz por digno de receber a divindade: "Digno é o Cordeiro, que foi morto, de receber a virtude e a divindade" (Ap 5,12). — Pois o mesmo cordeiro, Cristo, não tinha recebido de seu Pai a divindade e o ser divino desde o princípio sem princípio da eternidade? Sim, a tinha recebido por geração, mas agora a tornava a receber por manifestação. Por geração foi concebido no Verbo no entendimento e conceito do Pai; por manifestação era de novo concebido no entendimento e conceito de todo o mundo: "Não em si, mas no entendimento e no conceito dos homens"[11], — dizem, com Santo Tomás, todos os intérpretes. E neste segundo modo de conceição e de geração quis o Eterno Pai que fosse seu Filho tão Filho de Pedro como era seu: "Este é o meu Filho amado: tu és o Cristo, Filho de Deus vivo".

A semelhança da pessoa de Deus Filho também o mesmo Filho lha deu. E quando? Quando lhe deu o nome de pedra. Cristo teve o nome de Pedra desde o tempo em que os filhos de Israel bebiam daquela pedra que os seguia, como declarou S. Paulo: "Bebiam da Pedra que os seguia, e esta Pedra era Cristo" (1Cor 10,4). — E como Cristo era pedra, e deu o nome de pedra a Pedro, com a semelhança e dignidade do seu nome o admitiu, enquanto segunda pessoa da Santíssima Trindade, ao consórcio e companhia, isto é, a lhe ser companheiro nela. S. Leão Papa: "Assumido à comunidade da Trindade única o que ele era, quis ser nomeado"[12]. — E S. Máximo acrescenta que não foi só favor e graça, senão merecimento: "Retamente merece a comunidade do nome aquele que merece a comunidade da obra". — Disse "da obra", e pudera, com a mesma e maior propriedade, dizer "do peso", porque quando Cristo o fez pedra fundamental de sua Igreja, todo o peso dela lhe carregou sobre os ombros. Isto é o que pesa aquele "sobre esta pedra". — Outro peso foi o que o mesmo Cristo tomou sobre si quando se sujeitou a pagar o tributo de César, mas também neste igualou a Pedro consigo, e quis que fossem companheiros e meeiros na paga do mesmo tributo: "Dá-lhes por mim e por ti" (Mt 17,26).

Nota aqui Abulense, e os outros expositores literais, que S. Pedro não tinha obrigação de pagar aquele tributo, porque não era cabeça da família. E porque outros sentem o contrário, eu o tiro com evidência do texto, porque os cobradores do mesmo tributo só disseram a S. Pedro: "Vosso Mestre não paga as duas dracmas" (Ibid. 23). — Pois, se S. Pedro não tinha obrigação de pagar o tributo nem a ele lho pediam, por que lhe manda o Senhor que pague? Porque ele o pagava, e quis honrar a Pedro com o igualar com sua própria pessoa. "Oh excelência de honra!" — exclama S. Crisóstomo. Desta mesma igualdade tão familiar e repetida se pode também admitir sem escrúpulo um pensamento, com que Lirano interpreta o de S. Pedro, quando disse no Tabor: "Façamos aqui três tabernáculos: um para ti, outro para Moisés e outro para Elias" (Mt 17,4). — E por que não tratou também Pedro de tabernáculo para si e para os dois companheiros? Porque supôs que os dois morariam com Moisés e Elias, e ele com Cristo: "Não fala em fazer um tabernáculo para si e para seus companheiros porque queria estar com Cristo no seu tabernáculo e os seus companheiros com os outros dois"[13]. — Vede se se pode imaginar maior e mais familiar igualdade entre Pedro e a segunda pessoa da Santíssima Trindade; se se hão de nomear ambos com o mesmo nome, se hão de pagar ambos o mesmo tributo, se hão de morar ambos no mesmo tabernáculo.

Com o Espírito Santo que é a terceira pessoa, não temos menos sublimada ou endeusada a divindade de S. Pedro. Tão iguais são ou tão parecidas a procissão do Espírito Santo e a promoção de Pedro, a personalidade de um e a dignidade ou majestade do outro, que ambas manam das mesmas fontes, e ambas trazem o ser, em Pedro, das mesmas causas, e no Espírito Santo, que não pode ter causa, dos mesmos princípios. Como procede o Espírito Santo? A fé o diz, e a Igreja o canta: "Procede do Pai e do Filho"[14]. — O Pai é um princípio parcial, o Filho outro princípio, também parcial, e destes dois princípios parciais se compõe o princípio total, do qual, produzido ou espirado, procede o Espírito Santo. E a promoção de S. Pedro à dignidade ou divindade que temos visto, como procedeu? Com a mesma verdade podemos, havemos de dizer, e com nenhuma se pode negar que procedeu do mesmo Pai e do mesmo Filho: do Pai, revelando "Porque o Pai te revelou" — e do Filho, dizendo: "E eu te digo" — do Pai, que foi o primeiro que o elevou do Filho, que foi o segundo que o declarou, e de cada um como princípio ou causa parcial, e de ambos como causa total, que o constituiu ou constituíram na dignidade. Não para aqui a semelhança. Em Pedro, concorreram para a mesma dignidade dois atos, um do entendimento, outro da vontade e do amor: o do entendimento quando, perguntados todos, ele só disse: "Tu és o Cristo, Filho de Deus vivo" — o da vontade e do amor quando, perguntado só: "Amas-me mais do que estes?" (Jo 21,15). — Ele respondeu: "Senhor, tu sabes que eu te amo" (Ibid.). — Vede agora como estes dois atos foram uma admirável representação do ato de entendimento, que precede no Pai quando gera o Filho, e do ato de vontade e amor entre o Pai e o Filho, pelo qual procede o Espírito Santo.

É grave questão entre os teólogos se no ato do entendimento, com que o Pai gera o Filho, se conhece e compreende também o Espírito Santo, e se resolve comumente que sim. Mas esta resolução tem uma grande réplica, porque naquela prioridade, que não é de tempo nem de natureza, senão de origem, ainda não há nem se pode considerar vontade e, por consequência, nem Espírito Santo, que procede por ato da mesma vontade. Como se pode logo compreender o Espírito Santo no ato precedente do entendimento, que é antes dele ser? Os que respondem mais fácil e inteligivelmente dizem, como refere Soares: "Que o Eterno Pai, quando gera o Filho, não conhece o Espírito Santo como pessoa já produzida, senão que se há de produzir, nem como já existente, senão futura"[15]. — De sorte que a personalidade do Espírito Santo no ato do entendimento do Pai é ainda futura e não existente. E essa existência, quando a há de ter? Quando ao ato do entendimento se seguir a vontade e, pela mesma vontade, o ato do amor. Comparai-me agora a dignidade de Pedro com a personalidade do Espírito Santo. O ato do entendimento em Pedro foi quando disse: "Tu és o Cristo, Filho de Deus vivo" — e assim como a personalidade do Espírito Santo no ato do entendimento só era futura e não existente, assim também a dignidade de Pedro não existente, senão futura: "Sobre esta pedra edificarei a minha Igreja, e eu te darei as chaves do reino dos céus" (Mt 16,18s): não diz "edifico", senão "edificarei", nem diz "dou", senão "darei", tudo de futuro. E a existência deste futuro, quando há de ser? Como a do Espírito Santo, depois do ato da vontade e do amor recíproco. "Amas-me mais do que estes? Senhor, tu sabes que eu te amo" (Jo 21,15). — Depois deste ato de amor recíproco, e não uma senão três vezes repetido, então lhe deu e conferiu o Senhor a investidura da dignidade que lhe tinha prometido: "Apascenta as minhas ovelhas, apascenta os meus cordeiros" (Jo 21,15ss).

Provido assim o governo da Igreja, se partiu Cristo para o céu, donde prometeu mais que viria o Espírito Santo mandado pelo Pai em seu nome, não do Pai, senão do mesmo Cristo: "Mas o consolador, a quem o Pai enviará em meu nome" (Jo 14,26). — E que quer dizer "em meu nome"? Quer dizer: em meu lugar e com as minhas vezes. Eutímio: "Em meu nome, isto é, para que ele faça as minhas vezes"[16]. — Eusébio Emisseno: "Em meu lugar, e em meu nome, será dado a vós um grande consolador e um doutor sapientíssimo"[17]. — Aqui tornou Cristo a igualar a Pedro com o Espírito Santo, como o tinha igualado consigo, dando as suas vezes e fazendo seu Vigário a terceira Pessoa da Trindade, e juntamente a Pedro. Pedro, Vigário de Cristo deixado na terra, o Espírito Santo vigário de Cristo mandado do céu; Pedro vigário visível, o Espírito Santo vigário invisível; o Espírito Santo verdadeiro vigário e verdadeiro Deus, Pedro verdadeiro vigário e verdadeiramente como Deus. Admire-se a igualdade deste poder e a majestade soberana de Pedro no primeiro seu decreto, e pasmem os que ouvirem o proêmio do primeiro Concílio: "Pareceu bem ao Espírito Santo, e a nós" (At 15,28). — Pedro foi o que congregou o Concílio; Pedro o que falou em primeiro lugar, calando todos, como diz S. Lucas; Pedro a quem, depois de falar, seguiram os demais apóstolos; e Pedro quem, em nome do Espírito Santo e seu, assinou e mandou publicar o decreto. Quando S. João, no princípio do seu Apocalipse, escreveu às igrejas da Ásia, as epístolas eram de João: "João, às sete Igrejas que há na Ásia" (Ap 1,4) — mas quem no fim as assinava cada uma de por si era o Espírito Santo: "Aquele que tem ouvidos ouça o que o Espírito diz às Igrejas" (Ap 2,7). — Porém, quando Pedro decreta, não só assina os decretos o Espírito Santo, senão também Pedro: "Pareceu ao Espírito Santo e a nós".

§ VIII

Já parece que deve estar satisfeita a nossa metáfora e a divindade de S. Pedro, com ser semelhante a Deus Pai, semelhante a Deus Filho, semelhante a Deus Espírito Santo e, por consequência, a toda a Santíssima Trindade, que foi a soberania universal da assunção de S. Pedro, como acima disse S. Leão Papa e eu deixei passar sem ponderação, porque este era o seu próprio lugar e a chave mais que dourada com que se havia de fechar este discurso: "Assumido à comunidade da única Trindade". — Agora pergunto se tem mais para onde subir a nossa metáfora, e a semelhança da divindade de S. Pedro com Deus? Respondo que a semelhança não, mas a divindade sim. Por que, ou como? Porque subiu a divindade de Pedro — não digo a tal alteza, porque a não pode haver mais alta que Deus — mas a tal singularidade de divina, que em Deus a não há nem pode haver semelhante. Em Deus e na Santíssima Trindade não pode haver quarta pessoa, e S. Pedro foi a quarta pessoa da Santíssima Trindade. Vede como, e não tenhais medo de alguma heresia.

Quando S. Pedro acabou de fazer a sua confissão, disse-lhe o mesmo Cristo assim exaltado: "Bem-aventurado és, Simão Barjona" (Mt 16,17). — Era este o apelido humilde de Pedro, e que cheirava ainda ao breu da barca; e têm para si alguns expositores quis o Senhor lembrar-lhe nesta ocasião a baixeza do seu nascimento, para que a dignidade, a que logo o havia de levantar, o não desvanecesse. Mas eu me não posso persuadir que, quando S. Pedro acabava de honrar a Cristo por seu Pai, com o nome de Filho de Deus vivo, o Senhor lhe respondesse com o que tanto lhe tocava no vivo, como ouvir em público a indignidade do seu. E o que em tal caso não faria nenhum homem de bem não havemos de crer que o fizesse o bem dos homens. Qual foi logo a razão daquele nome, ou sobrenome, e em resposta do que Pedro tinha dito? Barjona na língua hebreia ou siríaca, que naquele tempo era a vulgar, significa: "filho da pomba"; e dizem comumente os santos padres que aludiu o Senhor à pomba, em cuja figura desceu o Espírito Santo no batismo sobre o mesmo Cristo, como se dissera o divino Mestre, com resposta muito digna da sua grandeza: — Tu, Pedro, dizes que eu sou Filho do Eterno Pai? Pois eu te digo que tu és filho do Espírito Santo. — Assim o diz S. Jerônimo, S. Hilário, Eusébio Emisseno, a glosa e, com palavras mais expressas que todos, o Venerável Beda: "Com justo louvor o Senhor remunera a Pedro, que o confessara como verdadeiro Filho de Deus, afirmando ser ele filho do Espírito Santo"[18].

Suposto, pois, que S. Pedro é filho do Espírito Santo, já parece que não está muito longe de ser a quarta pessoa da Santíssima Trindade. Porque, se o Verbo, por ser Filho do Pai, é a segunda pessoa, Pedro, por ser Filho do Espírito Santo, por que não será a quarta? Bem se segue a consequência, e assim havia de ser, se fosse possível. Mas, porque era impossível na realidade, foi filho do Espírito Santo e quarta pessoa da Trindade por semelhança, e não na realidade, que esse é o meu assunto e a propriedade da minha metáfora. As pessoas divinas só se podem multiplicar ou por entendimento ou por vontade: por entendimento já estava infinitamente multiplicada a segunda pessoa no Filho; por vontade já estava infinitamente multiplicada a terceira pessoa no Espírito Santo: donde se segue que só as pessoas do Pai e do Filho são fecundas, e a do Espírito Santo não. Mas não se segue daqui que seja menor a perfeição do Espírito Santo que a do Pai e a do Filho, porque tanta perfeição é não poder o impossível como poder o possível, para que entendam os todo-poderosos do mundo que se devem contentar com poder o que podem, e não querer mais. E porque a pessoa do Espírito Santo não era fecunda "desde toda eternidade", por isso se lhe supriu a fecundidade em tempo na pessoa de Pedro, não quanto à realidade, senão quanto à semelhança: "Barjona, filho da pomba: Barjona, filho do Espírito Santo".

Vamos ao princípio do mundo, e acharemos esta fecundidade do Espírito Santo admiravelmente retratada. Onde a Vulgata diz: "O Espírito de Deus era levado sobre as águas" (Gn 1,2) — lê o original hebreu: que o "Espírito Santo fecundava as águas". — E por que razão comunicava o Espírito Santo sua fecundidade mais ao elemento da água que a nenhum dos outros? Não desceu do céu no dia de Pentecostes em forma de ar: "Como do vento que assoprava com ímpeto" (At 2,2)? — Não apareceu sobre os apóstolos em forma de fogo: "Umas como línguas repartidas de fogo" (Ibid. 3)? — E, depois de descer e aparecer, não encheu a terra toda: "O Espírito do Senhor encheu o universo" (Sb 1,7)? — Por que razão, pois, as influências da sua fecundidade as comunica só ao elemento da água, que naquela mesma ocasião se chamou mar: "E chamou ao agregado das águas mares" (Gn 1,10)? — Porque do mar lhe havia de nascer ao Espírito Santo aquele filho, que já de então estava prevendo que, com o nome de Simão Barjona, andava navegando e remando no mar de Tiberíades. Mal cuidei eu que achasse autor ao pensamento, mas assim o tinha escrito há muitos séculos entre os santos padres um de tanta autoridade como sabedoria: "Ajuntem-se as águas" — diz Anastásio Sinaíta — "Ajuntem-se as águas, pois Pedro já mergulha no mar do mundo o remo da cruz"[19]. — Fecundou o Espírito Santo as águas do mar, porque no mar havia Pedro de meter primeiro o remo como pescador, e depois, trocado o remo com o lenho da cruz, havia de navegar e sujeitar com ela, como sucessor de Cristo, o oceano do mundo. — Assim imitou o Espírito Santo a fecundidade da primeira e segunda pessoa, assim foi filho da mesma fecundidade S. Pedro: "Filho do Espírito Santo!" — e assim, do modo que era possível, acresceu à Santíssima Trindade uma quarta pessoa, por semelhança, e não na realidade.

E por que não faltasse a esta quarta pessoa a semelhança divina das outras três, assim como o Pai, e o Filho, e o Espírito Santo entendem com um só entendimento e querem com uma só vontade, e obram com um só poder, também à pessoa de Pedro, como se fosse a quarta, lhe não faltou esta divina propriedade, por isso chamada indívidua. Assim concedem S. Leão e S. Máximo à dignidade ou divindade de Pedro a prerrogativa que eles chamam "Consórcio da Trindade", e assim a declara, comentando os mesmos santos, o doutíssimo Daza, da nossa Companhia, sujeito em quem a antecipada morte roubou à Teologia e à Escritura um dos mais sólidos e excelentes intérpretes. As suas palavras são estas: "Assim quando Pedro tem a sua vez e comunica o que é de Deus, uma só é a sua mente com a Trindade naquilo que define,

uma só é a vontade com respeito àquilo que ordena, uma só é a potência com respeito àquilo que faz"[20]. — Forte e elegantemente. De maneira que, enquanto Pedro tem as vezes de Cristo, no Pai, no Filho, no Espírito Santo e em Pedro há um só e o mesmo entendimento, uma só e a mesma vontade, uma só e a mesma potência. Um só e o mesmo entendimento, porque o que entende Deus entende Pedro nas matérias que define; uma só e a mesma vontade, porque o que quer Deus quer Pedro nos Cânones que estabelece; uma só e a mesma potência, porque o que pode Deus pode Pedro nas maravilhas que obra. Tudo isto quer dizer em Pedro, e só em Pedro, aquele "E vós: vós não homens, mas deuses".

§ IX

Tão alta — muito reverendos senhores — tão alta, tão sublime e tão verdadeiramente divina é a suprema dignidade, debaixo de cujo nome e proteção se uniu, se conserva e floresce esta tão venerável como religiosa Congregação dos Clérigos de S. Pedro. E quando considero a todos os congregados dela segregados, como diz S. Paulo, e distintos dos outros homens pela impressão do caráter sacerdotal, não sei o que mais devo venerar neles, se o que Cristo disse a S. Pedro, se o que S. Pedro disse a Cristo.

E se não, perguntemos de cada um dos sacerdotes da lei da graça o que o mesmo Senhor perguntou de si: "Quem dizem os homens?". — Porventura dizem "outros João Batista"? Pouco sabem se isto dizem. O grande serafim da terra, S. Francisco, dizia, como refere S. Boaventura, que se encontrasse em uma rua a S. João Batista e a um pobre sacerdote, o menos autorizado e respeitado nos olhos do mundo, primeiro havia de fazer reverência ao sacerdote que ao mesmo Batista. S. Martinho — aquele que, sendo ainda catecúmeno e soldado, com a metade da capa vestiu a Cristo — estando à mesa com o imperador Máximo, quando o Copeiro-mor lhe levou a taça, disse o imperador que a desse a Martinho, esperando recebê-la da sua mão. E que fez o animoso e justo prelado, que bem conhecia a sua dignidade? Sem cumprimento algum ao imperador, bebeu ele, e logo deu a taça a um presbítero que o acompanhava, para que bebesse, antepondo a coroa aberta de um simples sacerdote à cerrada do mesmo imperador[21]. Isto é o que respondem, sem injúria do céu nem da terra, aqueles dois oráculos da lei da graça, Francisco e Martinho.

Passemos aos da lei da natureza e da lei escrita: "Quem dizem os homens?". Os da lei da natureza o mais que podem dizer é ser o sacerdote cristão como Melquisedec: "Sacerdote do Deus Altíssimo" (Gn 14,18) — o qual oferecia a Deus pão e vinho: "Oferecendo pão e vinho" (Ibid.). — Mas isto é comparar a sombra com a luz, e a semelhança com a verdade. O pão que oferecia Melquisedec era assim como o que se come na eira, e o vinho assim como o que se espreme no lagar; porém, o pão e vinho que os nossos sacerdotes oferecem, posto que debaixo dos mesmos acidentes, é pão transubstanciado no corpo de Cristo, e vinho transubstanciado no seu próprio sangue, frutos que não conheceu a natureza, e palavra que foi necessário à Teologia inventá-la de novo. Os da lei escrita dirão que o nosso sacerdócio é como o de Arão, e cuidarão que o louvam muito; mas eu quando menos, quisera que olhassem para a pureza e limpeza dos nossos altares, dos quais já disse o mesmo Deus a um dos profetas daquele tempo, dando-lhe em rosto com a perfeição e asseio dos nossos sacrifícios: "Em todo o lugar se oferece ao meu nome uma oblação pura" (Ml 1,11). — Os sacerdotes da lei velha, com as mãos tintas em sangue bruto, quando as vítimas eram as mais mimosas, sacrificavam bezerros e cordeiros; e os nossos, com as mãos puras, como diz S. Paulo, sacrificam a Deus o diviníssimo holocausto de seu próprio Filho, tão infinito, tão imenso, tão onipotente e tão Deus como ele.

Isto é o que "dizem os homens". O "E vós" seja dos anjos, e respondam eles. Que dirão os anjos? Dirão que os mais altos querubins e serafins do empíreo, se foram capazes de inveja, nenhuma dignidade invejariam, senão a do homem sacerdote. No sacrossanto sacrifício da Missa o sacerdote é o sacrificante e os anjos os ministros que o assistem e talvez o servem, como os que nós chamamos ajudantes e, quando estes se divertem, suprem os seus descuidos. Assim sucedeu a S. Gregório Papa, celebrando na Igreja de Santa Maria Maior em dia de Páscoa[22]. Quando disse "A paz do Senhor esteja sempre convosco" — descuidou-se o ajudante de responder, e responderam os anjos que assistiam: "A paz do Senhor esteja sempre convosco, e com o teu espírito". — Daqui teve origem um uso ou rito notável da Igreja Romana, e é que, quando o Sumo Pontífice, na missa de dia de Páscoa, diz as mesmas palavras: "A paz do Senhor esteja sempre convosco" — o coro se cala e não responde, conservando-se neste silêncio a memória do que supriram as vozes dos anjos em dia semelhante.

Mas nesta mesma vigilância, tão reverente, tão devota e tão obsequiosa, com que os espíritos angélicos assistem ao sacerdote celebrante, haverá algum da suprema jerarquia que se atreva a tocar a hóstia que ele consagra nas suas mãos, e tantas vezes torna a tomar nelas no mesmo sacrifício? Por nenhum modo. Não se estendem a tanto os privilégios dos anjos. Quando Deus mandou de comer a Daniel no lago dos leões, o profeta levava o pão, e o anjo levava o profeta pelos cabelos. Pois, não seria mais fácil que o pão o levasse o anjo? Mais fácil sim, mas não lhe era lícito. O pão em profecia era figura do que se havia de consagrar nos nossos altares. O profeta, como diz S. Jerônimo, era da tribo sacerdotal de Levi, e tocar aquele sagrado pão só é lícito aos sacerdotes, e de nenhum modo aos anjos. Mas vejo que os mesmos sacerdotes me estão arguindo com um texto em contrário, e do mais sagrado cânon de todos os da Igreja. Depois da consagração do corpo e sangue santíssimo, todos fazemos a Deus esta oração: "Suplicamos que pelas mãos do vosso santo anjo sejam apresentadas estas ofertas ao vosso altar celestial"[23]; logo, se o nosso sacrifício se há de levar ao céu "pelas mãos do vosso santo anjo", bem podem as mãos dos anjos fazer o que fazem as nossas.

Teófilo, o mais diligente escrutador das realidades deste mistério, diz que: "Aquela oração não há de, nem pode entender de que os anjos realmente levem o nosso sacrifício ao céu, senão metaforicamente, assim como o anjo de Tobias diz que ofereceu a Deus as suas orações" (Tb 12,5.8)[24]. — E a razão é manifesta, porque se o anjo levasse a nossa hóstia ao céu, ficaria imperfeito o sacrifício, que não só consiste na consagração e oblação, senão também na consumpção, e então perfeitamente se consuma quando a vítima consagrada morre ou deixa de existir, que é quando, pela indisposição das espécies, deixa o corpo de Cristo de estar debaixo delas. Assim que isto é o que diz e só pode dizer a confissão dos anjos.

§ X

Ouvidos pois os homens e os anjos, quem resta para ouvir, senão unicamente o mesmo Deus? Ouçamos, pois, muito reverendos padres, a Deus, e veremos como diz desta venerável Congregação o que S. Jerônimo disse dos apóstolos, que já então eram a congregação de S. Pedro: "E vós não sois homens, mas deuses". — Deuses lhes chamou S. Jerônimo, e por mais autêntica boca, que é a de Davi, lhe dá Deus o mesmo nome. E o mesmo Deus, cujo dizer é fazer, afirma que ele é o que o disse: "Eu disse: Sois Deuses, e todos filhos do Excelso" (Sl 81,6). — Deuses chama, e filhos de Deus aos sacerdotes, e não em sentido alegórico, senão literal, porque literalmente fala o profeta dos ministros da Igreja, segundo a frase daquele tempo: "Deus assistiu sempre no conselho dos Deuses" (Ibid.) — e Cristo, melhor intérprete, literalmente o alega no capítulo décimo de S. João, que todo é dos pastores e suas ovelhas, que são os eclesiásticos, com o poder e poderes do sacerdócio. Suposto, pois, que Deus lhes chama Deuses e filhos de Deus: "Sois deuses e filhos do Excelso" — com razão perguntará alguma curiosidade douta em qual das duas partes desta proposição disse Deus mais: se quando chama aos sacerdotes deuses ou quando lhes chama filhos de Deus? Eu digo que quando lhes chama filhos de Deus, porque na primeira parte alude ao poder da jurisdição, e na segunda ao poder da ordem. Quando Cristo, Senhor nosso, disse ao paralítico: "Os teus pecados te são perdoados" (Lc 5,20) — murmuraram todos da proposição, dizendo: "Quem pode perdoar pecados, senão só Deus?" (Ibid. 21). — Negavam mal este poder a Cristo, mas supunham bem em dizer que só Deus pode perdoar pecados. E este é o poder dos sacerdotes enquanto deuses: "Aos que vós perdoardes os pecados, ser-lhes-ão eles perdoados" (Jo 20,23). — E digo enquanto deuses, porque o poder de perdoar pecados não só é próprio e unicamente de Deus, senão o maior e o máximo em que ele manifesta e ostenta toda a grandeza do seu poder: "Deus, que ostentas tua onipotência com o perdão e com a misericórdia".

Mas com este poder de Deus merecer o nome e significação de máximo, o de Filho de Deus ainda significa mais. E por quê? Porque mais é no Filho de Deus o poder de consagrar seu corpo que em Deus o de perdoar pecados. Ouvi a razão. O perdoar pecados consiste formalmente em Deus ceder do jus e direito que sua justiça tem para os castigar, que é ato superior da sua misericórdia: "Com o perdão e com a misericórdia" — e como neste ato vence a misericórdia divina a justiça divina, também Deus se vence a si mesmo, que é a maior vitória e a maior façanha do seu poder: "Ostentas tua onipotência". — Porém a do Filho de Deus em se consagrar ainda é maior, porque mais é poder-se fazer a si mesmo que poder-se vencer, e isto é o que pode e o que fez o Filho de Deus, sumo e eterno Sacerdote, quando se consagrou no Sacramento, porque realmente se tornou a fazer e reproduzir a si mesmo. Mas não parou aqui sua onipotência e liberalidade, senão que este mesmo poder de o reproduzirem e fazerem a ele comunicou aos sacerdotes, quando lhes disse: "Fazei isto em minha memória" (1Cor 11,24). Isto mesmo que eu fiz, fazei vós. — Expressamente S. Germano, venerado e alegado neste mesmo ponto pelos padres gregos: "O mesmo que disse: Isto é o meu corpo, e este é o meu sangue ordenou aos apóstolos, e por eles a toda a Igreja que fizessem o mesmo, dizendo: Fazei isto em memória de mim. E não teria dado tal ordem, se juntamente com ela, não tivesse dado a força, isto é, o poder necessário para tanto"[25]. — Ó poder quase incompreensível, e que só se pode admirar com o nome de estupendíssimo! Nos seis dias da criação criou Deus com seis palavras este mundo, e o Sacerdote com quatro palavras faz mais todos os dias que se criara mil mundos.

Declaremos bem este poder mal-entendido, para que todos o entendam e pasmem. O lume da Igreja, Santo Agostinho, exclama assim: "Ó dignidade veneranda dos sacerdotes, em cujas mãos o Filho de Deus, como no ventre sacratíssimo da Virgem Maria, torna outra vez a encarnar!"[26]. — Em que consistiu a Encarnação do Verbo Eterno? Consistiu na produção do corpo e alma de Cristo, e na produção da união hipostática, com que a sagrada humanidade se uniu à subsistência do Verbo. E tudo isto faz o sacerdote com as palavras da consagração, produzindo outra vez, ou reproduzindo, todo o mesmo Cristo. Na mesma conformidade falam S. João Crisóstomo, S. Gregório Papa, S. Pedro Damião, e o antiquíssimo Teodoro Anciarano, famoso no Concílio Efesino. Mas porque cuidam alguns que semelhantes questões são mais debatidas e examinadas pelos teólogos modernos, quero também alegar as palavras de dois bem conhecidos na nossa idade. O padre Teófilo Rainaudo, tão perseguidor de opiniões ou devoções pouco sólidas, como se vê nos seus eruditíssimos livros *Contra Anomala Pietatis*, diz o que se segue: "O sacerdote põe Cristo sob acidentes, conferindo-lhe o existir sacramentalmente, por verdadeira produção substancial de Cristo"[27]. — E mais abaixo: "Cristo não é produzido sem união com o Verbo, porque não é puro homem, mas o seu supósito é a pessoa do Filho; por isso no sacrifício Deus se incarna nas mãos dos sacerdotes". — E noutro lugar: "Além disso, o poder do sacerdote se estende a que a união hipostática e a transubstanciação do pão e do vinho se realizem"[28]. — Não romanceio as palavras, porque são expressamente tudo o que tenho dito.

E o Padre Eusébio Nieremberg, varão de tanto espírito, erudição e letras, cujos livros todos trazem nas mãos, fazendo a mesma comparação que eu já toquei, entre a criação do mundo e a consagração do corpo de Cristo, discorre e infere desta maneira: "A potência do Eterno Pai produziu o mundo e tudo o que há no mundo; a potência do sacerdote produz o Filho de Deus em sacramento e sacrifício; donde se segue que o poder do sacerdote na transubstanciação do Filho de Deus é muito mais admirável que a potência do Eterno Pai na criação de todas as coisas do mundo, que hão de acabar com ele"[29].

§ XI

Esta é, muito reverendos padres, a dignidade ou divindade do "e vós", participada de seu divino protetor, S. Pedro, a esta sua Congregação, tão digna de ser sua. E que se segue daqui, ou qual é a obrigação dos congregados? Se eu tivera as cãs que me faltam, alguma palavra lhes pudera dizer tão importante à veneração alheia como à decência própria. Mas porque eu, posto que tão indignamente, tenho o mesmo caráter do sacerdócio, a mim e a todos os sacerdotes só apontarei uma advertência da Escritura Sagrada, que todos devemos ouvir temendo e tremendo. A advertência é que correspondamos de tal maneira às obrigações desta altíssima dignidade que se não arrependa Deus de no-la ter dado. Falando Davi do sacerdócio de Cristo, diz: "Jurou Deus, e não se arrependeu: tu és sacerdote para sempre" (Sl 109,4). Jurou Deus, e não se arrependerá de dar o eterno sacerdócio a seu Filho. — Reparemos muito naquele "e não se arrependeu". Pois, de dar o sacerdócio a seu Filho, por natureza impecável, e tão santo, e tão Deus como ele, podia Deus arrepender-se? Sim, porque esse sacerdócio não só o havia Cristo de conservar em si, mas também o havia de comunicar, como comunicou, aos homens e aqui estava o perigo. Por isso o jurou, para que se não arrependesse: "Jurou Deus, e não se arrependeu". — Oh! que desgraça tão horrenda e tremenda, se Deus se arrependesse! E maior desgraça ainda se eu, e algum outro tão indigno como eu, desse motivos bastantes a este arrependimento! Neste caso — que Deus não permita — aquele caráter, que é tão imortal como a mesma alma, se iria perpetuar com ela em outra eternidade, que não é a do céu e da glória. "Que a mim e a vós o Senhor Deus onipotente se digne conceder etc."

SERMÃO DA
Segunda Quarta-Feira da Quaresma

Na Misericórdia da Bahia. Ano 1638.

"Esta geração má e adúltera pede
um prodígio, mas não lhe será dado."
(Mt 12,39)

Vieira não se esquece dos primeiros sermões que pregou na Bahia apenas ordenado sacerdote. Este é um deles. A razão pela qual Cristo se mostra tão irado com a pergunta dos fariseus e escribas não foi porque a pergunta se funda numa lisonja ou se foi uma mera curiosidade ou expressão do amor próprio. A razão é porque procedem como filhos indignos de Abraão. Abraão creu e obedeceu a olhos fechados e jamais pediu um sinal para crer. Bem antes Cristo já dissera que não daria o sinal e milagre que pediam em prova de sua divindade. A sua paciência seria a maior prova de sua divindade. O mesmo demônio diante da mansidão e paciência de Cristo entendeu que aquele homem não era somente homem. No dizer de Tertuliano a paciência se fez natureza de Deus ou, de outra maneira, que a natureza de Deus se fez paciência. A paciência não desautoriza, antes por ela cresce a autoridade, assim mesmo Deus delega o seu poder na imitação da sua paciência. Os exemplos de Natanael e de Jacó e Esaú. A divindade está repartida em três partes: em uma que é Cristo, em muitas que são os que têm o governo e em todas porque todos somos filhos de Adão. Termina com uma palavra aos retirados de Pernambuco, mártires da fé divina e da humana.

§ I

Se o evangelista o não dissera, não o crera. Diz o evangelista S. Mateus que, pedindo os escribas e fariseus a Cristo, Redentor nosso, que fizesse algum sinal milagroso com que o conhecessem por Deus, o Senhor se indignou contra eles, chamando-lhes de maus homens e geração adúltera: "Esta geração má e adúltera pede um prodígio" (Mt 12,39). — Torno a dizer que, se o evangelista o não dissera, não o crera. Cristo irado? Cristo chamando nomes afrontosos aos homens? Cristo desenterrando gerações alheias? Quem pode turbar tanta serenidade, quem pode provocar tanta mansidão, quem pode alterar tanta paciência? Não é este Senhor o mesmo que não respondia às blasfêmias, que ouvia calado as injúrias, que não acudia por si nos falsos testemunhos, que recebia as bofetadas com rosto sereno, os açoites sem se lhe ouvir uma queixa? Pois, se injúrias, blasfêmias, falsos testemunhos, bofetadas, açoites não foram nunca poderosos para tirar de seu compasso a serenidade de Cristo, para lhe arrancar do peito uma palavra irada, como agora diz tantas, e tão pesadas, a uns homens que chegaram a pedir-lhe uma mercê, e, segundo diz o evangelista, com termos muito honrados: "Mestre, nós quiséramos ver-te fazer algum prodígio" (Mt 12,38)? — Como o caso foi tão extraordinário, e a dificuldade tão digna de reparo, notavelmente hão trabalhado os doutores em descobrir a razão dela.

Teofilato[1] diz que se gastou o Filho de Deus contra estes homens porque entraram adulando. Entraram chamando a Cristo "Mestre" — título naqueles tempos tão autorizado quanto era bem que o fosse nestes; e ainda que o Senhor verdadeiramente era mestre: "Vós chamais-me Mestre, e dizeis bem, porque o sou" (Jo 13,13) — contudo na boca dos fariseus, e na intenção com que o diziam, vinha a ser adulação e lisonja. Eis aqui quem são os aduladores, gente que mente com a verdade e afronta com a cortesia. Isto haviam de escrever os políticos no seu livro do duelo, que mais afronta uma mesura de um adulador que uma bofetada de um inimigo. Por isso Cristo, que nas bofetadas se mostrou tão sofrido, quando ouviu as adulações parece que perdeu a paciência: "Esta geração má e adúltera pede um prodígio".

S. Crisóstomo[2] responde à dúvida por outro caminho. Diz que se mostrou Cristo irado porque, tendo-lhe chamado Mestre, em lugar de dizerem que o queriam ouvir, disseram que o queriam ver: "Mestre, queremos ver o teu sinal". — É vício este que por nossos pecados reina hoje muito no mundo, e não sei se somos cúmplices nele os pregadores. Estava Cristo pregando em Jerusalém, e pedindo atenção ao auditório, pediu-a desta maneira: "Quem tem ouvidos de ouvir, ouça-me" (Lc 14,35). — Notável modo de falar! Que quer dizer quem tem "ouvidos de ouvir"? Há ouvidos que não sejam de ouvir? Nos ouvintes dos pregadores sim. Os ouvintes dos pregadores, uns têm ouvidos de ouvir, outros têm ouvidos de ver: uns têm ouvidos de ouvir, porque vêm ouvir para ouvir: para ouvir aquela doutrina, para a tomar, para se aproveitar dela; outros têm ouvidos de ver, porque vêm ouvir, não para ouvir, senão para ver: para ver se falou o pregador com equívocos ao uso, ou com lhaneza e gravidade apostólica; para ver se trouxe conceitos ou pensamentos novos; como se a verdade, por antiga, seja menos verdadeira ou menos venerável; para ver se tocou neste ou naquele, e mais nos maiores; e o pior é que estes ouvintes de ver muitas vezes são as toupeiras do lugar, aqueles que sabemos que veem menos que todos. Pois estes, que com tão contrário fim vêm ouvir a palavra de Deus, provocam tanto sua ira, diz Crisóstomo, que parece que se não pode conter a paciência divina dentro dos limites de sua imensidade, e assim sai da madre hoje: "Esta geração má e adúltera pede um prodígio".

Santo Agostinho[3] ainda dá outra razão, e muito como sua. Diz que por dizerem "queremos" — por isso foi sua petição tão pesadamente recebida. Entrais a pedir a Deus, e dizeis "queremos"? Mau princípio. Se queremos, senhores, sair bem despachados da mão da liberalidade de Deus, havemos de dizer: "Faça-se a vossa vontade" — e não a nossa. Assim como não há coisa que mais obrigue a Deus que uma vontade sujeita, assim não há outra que mais o provoque à ira que uma vontade presumida. Nenhuma coisa nos deu Deus que fosse toda nossa, senão a vontade. E porque quis que fosse toda nossa, por isso quer que seja toda sua: deu-no-la para que tivéssemos que lhe dar. E porque estes, em lugar de a darem a Deus, a tomaram para si: "queremos" — essa é a razão de se irar Cristo contra eles e os tratar tão asperamente: "Esta geração má e adúltera pede um prodígio".

Todas estas razões, como de tão grandes doutores, as venero e ponho sobre a cabeça. Mas, se as quisermos examinar em todo o rigor, acharemos que têm muito de encarecidas. A primeira funda-se em uma lisonja, a segunda em uma curiosidade, a terceira em um amor-próprio. E estas faltas, ainda que o são, bem se vê que não haviam de provocar a ira à mansidão e paciência de Cristo, pois sabemos que a não puderam alterar noutras ocasiões, nem palavras blasfemas, nem mãos sacrílegas, nem a mesma morte. Que fossem motivos bastantes para o Senhor lhes negar o sinal da sua divindade que lhe pediam — "O sinal não lhe será dado" — sim; mas, para se mostrar tão irado, para os tratar com tanta aspereza: "Geração má e adúltera" — parece que não. Para que vejamos se podemos alcançar outra solução desta dificuldade mais própria, e também menos sabida, a qual seja a matéria do sermão, peçamos a graça do Espírito Santo por intercessão daquele grande sinal que S. João viu no céu: "Apareceu um grande sinal no céu: Uma mulher vestida do sol" (Ap 12,1). *Ave Maria*.

§ II

"Esta geração má e adúltera pede um prodígio, e o sinal não lhe será dado." Estes dois nomes de geração má e adúltera com que Cristo, Senhor nosso, como juiz de vivos e mortos, hoje castiga e condena os escribas e fariseus, nunca foram mais justificados e bem merecidos que na presente ocasião em que, para crer a divindade do Filho de Deus, lhe pediam milagres: "Queremos ver o teu sinal". — Nesta mesma petição procediam como geração má e adúltera, porque, sem o querer confessar, mostravam claramente não ser filhos legítimos, senão adulterinos daquele honrado pai, de que tanto se prezavam. A nobreza e descendência de que mais se prezavam os escribas e fariseus, a qual traziam sempre na boca e pela qual desprezavam a todos os outros homens, era serem filhos de Abraão: "Nós temos por pai a Abraão" (Mt 3,9); "Nós somos descendentes de Abraão" (Jo 8,33). — E que semelhança no parentesco tinham as ações destes filhos com as daquele pai, como o mesmo Senhor outra vez lhes lançou em rosto: "Se sois filhos de Abraão, fazei obras de Abraão" (Ibid. 39)? — Mandou Deus a Abraão que saísse da sua pátria, que deixasse a casa de seu pai, e o trato e companhia de todos seus parentes, e fosse peregrino, ou verdadeiramente desterrado para outra terra que ele lhe mostraria: "Sai da tua terra, e da tua parentela, e da casa de teu pai, e vem para a terra que eu te mostrarei" (Gn 12,1). — A obediência não se pode negar que por todas suas circunstâncias era dificultosa e áspera. Até as árvores insensíveis, quando se arrancam de uma terra para se transplantarem a outra, se secam e murcham.

Havia de romper Abraão todas aquelas cadeias com que o amor natural, desde o dia do nascimento, tão forte como docemente nos prende; havia-se de arrancar, não só daquela primeira terra ou segunda mãe, que em seu regaço nos recebe nascidos, senão também daqueles primeiros ares com que respiramos e bebemos a vida; havia de deixar o presente pelo futuro, o próprio pelo estranho, o conhecido pelo ignorado e o possuído e certo pelo que podia parecer duvidoso; e contudo, para se certificar e segurar Abraão, e para crer a Deus, pediu-lhe porventura algum sinal? Nem por pensamento. Creu e obedeceu a olhos fechados ou verdadeiramente abertos: "Creu Abraão a Deus, e isto lhe foi imputado a justiça" (Gn 15,6) — e daqui começou a merecer o nome ou antonomásia universal de "Pai de todos os que creem" em Deus e a Deus. E se Abraão nem naquela, nem em alguma outra ocasião, pediu sinal a Deus para crer, quando os escribas e fariseus, tão prezados e presumidos de filhos de Abraão, para crer ao Filho de Deus lhe pedem sinal: "Queremos ver o teu sinal" — bem se vê neste seu querer ver que, se são filhos e geração de Abraão, não são geração legítima e boa, senão má e adulterina: "Esta geração má e adúltera pede um prodígio".

Tal é a própria e literal razão da parte dos escribas e fariseus que Cristo, Senhor nosso, teve para se irar contra eles, e para os tratar com palavras tão pesadas e ásperas e tão alheias da mansidão, benignidade e paciência do mesmo Senhor; mas aqui é que se funda toda a dúvida e dificuldade na nossa proposta. Posto que os escribas e fariseus merecessem aquele castigo e outros maiores, bem pudera o Senhor, como em outras ocasiões de mais atrevidos descomedimentos contra sua pessoa, dissimular debaixo do silêncio a sua justa ira e acrescentar este exemplo a tantos outros da sua mansidão e sofrimento. Qual é logo a razão por que, quando lhe pedem sinais da sua divindade, ele responde com sinais de pouca paciência? Por isso mesmo, e na segunda parte do nosso texto temos a razão da primeira. Que diz a segunda parte do nosso texto? "E o sinal não lhe será dado." — Diz que estava decretado que a esta geração má e adúltera se não desse o sinal que pedia; logo daqui se segue que, por forçosa e natural consequência, havia de dissimular Cristo a sua paciência, e mostrar-se no exterior pouco paciente e mal sofrido porque, se fizesse o contrário, e dissimulasse uma tão grave ofensa, e a sofresse com declarada paciência, a mesma paciência de Cristo no tal caso era maior prova da sua divindade do que o sinal e milagre que pediam e quantos podiam pedir. Este é o meu pensamento, e este será o argumento de todo o sermão.

Em um tempo em que tanto e por tantos modos se padece em todo este estado, não se pode falar em matéria mais própria do tempo, nem mais útil e necessária ao Estado que a do mesmo padecer. Por isso fiz eleição dela muito de propósito e com o empenho que se verá. Só me pesa de não ter presentes neste auditório todos os que, lançados e despojados das suas terras, se vêm recolhendo a esta não menos arriscada, para que eles saibam vencer a sua fortuna, e nós armar-nos para a nossa com a paciência. Queira Deus que a não hajamos mister.

§ III

De maneira, senhores — torno a dizer —, que a razão de Cristo não sofrer nesta ocasião aos escribas e fariseus, e lhes chamar "geração má e adúltera", foi porque tinha decretado de lhes não dar o sinal e milagre que pediam em prova de sua divindade: "E o sinal não lhe será dado". — E a razão desta razão, ou consequência, é porque, se o Senhor no tal caso se portara com a costumada mansidão e paciência, a sua mesma paciência seria maior prova de sua divindade que o sinal e milagre que lhe pediam, e quantos lhes podiam pedir.

Quis provar S. Paulo aos coríntios que era verdadeiro apóstolo mandado por Deus, e diz assim: "Os sinais do meu Apostolado se realizaram entre vós, na paciência, nos sinais e prodígios" (2Cor 12,12). Os sinais do meu Apostolado, ó Coríntios, não são ocultos e invisíveis, senão manifestos a todos: vós os vedes e experimentais. E quais são? A paciência com que vos sofro, e os milagres e prodígios que entre vós tenho obrado: "Na paciência, nos sinais e prodígios". — Nota aqui S. João Crisóstomo que "primeiro pôs S. Paulo a paciência e depois os milagres". — Os milagres são os selos pendentes das provisões de Deus, porque só Deus, e quem tem os poderes de Deus, pode obrar sobre as forças da natureza. E esta pode ser a energia daquele sobre vós: "Realizaram-se entre vós". — Pois, por que põe S. Paulo em segundo lugar os milagres e no primeiro a paciência? Porque a maior prova dos poderes divinos com que obrava era a paciência de Paulo que os milagres de Paulo. "Para que ninguém duvide" — diz S. Lourenço Justiniano — "que para persuadir e convencer maior é a força da paciência que a dos milagres"[4].

Daqui se entenderá um bem notável reparo do que disse e do que calou Cristo na conversão e eleição do mesmo S. Paulo: — Vês este Saulo — diz Cristo a Ananias — que até agora tão cruel e raivosamente perseguia a minha Igreja? Pois "Este tenho eu escolhido por vaso de eleição, para que leve meu nome a todas as gentilidades e reis do mundo e aos filhos de Israel, para isso lhe mostrarei o muito que há de padecer por mim" (At 9,15s). — Aqui está o reparo. S. Paulo, para converter os gentios, obrava muitos e prodigiosos milagres, sarava todas as enfermidades, ressuscitava os mortos, pisava os mares, enfreava os ventos, apagava os incêndios, e não só domava e dominava as feras, as serpentes, os basiliscos, senão também os demônios. Uma vez, porque em Malta o mordeu uma cobra, tirou ali o veneno a todas. Pois, por que não faz menção Cristo desta virtude e destes poderes que lhe havia de dar, senão só do "Muito que ele por seu nome havia de padecer"? — Porque para derrubar a idolatria, e estabelecer no mundo a fé da sua divindade, mais importava a paciência de Paulo que todos os seus milagres.

Note-se muito aquele "há de padecer". O que importava era o seu padecer, e não o seu poder. O ser padecente e paciente, e não o ser onipotente e milagroso. Tanto assim que, para os mesmos milagres de S. Paulo serem milagres, talvez se valiam dos instrumentos e relíquias de sua paciência. S. Lucas, que naquela ocasião era companheiro do mesmo apóstolo na Ásia, diz que em toda ela fazia S. Paulo "não quaisquer, senão grandes milagres" (At 19,11) — e que, levados os seus lenços ou os seus cintos aos enfermos e aos endemoninhados, os doentes saravam e os demônios fugiam: "Chegando estes a tal extremo que até sendo aplicados aos enfermos os lenços e aventais que tinham tocado no corpo de Paulo, não só fugiam deles as doenças, mas também os espíritos malignos se retiravam" (At 19,12). — Mas por que eram os instrumentos destes milagres os lenços e os cintos de Paulo? Porque os cintos, exercitados nos seus apertos, e os lenços, banhados nos seus suores, eram relíquias da sua paciência. Dela se valiam os milagres, e não ela deles. E agora caio eu na energia com que dizia o mesmo S. Paulo: "Quem há que adoeça que eu não adoeça com ele?" (2Cor 11,29). — Não diz quem há que adoeça que eu não o cure, senão quem há que adoeça que eu não adoeça também? Porque o curar era milagre, o adoecer era paciência. E como a paciência é mais poderosa e eficaz que os milagres para persuadir, por isso o divino Mestre, quando os escribas e fariseus, debaixo deste nome, lhe pediram que para prova de sua divindade fizesse um milagre, o que ele não quis, por isso, digo, dissimulou a paciência debaixo dos nomes afrontosos com que os castigou; porque, se no tal caso tão gravemente ofendido se mostrara sofrido e paciente, a sua mesma paciência era maior prova da sua divindade que o milagre ou milagres que lhe pediam.

§ IV

Até agora vimos a força e verdade desta consequência em comum e por comparação alheia; e vejamo-la agora própria e singularmente no mesmo Cristo. Por mandado de Deus ofereceu o profeta Isaías a el-rei Acás que, em prova de certa promessa que lhe tinha feito, pedisse o sinal e milagre que quisesse, ou do céu, ou da terra, ou do inferno: "Pede para ti ao Senhor teu Deus algum sinal que chegue ao profundo do inferno ou ao mais alto do céu" (Is 7,11) — respondeu Acás que não queria pedir nem tentar a Deus: "Não pedirei tal, nem tentarei ao Senhor" (Ibid. 12). — Mas pois estes escribas e fariseus, piores que Acás, não repararam em tentar a Deus: "e outros tentando-o" (Lc 11,16) — e pediram sinal e milagre: "Queremos ver o teu sinal" — eu lhes mostrarei que a paciência de Cristo, que ele dissimulou debaixo dos nomes com que os definiu, seria muito maior prova da sua divindade que o milagre que pediam. E para que esta demonstração seja com a mesma largueza que Deus a ofereceu a el-rei Acás, será com sinal do céu, com sinal da terra e com sinal do inferno. Do céu, por testemunho do Pai; do inferno, por testemunho do demônio; e da terra, por testemunho do mesmo Cristo. Grande teatro temos aberto. Comecemos pelo céu.

Transfigurou-se Cristo no Tabor, e não parou a Transfiguração na sagrada humanidade, mas dela transbordou e redundou nas roupas de que estava vestido. "O rosto resplandecente como coroado do sol, as vestiduras brancas como tecidas de neve" (Mt 17,2). — Ora, escribas e fariseus, já tendes cumpridos vossos desejos: se quereis ver um milagre, e grande milagre: "Queremos ver o teu sinal" — ide ao Monte Tabor, e vê-lo-eis, não "de ti", como dizeis, senão "em ti"; não feito só por Cristo, senão no mesmo Cristo. Nunca o mundo viu mais ilustre milagre; mas se ainda vossa incredulidade se não contenta, vede este mesmo milagre cercado de outros dois também nunca vistos: "E lhes apareceram Moisés e Elias falando com ele" (Mt 17,3). — Vede ressuscitado a Moisés, cuja sepultura ainda hoje se ignora; vede aparecido a Elias, que também se não sabe onde está escondido. Tudo isto estavam vendo os três apóstolos assombrados, quando se acharam cobertos de uma nuvem — cuja sombra, com novo milagre, juntamente era sombra e luz: "Eis que uma lúcida nuvem os cobriu" (Ibid. 5) — e do meio dela ouviram a voz do Eterno Pai, que dizia: "Este é o meu Filho amado, em que muito me agradei". — "Ouvi-o" (Mt 17,5).

Cuidava eu que o Pai neste passo, tão agradado da gentileza do Filho, havia de dizer: Olhai para ele, e vede-o — e não: Ouvi-o. — Com tão bizarras e novas galas parece que o mais formoso dos filhos dos homens mais estava então para ver que para ouvir. Assim parece; mas ouçamos contudo o que dizia e em que falava. Diz o evangelista S. Lucas que o que falava o transfigurado Senhor, e a prática que tinha com Moisés e Elias, era "sobre o excesso do que havia de padecer em Jerusalém" (Lc 9,31) — e isto é o que o Eterno Pai mandou ouvir: "Ouvi-o". — Cresce a enchente dos mistérios de monte a monte. O Filho leva os três discípulos ao Monte Tabor para lhes encher os olhos de glórias; o Pai manda-os ao Monte Calvário para lhes encher os ouvidos de penas. E por quê? Porque o intento do Pai era provar a divindade do Filho: "Este é o meu Filho amado" — e esta divindade melhor se provava pelas penas futuras do Calvário, que ouviam, que pelas glórias e milagres presentes do Tabor, que estavam vendo. As glórias e milagres do Tabor eram redundâncias naturais da humanidade; os excessos das penas que havia de padecer no Calvário eram provas ainda mais certas da divindade.

Mais certas, digo, e não me atrevera a o dizer, se não fora por boca de S. Pedro, que se achou presente no Tabor. Diz S. Pedro que viu as glórias e milagres do Tabor, e ouviu a voz do Pai: "Este é o meu Filho amado". — E acrescenta que ainda tinha outro testemunho mais firme, que era a prática dos profetas: "E ainda temos mais firme a palavra dos profetas" (2Pd 1,19). — A prática dos profetas era a de Moisés e Elias com Cristo sobre os excessos que havia de padecer em Jerusalém: "Sobre o excesso". — E como o Eterno Pai, depois da sua voz, mandou em confirmação que ouvissem aquela prática: "Ouvi-o" — ainda que esta prática, comparada com a voz do Pai, não podia ter maior firmeza, comparada com os outros milagres do Tabor, era mais firme: "E ainda temos mais firme a palavra dos profetas". — Tanto se prova melhor a divindade de Cristo pela sua paciência que pelos seus milagres.

§ V

Muito me detive, e mais do que quisera, neste sinal do céu: vamos ao do inferno. Ao tempo em que os judeus instavam a Pilatos que sentenciasse a Cristo à morte, teve ele um aviso de sua mulher, que de nenhum modo condenasse aquele justo, porque em sonhos tinha padecido uma terrível visão, na qual fora ameaçada com grandes

medos para que assim lho persuadisse: "Não te embaraces com a causa desse justo, porque hoje em sonhos foi muito o que padeci por seu respeito" (Mt 27,19). — É questão entre os intérpretes se esta visão foi de anjo bom ou de anjo mau? E, posto que sejam mais os que dizem que foi de anjo bom, a opinião de S. Cipriano, S. Bernardo, Caetano e outros, os quais têm para si que foi visão do demônio, para mim é certa, e a provo do mesmo texto sagrado porque, sendo certo que um anjo veio confortar a Cristo nos temores do Horto, para que bebesse o cálice, como havia de vir agora o mesmo ou outro anjo impedir que Cristo padecesse? Sendo, pois, anjo mau e demônio, que motivo teve o demônio para se empenhar agora nesta diligência tão apertadamente? O demônio foi o que persuadiu a Judas que vendesse a Cristo: "Como já o diabo tinha metido no coração a Judas" (Jo 13,2) — o demônio foi o que armou os ministros da justiça para que o fossem prender, como lhes disse o mesmo Senhor: "Esta é a vossa hora, e o poder das trevas" (Lc 22,53). — Que novo motivo teve logo o demônio agora, quando já os judeus bradavam: "Crucifica-o, crucifica-o" (Lc 23,21) — para querer desviar a Cristo da árvore da cruz, por meio da mulher de Pilatos, assim como por meio da mulher de Adão o levou à árvore da ciência? S. Inácio Mártir, contemporâneo dos apóstolos, diz que agora acabou o demônio de conhecer que Cristo era o verdadeiro Messias Filho de Deus e que, para impedir a salvação do gênero humano e a sua própria perdição, procurava com tanto empenho que não morresse: "Esforçava-se por preocupar a mulher para que desistissem da crucifixão, porque sentia a sua perdição"[5].
— Pois agora, demônio cego, agora e ainda agora se te abriram os olhos?

Não viste a este mesmo homem caminhar seguro por cima das ondas? Não o viste imperar aos ventos e ser obedecido deles? Não o viste, com tão poucos pães, matar a fome a tantos mil homens? Não o viste ressuscitar a Lázaro sepultado de quatro dias, e aos outros que referem os evangelistas e muitos mais que não referem? Sobretudo, não viste o domínio que tinha sobre os mesmos demônios, lançando-os dos corpos a legiões inteiras e confessando eles que era Filho de Deus: "E de muitos saíam os demônios gritando: Tu és o Filho de Deus" (Lc 4,41)? — Pois, se a ti, espírito contumaz, protervo e obstinado, não puderam tantos milagres persuadir a divindade deste mesmo homem, que viste agora nele para creres que é Deus? — Viu a mansidão e paciência com que se deixou prender pelos soldados da coorte romana, podendo-a prostrar toda com uma palavra, como tinha feito; viu como mandou embainhar a espada a Pedro e sarou a orelha de Malco; viu como se deixou manietar e levar pelas ruas públicas à casa de Anás e de Caifás; viu como no palácio do pontífice, onde são mais afrontosas as afrontas, escarnecido, cuspido, esbofeteado, blasfemado, negado, tudo sofreu como um cordeiro, sem se alterar nem queixar; viu como, relaxado a Pilatos, e de Pilatos remetido a Herodes, nem aos ludíbrios e insolências das guardas, nem aos desprezos do rei, nem à roupa de mentecapto, de que o mandou vestir, respondeu, resistiu ou mostrou diferente semblante, senão o mesmo; viu finalmente que, chegada a perseguição aos últimos termos, em pé, diante do tribunal do juiz ímpio e desumano, ouvia as acusações e os falsos testemunhos como se fora surdo e calava como se fora mudo, sem negar, sem contrariar, sem replicar, sem se defender nem acudir por sua inocência. E à vista de tudo isto o demônio que, posto que seja mau, é muito bem entendido, não pôde deixar de entender que aquele homem não era só homem, nem anjo, senão juntamente Deus, e que a maior prova de sua divindade era a paciência daquele dia que os milagres de tantos anos.

Lembras-te tu, demônio — já somos entrados no terceiro sinal — lembras-te do que te respondeu Cristo na terceira tentação? Pois agora conhecerás, e conhecerão os escribas e fariseus, também tentadores como tu: "Para o tentarem, lhe pediam que lhes mostrasse algum prodígio do céu" (Lc 11,16) — quão dependentes trouxe sempre este Senhor, e quão atados entre si o crédito da sua divindade com a fé da sua paciência. Quando o demônio, na terceira tentação, ofereceu a Cristo todo o mundo se o adorasse, o que o Senhor lhe respondeu foi: "Vai-te daqui, Satanás" (Mt 4,10), não apareças mais diante de mim. — Isto refere o evangelista S. Mateus no capítulo quatro, e no capítulo dezesseis diz que, depois que S. Pedro "confessou ao mesmo Cristo por Filho de Deus" — então começou o Senhor a fiar dos discípulos aquele grande segredo de que havia de ir a Jerusalém a padecer e morrer a mãos dos príncipes dos sacerdotes. Diz mais que, ouvindo isto S. Pedro, tomou à parte o mesmo Cristo e lhe estranhou muito aquela resolução, dizendo: "Deus tal não permita, Senhor" (Mt 16,22). — É possível, Senhor, que tal coisa vos há de entrar no pensamento? Vós arriscar vossa pessoa e a vossa vida! Vós ir padecer e morrer a mãos de vossos inimigos? "De nenhum modo": nem Deus há de permitir isto, nem vós o haveis de querer.

Assim falou S. Pedro, levado do grande amor que tinha a seu Mestre. E que vos parece que responderia o Senhor? "Para trás de mim, Satanás" (Mt, 16,23). Aparta-te daqui, Satanás; não apareças mais diante de mim. — Quem haverá que não pasme na combinação destes dois casos tão diferentes e tão parecidos? Basta que ao demônio e a S. Pedro mede Cristo com os mesmos termos? Ao demônio e a S. Pedro lança de si? Ao demônio e a S. Pedro chama Satanás? Tanto merece a soberba do demônio, quando quer que Cristo o adore, e tanto desmerece o amor de Pedro quando persuade a Cristo que não padeça? Sim. Porque tanto ofendia a fé da divindade do Filho de Deus o demônio, pedindo-lhe a adoração, como Pedro, impedindo-lhe a morte. — Não queres, Pedro, que eu padeça? Pois, tanto me tentas tu agora como o demônio, e tão Satanás és tu como ele. Ele, em querer que eu o adore, quer que o trate como Deus, e tu, em quereres que não padeça, queres que eu o não seja. — Pouco há que me confessaste por Filho de Deus, e agora mostras que "não sabes o que é ser Deus" (Mt 16,23). — E como a ciência da divindade de Cristo se perde na negação da sua paciência, claro está que havia o mesmo Senhor de negar aos escribas e fariseus os sinais de sua paciência, chamando-lhes "Geração má e adúltera" — pois estava decretado que se lhes não desse o sinal da sua divindade que pediam: "E o sinal não lhe será dado".

§ VI

Porém, como esta negação não foi absoluta e para sempre, senão só para aquele tempo, reservando-se o despacho da sua petição para quando se cumprisse em Cristo o sinal de Jonas profeta: "Mas não lhe será dado outro prodígio, senão o prodígio do profeta Jonas" (Mt 12,39) — vejamos como este sinal futuro da divindade de Cristo não foi outro senão o da sua paciência. Engolido Jonas, e sepultado no ventre da baleia, foi profecia o sinal da morte e sepultura de Cristo, como declarou o mesmo Senhor: "Assim estará o Filho do homem no coração da terra" (Ibid. 40). — Pregado, pois, Cristo na cruz, tornaram a instar os mesmos escribas e fariseus com a sua petição, pedindo-lhe novo sinal da sua divindade e oferecendo-lhe a sua fé, mas tal como sua: "Se é Filho de Deus, como dizia, desça agora da cruz, e creremos nele" (Mt 27,42). — Esta promessa de crerem, era, torno a dizer, como sua, falsa, aleivosa e atraiçoada. S. Jerônimo os convence bem claramente. Menos era descer-se um homem vivo da cruz que depois de morto levantar-se vivo da sepultura. Pois, se vós, judeus, não crestes, fazendo ele o que era muito mais, como haveis de crer se fizesse o que é menos? E por que não desceu Cristo da cruz, como pudera tão facilmente, sendo menor este milagre, ainda que estava com as mãos e pés pregados, do que o da ressurreição de Lázaro, quando a uma voz sua, não só saiu amortalhado da sepultura, senão também com as mãos e pés ligados "E no mesmo instante saiu o que estivera morto, ligados os pés e mãos com as ataduras" (Jo 11,44)? — Responde Santo Agostinho que não quis descer, porque antes quis dar os sinais da sua paciência que os da sua onipotência: "Por que não desceu, se descendo mostrar-lhes-ia o seu poder? Porque ensinava a paciência e por isso diferia o poder"[6]. Quis deferir para depois os sinais do poder, porque estava ensinando a paciência.

E se os judeus não foram e estiveram tão cegos, bastavam os sinais de uma tal paciência para prova da divindade de que duvidavam: "Se é Filho de Deus". — Excelente e fortemente Tertuliano: Dizeis, ó judeus, que creríeis a divindade do Crucificado, se descesse da cruz, e dizeis que a não credes porque não desceu; "Antes, por isso mesmo devíeis crer, porque tal ato de paciência nenhum homem teria valor para o fazer". — Entendamos e sondemos bem o fundo deste fortíssimo pensamento. Que homem haveria no mundo que, condenado a tão infame suplício e arguido de falsário, podendo desmentir a seus acusadores e confundi-los descendo da cruz, como eles lhe ofereciam por partido, o não fizesse, e se deixasse padecer aquela afronta, e que os mesmos inimigos ficassem triunfando na sua opinião, e crendo e publicando que o não fazia porque não podia: "A si mesmo não se pode salvar" (Mt 27,42)? — É certo que nenhum homem, sendo somente homem, se poderia vencer tanto, e acabar tal coisa consigo. E que Cristo, podendo descer da cruz para desmentir aquela afronta, e tornar a pôr-se na mesma cruz para remir o mundo, tivesse contudo paciência para suportar uma tal confusão e uma tal dor, maior sem comparação que a da cruz e a dos cravos? Não há dúvida que este foi o mais profundo sinal e a mais autêntica prova de sua divindade. "Se descesse movido pelas suas palavras, julgá-lo-iam vencido pela dor dos suplícios" — diz Santo Agostinho[7]. Que só para tão sublimes entendimentos era aquela oculta demonstração, e não para os de gente tão grosseira.

Mas quero eu também falar com ela em termos mais claros: vejamos se creem a Moisés. Viu Moisés no Monte Horeb arder a sarça que se não queimava, e disse: "Vou, e verei esta grande visão" (Ex 3,3). Quero-me chegar mais perto, e ir ver esta grande visão. — Venham agora também com ele os escribas e fariseus, pois também dizem que querem ver: "Queremos ver o sinal". — Chama-se aquela visão grande por quatro grandes circunstâncias. Grande pela pessoa, grande pelo fim, grande pelo milagre e grande pela significação. Grande pela pessoa, por que não era menos que Deus: "Eu sou o Deus de Abraão, o Deus de Isac, o Deus de Jacó" (Ex 3,6). Grande pelo fim, porque vinha naquela forma livrar o seu povo: "Eu vi a aflição do meu povo, e desci para o livrar" (Ibid. 7s). — Grande pelo milagre, porque "A sarça, ardendo, não se queimava" (Ex 3,2). — E grande, finalmente, pela significação, porque significava o altíssimo mistério de Cristo crucificado. O monte era o Calvário; a árvore, a cruz; os espinhos, os de que estava coroado, e também os cravos; o fim, libertar do cativeiro o gênero humano; o fogo e as labaredas, o ódio, a perseguição, as injúrias, as blasfêmias; e o milagre, arder entre elas sem se queimar nem queimar: o queimar-se é sentir-se, o queimar é vingar-se. Que estrondo é, como notou Davi, o de um espinheiro ardendo: "Incendiaram-se como fogo em espinhos" (Sl 117,12)?

Parece uma carga de mosquetaria, rebentando cada espinho e estalando com fúria. E de entre os espinhos daquela sarça ardente, que se ouvia? "Pai, perdoa-lhes, porque não sabem o que fazem" (Lc 23,34): escusar a culpa e negociar o perdão para os que assim o maltratavam. Já agora, ó escribas e fariseus, se não fôsseis totalmente cegos, podíeis estar satisfeitos. Essa é a grande visão que viu e entendeu Moisés: vós também a vistes, mas não a quisestes entender. Este é o sinal que Cristo vos prometeu quando vos negou o que lhe pedíeis: "E um sinal não lhes será dado, senão o sinal do profeta Jonas". — Uma sarça ardendo sem se queimar é o jeroglífico mais claro e a prova mais evidente de uma paciência, não humana só, mas juntamente divina qual foi a de Cristo. Acabai de ouvir e crer o que disse a Moisés e vos diz a vós o oráculo da mesma sarça: "Eu sou o Deus de vossos pais" — "O Deus de Abraão, o Deus de Isac, o Deus de Jacó". — E se vos prezais de ser descendentes de Abraão, Isac e Jacó, acabai de reconhecer o Deus que também se quis fazer descendente deles.

Convencida assim contra os escribas e fariseus a divindade de Cristo pelos sinais da sua paciência, não quero por fim deste discurso dever aos católicos a maior coisa que nunca se disse da paciência de Deus combinada com a sua divindade. É uma sentença de Tertuliano, em cuja inteligência têm trabalhado muito todos os comentadores do mesmo autor, e nenhum há dos modernos, que nela, como em pedra de afiar, não tenha provado a agudeza do seu engenho. Eu, que com tão pouca idade e menos ciência, não posso ter lugar em tão venerável consistório, e só me é lícito ouvir ou ler de fora, não direi o que eles disseram, e somente construirei o que me parece que quis dizer Tertuliano. As suas palavras são estas: "A paciência se fez natureza de Deus, a excelência de uma propriedade ingênita"[8]. Ou esta sentença quer dizer que a paciência se fez natureza de Deus, ou que a natureza de Deus se fez paciência. Que a paciência se fez natureza de Deus, construindo assim: "A paciência, se fez natureza de Deus". — Que a natureza de Deus se fez paciência, construindo assim: "A natureza de Deus se fez paciência". — Não se podia dizer nem imaginar maior encarecimento. Mas como pode ser verdadeiro? O mesmo Tertuliano se explica: "A excelência de uma propriedade ingênita", porque, sendo a paciência uma propriedade ingênita e natural de Deus, chegou a tal extremo ou a tal excelência — isso quer dizer "Excelência" — que, sendo propriedade, passou a se fazer natureza: "Se fez natureza de Deus". Aqui está outra dificuldade ou outra maravilha. As propriedades não são natureza, mas nascem e resultam da natureza. Porém, a paciência em Deus é tal propriedade, tão natural e tão íntima sua, que do ser de propriedade de Deus se introduziu a "ser natureza de Deus".

Explico em teologia moral isto que na especulativa parece difícil. Não há coisa mais comum, mais ordinária, mais frequente, mais habituada e mais experimentada sempre e em tudo na paciência de Deus que o seu sofrimento. Sofre aos gentios que, negando-lhe a adoração, idolatrem os paus e pedras, e as sevandijas mais vis; sofre aos cristãos que, dentro dos lumes da razão e da fé, obedeçam aos impulsos do próprio apetite e desprezem os seus preceitos; sofre aos magos e magas que, em lugar de servirem a seu Criador e Senhor, sirvam aos seus maiores inimigos, que são os demônios. Tudo isto e muito mais é o que Deus costuma sofrer e está sofrendo sempre e como "Costume", em sentença de todos os filósofos, "É uma segunda natureza", este costume, este hábito e esta perpétua e quase imutável continuação do seu sofrimento é a que tem convertido a sua paciência em natureza: "A paciência se fez natureza de Deus".

Já eu parece que me pudera aquietar aqui, mas, ouvindo a Sêneca, entro em pensamento que ainda Tertuliano quis dizer outra coisa: Padecei e sofrei fortemente as coisas adversas — diz Sêneca — porque isto é só o em que podeis vencer a Deus: ele quando sofre está fora da paciência; porém, vós, sofrendo, estais sobre a paciência[9].
— Em parte falou este filósofo como gentio, mas em parte como teólogo. Em Deus propriamente não há paciência, porque a paciência não consiste só em sofrer, senão em sofrer padecendo; e Deus, ainda que sofre, não padece, porque é impassível. Como se há de entender logo Tertuliano, falando da perfeita e inteira paciência? Demos outra volta e outra construção às suas palavras, a qual verdadeiramente parece a mais corrente e natural: "Que a paciência é a natureza de Deus feita". — Deus, depois do mistério da Encarnação, tem duas naturezas: uma feita, outra não feita. A natureza não feita é a divina, porque nem outrem a fez, nem Deus se fez a si mesmo. Por isso o Verbo encarnado, segundo esta natureza, se chama "Gerado sim, feito não". — A natureza feita é a natureza humana e, segundo esta natureza, se chama o mesmo Verbo propriamente feito: "O Verbo se fez carne" (Jo 1,14). — E como Deus com a natureza divina, incriada, e não feita, era impassível, e por excesso de perfeição lhe faltava este complemento da inteira paciência, que era sofrer padecendo, essa foi a razão por que tomou a segunda natureza humana criada e feita: "Se fez natureza de Deus". — E por este modo passou a paciência a ser natureza de Deus, isto é, a ser natural a Deus a própria e perfeita paciência, conseguindo também pela mesma paciência toda a excelência da propriedade ingênita que lhe faltava: "A excelência de uma propriedade ingênita".

§ VII

Este é, senhores, o grande parentesco que tem o sofrimento com Deus, e a sua e nossa paciência com a sua divindade. E para que tomem exemplo na divindade do céu as divindades ou deidades da terra, deixados já os escribas e fariseus obstinados e incrédulos, falemos brevemente com os cristãos, que talvez se deixam tão mal persuadir como eles. As divindades ou deidades da terra são os que nela, com o poder sobre os demais, representam a Deus. O mesmo Deus por boca de Davi lhes chama deuses: "Eu disse: Sois Deuses, e todos filhos do Excelso" (Sl 81,6). — E o mesmo Davi diz que viu a Deus julgando a estes deuses: "Deus assistiu sempre no conselho dos deuses; no meio deles julga os mesmos Deuses" (Ibid. 1). — Estes Deuses, pois que agora julgam e depois hão de ser julgados, cuidam ordinariamente que para eles é só a majestade — ainda que não sejam majestades nem altezas — e que para eles é só a soberania — quando não seja a soberba — e para os outros a paciência. Oh! que presunção tão cega e tão ignorante! Basta, deidades ou ídolos de barro, que o Deus verdadeiro se fez homem para verdadeiramente exercitar a paciência em si mesmo, e vós, deuses de nome, como questão de vocábulo, não só vos fazeis divinos, senão também desumanos! Para nós é o poder, para os outros a paciência. Assim o dizem e fazem muitos, e quase todos o fazem sem o dizer. Por isso, quando Deus lhes chamou deuses, juntamente os desenganou que os outros homens, sem a sua fortuna, são tão bons como eles, e eles, com toda essa fortuna, nem por isso são melhores que os outros: "Mas vós como homens morrereis" (Ibid. 7).

O mesmo Tertuliano, a quem há pouco interpretávamos, disse com igual juízo que, assim como Deus, quando dá o poder, delega no homem a representação da sua divindade, assim com o mesmo poder delega nele a imitação da sua paciência: "Por disposição divina temos a autoridade delegada de exercer a paciência e isso nos mostra o mesmo Deus ser exemplo de paciência"[10]. — De sorte que o exemplo e imitação da paciência de Deus é uma segunda delegação com que Deus delega no homem, não a sujeição, senão "A autoridade da paciência" — para que entendam os que mandam e governam que tão fora está a paciência de os desautorizar que antes por ela cresce e se lhes dobra a autoridade nesta segunda delegação: uma vez delegados de Deus no poder da sua divindade, e outra vez delegados do mesmo Deus na imitação e autoridade da sua paciência: "A autoridade delegada de exercer a paciência". — Altamente ponderado e elegantemente dito! E para que vejamos uma e outra coisa com os olhos, tornemos à grande visão da sarça. Elegeu Deus a Moisés para libertador do cativeiro do seu povo no Egito. Trocou-lhe o cajado de pastor em bastão de general, e o título que lhe deu não foi de rei ou imperador, senão de Deus: "Eu te constituo e faço Deus de Faraó" (Ex 7,1). — Entra Moisés com o título de Deus, e com a vara onipotente no Egito: e que fez? Parece que se competiam ali a dureza e a brandura: a dureza da parte de Faraó, e a brandura da parte de Moisés. Começou a primeira praga: "Endureceu-se o coração de Faraó"; seguiu-se a segunda: "Endureceu-se o coração de Faraó"; continuaram as demais: "Endureceu-se o coração de Faraó" (Ex 7,13.22 etc.). — Muito espera e sofre Moisés.

Bastava a dureza, a rebeldia e a blasfêmia com que Faraó respondeu na primeira fala: "Não conheço esse Senhor" (Ex 5,2): que não conhecia a Deus — para que lho fizesse conhecer Moisés, levantando a vara e derrubando-o do trono desfeito em cinza. Mas nem esta blasfêmia contra Deus, nem os desprezos do mesmo Moisés e do seu poder foram bastantes para que ele lhos fizesse sentir como merecia, e os levasse ao cabo. Seis vezes orou a Deus pelo mesmo Faraó, e fez cessar as pragas com que elas vinham a ser como a mesma vara de Moisés quando se converteu em serpente. Tomada pela parte da cabeça, era um dragão medonho e ferocíssimo; tomada porém pela cauda, já deixava de ser serpente. Assim aquelas pragas e castigos no princípio começavam contra Faraó, com estupendo horror e assombro, e no fim paravam na mansidão de Moisés, e cessavam com nova paz e serenidade. Cuidará alguém que eram estes efeitos do natural brando e benigno daquele grande herói, mas não era assim. Moisés era tartamudo, e os gagos naturalmente são coléricos; e Moisés de sua natureza o era tanto, tão impaciente e mal sofrido, como se viu naquele encontro quando, vendo que um egípcio afrontava a um hebreu, arremeteu a ele e, sem mais armas que as próprias mãos, o lançou morto a seus pés. Pois, se Moisés era tão arrebatado e iracundo, e tão áspero de condição, como agora se mostra tão manso e tão benigno, que daí lhe começou o nome de "O mais manso de todos os homens" (Nm 12,3)? — Porque então obrava como particular, agora como Deus de Faraó. Este nome de Deus era o santelmo que na maior fúria das tempestades lhe serenava as ondas. Que havia de fazer aquele delegado de Deus, que debaixo do mesmo nome o representava, senão imitar a sua paciência?

§ VIII

Que dirão a isto os deuses da terra — ainda que ela não seja das maiores do mundo — os quais, em se vendo com uma varinha na mão, se acaso souberam que os mordeu um mosquito ou que uma rã abriu contra eles a boca — posto que os mosquitos não sejam tão venenosos, nem as rãs tão desentoadas, como as que produziu no Egito a vara de Moisés — já não cabem dentro em si de inchação, de ira e de vingança? Já ameaçam ferros, enxovias, degredos e, se algum fora Deus que tivesse inferno, também abrasariam nele eternamente os réus da sua lesa divindade. Ouçam estes deuses como se hão de portar, não digo nas execuções furiosas, mas na moderação das palavras e no agrado do semblante com os mesmos inferiores que os ofenderam.

Depois que o apóstolo S. Filipe, por testemunho do Batista, soube que Cristo era o verdadeiro Messias, comunicou aquela grande nova a Natanael, letrado da lei, e o levou a ver o mesmo Senhor. Vendo Cristo a Natanael, disse dele: Este é o verdadeiro israelita, em quem não há engano (Jo 1,47). — Perguntou Natanael donde o conhecia? E o Senhor respondeu que "O tinha visto à sombra daquela figueira, onde estava antes que Filipe o chamasse" (Ibid. 48). — Ouvida tal resposta, disse Natanael: "Mestre, vós sois o Filho de Deus, e o rei prometido de Israel". — Até aqui a breve e notável história, na qual é questão curiosa, e não fácil, donde inferiu Natanael que Cristo era Deus? Dizer o Senhor que o vira à sombra da figueira estando ausente, e sendo o lugar distante, era bom argumento para inferir que Cristo era profeta, porque aos profetas tão presentes são as coisas ausentes e distantes como as futuras. Mas para inferir que era Deus, não bastava esta evidência. Qual foi logo a que teve Natanael para crer e confessar que Cristo era Deus: "Vós sois o Filho de Deus"? — Descobriu-a com grande sutileza e propriedade S. João Crisóstomo. Ora vede. Quando S. Filipe disse a Natanael que tinha achado o Messias, acrescentou que era Jesus, filho de José de Nazaré: "Saberás que achamos aquele de quem falou Moisés e os profetas, a saber, Jesus de Nazaré, filho de José" (Jo 1,45). — E Natanael, quando ouviu dizer que era de Nazaré, estranhou e zombou muito que de tal lugar ou lugarinho houvesse de sair coisa tão grande: "Porventura de Nazaré pode vir coisa boa?" (Jo 1,46).

Ao ponto agora. De Cristo saber o tempo e o lugar onde Natanael estava quando S. Filipe o chamou, entendeu Natanael que também sabia o mesmo Cristo o que ele lhe respondera e o desprezo com que falara de Nazaré, e que de tal terra não podia sair nenhum bem. E este homem — diz consigo Natanael — sabe o desprezo com que falei de sua pátria e do seu nascimento, e recebe-me com palavras de tanto agrado e dizendo de mim louvores: "Este é um verdadeiro Israelita"? Logo tal homem não é só homem, senão também Deus: "Tu és o Filho de Deus". — Se fora só homem, ou me havia de despedir da sua presença, ou repreender-me do que tinha dito, ou, quando menos, significar-mo com alguma alusão e remoque; porém, que tão ofendido das minhas palavras, posto que em ausência, as suas, na presença, fossem tão corteses e tão cheias de benignidade e amor, como se pagara lisonjas com louvores, tal generosidade, tal mansidão, tal paciência só se pode achar em homem que juntamente seja Deus: "Por dizer-lhe o nome da árvore e a ocasião" — são as palavras de Crisóstomo — "Por dizer-lhe o nome da árvore e a ocasião, conheceu tratar-se sem dúvida de um profeta, e não só por isso, senão também pelo que tinham falado entre si, como aquela frase: De Nazaré nada pode sair de bom — o que o agradou sobremaneira, não só por não repreendê-lo, mas por louvá-lo apesar de tudo"[11]. — Isto quanto ao agrado das palavras.

Quanto ao do semblante depois da pessoa ofendida, benévolo, amigo e alegre, também resplandece nele a face de Deus, porque no rosto carregado e sombrio basta uma carranca muda e desabrida para descobrir o fel que está escondido no coração. Quando Jacó, depois dos catorze anos de peregrino, voltou para a pátria, recebeu-o Esaú não só nos braços como irmão, mas com tal agasalho de olhos e com tal alegria e agrado de todos aqueles sinais que redundam do coração, e com que ele sai ao rosto, que o mesmo Jacó — o qual não esperava tão afável correspondência, antes temia a contrária — não achou nem teve outros termos com que a declarar e agradecer, senão dizendo, como disse, que quando viu o rosto de Esaú, lhe pareceu que via o de Deus: "Porquanto vi a tua face, do mesmo modo como se eu tivera visto o rosto de Deus" (Gn 33,10). — Que admiração haverá que não pasme ou se não ria de tal dito? Como o rosto de Deus o rosto de Esaú? Se Esaú algum dia se viu ao espelho, não podia o vidro ser tão lisonjeiro que lhe metesse pelos olhos semelhantes reflexos. Não era Esaú um moço rústico, criado nos matos e na charneca, em seguimento das lebres e dos gamos, com uma cara muito parecida ao seu exercício, queimado, grosseiro, fero, e que para sátiro ainda lhe sobejava pintura? Não era a pele agreste e o pelo espesso e ríspido de Esaú, aquele que, para Rebeca o fingir nas mãos e pescoço de Jacó, o tomou das mesmas peles do fato montesinho, donde ele fora buscar a primeira urdidura daquele engano? Que gentileza viu logo o mesmo Jacó no rosto de Esaú, para se lhe representar como o rosto de Deus? "Como se visse o rosto de Deus?" A gentileza foi — diz Lirano — "Porque o viu cheio de paz e mansidão"[12].

Roubou Jacó a Esaú o morgado, e roubou-lho com engano, que foi maior agravo, fez-lhe esta mesma guerra desde o ventre da mãe, e usou do amor da mesma mãe para lhe roubar o do pai, ciúmes ainda entre irmãos tão mal sofridos, como se viu dentro na mesma família na venda de José, e que sobre tantas ofensas, não sonhadas, mas padecidas, em lugar de por elas lhe tirar Esaú a vida, como noutro tempo tinha determinado, agora festejasse sua vinda, o levasse nos braços, e o recebesse com tão bom rosto? Pois tal rosto — dizem os olhos de Jacó — não tem fisionomia de homem, senão de Deus: "Como se visse o rosto de Deus". — Se fora rosto de homem, achara-o Jacó, quando menos, carregado, sem levantar para ele os olhos, as sobrancelhas caídas, a lisura da testa em rugas, o rosado das faces murcho, a boca sem se despegar, e tudo mudado de cor e tinto de melancolia e desagrado. Porém, como Esaú o recebeu com tantas demonstrações de alegria e amor, e com tanto esquecimento do passado, não lhe podia parecer o seu rosto como de homem, senão como de Deus, que só em Deus se acha uma paciência tão magnânima e uma magnanimidade tão divina. Para que aprendam os nossos Deuses cá debaixo como hão de representar bem a figura. As palavras, como as de Cristo a Natanael, e o rosto, como o de Esaú a Jacó, são os atos positivos, ou os testemunhos oculares e de ouvida, com que hão de provar as suas divindades, tão mal endeusadas como mal sofridas. E porque Cristo não havia de dar aos escribas e fariseus os sinais que lhe pediam da sua: "E o sinal não lhes será dado" — por isso, em natural consequência, com rosto severo e palavras tão desabridas, lhes disse quem eles eram: "Esta geração má e adúltera pede um prodígio".

§ IX

Tenho acabado o sermão. E para que dele possam colher algum fruto os que mais necessidade têm da paciência, consideremos que a divindade neste mundo está repartida em três partes: em um, em muitos e em todos. Em um por realidade, que é Cristo, verdadeiro Filho de Deus; em muitos por representação, que são os que têm o mando e o governo; e em todos por desejo e apetite, porque todos somos filhos de Adão, do qual herdamos aquela inclinação e desejo com que o tentou o diabo de ser como Deus: "Sereis como uns deuses" (Gn 3,5). — E toda esta divindade, ou verdadeira, ou representada, ou apetecida, se reduz por diversos modos à paciência. Cristo, verdadeiro Deus, quando quis encobrir a divindade, foi dissimulando e eclipsando a paciência com uma nuvem contrária. Os Deuses da terra que a representam, já ouviram como a hão de representar com a paciência, e todos os que a apetecem, desejando ser como Deus, só imitando a paciência do mesmo Deus o podem conseguir.

A todos, sem exceção de pessoa, qualidade ou estado, diz Cristo, Senhor nosso: "Sede perfeitos, como Deus, vosso Pai celestial, que vos criou, é perfeito" (Mt 5,48). — E em que consiste esta perfeição que havemos de imitar em Deus? Na paciência: "O qual faz nascer o seu sol sobre bons e maus, e vir chuva sobre justos e injustos"

(Mt 5,45). — Não há paciência mais ofendida, mais provocada e, quanto é de nossa parte, mais forçada e constrangida a não sofrer que a de Deus. E ele, que faz? Diga-o o seu sol, que a bons e maus alumia: "Que faz nascer o sol sobre os bons e os maus" — diga-o a sua chuva, que aos justos e aos injustos, a todos rega e fertiliza os campos: "E que chove sobre os justos e injustos". — No Egito os hebreus tinham luz, e os egípcios estavam em trevas; sobre as searas dos hebreus chovia água, sobre as dos egípcios fogo e raios. Esta mesma diferença pudera a justiça divina observar em todo o mundo e, contudo, é tanta a sua paciência que, negado de uns, blasfemado de outros, e continuamente desobedecido e ofendido de todos, alumia, sustenta, conserva e prové de tudo o necessário aos maus como se foram bons, e aos injustos como se foram justos.

E porque ninguém me diga que Deus é impassível, e não é muito que tenha tanta paciência, desçamos do céu e das nuvens ao Calvário. E aquele Deus pregado em uma cruz, cujo rosto, que noutro monte resplandeceu como o sol, em lugar de raios está coroado de espinhos, e cujos pés e mãos, em lugar de água do céu, estão chovendo sangue divino, é passível ou impassível? Não só tudo isto está padecendo com invencível paciência, muda para a queixa, e só com voz para pedir perdão pelos mesmos que o crucificaram, mas, sem responder nem confundir os que no mesmo tempo o estão arguindo de que falsamente se fez Filho de Deus: "Pois se fez Filho de Deus" (Jo 19,7). — Pasmai neste passo tanto da paciência do Filho como do Pai. "Para serdes filhos de vosso Pai" (Mt 5,45).

Quando Cristo se fez batizar no Jordão, testemunhou a voz do Pai que era seu Filho: "Este é o meu Filho amado, no qual tenho posto toda a minha complacência" (Mt 3,17). — E quando o mesmo Senhor se transfigurou no Tabor, a voz do mesmo Pai deu segundo testemunho, pelas mesmas palavras, de ser seu Filho: "Este é aquele meu querido Filho em quem tenho posto toda a minha complacência: ouvi-o" (Mt 17,5). — Pois, se no Jordão e no Tabor deu uma e outra vez o Eterno Pai este testemunho de ser Cristo seu Filho, quando ninguém lhe negava esta geração e esta divindade, agora que no Calvário lhe negam uma e outra: "Porque se fez Filho de Deus" — por que não acode a voz do Pai a confundir aquela blasfêmia, e dar o mesmo testemunho? Primeiramente porque a mesma paciência de Cristo, como deixamos provado, era o mais forte, o mais autêntico e o mais evidente testemunho da sua divindade, sem ser necessário que o próprio Pai o confirmasse com o seu. Assim o entendeu o centurião romano e gentio, que disse: "Verdadeiramente este homem era Filho de Deus" (Mt 27,54) — e assim o entenderam os judeus menos cegos, que do Calvário "Voltaram para a cidade batendo nos peitos" (Lc 23,48).

Mas a principal e mais universal razão foi para que na paciência do Pai e Filho aprendêssemos todos a ser filhos do mesmo Pai, pela imitação da paciência de ambos: "Para que sejais filhos do vosso Pai". — Oh! quão pouco sabemos estimar as ocasiões da paciência, e quão cegos somos em conhecer a grande providência e amor com que Deus as dá maiores aos que mais estima e ama! A quem mais estimou e amou Deus na lei da natureza que a Jó? E a quem deu maiores ocasiões de padecer que a ele: "Vós ouvistes qual foi a paciência de Jó" (Tg 5,11)? — A quem mais estimou e amou na lei escrita que a Tobias? E quais foram os trabalhos e tormentos na própria pessoa e família, com que exercitou a sua paciência: "Para que a sua paciência servisse assim de exemplo aos vindouros, como a do santo Jó" (Tb 2,12)? Mas que comparação tem a paciência deste segundo Jó e do primeiro com a do Filho de Deus, a quem ele em um e outro testemunho chamou o seu muito amado: "Este é o meu Filho muito amado, no qual muito me agradei"?

Agora quisera aqui, como dizia no princípio, todos os retirados de Pernambuco, mártires da fé divina e da humana, por não ficarem sujeitos a homens tão hereges de uma como rebeldes à outra. Dizei-me, verdadeiros cristãos e verdadeiros portugueses, que queixas são as da vossa fortuna e que repugnâncias as da vossa paciência nesta retirada tão honrada, e tão fiel a Deus e ao rei? Se é verdes-vos desterrados da vossa pátria, ponde-vos com o Filho de Deus no Egito entre bárbaros, também desterrado, e por fugir a sua inocência da espada e violências do mais cruel tirano. Se é por haverdes deixado a vossa casa, e comodidades dela, ouvi ao mesmo Filho de Deus dizendo que os animais da terra têm covas, e os do ar ninhos, e ele não tem onde reclinar a cabeça. E se acaso a pouca caridade daqueles a cujo amparo vos recolhestes não vos receber na sua casa, dai outra vista com o pensamento a Belém, e vê-lo-eis em um presépio: "Porque não havia lugar para ele na estalagem" (Lc 2,7). — Finalmente, se é grande a vós a pobreza, e todas as outras penas e trabalhos que dela se seguem, vede-o despido na cruz, e que os soldados inimigos estão jogando as suas roupas; vede que lhe dão a comer fel, e a beber vinagre; vede que está reduzido a tanta estreiteza que, sendo cruz o lugar, não lhe cabem divididos nele ambos os pés. E se uns vistes derramar o sangue dos filhos, outros o dos pais e irmãos, ou mortos na guerra ou nos tormentos, que é muito maior dor, naquelas quatro fontes de sangue, abertas a ferro nos pés e mãos do mesmo Filho de Deus, podeis refrigerar, lavar e ainda afogar gloriosamente a vossa.

Sobretudo, e por fim de tudo, sabei vós, e saibam todos, que para a bem-aventurança que esperamos e Deus nos tem prometido, é necessária e forçosa a paciência: "Porque vos é necessária a paciência, para que alcanceis a promessa" (Hb 10,36). — Saibamos, outra vez, e saibam todos, que nenhum homem, de qualquer estado que seja, pode entrar no céu senão pela porta da paciência: "Por muitas tribulações nos é necessário entrar no reino de Deus" (At 14,21). — Assim que, animados e armados com estes dois textos de fé, mandados apregoar a todo o mundo por boca de S. Paulo, quando mais vos apertar a paciência, ainda que vos vejais reduzidos às misérias de outro Jó, respondei-lhes constantemente com o fim dele e dela: "Vós ouvistes qual foi a paciência de Jó, e vistes o fim do Senhor" (Tg 5,11). — Este fim foi na terra e mais no céu: na terra, recuperando-lhe Deus em dobro a felicidade temporal, como nós também esperamos; e no céu, coroando-lhe a paciência passada com a eterna bem-aventurança da glória: "Que a mim e a vós o Senhor Deus Onipotente digne-se conceder, Ele que vive e reina pelos séculos dos séculos"[13].

SERMÃO NA
Madrugada da Ressurreição

Em Belém do Grão-Pará.

❦

"Ressurgiu, já não está aqui."
(Mc 16,6)

Vieira esteve em Belém do Grão-Pará entre 1653 e 1655, como superior das missões jesuíticas do Maranhão e do Pará. Na madrugada deste dia tão festivo na liturgia, uma pergunta inicia o sermão: Se Cristo não estava no sepulcro, onde estava? Não estava com Madalena, não estava com os discípulos de Emaús, nem mesmo no Cenáculo. Seguindo uma piedosa tradição, Vieira contempla Cristo ressuscitado ressuscitando a sua mãe. A Mãe durante os três dias, enquanto o Filho estivera sepultado, estava viva mas sem alma. Ela não foi ao sepulcro porque nem sempre é maior o amor de Deus onde são maiores as romarias. As Marias madrugaram para achar o Cristo morto, Cristo madrugou muito mais que elas para consolar sua Mãe. Se quereis achar a Cristo, buscai-o onde estiver sua Mãe. Os reis do Oriente encontraram Cristo não em Jerusalém, mas em Belém com a sua Mãe. Onde encontrar Cristo ressuscitado?

§ I

Melhor é sempre Deus que quem o busca, ainda quando parece que falta ao que tem prometido. Tem prometido Deus que todos os que de madrugada o buscarem o acharão: "Os que vigiam desde a manhã, por me buscarem, achar-me-ão" (Pr 8,17) — e, madrugando esta manhã as três Marias, prevenidas de preciosos unguentos para ungir o sagrado corpo que tinham acompanhado à sepultura, foram tão venturosas que o não acharam. Assim não cumpre Deus sua palavra, não porque falta, mas porque excede o que promete. Não acharam o que buscavam, mas acharam o que nem a buscar, nem a desejar, nem a imaginar se atreviam. Era ainda a madrugada tão escura, que mais se mostrava coberta de trevas que de sombras: "Fazendo ainda escuro" (Jo 20,1) — e entrando no santo sepulcro as primeiras três romeiras dele, dentro lhes apareceu ou amanheceu um anjo, o qual, vestido de branco, parecia a alva e, coroado de raios, o sol: "E o seu aspecto era como um relâmpago, e a sua vestidura como a neve" (Mt 28,3). — Esta é a gala dos anjos nos dias de grande festa, e este anjo foi o que lançou fora da porta a grande pedra que cerrava a sepultura, o que fez tremer a terra, o que derrubou amortecidas as guardas e o que pôs em fugida os presídios de Pilatos. Não falaram palavra as Marias, assombradas do que viam, e o anjo, depois de as animar, lhes disse, nas palavras que propus, que Jesus Nazareno crucificado, a quem buscavam, ressuscitara e não estava ali: "Ressuscitou, não está aqui". — Mas, se não estava ali, aonde estava? A resposta desta pergunta será a matéria do sermão, tão breve, como costuma ser e é bem que seja nesta hora. *Ave Maria.*

§ II

Naquele dia apareceu o Senhor a Madalena, junto ao sepulcro, mas não estava com a Madalena; apareceu aos dois discípulos no caminho de Emaús, mas não estava com os dois discípulos; apareceu aos apóstolos no Cenáculo, mas não estava com os apóstolos; apareceu a S. Pedro e, posto que não se sabe onde, é certo que não foi a esta hora, senão muito de tarde; finalmente, mandou que o fossem esperar a Galileia, onde todos o veriam, mas ainda não tinha partido para Galileia. Pois, se em nenhum destes lugares estava o Senhor ressuscitado, onde estava? Estava ressuscitando a sua Mãe. Este era o lugar, e esta a pessoa: "Despertei, e ainda estou contigo" (Sl 138,18). — Em todo o tempo destes três dias e noites em que Cristo esteve na sepultura, lá estava também a alma da Mãe, que juntamente se sepultou com ele. De sorte que, por milagre da dor e do amor, na sepultura estava o Filho morto com a alma, e fora da sepultura estava a Mãe viva sem alma.

Mas no ponto em que a alma do Senhor, tornando triunfante do Limbo, se introduziu no seu corpo, o corpo do Filho e o da Mãe, porque a ambos se lhes restituiu a alma própria, ambos ressuscitaram. Assim o cantou o mesmo Davi: "Levanta-te, Senhor, entra no teu repouso, tu e a arca da tua santificação" (Sl 131,8). — O Senhor, a quem diz que se levante, em sentença de Hugo Cardeal, é Cristo quando ressuscitou; a arca da sua santificação é a Virgem Santíssima, que o trouxe em suas entranhas. E, se perguntarmos por que ajuntou a ressurreição da Mãe com a do Filho e a da arca com a do Senhor: "Tu e a arca" — responde Santo Agostinho: "Ressuscitai vós, Senhor, para que ressuscite também a arca da vossa santificação"[1] — porque, enquanto não ressuscitasse o Filho, não podia ressuscitar a Mãe, que com ele morto tinha sepultado a sua alma. E como o Filho, morto com alma, ressuscitou para ressuscitar a Mãe, viva sem alma, por isso, quando as Marias chegaram ao sepulcro, já não estava ali: "Não está aqui".

Não estava ali, porque, ainda que as Marias madrugaram muito, o Senhor tinha madrugado mais, em cumprimento do que tinha prometido ao mesmo Davi. Em outra ocasião, debaixo da metáfora de saltério e de cítara, tinha pedido Davi a Cristo que ressuscitasse juntamente com sua Mãe, chamando a esta dobrada ressurreição glória sua, porque era pai de ambos: "Levanta-te, glória minha, levanta-te, psaltério e cítara" (Sl 56,9) — e o Senhor lhe respondeu que ressuscitasse de madrugada: "Levantar-me-ei de manhã" (Ibid.) — o que as Marias, ainda quando tiveram mais fé, tinham razão para não esperar nem crer. A razão é porque o Senhor tinha prometido que havia de estar três dias e três noites nas entranhas da terra, como Jonas esteve outros tantos dias e noites no ventre da baleia, e, quando as Marias chegaram ao sepulcro, só se tinha cumprido a metade deste tempo, porque três dias e três noites fazem setenta e duas horas, e Cristo não esteve na sepultura mais que trinta e seis, que tantas se contam desde a tarde da sexta-feira em que foi sepultado, até a manhã ou madrugada do domingo em que ressuscitou. É verdade que a estas trinta e seis horas de tempo, sendo a metade menos meio por meio, usando o Senhor da figura sinédoque, muito ordinária na Escritura, em que se toma a parte pelo todo, reduziu os três dias e três noites da sua sepultura a outros tantos, não inteiros e completos, mas partidos e incompletos; e para quê? Para cumprir a verdade da sua promessa, e acudir juntamente às saudades de sua Mãe, e suas. Mas esta resposta e resolução, sendo tão devida à dor da Mãe como própria do amor da Mãe e do Filho, tem uma forte instância.

Comparando a Igreja este dia da ressurreição com o dia do nascimento de Cristo, diz elegantemente que nestes dois dias nasceu o mesmo Senhor duas vezes: "Uma vez à vida mortal, saindo do ventre da Mãe, e outra vez à vida imortal, saindo do sepulcro". — Se fizermos, porém, a conta aos dias de um e outro nascimento, acharemos uma notável diferença. Falando do primeiro, diz o evangelista S. Lucas que chegando a Belém se cumpriram e encheram os dias do sagrado parto, e que então nasceu Cristo: "E, estando ali, aconteceu completarem-se os dias em que havia de parir, e pariu a seu filho primogênito" (Lc 2,6s).

Pois, se o Senhor, para nascer de sua Mãe, esperou que os meses e dias fossem inteiros e "completos" — para nascer e sair do sepulcro, por que não esperou também a que os dias e noites fossem completos, senão que os partiu pelo meio? Porque quando nasceu das entranhas da Virgem Santíssima estava com sua Mãe; quando nasceu e saiu do sepulcro estava ausente dela. E o mesmo amor gozoso, que então esperou o cumprimento dos meses e dias sem perder um instante, agora, saudoso e impaciente de esperar instantes, cortou os dias e noites pelo meio para se restituir glorioso à sua presença. Ainda aperta e adelgaça mais o fino desta verdadeira ponderação o mesmo profeta: "Vós sois" — diz Cristo a seu Eterno Pai — "o que me tiraste por força das entranhas de minha Mãe" (Sl 21,10), que, se fora pelo meu gosto, nunca de lá saíra. — Essa é a energia da palavra latina no original *extraxisti* = arrancar e tirar por força. De sorte que, para tirar a Cristo das entranhas de sua Mãe, depois de cumpridos os meses e os dias, foi necessária toda a força do Pai, e para o tirar do sepulcro, cortando e rompendo pelo meio as noites e os dias, bastaram as saudades da Mãe.

§ III

Alguns Autores, interpretando aquelas palavras: "Vieram Maria Madalena e a outra Maria ver o sepulcro" (Mt 28,1) — tiveram para si que também a Senhora fora visitar o sepulcro de seu bendito Filho; mas não só falaram sem probabilidade, senão com pouca decência. É certo que Maria, Mãe de Jesus, o amava incomparavelmente mais que as três devotas do mesmo nome, e que todas as puras criaturas, e, contudo, não foi ao santo sepulcro, porque nem sempre é maior o amor de Deus onde são maiores as romarias. As Marias saíram, não só de suas casas, mas dos muros da cidade, e a Senhora não deu um passo fora do seu aposento, porque muitas vezes agrada mais a Deus o recolhimento dos que se fecham com ele que as passadas dos que muito se cansam em o ir buscar mais longe. As Marias compraram unguentos e aromas, e a Senhora nem os comprou, nem teve com que os comprar, porque pode contentar mais a Deus o pobre com o seu não ter que o rico com a sua liberalidade. Finalmente, as Marias foram ao sepulcro, porque, como fracas na fé, supunham a Cristo, não só então, mais ainda depois, morto; e a Senhora não foi, porque com toda a certeza o cria e esperava ressuscitado. Daqui se seguiu uma troca de afetos por todas suas circunstâncias admirável.

As Marias madrugaram muito para achar a Cristo morto, e não o acharam; e Cristo madrugou muito mais que elas para consolar a sua Mãe, como a consolou, ressuscitado. As Marias iam ungir com preciosos unguentos ao Senhor, e não o ungiram; e o Senhor foi ungir mais preciosamente a sua Mãe, e é certo que a ungiu. Não o dizem por estes termos os evangelistas, mas o profeta sim: "Ungiu-te Deus, o teu Deus, com óleo de alegria sobre teus companheiros" (Sl 44,8). Ungiu-vos Deus, Deus vosso — porque Deus, ainda que é Deus de todos, de Maria é mais seu, porque é seu Deus e seu Filho. E como, ou com que a ungiu? Não com os unguentos da terra, mas com o óleo da alegria e gostos do céu: "óleo de alegria" — de que a Senhora nesta hora ficou tão cheia como nestes três dias o tinha estado de dores. E para que não duvidemos que, alegrando depois no mesmo dia a todos, primeiro, e antes que aos demais, alegrou a sua Mãe, acrescenta o profeta: "sobre teus companheiros". — À Madalena primeiro que às outras Marias, às Marias primeiro que aos apóstolos, porém a sua Santíssima Mãe primeiro que a todas e todos os que tiveram a mesma sorte.

Para bem vos seja, Virgem gloriosíssima, esta vista tão antecipada do vosso Jesus, do vosso Nazareno, do vosso crucificado, a quem vós não fostes buscar morto, mas ele apressou tanto a sua ressurreição para vivo vos ressuscitar a vós, e acudir tanto à consolação das vossas dores como às ânsias do seu e do vosso amor, e das suas e vossas saudades. Todos vos damos, Senhora, o parabém, todos vos damos as boas-páscoas, e todos nos alegramos de todo coração dos excessos de alegria de que nesta hora foi cheio o vosso, como capaz de todo Deus. Gozai desde agora, e por toda a eternidade, esses sólidos e puríssimos gostos, que não são como os outros vossos, que no meio da maior alegria tiveram sempre atravessada a espada de Simeão; e, pois, a vós dedicou vosso amoroso Filho as primícias do seu e vosso verdadeiro contentamento glorioso e imortal, parti, Senhora, dele conosco, para que não só nestes dias tão alegres, mas em todos os desta miserável vida, que não podem ser sem mistura de tristeza e pena, nos saibamos alegrar do que só convém. O Senhor, que hoje ressuscitou, não ressuscitou só para si e para vós, senão para todos: alcançai-nos, pois, nesta hora que participemos de sua ressurreição uma tal graça, com que sempre acertemos a o buscar onde infalivelmente o achemos, que é o que eu brevemente pretendo inculcar e persuadir.

§ IV

Coisa maravilhosa e muito notável é que, depois de os anjos, manifestamente vistos e ouvidos, declararem que Cristo tinha ressuscitado, fazendo tantas diligências as Marias, os apóstolos e os discípulos pelo acharem, a nenhum ocorresse o lugar onde podia estar. Em S. João, entre os apóstolos, e em Maria Salomé, entre as Marias, é muito mais admirável esta mesma admiração. Quando o Senhor desde a cruz encomendou sua Mãe a S. João e lho deixou por filho: "Eis aí teu filho" (Jo 19,26) — o mesmo S. João diz que desde aquela hora não só aceitou a Senhora por Mãe, mas, como Mãe e órfã de tal Filho, a levou para sua casa, que isso quer dizer: "E desta hora por diante a tomou o discípulo para sua casa" (Ibid. 27). — S. João, como apóstolo que deixara tudo e como filho-famílias, não tinha casa própria, e a que chama sua era de sua mãe, Maria Salomé. A mesma Salomé e o mesmo S. João, acabada a função do enterro, ambos acompanharam e recolheram na mesma casa a Santíssima Virgem. E que não fosse só S. João, senão também sua mãe os que serviram a Senhora com este tão devido obséquio, não só o persuade a decência e cortesia, senão também o texto do Evangelho, no qual lemos que, cerrado o sepulcro, ficaram defronte dele duas Marias: "E Maria Madalena e a outra Maria estavam ali, sentadas defronte do sepulcro" (Mt 27,61). — E por que só duas, e não as três Marias? Porque uma era Maria Madalena, outra Maria Jacobi e a terceira, que era Maria Salomé, foi hospedar e receber a Senhora em sua casa. Pois, se Maria Salomé e S. João sabiam onde a Senhora estava, e souberam que Cristo não estava no sepulcro: "Não está aqui" — por que não advertiram nem lhes veio ao pensamento que devia estar com sua Mãe? Daqui infiro duas coisas que tenho por certas. A primeira, que o mesmo Cristo lhes divertiu este pensamento, porque quis que esta sua primeira obrigação fosse também única e sem companhia, e que a glória de ver a sua Mãe, e a de sua Mãe em o ver ressuscitado, a lograssem ambos muito sós por sós. A segunda, e ainda mais certa e infalível, para que entendessem e soubessem todos os que o buscaram e não acharam, que a causa deste erro e pouca ventura foi porque o não buscaram onde estava sua Mãe.

Quereis, fiéis cristãos, achar a Cristo? Não vos canseis em o buscar debalde em outra ou por outra parte: buscai-o onde estiver sua Mãe, e achá-lo-eis infalivelmente.

Para prova desta saborosíssima verdade, tomando a água em sua própria fonte, é tão certa, tão natural e tão inseparável a união com que o Filho de Deus e da Virgem se acham sempre juntos, que antes de a Mãe ser, já estava com o Filho, e antes de o Filho ser, já estava com a Mãe. Quando o Verbo eterno, desde o princípio sem princípio de sua eternidade, traçava e desenhava a fábrica deste mundo e suas partes, diz a Virgem Maria que ela estava compondo tudo com ele: "Estava eu com ele regulando todas as coisas" (Pr 8,30). — E quando o anjo S. Gabriel veio anunciar à mesma Virgem a Encarnação do mesmo Verbo, nas palavras com que deu princípio à sua embaixada, disse que já o Senhor estava com ela: "Deus te salve, cheia de graça, o Senhor é contigo" (Lc 1,28). — Pois, se no princípio da eternidade ainda não era a Mãe, e antes da Encarnação ainda não era o Filho, como já então a Mãe estava com o Filho: "Com ele estava" — e como já então o Filho estava com a Mãe: "O Senhor contigo"? — Porque é tão certa, tão natural e tão inseparável esta união ou modo de presença com que o Filho está sempre com a Mãe, e a Mãe com o Filho, que ambos antes de nascerem nem serem, já estavam juntos.

E que seria depois de ambos estarem neste mundo? Seria o que verdadeiramente foi. Quando Cristo, Senhor nosso, com seus discípulos, foram convidados àquelas bodas tão célebres de Caná de Galileia, diz o evangelista: "que a Mãe de Jesus estava ali" (Jo 2,1). — Se o evangelista o não dissera, eu o não imaginara. Em bodas a sempre Virgem? Em convites a Mãe de Jesus? Ainda que convidada, creio eu que não havia de aceitar, quanto mais que nem o mesmo cronista sagrado diz que convidassem senão ao Filho e seus discípulos: "E foi também convidado Jesus com seus discípulos para o noivado" (Jo 2,2). — Pois, se quando menos, não pode deixar de parecer imprópria a assistência de tal pessoa em tal lugar e em tal concurso, "como estava ali a Mãe de Jesus"? — Estava ali a Mãe de Jesus porque Jesus estava ali, e esta é a razão sobre todas as razões, nem há outra. O Filho foi convidado para as bodas, e a Mãe, sem ser convidada, não podia não estar onde estava o Filho: "estava ali". — Pode a sombra deixar de seguir o corpo de que é sombra, para qualquer parte que vá? Não. Pois assim seguia sempre a Virgem Mãe a seu Filho, e com notável propriedade nesta ocasião.

Nos convites dos antigos, o que era convidado costumava levar consigo outro que não fosse convidado, e a este segundo chamavam sombra: "Haverá lugares também para as sombras"[2] — disse o poeta, aludindo a este uso. Do mesmo modo "Jesus foi convidado às núpcias e a Mãe de Jesus estava ali". O Filho foi o convidado, e a Mãe, sem ser convidada, foi a sombra. Mas desde quando teve esta propriedade de sombra a Mãe? Desde o ponto em que Deus foi seu Filho: "A virtude do Altíssimo te cobrirá com a sua sombra" (Lc 1,35). — Deus, antes de ser homem, era sol sem sombra, porque, para fazer sombra o sol, há de haver corpo em meio; e como desde então teve Deus o corpo que lhe deu a Mãe, desde então foi ela a sombra do Filho, e o seguiu sempre como sombra. "Maria era a sombra de Jesus, que sempre o seguia"[3] — diz Santo Epifânio. E Santo Agostinho, sinalando desde quando até quando: "Sem dúvida alguma Maria mostrou-se durante todo o tempo ajudante do Senhor, e toda sua infância de tal modo foi assistida pelo amor da Mãe, que até na cruz, da qual ela viu pendente o Filho já homem, não pode deixar de o servir"[4].

§ V

E como a conjunção destes dois soberanos planetas é tão inseparável, bem se vê por uma parte quão inadvertidos e mal encaminhados foram os passos dos que, não achando o Senhor na sepultura, o não foram buscar onde estava sua Mãe, e, por outra, quão acertados serão os nossos, e quão infalível a ventura de o acharmos, se ali só o buscarmos. Ninguém buscou e achou mais venturosamente a Cristo que aquela devota e santa companhia dos três reis do Oriente, que o vieram adorar em seu nascimento. Guiava-os uma estrela, a qual também parece que ao princípio errou o caminho, porque os levou em direitura a Jerusalém, não onde estava, senão onde não estava o Rei nascido que buscavam. Pois, se Cristo não estava em Jerusalém, como os leva a Jerusalém uma estrela do céu que não podia errar? Porque a quem busca a Cristo, não só é conveniente saber onde está, senão também onde não está; não só onde se acha, senão também onde se não acha; não só onde se há de achar, senão também onde se pode perder. Tal era naquele tempo a corte de Jerusalém, como são em todo tempo todas. Nas cortes reinam as riquezas que todos procuram, e Cristo não está nas riquezas: "Não está aqui"; na corte servem as delícias que todos apetecem, e Cristo não está nas delícias: "Não está aqui"; na corte idolatram-se as honras vãs, e tudo o que o mundo chama grandezas, e Cristo não está nestas vaidades: "Não está aqui".

Só três lugares havia em Jerusalém onde se pudera achar Cristo, que era o Templo de Deus, o palácio do rei e o pretório da Justiça; mas também, por mais que os Magos bateram àquelas portas, lhes responderam: "Não está aqui", porque no pretório a justiça estava convertida em cobiça, no palácio a majestade convertida em tirania, e no Templo a religião convertida em hipocrisia. Por isso ali se lhes escondeu a estrela, em sinal que também não terão de achar a Cristo os que o buscarem em semelhantes lugares[5]. Enfim, tornou a aparecer mais formosa e resplandecente que dantes, e os reis, sumamente alegres com a nova aparição, a foram seguindo até Belém, onde acharam o rei nascido. Mas com quem o acharam? "Acharam o Menino com Maria sua Mãe" (Mt 2,11). — E assim como os Magos o acharam nascido com Maria sua Mãe, assim os apóstolos e as Marias o haviam de achar ressuscitado, se o buscaram onde sua Mãe estava. Mas nem a eles lhes ocorreu, nem o anjo lho disse. E pois o anjo se calou, ouçamos nós a estrela.

Santo Agostinho chamou a esta estrela dos Magos "língua dos céus". — Se é língua, devia de falar, e, se falou, que disse? Não falava já com os Magos, senão conosco, e com todos os que buscarem e quiserem achar a Cristo. Excelentemente Santo Euquério: "Tanto que parou a estrela sobre o presépio, começou a bradar"[6]. — "E que dizia?" — "Quereis ouvir o que dizia?" — Ouvi com atenção, que bem a merece uma estrela quando fala. Dizia assim: "Aqui está o Menino, e aqui está a Mãe do Menino". — "Aqui o buscai, e aqui o achareis." — Este "aqui está" da estrela responde ao "não está aqui" do anjo, e notai que o "aqui está" se repete duas vezes, porque mostra um lugar e significa duas pessoas: a pessoa do Filho: "Aqui está o Menino" — e a pessoa da Mãe: "Aqui está sua Mãe". — Mais apertadamente ainda declarou isto mesmo a mesma estrela. — Diz o evangelista que foi guiando os Magos: "Até parar em cima onde o Menino estava" (Mt 2,9) ou, falando filosoficamente, até parar sobre o "onde" do Menino. E o "onde" do Menino, qual era? Era a Mãe que o tinha nos braços, comenta com segunda e maior agudeza o mesmo Santo Euquério: "Não disse sobre o Menino, mas sobre onde estava o Menino; pois onde estava o Menino, senão no seio da Mãe?". — De sorte que o "onde" de Cristo é sua Mãe. Por isso, quando a mesma Mãe lhe perguntou nos Cânticos: "Onde apascentas, onde te encostas?" (Ct 1,6) — ele lhe respondeu: "Se tu te não conheces" (Ibid. 7) — como se dissera: Perguntares pelo meu "onde" é não vos conhecerdes a vós, pois vós sois o meu "onde". — O certo é que Deus não teve "onde" senão depois que teve Mãe, e o "onde" da Mãe e do Filho era o mesmo.

§ VI

Suposto, pois, que o lugar onde seguramente se acha a Cristo é onde está sua Mãe, pudera eu agora discorrer por todo o mundo, por todos os estados e por todas as fortunas, para fazer uma demonstração universal desta verdade; mas porque Deus neste caso, ou casos, como em matéria tão importante, governou com particular providência as penas dos evangelistas, só apontarei o que eles escreveram e os lugares que sinalaram. Se nas faltas ou minguantes do necessário buscardes a Cristo, para que dos tesouros de sua onipotência vos remedeie, ou seja espiritual, ou temporalmente, buscai-o em Caná de Galileia, e aí o achareis com sua Mãe: "Foi convidado Jesus, e achava-se lá sua Mãe" (Jo 2,1s). — Se quereis que vos ajude a sustentar a vida com o trabalho de vossas mãos e o suor do vosso rosto, como filhos de Adão, buscai-o na oficina de José, entre os instrumentos da sua arte, e aí o achareis e a sua Mãe com ele: "Não é este o oficial, filho de Maria?" (Mc 6,3). — Se desprezado e excluído de todos, vos virdes no maior desamparo, sem casa nem abrigo, buscai-o no portal de Belém, e achá-lo-eis entre animais em um presépio, mas com sua Mãe: "Acharam o menino com Maria sua Mãe" (Mt 2,11).

Se perseguido, ainda que seja de um grande tirano como Herodes, quiserdes escapar com vida, buscai-o fugitivo na peregrinação do Egito, e aí o achareis nos braços de sua Mãe: "Toma o menino e sua Mãe, e foge para o Egito" (Ibid. 13). — Se vos acontecer que vossa inocência se veja combatida de suspeitas e indícios contrários e a ponto de ser condenada, ponde a vossa causa, sem acudir por vós, em sua mão, buscai-o em Nazaré, e achá-lo-eis, não só com sua Mãe, mas nela: "Estando já Maria, mãe de Jesus, desposada com José, se achou ter ela concebido por obra do Espírito Santo" (Mt 1,18). — Se, ausente e desterrado da pátria, pretenderdes voltar para ela seguro dos perigos, buscai-o no mesmo desterro, e achá-lo-eis com sua Mãe, também de partida: "Toma o menino e sua Mãe, e vai para a terra de Israel" (Mt 2,20). — Se em qualquer aflição ou trabalho desejardes que vos console e visite, posto que não vos atrevais a pedir tão grande favor, buscai-o, ainda que seja nas montanhas mais ásperas, e aí vos admirareis de que, por meio de sua Mãe e com ela, vos visite: "E donde a mim esta dita, que venha visitar-me a que é Mãe de meu Senhor?" (Lc 1,43). — Se enfermo mortalmente, ou por qualquer perigo da vida, vos virdes na última agonia às portas da morte, buscai-o no Calvário, e o achareis na cruz e com sua Mãe ao pé dela: "Estava em pé, junto à cruz de Jesus, sua Mãe" (Jo 19,25). — Finalmente, se depois que a Mãe e o Filho já não estão na terra, perguntardes com a alma santa: "Aponta-me onde é que tu apascentas o teu gado, onde te encostas pelo meio-dia?" (Ct 1,6) — isto é, no meio-dia da glória, confiai na bondade e misericórdia de ambos, que na mesma glória achareis o Filho à destra do Pai, e a Mãe à destra do Filho: "Apresentou-se a rainha à tua destra" (Sl 44,10).

Tudo isto que tenho dito é para todos, em qualquer parte do mundo, mas para os moradores desta nossa cidade de Belém com maior propriedade. Judeus eram os letrados a quem consultou Herodes sobre o lugar onde achariam os Magos a Cristo, e responderam que em Belém. Gentios eram os mesmos Magos, e o lugar onde o acharam foi em Belém. E como o não acharão em Belém os cristãos da mesma Belém, que o têm de suas portas a dentro? Busquemo-lo com todo coração, e busquemo-lo nesta casa da Senhora da Graça, que é a casa de sua Mãe, e o mesmo anjo, que no sepulcro disse: "Não está aqui" — nos dirá o que lá calou: "Está aqui".

SERMÃO DA
Primeira Dominga da Quaresma

Na Igreja de S. Antônio dos Portugueses, em Roma.

∽

"Então, tomando-o o diabo o levou à Cidade Santa,
e o pôs sobre o pináculo do Templo, e lhe disse:
Se és Filho de Deus, lança-te daqui abaixo."
(Mt 4,5s)

Entre 1669 e 1675, Vieira esteve em Roma com o objetivo de alcançar uma revisão das sentenças da Inquisição Portuguesa. Várias vezes vai à Igreja de Santo Antônio dos Portugueses. O presente sermão se situa no início da Quaresma e o tema é próprio desse período litúrgico: as tentações de Cristo como exemplos para todos nós. Tentado na Cidade Santa para exemplo dos eclesiásticos que são tentados quando aí vêm pretender, quando conseguem a dignidade pretendida e quando o diabo os instiga a que se precipitem. Quais as qualidades que se requerem para alguém ser elevado? Vieira descreve, servindo-se sempre de exemplos, os três passos das tentações: vir, subir, cair. Finalmente, a volta para casa: que não seja na nau de Salomão ou na carroça de S. Bernardo.

§ I

Santo Antônio — não o nosso, em cuja casa estamos, senão o do Egito, chamado por antonomásia o Grande — abriu-lhe Deus um dia os olhos para que visse neste mundo o que nós não vemos, e viu que todo ele estava cheio e armado de laços. Laços no mar, e laços na terra; laços nos desertos e laços no povoado; laços nos montes, e laços nos vales; laços nas ruas, e laços dentro das casas; e não só nos lugares profanos, senão também nos sagrados e até nos mesmos templos, não de ídolos, senão do verdadeiro Deus, laços. Significava esta visão que não há lugar no mundo livre de tentações do demônio, e isto é o que temos no Evangelho presente. Tentou o demônio a Cristo. E onde o tentou? Tentou-o no deserto, tentou-o no monte, tentou-o em Jerusalém, e tentou-o no Templo. Se nos desertos, apartados da comunicação da gente, se nos montes, que estão mais vizinhos ao céu, se nas cidades de profissão e de nome santas, e nos templos consagrados a Deus, há tentações, e tenta ali o demônio ao mesmo Deus, que lugar haverá ou pode haver no mundo onde não tente aos homens? Não é necessário que vejamos por revelação os laços, pois vemos por experiência os que caem neles, e nos vemos a nós mesmos tantas vezes caídos.

Permitiu, pois, Cristo, Senhor nosso, ser tentado do demônio hoje, não para se honrar com a vitória — que era pequeno triunfo — mas para nos ensinar a vencer com seu exemplo. Tentado no deserto com o pão e com a fome, para exemplo à abstinência do monge; tentado no monte com as promessas de todo o mundo, para exemplo à cobiça do leigo; e tentado na Cidade Santa, com o lugar mais alto do Templo, para exemplo à ambição do eclesiástico. Esta última tentação, por ser tão própria do lugar e tão acomodada ao auditório, será hoje o argumento de todo o meu discurso. Veremos nele um cortesão de Roma, segundo as três partes do tema, três vezes e por três modos tentado. Tentado quando vem pretender à Cidade Santa: "Tomando-o o diabo o levou à Cidade Santa" (Mt 4,5); — tentado quando consegue o lugar ou dignidade da Igreja que pretendia: "E o pôs sobre o pináculo do Templo"; — e tentado com o mesmo lugar depois de conseguido, quando o diabo o instiga a que se precipite: "Lança-te daqui abaixo" (Mt 4,6). — Nota o evangelista no nosso texto que o Espírito Santo foi o que levou a Cristo ao lugar onde havia de ser tentado: "Jesus foi levado ao deserto pelo Espírito, para ser tentado pelo diabo" (Mt 4,1). — E, pois, o motor e autor das vitórias contra as tentações do espírito maligno é o Espírito Santo, peçamos ao mesmo divino Espírito nos ajude com sua graça. *Ave Maria*.

§ II

"Então, tomando-o o diabo o levou à Cidade Santa etc." A primeira coisa em que topa o meu reparo nestas palavras do nosso tema é aquele "então". Então? Quando? Não fora o demônio demônio, se não fizera tudo a seu tempo, e não soubera observar a ocasião. Quando viu a Cristo com fome: "Depois teve fome!" (Mt 4,2) — então o tentou com o pão: "E chegando-se a ele o tentador" (Ibid. 3); e agora, quando levou o Senhor à Cidade Santa e ao lugar mais alto do Templo, também diz o evangelista que o fez — "então". E por quê? Porque já tinha experiência do sujeito a quem tentava. Levantar os sujeitos aos lugares da Igreja, sem os conhecer e experimentar primeiro, é coisa que nem o diabo faz. Quando Cristo esteve mais qualificado para o lugar, então o tentou o diabo com ele, e quando merecia a assunção, então foi a tentação: "Então, tomando-o o diabo". — Para um sujeito ser sublimado ao lugar mais alto da Igreja, que qualidades são as que se requerem? Requere-se, ainda que menos, a nobreza do nascimento, requere-se o exemplo da vida, requere-se o exercício das virtudes, requer-se o espírito muito provado, e requerem-se finalmente as letras, não só sabidas, mas praticadas.

Todas estas qualidades então — "então" — concorriam juntas em Cristo e já reconhecidas pelo mesmo demônio. A nobreza do nascimento: "Se és Filho de Deus" (Ibid. 3); o exemplo da vida: "Foi levado pelo Espírito ao deserto" (Ibid. 1); o exercício das virtudes: "Tendo jejuado quarenta dias e quarenta noites" (Ibid. 2); o espírito provado: "Para ser tentado pelo diabo" (Ibid. 1); as letras, não só sabidas, mas praticadas: "Escrito está: Não só de pão vive o homem, mas de toda a palavra que sai da boca de Deus" (Ibid. 4). — E que sobre todas estas qualidades juntas, sobre toda esta capacidade de merecimentos, ainda seja tentação subir às alturas do Templo! Ó mundo! ó cabeça do mundo! E que tentação seria se o eclesiástico tentasse a subida, não com espírito provado, mas reprovado; não com exemplo, mas com escândalo; não com virtudes, mas com vícios; não com letras, mas com ignorâncias? Não falo na qualidade do nascimento, porque, depois que Cristo tirou a Pedro e André da barca para a cadeira, ainda que não reprovou a grandeza dos apelidos, mostrou que, se era decente para o sujeito, não era necessária para o ofício. Este foi o "então" da tentação de Cristo; vamos agora ao "agora" das nossas.

Em três partes — como dizia — dividiu o demônio a sua tentação: vir, subir, cair. Vir à Cidade Santa: "Tomando-o o diabo o levou à Cidade Santa" — subir ao pináculo do Templo: "E o pôs sobre o pináculo do Templo"— cair e arrojar-se ao precipício: "Lança-te daqui abaixo". — Sigamos o tentador pelos mesmos passos.

§ III

"Tomando-o o diabo o levou à Cidade Santa." A primeira parte da tentação, senhores meus, é vir o pretendente à Cidade Santa. Pois, vir à Cidade Santa, e pretender uma Igreja também santa, pode ser tentação do demônio? Sim. Porque quando a eleição é de Deus, e não tentação do demônio, quando Deus quer que o eclesiástico tenha Igreja e esposa, não é ele o que há de ir à Cidade Santa: a Cidade Santa é a que há de ir a ele. No capítulo penúltimo do Apocalipse conta S. João o que viu, e diz assim: "Vi descer do céu a Cidade Santa, mandada por Deus, e ornada como esposa para se receber com o esposo" (Ap 21,2). — Notável visão! Os homens são os que vão à Cidade, e não a cidade aos homens; o esposo é o que pretende a esposa, e não a esposa o esposo. Pois, por que viu S. João tudo às avessas? Porque viu às direitas. Vinda a Igreja do céu, vinha de Deus: "Descendo do céu, mandada por Deus" — e quando a Igreja e a esposa vêm pelo céu e por Deus, não é o homem o que vai à Cidade Santa, a Cidade Santa é a que vem ao homem; não o esposo o que vai buscar a esposa, a esposa é a que o vem buscar a ele: "E ornada como esposa para se receber com o esposo". — E quando isto não é assim, senão às avessas, que será? Não é eleição de Deus, é tentação do diabo: "Tomando-o o diabo o levou à Cidade Santa".

No Testamento Velho, e na mesma casa, temos dois desposórios muito semelhantes e muito diferentes. Isac desposou-se com Rebeca, Jacó desposou-se com Raquel: esta foi a semelhança. A diferença foi que só Jacó, e não Isac, padeceu os enganos, os enredos e as maldades de Labão. E este Labão quem era, ou a quem representava? S. Gregório, e todos os padres, dizem que Labão significava o demônio, e os seus enganos as suas tentações. Pois, por que padeceu Jacó nos seus desposórios as tentações do demônio, e Isac não? Lede a Escritura. Jacó foi buscar a Raquel, Isac não foi buscar a Rebeca: Rebeca o foi buscar a ele. E quando Rebeca vai buscar a Isac, quando a esposa vai buscar o esposo não há enganos de Labão, não há tentações do demônio; mas quando Jacó vai buscar a Raquel, quando o esposo vai buscar e pretender a esposa, aí é que Labão trama os seus enganos, aí é que o demônio executa as suas tentações. Haverá aqui algum Isac? Nenhum. Se houvesse algum Isac, esperaria na sua terra que o fosse lá buscar a esposa; mas todos e cada um são Jacó, e Jacó muito empenhado na sua pretensão, e por isso todos tentados e todos enganados.

Quanto melhor providas seriam as Igrejas, quanto mais descansados viveriam os que fossem dignos delas e quanto menos ocasião se daria às tentações do demônio na Cidade Santa, se as esposas fossem buscar os esposos, como Rebeca a Isac, e não os esposos as esposas, como Jacó a Raquel! Na Cidade Santa estava recolhida a esposa dentro do seu aposento e com as portas fechadas, quando viu ao longe que a vinha pretender o esposo, atravessando serras e passando montes: "Ei-lo aí vem, saltando sobre os montes, atravessando os outeiros" (Ct 2,8). — Chegou enfim o peregrino pretendente à cidade, foi-se logo à porta da esposa, bateu com grandes ânsias e instâncias: "Abre-me" (Ct 5,2) — falou com palavras corteses e comedidas: "Irmã minha, pomba minha" (Ibid.) — representou seus merecimentos, seus trabalhos e suas dilações: "Porque a minha cabeça está cheia de orvalho, e me estão correndo pelos anéis do cabelo as gotas da noite" (Ibid.) — mas a esposa respondeu com esquivanças e escusas frívolas, e por mais que o esposo continuou o bater ou a bataria da porta, não se rendeu nem quis abrir. Paremos aqui, porque aqui é que estão parados todos os pretendentes da Cidade Santa. Saístes de Portugal, atravessando os montes Pireneus, e passando as serranias dos Alpes: "Saltando sobre os montes, atravessando os outeiros"; — chegastes enfim à desejada Cidade Santa; começastes a pretender, a falar, a requerer; batestes à porta principal, e também à travessa; batestes com a mão fechada e também com a mão aberta; e a porta fechada, a resposta desvios. Sabeis por quê? Porque negociais às avessas. Não quer Deus que vós pretendais a esposa: quer que ela vos pretenda a vós. Vede se sucedeu assim.

Cansado o esposo de esperar e de bater, mudou de pensamento, deixa a pretensão, sai-se da cidade; eis que no mesmo ponto levanta-se a esposa, abre a porta, sai pelas ruas e praças buscando o esposo, chega aos muros da cidade, passa pelas guardas, põe-se no campo e nas estradas públicas, caminha, pergunta, solicita e, achando finalmente o esposo, dá-se os parabéns de o haver achado, tem mão nele, diz que já o quer, que já o ama, que há de ser seu e que o não há de largar: "Achei eu aquele a quem ama a minha alma; aferrei dele, nem o largarei" (Ct 3,4). — Há tal novidade no mundo? Há tal mudança? Quando o esposo vem, quando pede, quando roga, quando bate, quando importuna, quando alega finezas, merecimentos, trabalhos, nem acha amor, nem acha razão, nem acha justiça ou piedade; e quando deixa a pretensão, quando se despede da cidade, ou quando se vai sem se despedir, e não quer nada dela, então o busca a esposa, então o deseja, e não só se lhe entrega por vontade, senão por força e por violência: "Aferrei dele, nem o largarei"?

Sim, que este é o modo com que Deus quer que as suas esposas tenham esposo. Não há de ser o esposo o pretendente, e a esposa a pretendida, senão o esposo o pretendido, e a esposa a pretendente. De sorte que, enquanto o esposo pretendeu e requereu da Cidade Santa, não foi ouvido; mas quando esteve fora dela, então foi buscado. Não sois vós o que haveis de buscar: hão-vos de buscar a vós, e em tal forma que a Igreja se dê os parabéns de vos haver achado, e que seja necessária força e violência para que aceiteis o desposar-vos com ela. Assim se desposou a Igreja de Milão com Ambrósio[1], assim a de Mandeburgo com Norberto[2], assim a de Cracóvia com Estanislau[3], assim a universal com Gregório[4]. Uns escondiam-se, outros fugiam e todos resistiam e repugnavam, e por isso mereciam que Deus por força, e com milagres, os subisse à maior altura do Templo, e os colocasse nela. Mas quando estes lugares se pretendem e se vêm buscar, ainda que seja à Cidade Santa, quem duvida que pode ser, como hoje foi, tentação do diabo: "Tomando-o o diabo o levou à Cidade Santa"?

Até aqui o vir, que é coisa cansada; passemos ao subir, que, ainda que seja costa arriba, é mais suave, e subamos quanto é possível.

§ IV

Chegados o tentador e o tentado à Cidade Santa, não parou o demônio até o pôr no pináculo do Templo: "E o pôs sobre o pináculo do Templo". — Em nenhuma corte do mundo tem lugar o extremo desta tentação, senão na corte da Cidade Santa, onde estamos. Em todas as outras cortes podem os cortesãos aspirar a subir, mas não ao pináculo. Podem aspirar à grandeza, mas não à majestade, ao título, mas não à coroa. O fidalgo particular pode aspirar a conde, o conde a marquês, o marquês a duque, e aqui para o desejo, porque o ser rei está fora da esfera da ambição. Nesta corte não é assim. Da sotaina podeis subir à murça, da murça ao mantelete, do mantelete à mitra, da mitra à púrpura, e da púrpura à tiara. Sobre o modo com que o tentador subiu e levou a Cristo ao pináculo não concordam os expositores do nosso texto. Uns, fundados na palavra "Tomou-o", têm para si que foi voando pelos ares; outros dizem que foi caminhando naturalmente, e esta opinião não só é para mim a mais verossímil, senão a verdadeira, porque S. Lucas, falando da mesma subida, diz: "Levou-o a Jerusalém, e pô-lo sobre o pináculo do Templo" (Lc 4,9). — Nem a palavra "Tomou" de que usou S. Mateus obriga a outro sentido e modo extraordinário, porque quando Cristo levou os apóstolos ao monte da Transfiguração, diz o mesmo S. Mateus: "Tomou Jesus consigo a Pedro, e a Tiago, e a João, e os levou a parte, a um alto monte" (Mt 17,1) — e é certo que os levou o Senhor ao cume do monte, não pelo ar, senão pela terra. Assim que o modo com que levou o tentador a Cristo até o pôr no pináculo não foi voando, senão andando naturalmente por seus passos contados e por seus degraus, subindo sempre. A cidade de Jerusalém não estava situada no campo raso, senão em alto: "Eis aqui subimos para Jerusalém" (Mt 20,18); no alto da cidade estava o Monte Sião, no alto do Monte Sião estava o Templo, e por aqui levou o tentador ao tentado, sempre subindo. Do deserto e da campanha subindo à cidade, da cidade subindo ao monte, do monte subindo ao Templo, do Templo subindo ao teto e do teto, subindo ao pináculo: "E o pôs sobre o pináculo do Templo".

Se o evangelista me não dissera que esta ação ou modo de levar era do demônio, eu me atrevera a afirmar com toda a segurança que a tal condução era sua, porque isto de subir e subir sempre, ou seja por tentação, ou por inclinação, é só próprio e natural do demônio. O subir, e querer subir, bem pode ser do homem; mas o subir sempre, ainda depois de ter subido, sem descansar nem parar, só do demônio pode ser. Grande texto de Davi: "A soberba daqueles que te aborrecem sobe continuamente" (Sl 73,23). — A soberba dos que têm ódio a Deus é soberba que sempre sobe. E quem são os que tem ódio a Deus? São os demônios, diz Santo Tomás[5], porque os homens, ainda que ofendem a Deus, não lhe têm ódio. E esta foi a soberba que condenou os anjos e de anjos os fez demônios: "Soberba que sempre quis subir". — Que a soberba não queira nem saiba descer, isso é ser soberba; mas que não saiba parar? Tal foi a soberba dos anjos. A natureza angélica tinha muitos degraus por onde subir sem sair da sua esfera; mas em nenhum quis parar: "Que sempre quis subir". — Anjo do ínfimo coro, não te contentarás com ser arcanjo? Não: "Que sempre quis subir". Arcanjo, não te contentarás com ser principado, que é a mais alta dignidade da tua jerarquia? Não: "Que sempre quis subir". Principado, não te bastará ser virtude? Virtude, não te bastará ser potestade? Potestade, não te bastará ser dominação? Ainda é pouco: "Que sempre quis subir". — Ora, suba a dominação a ser trono. Mas, se sou Trono, hei de ser querubim; se sou querubim, hei de ser serafim. Seja assim, e seja muito na má hora, para que acabe já de subir a tua soberba, pois chegaste à suprema eminência da tua natureza, e de todas: aí pararás, aí descansarás. Parar? Isso não, diz o serafim: "Que sempre quis subir". Sempre hei de subir. Pois, aonde, ou para onde? Aonde ou para onde? Até ser como Deus: "Serei semelhante ao Altíssimo" (Is 14,14). — Assim se tentou Lúcifer, e para subir sempre a sua soberba, não tendo para onde subir em todo o criado, quis subir ao incriado e impossível: "Que sempre quis subir".

Admirais-vos de tão teimosa ambição, e de tão pertinaz desejo de subir? Pois ainda não está bem declarado o texto. Quando isto disse Davi, já havia três mil anos que o demônio estava derribado do céu, e ardendo no inferno. Logo, ainda então subia a soberba de Lúcifer, e ainda hoje sobe, que isso quer dizer: "Que sempre quis subir". — Mas, se Lúcifer tinha chegado a querer ser semelhante a Deus, como podia subir mais? Ninguém o pudera entender nem imaginar se o não tivéramos na Escritura. O nosso Evangelho o diz. Quando o demônio, na terceira tentação, ofereceu todo o mundo a Cristo, foi com a condição de que se lhe prostrasse de joelhos e o adorasse: "Tudo isto te darei, se prostrado me adorares" (Mt 4,9). — Pois, vem cá, demônio, se tu entendes que esse homem a quem tentas é Deus, e assim o declaraste na primeira e na segunda tentação: "Se és o Filho de Deus" — e se das suas respostas, tão sábias e tão dignas de Deus, te devias confirmar muito mais no mesmo pensamento, como lhe dizes que se ponha de joelhos diante de ti e que te adore? Aqui vereis quanto tinha subido a soberba do demônio depois que caiu do céu. No céu subiu a querer ser semelhante a Deus, e depois tinha subido tanto acima de Deus que quis que o mesmo Deus o adorasse: "Se prostrado me adorares". — Comparai a afetação da semelhança com a temeridade da adoração, e vereis quanto subiu e foi subindo sempre a soberba daquele insaciável espírito. De inferior quis subir a ser semelhante, de semelhante a ser igual, de igual a ser superior, e de superior a ser supremo, e que o mesmo Deus lhe ficasse tanto abaixo, que prostrado em terra o adorasse.

Assim sobe sempre a soberba do demônio, e assim sobe e está subindo, sem aquietar nem parar jamais, a soberba dos que ele tenta ou dos que sem ser tentados o seguem: "Soberba que sempre quis subir". — Subir às dignidades pode ser bom e pode ser mau; mas o que sempre é mau, e nunca pode ser bom, senão péssimo, é fazer de uma dignidade degrau para a outra e querer sempre subir sem jamais parar. Não se sobe hoje às dignidades, sobe-se por elas. Haviam de ser fim, e são meio; haviam de ser termo, e são degrau. E tal modo ou tal fúria de ambição não é humana: é diabólica, é luciferina. Por isso dizia o mesmo Davi, temendo-se de cair ou subir a semelhante tentação: "Não entre em mim o pé da soberba" (Sl 35,12). Ah! Senhor, dai-me vossa graça, e tende-me de vossa mão, para que não entre em mim o pé da soberba! — Eu cuidava que o perigo da soberba estava na fantasia da cabeça, e não está senão no ardimento dos pés. São uns pés que não podem aquietar em nenhum lugar, por alto que seja; sempre estão em movimento e sempre para cima: sempre em movimento, porque não sabem parar; e sempre para cima, porque não sabem descer, senão sempre subir: "Que sempre quis subir". — E notai que não diz Davi os pés da soberba, senão o pé: "Não entre em mim o pé da soberba" — porque a soberba e ambição de subir nunca está mais que sobre um pé. Tem um pé no lugar que possui, e outro já vai pelo ar para o lugar que pretende. Isto é subir sempre. Quem sobe, quando firma o pé num degrau já levanta o outro para o pôr no que se segue; e assim sobe, e vai subindo sempre — por mais alto que seja o lugar a que tem subido — quem for tocado desta tentação.

"Fez Salomão um leito para si, cujo reclinatório era de ouro e a subida de púrpura" (Ct 3,9s). — Com licença da sabedoria de Salomão, eu não fizera o leito por esta traça: fizera o reclinatório de púrpura e a subida de ouro. Para reclinar e descansar a cabeça, o ouro, ainda que seja muito lustroso, é muito duro e muito frio. Para os degraus era muito decente e muito autorizado o ouro, porque não há modo de subir mais majestoso que metendo o ouro debaixo dos pés e pisando-o. Pelo contrário, a púrpura era muito acomodada para o reclinatório, porque é branda e conserva o calor. Mas a púrpura para os degraus: "E a subida de púrpura"? Sim, porque fazia Salomão o seu leito, não como era bem que fosse, senão como via que havia de ser. Via que das púrpuras se haviam de fazer os degraus para o reclinatório, porque é tal a tentação de subir que nem nas púrpuras se para, nem nas púrpuras se descansa: "E a subida de púrpura: que sempre quer subir".

Estou vendo, porém, que me dizem os meus portugueses: ainda que temos o exemplo de S. Dâmaso e de João Vigésimo Segundo, os nossos pensamentos não sobem ao pináculo, nem a tão alta suposição. Com uma igreja das que vagam na nossa terra nos contentamos: isso é o que só pretendemos na Cidade Santa. Mas também aí pode entrar com igual perigo a tentação do demônio. Eu não sou muito curial destas tentações, e assim falarei por boca de quem tinha grande experiência, e grande prática delas. O cardeal Belarmino, passando por um lago destes arredores, viu um moço que estava pescando rãs, e a isca com que lhes armava era a pele de outra rã já morta. Lançava o anzol com aquela pele da morta e assim pescava as vivas. — Eis aqui, diz Belarmino, como pesca o diabo aos eclesiásticos. Morreu o cônego, o prior, o abade: e que faz o diabo? Toma a pele do defunto, que é a murça, ou a sobrepeliz e estola, mete-a no seu anzol, que é a tentação, e vem-se de Portugal a pescar a Roma. Quem cuidasse tal coisa! Que o diabo se venha fazer pescador na barca de S. Pedro! E que fazem as rãs que estão esperando no lago e atroando os ouvidos de todos? Tanto que chega a nova, tanto que veem a pele da morta, todas a ela com tanta boca aberta; e, se alguma se adianta às demais, todas a abocanhá-la e a mordê-la. Eu não o vi, mas assim o ouço. Nisto são piores as rãs que os peixes. Os peixes mordem e calam, as rãs atroam e não há quem se ouça nem se valha com elas. Que cada um pretenda para si, humano é; mas é grande desumanidade que homens da mesma pátria, da mesma nação e do mesmo sangue se mordam, se maltratem e se afrontem por se introduzir a si e afastar os outros!

Combatiam-se no ventre de Rebeca Jacó e Esaú, e, consultado o oráculo divino, respondeu: "Duas nações estão nas tuas entranhas" (Gn 25,23). Saberás, aflita mãe, que trazes em tuas entranhas duas nações. — Que duas nações sejam inimigas e se façam guerra, e deem batalha uma contra a outra, não é maravilha. Mas que se vejam semelhantes hostilidades em homens da mesma geração e do mesmo sangue, como se foram de nações, não só diferentes, mas inimigas? Este é o prodígio. E por que se combatiam, por que se maltratavam os dois irmãos, com tanta dor e afronta da mãe? Porque cada um deles pretendia levar a bênção do pai e derrubar ao outro para que a não levasse. E quando chegou a bênção tão debatida? Nasceram, cresceram, esperaram, e a bênção não chegou senão daí a muitos anos, e levou-a quem menos se cuidava. Eis aqui por que se estão combatendo, perseguindo e afrontando Esaú e Jacó. Por uma bênção que sabe Deus quando chegará; por uma bênção que muitas vezes a leva o engano, e não o merecimento; por uma bênção que há de dar um velho cego às apalpadelas, prometida por um regalo e alcançada com umas luvas. Não era esta a tenção de Isac, verdadeiro pai, e santo. Mas assim sucedeu e assim sucede. Vede se é tentação do demônio, pior que a de Cristo. A Cristo levou-o o tentador pelos degraus ordinários ao Templo. Vós derribais os companheiros, e fazeis deles degrau para subir à Igreja. As Igrejas não se hão de levar por escala. Quando se escalam os muros, sobem os que vêm detrás por cima dos que caem diante, mas não são eles os que os derrubam. O dote da sutileza do céu faz que o lugar que ocupa um não impeça a passagem ao outro; e cá o estudo e emprego de todas as sutilezas é impedir aos outros para lhes ocupar o lugar. Enfim, bem ou mal ocupado, que se segue depois disso? A terceira parte da tentação e a mais perigosa de todas.

§ V

"*E* lhe disse: Lança-te daqui abaixo" (Mt 4,6). — Depois de vir e subir, segue-se o cair. Conseguiu o pretendente o seu despacho, expediu as suas bulas, voltou contente para a pátria, vê-se colocado ou colado na Igreja com a superioridade e autoridade dela, e aqui está o fim de toda a tentação, que é o precipício: "Lança-te daqui abaixo". — Este precipício pode ser, como ordinariamente é, ou para a parte da primeira tentação, ou para a parte da terceira, com que ficará caindo em todas três. Na primeira tentação tentou o demônio a Cristo com pão: "Dize que estas pedras se convertam em pães" (Ibid. 3) — na terceira, tentou-o com tudo: "Tudo isto te darei" (Ibid. 9) — e em ambas pode cair facilmente o tentado, ou por fome ou por cobiça. Tratava-se aqui em Roma de mandar a Portugal contra Viriato, e eram pretendentes do posto Sulpício Galba e Aurélio Cota; e como os votos dos padres conscritos se dividissem no Senado, uns por parte do primeiro, outros do segundo, diz Valério Máximo que Cipião excluiu a ambos, e deu a razão excelente por estas palavras: "Nenhum me agrada, porque um nada tem, e ao outro nada lhe é bastante"[6]. Não convém que se mande a Portugal nem um nem outro, porque um nenhuma coisa tem, a outro nenhuma coisa lhe basta. — Aos que nada têm tenta-os o diabo com o pão, aos que nada lhes basta tenta-os com tudo; e sendo tão perigosa tentação a da necessidade como a da cobiça, estes são os dois precipícios em que pode e costuma cair quem vai de Roma com despacho.

Os que de cá vão com fome tenta-os o diabo com pão, e muito mais apertadamente do que a Cristo, porque a Cristo tentou o demônio com pão que se havia de fazer: "Dize que se convertam em pães" (Mt 4,3) — mas a estes tenta-os com o pão feito. Deus livre a todo o faminto de que o diabo o tente com o pão feito e preparado. A Eva tentou-a o diabo com a fruta madura e sazonada; a Esaú tentou-o com as lentilhas cozinhadas e temperadas. E que sucedeu a ambos? Ambos caíram sem resistência. Ser tentado com o comer que se há de fazer, ainda que haja fome, não é tão grande tentação. Se o pomo estivera em flor, e as lentilhas em erva, nem Eva nem Esaú se haviam de tentar, quanto mais cair. Porém, tentar com o pão, e feito, tentar com o pão que outros fizeram, e vós o tendes recolhido no vosso celeiro com obrigação de o repartir aos pobres, grande tentação. O eclesiástico é despenseiro do pão, e não senhor; mas é grande tentação do despenseiro que, podendo se fazer senhor, se não faça e, podendo comer o pão, o não coma. Nesta parte são mais venturosas as ovelhas do campo que as de Cristo, porque o pão das ovelhas do campo não o pode comer o pastor, e o das ovelhas de Cristo sim. E quando o pão do gado é de tal qualidade que o pode comer o pastor, aqui está a tentação.

O Filho Pródigo, depois de desbaratar todo o patrimônio, para remediar a sua necessidade, pôs-se a pastor, e o mantimento de seu gado era tal que também o pastor o podia comer. Foi, porém, tão honrado e tão pontual este moço — como filho de bons pais que era — que até daquele mantimento rústico e grosseiro que se lhe dava para o seu gado, nem uma bolota tomava para si. Mas qual era a sua tentação? "Desejava encher o ventre daquilo que os porcos comiam" (Lc 15,16). Toda a sua tentação e todo o seu apetite era comer e encher-se daquele mesmo mantimento que se lhe dava para o seu gado. E se isto fazia a fome do Filho Pródigo, que fará a do Pai avarento? Pastor com fome há de comer o pão do gado, qualquer que seja, e mais os que de cá vão com fome de tantos anos. Os pregadores zombam do diabo em tentar a Cristo com pão de pedras, e não reparam em que estava o tentado com fome de quarenta dias. Para fome de muitos dias não há pão duro, quanto mais para fome de tantos anos! Nas grandes fomes, como a de Jerusalém e de Samaria, chegaram as mães a comer os próprios filhos. Haveis de comer o pão das ovelhas e haveis de fazer das mesmas ovelhas pão: "Que devoram o meu povo como quem come pão" (Sl 52,5).

E se isto faz a fome, que é natureza, a cobiça que é vício e vício insaciável, que fará? O demônio, quando tentou a Cristo pela cobiça — que é o segundo precipício — pôs-lhe por condição que o havia de adorar: "Se prostrado me adorares". — Quem não pasma de tal atrevimento, e mais ainda de tal confiança? Adorar o demônio, posto que disfarçado em outra figura, como aqui apareceu, é a mais ímpia, a mais sacrílega e a mais abominável idolatria. E parece que se não pode presumir nem temer que haja de cair em tal precipício algum homem cristão, quanto mais coroado com o sacerdócio. Mas o demônio, que teve atrevimento e confiança para tentar com semelhante condição a um homem que presumia ser Deus, também o fará a qualquer outro, por mais sagrado e consagrado que seja. Quando o profeta Zacarias exclamou: "Ó pastor, ó ídolo!" (Zc 11,17) — bem anteviu que o ofício de pastor e o pecado de idolatria podiam andar juntos. E S. Zeno, bispo de Verona, que, como pastor de pastores, tinha grandes experiências, não só diz que sim, mas declara o como. Pondera o santo aquele lugar do salmo: "Os ídolos dos gentios são ouro e prata" (Sl 113,4); e afirma que o mesmo ouro e prata em mão do sacerdote, que é pastor, ainda que o não adore com idolatria expressa, também é ou pode ser ídolo. E de que modo? Não pondo-o sobre os altares, mas metendo-o na arca ou debaixo da terra. Ouvi as palavras do santo, que são admiráveis: "Ouro e a prata, se repartis é dinheiro, se guardas é ídolo"[7]. — Tendes ouro e prata, vós que sois sacerdote e pastor? Pois sabei que esse ouro e essa prata, se a derdes aos pobres, é dinheiro, mas se a guardardes é ídolo. O pastor que reparte o que tem a suas ovelhas é pastor; o que o guarda e entesoura é idólatra: reparti-lo é esmola, guardá-lo é idolatria: "Se repartis é dinheiro, se guardas é ídolo".

Vejo que estão dizendo consigo os apaixonados da avareza que a sentença deste santo tem mais de encarecimento que de teologia rigorosa e sólida. E para que se desenganem, se têm fé, e saibam que não só é fundada esta doutrina em autoridade humana, senão na verdade divina e irrefragável, ouçam o oráculo de S. Paulo não só uma vez inculcado, mas uma e outra vez repetido. No capítulo quinto da Epístola aos Efésios, fazendo o apóstolo um relatório dos vícios por que não só os gentios, senão os cristãos, são deserdados do céu, chegando aos avarentos diz que este pecado é pecado de idolatria: "Ou avaro, o que é culto de ídolos" (Ef 5,5). — E no capítulo terceiro da Epístola aos Colossenses, que também eram cristãos, repete e qualifica o pecado da avareza com a mesma censura: "E a avareza, que é serviço de ídolos" (Cl 3,5). De sorte que em sentença de S. Paulo, canônica e de fé, se tomarmos a avareza em si mesma e em abstrato é idolatria: "E a avareza, que é serviço de ídolos"; e se a tomarmos em concreto, e no sujeito, o avarento é idólatra: "O avaro é servo dos ídolos" — ou, como diz com mais expressão o original grego: *Idolatra*. Mas qual é a razão desta tão grave censura, que sempre parece dificultosa? O mesmo S. Paulo diz que a cobiça é raiz de todos os males: "A raiz de todos os males é a avareza" (1Tm 6,10) — e contudo não chama idólatra ao cobiçoso senão ao avarento. Em que consiste logo esta especial razão de idolatria que se acha só no avarento, e não no cobiçoso? O cobiçoso e o avarento igualmente apetecem o dinheiro, igualmente amam mais o dinheiro que a consciência: por que é logo o avarento idólatra e o cobiçoso não? S. João Crisóstomo, na exposição deste texto, alude a uma história que refere Filostrato, o qual conta que os aloadas prenderam ao deus Marte, e depois de encarcerado e debaixo da chave, então lhe fizeram sacrifício; e isto mesmo diz o santo que fazem os avarentos. Fecham o dinheiro e fecham-se com ele, metem-no lá onde não apareça, nem veja sol nem lua, e assim encarcerado e escondido o antepõem ao verdadeiro Deus, e como seu Deus o adoram. O exemplo está muito acomodado, mas não chega ainda a dar a razão, nem a declarar a diferença por que o avarento é idólatra, e o cobiçoso não. Eu, porque a não achei em nenhum expositor, darei a que me parece. A diferença entre o cobiçoso e o avarento é que o cobiçoso quer o dinheiro para gastar, o avarento quer o dinheiro para o guardar. O cobiçoso, ou seja liberal ou pródigo, contanto que não seja avarento, quer ter dinheiro para ter outras coisas; o avarento quer ter dinheiro só para ter; e como o cobiçoso usa do dinheiro como meio e instrumento para conseguir outros fins, e o avarento não tem outro fim em ter dinheiro senão o ter, e faz do mesmo dinheiro o seu último fim, daqui se segue que o cobiçoso não é idólatra, e o avarento sim, porque o último fim natural e sobrenatural de todas as coisas é Deus, e quem tem por último fim qualquer outra coisa que não seja Deus é idólatra. Por isso o apóstolo, com grande advertência, chamou a este gênero de idolatria servidão dos ídolos: "O que é servidão dos ídolos" — porque o cobiçoso, que não é avarento, serve-se do dinheiro, porém, o avarento, em lugar de se servir dele, serve-o a ele. E tão incompatível é servir ao dinheiro e a Deus como servir a Deus e ao ídolo: "Não podeis servir a Deus e às riquezas" (Mt 6,24). — Assim que o que se vê colocado sobre o Templo, se não tiver mão em si, e Deus o não tiver de sua mão, ou caia para a parte da primeira tentação, ou caia para a parte da terceira, sempre leva consigo o precipício: "Lança-te daqui abaixo".

§ VI

Tenho acabado, senhores, o meu discurso, e mostrado as três partes da tentação que encerram as palavras do demônio que tomei por tema, que eram: vir, subir e cair. Já viestes à Cidade Santa, que fora melhor não vir: "Levou-o à Cidade Santa"; já subistes, aqueles com quem falo, ao lugar da Igreja que pretendeis: "E o pôs sobre o pináculo do Templo". — Queira Deus que seja para bem. Resta agora, na volta para a pátria e na administração do mesmo lugar, o perigo de cair: "Lança-te daqui abaixo". — Os vossos intentos até agora bem creio que são quais devem ser, religiosos, pios, e santos; e também aqui pode estar escondida a tentação, porque também o demônio alegou a Cristo que os anjos o levariam e guardariam em todos os seus caminhos, como diz o salmo: "Aos seus anjos ordenou a respeito de ti que te guardem em todos os teus caminhos" (Sl 90,11). — Para que assim seja, sem perigo de algum dos dois precipícios que acabo de ponderar, permiti-me que vos dê duas advertências sobre os mesmos caminhos. Na volta para a pátria, que rogo a Deus seja muito feliz, ou podeis fazer a vossa viagem por mar ou por terra. Se for por mar, encomendo-vos que não vos embarqueis na nau de Salomão; e se for por terra, que não vades na carroça de S. Bernardo.

A nau de Salomão é aquela que ele descreve nos seus Provérbios: "Nau do negociante, que traz de longe o seu pão" (Pr 31,14) — nau de mercador, que vai buscar o pão a outra terra longe da sua para o vender e comerciar com ele. — Se em tal nau se embarcar o sacerdote, que tem à sua conta Igreja, e da qual há de dar estreita conta a Deus, sem dúvida fará naufrágio e se perderá. Nenhum pecado provocou a Cristo a tomar o açoite na mão, neste mesmo Templo onde hoje o tentou o demônio, senão o da cobiça e indecência com que da sua casa, que é a Igreja, faziam os ministros dessa casa de negociação: "Não façais da casa de meu Pai casa de negociação" (Jo 2,26). — O mercador licitamente negoceia com o seu pão, porque é seu! "Traz de longe o seu pão". — No eclesiástico não só é indecente semelhante negociação, mas ilícita e injusta, porque o pão absolutamente não é seu e, tirada a côngrua, sustentação sua e da própria e moderada família, tudo o demais é dos pobres. Até Judas, a quem a Igreja chama mercador péssimo: "Judas, mercador péssimo" — não se atreveu a enfeitar a sua cobiça senão com pretexto dos pobres: "Pois podia ele vender-se por mais de trezentos dinheiros, e dar-se este produto aos pobres" (Mc 14,5). — Mas, como ele falou em "vender" — bem mostrou que o seu espírito era mais de mercador que de sacerdote: mercador, porque quis vender o que era consagrado a Cristo; e péssimo, porque o quis vender sendo eclesiástico. Porque quis vender os unguentos, por isso chegou a vender o ungido.

E notai, como notou S. Paulino, que aos unguentos avaliou-os em trezentos dinheiros, e ao ungido vendeu-o por trinta, para que nos não admiremos de que aquela obra santa e boa, como a qualificou o mesmo Cristo: "No que fez, me fez uma obra boa" (Mt 26,10). — Judas pelo contrário lhe chamasse perdição: "Para que foi este desperdício?" (Ibid. 8). — Avaliou mal, como traidor a si mesmo, mas fez-lhe a conta como mercador muito coerentemente, porque, se Cristo no seu conceito valia trinta dinheiros, e os unguentos trezentos, empregar e despender trezentos com o que valia trinta era perdição. Tão barato vende a Deus quem tanto estima e idolatra o dinheiro! E que sucedeu daqui? O naufrágio e perdição que eu temo a todo o eclesiástico que se embarcar na nau de Salomão. Nesta nau se embarcou Judas, deixando o lugar seguro que tinha na barca de Pedro, e perdeu o mesmo lugar, perdeu quanto tinha adquirido, perdeu o último dinheiro da venda de Cristo e, sobretudo, perdeu para sempre o céu e a alma, que por isso lhe chamou o mesmo Senhor "Filho da perdição" (Jo 17,12).

Esta é a nau em que se não deve ir por mar. E a carroça em que se não deve ir por terra, qual é? É, como disse, a de S. Bernardo, a qual o santo elegante e gravemente descreve por estas palavras: "A avareza move-se com as quatro rodas dos vícios, que são a pusilanimidade, a desumanidade, o desprezo de Deus e o esquecimento da morte. E ademais os jumentos que as puxam: a tenacidade e rapacidade; e o cocheiro que governa a todos é o apetite insaciável de ter"[8]. Posto que os avarentos, por não gastar, costumem andar a pé, a avareza — diz Bernardo — anda em carroça. Sustenta-se esta carroça sobre quatro rodas, que são quatro vícios, que sempre acompanham a avareza, e sem os quais não dá passo. A primeira roda é a "pusilanimidade" — porque assim como dos ânimos grandes e generosos é própria a liberalidade, assim é própria condição e vileza do avarento ser miserável, e não dar nada. A segunda roda é a "desumanidade" — porque não há fera mais desumana e cruel que o avarento, como o outro que, vendo a pobreza e necessidade de Lázaro, e as chagas de que estava coberto, se não movia a compaixão, e nem com as migalhas que lhe caíam da mesa o socorria. A terceira roda é o "desprezo de Deus" — porque na estimação do avarento não há outro Deus mais que o dinheiro, e nele, como diz o nosso poeta português, adora mais os cunhos que a cruz. A quarta e última roda é o "esquecimento da morte" — porque o avarento não se lembra que tudo o que guarda e ajunta, mais tarde ou mais cedo cá há de ficar, e, como tem o coração onde tem o tesouro, mais quer entesourar na terra que depositar no céu. Os dois cavalos que tiram por esta carroça, ou os dois jumentos, como lhes chama o santo, são a rapacidade e a tenacidade: "E os jumentos que puxam, a tenacidade e a rapacidade" — porque o avarento com a rapacidade apanha, ajunta e rouba quanto pode e não pode, e com a tenacidade retém, conserva e aferrolha tudo de tal arte que nenhuma coisa lhe sai da mão. Finalmente, o cocheiro que governa esta carroça, estas rodas e estes dois brutos, já largando as rédeas a um, já estreitando-as a outro, é "o apetite insaciável de ter".

Vede agora, senhores, como irá seguro e livre de infinitos perigos quem se meter em tal carroça, e nas mãos de tal cocheiro, e sobre o rodar de tais rodas! Não vos temo tanto os despenhadeiros dos Alpes, nem a fragosidade dos Pireneus quanto os vales e campinas da nossa terra. Quando Davi disse aos sacerdotes: "Sacrificai sacrifício de justiça" (Sl 4,6) — não sei com que pensamento acrescentou: "Pelo produto do seu trigo, vinho e azeite se multiplicaram" (Ibid. 8). — Naquelas searas, naquelas vinhas, naqueles olivais, de que se tiram os rendimentos para as igrejas e seus ministros, aqui é que mais repara o meu temor, e receio que aqui tropecem os cavalos, se embarace o cocheiro e se descomponham as rodas. O fundamento que tenho para assim o temer e cuidar é que quando ouço falar nos vossos provimentos ou promoções, só se estimam os despachos e se avaliam os lugares pelo que rendem. A um grão príncipe desta Itália pediu um eclesiástico, seu vassalo, que lhe fizesse mercê de certa igreja. E quanto rende essa igreja? — perguntou o príncipe. — Seteníssimo, respondeu o pretendente, rende oitocentos até mil escudos. — Bem está não é muito o rendimento. — E quantos fregueses tem? — tornou o príncipe a perguntar. — E como o pretendente dissesse que não sabia, o despacho, com última e severa resolução foi este: — E vós sabeis a conta aos escudos que haveis de comer, e não sabeis o número às almas que haveis de curar? Pois não sois digno de ter igreja, nem de a pretender diante de mim: ide embora. — Oh! se todos os que fazem semelhantes provimentos fizessem este exame, e se ao menos o fizessem os que o pretendem e são providos! Por isso guardam os escudos e não guardam as ovelhas: mercenários, e não pastores, ou trusquiadores, que é pior. Estas são as contas que se fazem, sem se fazer conta da que se há de dar a Deus, quando a pedir, do preço de seu sangue. Mas aqueles que só se governam pelo "apetite insaciável de ter" irão arder onde ele os leva. Aqui irá parar a alegria dos bons despachos e os falsos parabéns dos que os recebem, tão falsos como os dos que os dão.

E para que ninguém despreze esta doutrina, tão temerosa como verdadeira, e tema o precipício da terceira parte da tentação, a que o diabo encaminha as duas primeiras, acabemos por onde começamos. S. Antônio viu o mundo cheio de laços, S. Paulo viu os que caem neles. E quem são estes? "Os que querem fazer-se ricos caem na tentação e no laço do diabo" (1Tm 6,9). Os que caem na tentação e no laço do demônio são os que querem ser ricos. — Não diz os que querem roubar ou tomar o alheio, senão os que somente querem ser ricos, ainda que seja por meios lícitos, porque do lícito se passa ao ilícito, e do justo ao injusto, e do necessário ao supérfluo, e do supérfluo ao nocivo e mortal: "E em muitos desejos inúteis e perniciosos, que submergem os homens no abismo da morte e da perdição" (Ibid.). — Por isso o demônio começou a primeira tentação pelo pão, e acabou a segunda pelo precipício: "Lança-te daqui abaixo". — S. Paulo neste lugar falava com Timóteo, eclesiástico, sacerdote e prelado; os que têm as mesmas obrigações ouçam e imprimam no coração o que ele lhe aconselha e manda: "Mas tu, ó homem de Deus, foge destas coisas, e segue em tudo a justiça, a piedade, a fé, a caridade, a paciência, a mansidão. Há-te com valor no santo combate da fé, trabalha por levar a vida eterna" (Ibid. 11s). — Não é necessário que eu diga o que significam estes documentos, porque falo com quem os entende ou deve entender; só digo que com eles se pode compor uma carroça triunfal, bem diferente da de S. Bernardo. As quatro rodas sejam as quatro primeiras virtudes: "Fé, piedade, justiça, caridade". — Os cavalos, mais sujeitos e bem arrendados que briosos, a "Paciência e mansidão". — O cocheiro, que evite com toda a vigilância e fuja dos passos perigosos, o mesmo homem, lembrado que é ministro de Deus: "Tu, homem de Deus, afasta-te dessas coisas". — E deste modo, pelejando fortemente contra o demônio, vencerá suas tentações nesta vida, e triunfará na eterna: Combate o bom combate da fé e terás a vida eterna.

SERMÃO DO Mandato

Na Capela Real. Ano 1650.

"Deveis vós também lavar os pés uns aos outros."
(Jo 13,14)

O ano de 1650 foi difícil para Vieira: fracassa sua missão política na Itália e começam as turbulências com a Inquisição. Portanto, a data é incerta porque durante a Semana Santa ainda estava em Roma. Muitas vezes pregou este sermão da Quinta-Feira Santa. As finezas do amor de Cristo serão o tema: comparadas entre si mesmas, qual foi a maior? Promete que a fineza do amor de Cristo que ele disser ninguém lhe há de dizer outra igual. Ausentar-se foi maior fineza do que morrer. Quanto aos sentimentos, morreu Cristo na cruz com a facilidade com que os homens se costumam ausentar, e no horto ausentou-se com os acidentes com que os homens costumam morrer. Quanto aos remédios, a ressurreição foi remédio da morte; o Sacramento foi remédio da ausência. A opinião de santo Tomás de Aquino. Duas paixões teve Cristo executadas por diferentes ministros: uma, os homens na cruz; outra, o amor executou no Sacramento: os homens tiraram-lhe a vida, o amor no Sacramento deixou-o vivo, mas sem ver. A opinião de S. João Crisóstomo. A fineza do amor iguala nos favores os que são desiguais nos merecimentos. Os exemplos de Judas e João, de Davi com Saul e Jônatas. A definição de São Bernardo. A opinião de Vieira: a maior fineza de Cristo hoje foi querer que o amor com que nos amou fosse dívida de nos amarmos. Este é o mandamento novo de Cristo. Por mais que paguemos a nossa dívida, sempre será força ficar devendo.

§ I

Como nas obras da criação acabou Deus no último dia pelas maiores do seu poder, assim nas da redenção, de que este dia foi o último, reservou também para o fim as maiores do seu amor. Isto foi ajuntar o mesmo amor o fim com o fino: "Amou-os até ao fim" (Jo 13,1). — Não diz o evangelista que, como amasse os seus, no fim os amou mais, senão, "Como amasse, amou". — E por quê? Porque é certo que o amor de Cristo para com os homens, desde o primeiro instante de sua Encarnação até o último de sua vida, sempre foi igual e semelhante a si mesmo: nunca Cristo amou mais nem menos. A razão desta verdade teológica é muito clara porque, se consideramos o amor de Cristo enquanto homem, é amor perfeito, e o que é perfeito não pode melhorar; se o consideramos enquanto Deus é amor infinito, e o que é infinito não pode crescer. Pois, se o amor de Cristo foi sempre igual sem excesso, sempre semelhante a si mesmo sem aumento, se Cristo, enfim, tanto amou aos homens no fim, que diferença há ou pode haver entre o "como amasse" e o "amou-os até o fim"? Não é esta a dúvida que me dá cuidado. Respondem os santos em muitas palavras com o que já insinuei em poucas. Dizem que usou destes termos o evangelista, não porque Cristo no fim amasse mais do que no princípio amara, senão porque fez mais seu amor no fim do que no princípio e em toda a vida fizera. O amor pode-se considerar ou por dentro, quanto aos afetos, ou por fora, quanto aos efeitos, e o amor de Cristo quanto aos afetos de dentro tão intenso foi no princípio como no fim, mas quanto aos efeitos de fora muito mais excessivo foi no fim que em todo o tempo da vida. Então foram maiores as demonstrações, maiores os extremos, maiores os rendimentos, maiores as ternuras, maiores enfim todas as finezas que cabem em um amor humanamente divino e divinamente humano, porque naquela cláusula final ajuntou o fim com o fino: "Amou-os até o fim".

Esta é a verdadeira e literal inteligência do texto. Mas agora pergunta a minha curiosidade, e pode perguntar também a vossa devoção: Suposto que no amor de Cristo as finezas do fim foram maiores que as de todo o tempo da vida, entre as finezas do fim, qual foi a maior fineza? Esta comparação é muito diferente da que faz o Evangelho. O evangelista compara as finezas do fim com as finezas de toda a vida, e resolve que as do fim foram maiores, eu comparo as finezas do fim entre si mesmas e pergunto: destas finezas maiores: qual foi a maior? O evangelista diz quais foram as maiores de todas, e eu pergunto qual foi a maior das maiores. Esta é a minha dúvida, esta será a matéria do sermão, e a última resolução de tudo as palavras que propus: "Deveis vós também lavar os pés uns aos outros" (Jo 13,14).

O estilo que guardarei neste discurso, para que procedamos com muita clareza, será este: referirei primeiro as opiniões dos santos, e depois direi também a minha, mas com esta diferença, que nenhuma fineza do amor de Cristo me darão que eu não dê outra maior, e a fineza do amor de Cristo que eu disser ninguém me há de dar outra igual.

Parece-vos muito prometer? Parece-vos demasiado empenhar este? Ah, Senhor, que agora é o tempo de reparar que estais presente, todo-poderoso e todo-amoroso Jesus! Bem creio que no dia em que as fontes de vossa graça estão mais abertas, não ma negareis, Senhor, para satisfazer às promessas a que por parte de vosso divino amor me tenho empenhado. Mas para que os corações humanos, costumados a ouvir tibiezas com nomes de encarecimentos, não se enganem na semelhança das palavras em descrédito de vosso amor, protesto que tudo o que disser de suas finezas, por mais que eu lhes queira chamar as maiores das maiores, não são exagerações, senão verdades muito desafetadas, antes não chegam a ser verdades, porque são agravo delas. Todos os que hoje subimos a este lugar — e o mesmo havia de acontecer aos anjos e serafins, se a ele subiram — não vimos a louvar e engrandecer o amor de Cristo; vimos a agravá-lo, vimos a afrontá-lo, vimos a apoucá-lo, vimos a abatê-lo com a rudeza de nossas palavras, com a frieza de nossos afetos, com a limitação de nossos encarecimentos, com a humildade de nossos discursos, que aquele que mais altamente falou do amor de Cristo, quando muito, o agravou menos. Assim é, agravado Senhor, assim é! Hoje é o dia da paixão de vosso amor, porque mais padece ele hoje na tibieza de nossas línguas do que vós padecestes amanhã na crueldade de nossas mãos. Mas estas são as pensões do amor divino quando se aplica ao humano, estes são os desares do infinito e imenso quando se deixa medir do finito e limitado. Vós, Senhor, que conheceis vosso amor, o engrandecei; vós, que só o compreendeis, o louvai; e pois é força e obrigação que nós também falemos, passe por uma das maiores finezas suas sofrer que em vossa presença digamos tão pouco dele.

§ II

"*D*eveis vós também lavar os pés uns aos outros."

Entrando, pois, na nossa questão, qual fineza de Cristo é a maior das maiores? Seja a primeira opinião de Santo Agostinho, que a maior fineza do amor de Cristo para com os homens foi o morrer por eles. E parece que o mesmo Cristo quis que entendêssemos assim, quando disse: "O maior ato de caridade, a maior valentia do amor, é chegar a dar ele a vida pelo que ama" (Jo 15,13).

Com licença, porém, de Santo Agostinho, e de todos os santos e doutores que o seguem, que são muitos, eu digo que o morrer Cristo pelos homens não foi a maior fineza de seu amor: maior fineza foi em Cristo o ausentar-se que o morrer; logo a fineza do morrer não foi a maior das maiores. Discorro assim: Cristo, Senhor nosso, amou mais aos homens que a sua vida; prova-se, porque deu a sua vida por amor dos homens: o morrer era deixar a vida, o ausentar-se era deixar os homens; logo, muito mais fez em se ausentar que em morrer, porque morrendo deixava a vida, que amava menos; ausentando-se deixava os homens, que amava mais. Alumiado o entendimento com a razão, entre a fé com o Evangelho: "Sabendo que era chegada a hora de partir deste mundo para o Pai" (Jo 13,1). — Reparo, e com grande fundamento. O partir de que aqui fala o evangelista era o morrer, porque o caminho por onde Cristo passou deste mundo para o Pai foi a morte; pois, se o partir era o morrer, por que não diz o evangelista: Sabendo Jesus que era chegada a hora de morrer, senão: Sabendo Jesus que era chegada a hora de partir? Porque o intento do evangelista era encarecer e ponderar muito o amor de Cristo: "Como amasse, amou" — e muito mais encarecida e ponderada ficava a sua fineza em dizer que se partia do que em dizer que morrera. A morte de Cristo foi tão circunstanciada de tormentos e afrontas, padecidas por nosso amor, que cada circunstância dela era uma nova fineza; contudo, de nada disto faz menção o evangelista: tudo passa em silêncio, porque achou que encarecia mais com dizer em uma só palavra que se partira que com fazer dilatadas narrações dos tormentos e afrontas — posto que tão excessivas — com que morrera "De partir deste mundo, amou-os até o fim".

Que seja maior dor a da ausência que a da morte, não o podem dizer os que se vão, porque morrem, só o podem dizer os que ficam, porque vivem, e assim, nesta controvérsia da morte e ausência de Cristo, havemos de buscar alguma testemunha viva. Seja a Madalena, como quem tão bem o soube sentir. É muito de reparar que chorasse mais a Madalena na madrugada da ressureição, às portas do sepulcro, que no dia da paixão, ao pé da cruz. Destas lágrimas nada se diz no Evangelho, das outras fazem grandes encarecimentos os evangelistas: pois, por que chorou mais a Madalena no sepulcro que na cruz? Discretamente Orígenes: "Antes chorava o defunto, agora chorava o roubado, e esta dor era maior"[1]. Quando a Madalena viu morrer a Cristo na cruz, chorava-o defunto; quando achou menos a Cristo na sepultura chorava-o roubado, e eram aqui mais as lágrimas porque era aqui maior a dor. Maior a dor aqui? Agora tenho eu maior dúvida. E é maior dor a dor de considerar a Cristo roubado que a dor de ver a Cristo defunto? Sim, porque a dor de o ver ou não ver roubado era dor de ausência: "E esta dor era maior". — Notai: tão morto estava Cristo roubado como defunto, mas defunto estava menos ausente do que roubado, porque a morte foi meia ausência: levou-lhe a alma, e deixou-lhe o corpo; o roubo era ausência total: levou-lhe o corpo depois de estar levada a alma; e como o roubo era a maior ausência do amado, por isso foi maior a dor do amante.

Mas parai como amante, Madalena santa, trocai as correntes às lágrimas, que não vão bem repartidas. O que vos matou a morte foi Cristo vivo, o que vos roubou a ausência foi Cristo morto; o bem que vos levou a cruz foi todo o bem, o que vos falta na sepultura é só uma parte dele, e a menor, o corpo; pois, por que haveis de chorar mais a perda do morto que a perda do vivo, a perda da parte que a perda do todo? Aqui vereis quanto maior é o mal da ausência que o mal da morte. Chora a Madalena menos a morte de um vivo que a ausência de um morto, a morte do todo que a ausência da parte. E se o amor da Madalena, que era menos fino, avaliava assim a causa da sua dor entre a morte e a ausência, que faria o amor de Cristo, que era a mesma fineza? Por dois argumentos o podemos conhecer: o primeiro, pelos sentimentos que fez em cada uma; o segundo pelos remédios que buscou a ambos.

§ III

Quanto aos sentimentos, sendo que padeceu Cristo a morte naquela idade robusta em que os homens costumam morrer fazendo termos, não só violentos, mas horríveis, agonizando ansiosamente, como se a morte lutara com a vida, e arrancando-se a alma do corpo como a pedaços, pela força com que a natureza resiste ao rompimento de uma união tão estreita, contudo Cristo morreu tão plácida e quietamente, como o dizem aquelas palavras: "Abaixando a cabeça, rendeu o espírito" (Jo 19,30)

— que entregou uma vida de trinta e três anos, sem outra violência nem movimento mais que uma inclinação da cabeça. Passemos agora do Calvário ao Horto, e teremos muito de que nos admirar. Quando Cristo se despediu no Horto, de seus discípulos, diz o evangelista: "Afastou-se deles" (Lc 22,41): que se arrancou o Senhor deles — e que, apartando-se um tiro de pedra, "Começou a agonizar" (Ibid. 43). Notai como estão trocados os termos: o agonizar é de quem está morrendo, o arrancar é da alma quando se aparta do corpo; pois se na cruz não houve arrancar nem agonizar, como o houve no Horto? Porque na cruz morreu Cristo, no Horto apartou-se de seus discípulos, e como o Senhor sentia mais o ausentar-se que o morrer, os acidentes que havia de haver na morte, para os padecer mais em seu lugar, trocou-os: tirou-os da morte, e passou-os à ausência; sendo que o arrancar havia de ser da alma quando se apartou do corpo, Cristo foi o que se arrancou quando se apartou dos discípulos: "Afastou-se deles" — e, sendo que o agonizar havia de ser no Calvário, não agonizou o Senhor senão no Horto, porque lá se apartou: "Começou a agonizar". — Morreu Cristo com a facilidade com que os homens se costumam ausentar, e ausentou-se com todos os acidentes com que os homens costumam morrer.

Para ponderarmos bem o fino desta fineza, que ainda não está ponderado, havemos de entender e penetrar bem o que era em Cristo o ausentar-se e o que era o morrer. O morrer era apartar-se a alma do corpo, o ausentar-se era apartar-se ele dos homens, e mais sofrível se lhe fez a Cristo a morte, que era apartamento de si para consigo, que a ausência, que era apartamento de si para conosco, e muito mais sentiu Cristo o dividir-se de nós que dividir-se de si. Ainda não está encarecido. Cristo pela morte deixou de ser Cristo, porque naqueles três dias havia corpo de Cristo no sepulcro, e havia alma de Cristo no limbo, mas todo Cristo, quanto à humanidade, que consiste na união da alma com o corpo, não o havia. De maneira que pela morte deixou de ser Cristo, pela ausência deixou de estar com os homens, e sentiu mais o amoroso Senhor deixar de estar com quem amava, que deixar de ser quem era. A morte privou-o de ser, a ausência privou-o de estar, e mais sentiu Cristo o deixar de estar que o deixar de ser, mais sentiu a perda da companhia que a destruição da essência.

§ IV

Isto quanto aos sentimentos. Vamos aos remédios. Se repararmos nas circunstâncias da morte de Cristo, acharemos que ressuscitou três dias depois e que se sacramentou um dia antes. Cristo pudera antecipar a ressurreição, e não só ressuscitar antes do terceiro dia senão logo no outro instante depois de morto, que para a redenção bastava. Da mesma maneira pudera Cristo dilatar a instituição do Sacramento, e, assim como se sacramentou antes de morto, sacramentar-se depois de ressuscitado. Antes, era mais conveniente ao estado que Cristo tem no Sacramento, que é de impassível. Pois, por que razão não ressuscita Cristo senão três dias depois da morte, e não se quis sacramentar senão um dia antes? Ora vede. A ressurreição era remédio da morte, o Sacramento era remédio da ausência; e como Cristo sentia mais o ausentar-se que o morrer, o remédio da morte dilatou-o, o remédio da ausência preveniu-o. Como a ausência lhe doía tanto, aplicou o remédio antes: como a morte lhe doía menos, deixou o remédio para depois. Mais. Cristo ausentou-se uma só vez, assim como uma só vez morreu; mas reparai que o ressuscitar foi uma só vez, e o sacramentar-se infinitas vezes: todas as horas, e em todas as partes do mundo. E por que se não sacramentou Cristo uma só vez, assim como uma só vez ressuscitou? Porque, como Cristo sentia menos a morte que a ausência, contentou-se com remediar uma morte com uma vida; mas, como sentia mais a ausência que a morte, não se contentou com remediar uma ausência, senão com infinitas presenças. Morreu uma vez no Calvário, e ressuscitou uma vez no sepulcro; ausentou-se uma vez em Jerusalém, mas faz-se infinitas vezes presente em todo o mundo.

Das portas adentro do mesmo Sacramento temos grandes provas disto. O mistério sagrado da Eucaristia é Sacramento e é sacrifício: enquanto Sacramento do corpo de Cristo é presença, enquanto sacrifício do mesmo corpo é morte. Daqui se segue que tantas vezes morre Cristo naquele sacrifício quantas se faz presente naquele Sacramento. Ó excessiva fineza do amor! De sorte que cada presença que Cristo alcança pelo Sacramento lhe custa uma morte pelo sacrifício. E quem compra cada presença a preço de uma morte, vede se sente menos o morrer que o ausentar-se. O Sacramento do Altar, com ser um, tem estes dois mistérios: é contínua representação da morte de Cristo, e é contínuo remédio da ausência de Cristo. Mas entre a morte e a ausência — agora acabo de entender o ponto — há esta diferença: que a morte por um instante só pareceu-lhe ao amor de Cristo pouca morte, o ausentar-se, ainda que fosse por um só instante, pareceu-lhe muita ausência. Pois, que remédio buscaria o seu amor? Instituiu um Sacramento que fosse juntamente morte contínua e presença contínua: morte contínua, para morrer, não só por um instante, mas por muito tempo; presença contínua para se não ausentar, não por muito tempo, mas nem ainda por um instante.

Em suma, que sentiu Cristo tanto mais o ausentar-se que o morrer, que se sujeitou a uma perpetuidade de morte por não padecer um instante de ausência. E como a Cristo lhe custava mais a ausência que a morte, reduzido hoje a termos em que nos importava a nós o partir-se: "A vós convém-vos que eu vá" (Jo 16,7) — não há dúvida que muito mais fez em se ausentar por nós que em morrer por nós. E, se me replicam com a autoridade de Cristo: "Ninguém tem maior amor do que este" (Jo 15,13), que o morrer é a maior fineza, responde S. Bernardo que falava Cristo das finezas dos homens, e não das suas. Mas eu respondo que, ainda que falasse das suas, se prova melhor o nosso intento. Se o morrer é maior fineza e o ausentar-se é maior que o morrer, segue-se que a fineza, de se ausentar não foi maior fineza, entre as grandes, senão maior entre as maiores: foi uma fineza maior que a maior: "Ninguém tem maior amor do que este, de dar um a própria vida por seus amigos" (Ibid.).

§ V

A segunda opinião é de Santo Tomás, e de muitos, que antes e depois do Doutor Angélico tiveram a mesma. Diz Santo Tomás que a maior fineza do amor de Cristo hoje foi deixar-se conosco, quando se ausentava de nós. E verdadeiramente que o ir e ficar, o partir-se e não se partir, o deixar-se a si quando nos deixava a nós, não há dúvida que foi grande fineza. Foi tão grande que parece desfaz tudo quanto até agora temos dito porque, ainda que no amor de Cristo seja maior fineza o ausentar-se que o morrer, a fineza de se deixar conosco desfaz a fineza de se ausentar de nós. Bem aviados estamos.

Com isto se representar assim, e com ser eu grande venerador da doutrina de Santo Tomás, digo que o deixar-se conosco não foi a maior fineza do seu amor: dou outra maior. E qual foi? Maior fineza foi, no mesmo Sacramento, o encobrir-se que o deixar-se; logo, a fineza de se deixar não foi a maior das maiores. Que fosse maior fineza o encobrir-se que o deixar-se provo: o deixar-se foi buscar remédio à ausência, isso é comodidade; o encobrir-se foi renunciar os alívios da presença, isso é fineza. Para maior inteligência desta matéria havemos de supor, com os teólogos, que Cristo, Senhor nosso, no Sacramento do altar, ainda que está ali corporalmente, não tem uso nem exercício dos sentidos. Assim como nós não vemos a Cristo debaixo daqueles acidentes, assim Cristo não nos vê a nós com os olhos corporais. Encobrindo-se, pois, Cristo no Sacramento, ainda que está presente com os homens, a quem ama, está presente sem os ver, e a presença sem vista é maior pena que a ausência.

Sabendo Absalão que Davi fazia diligência pelo prender, para que pagasse com a vida a morte que dera ao príncipe Amnon, diz o texto sagrado que se ausentou para as terras de Gessur, fora das raias de Judeia. Passados alguns tempos, por indústria de Joab, deu Davi licença para que Absalão pudesse vir viver na corte, e dizia assim o decreto: "Venha embora Absalão para sua casa, mas não me veja o rosto" (2Rs 14,24).

— Veio Absalão, continuou na corte sem ver o rosto a seu pai, e, chamando outra vez a Joab para que tornasse a interceder por ele, disse-lhe desta maneira: "Para que vim de Gessur", onde estava desterrado? — "Melhor me era estar lá" — "Pelo que, fazei, Joab, que veja eu o rosto a meu pai". — "E se ele se não dá ainda por satisfeito, mate-me antes" (Ibid. 32).

Duas coisas pondero neste passo: primeira, dizer Absalão que melhor lhe era estar em Gessur que em Jerusalém: "Melhor me era estar lá". — Parece que não tem razão. Em Gessur estava no desterro, em Jerusalém estava na pátria; em Gessur estava longe de Davi, em Jerusalém estava perto; em Jerusalém não via nem comunicava a seu pai, mas muito menos o podia ver nem comunicar em Gessur; pois, por que diz Absalão que melhor lhe era estar ausente em Gessur que presente em Jerusalém? Direi. Ainda que Absalão em Jerusalém estava presente, estava presente com lei de não ver a seu pai, a quem amava, ou a quem queria mostrar que amava, porque vedava o decreto que de nenhum modo o visse: "Mas não me veja o rosto". — E por isso diz que melhor lhe era estar ausente em Gessur que presente em Jerusalém, porque presença com lei de não ver é pior que ausência. Tal é a de Cristo no Sacramento: pô-lo assim o amor presente, com lei de não poder ver aos homens, por quem se deixou e a quem tanto amava.

É verdade que Cristo, Senhor nosso, no Sacramento vê-nos com os olhos da divindade e com os olhos da alma, mas com os do corpo, que é o que imediatamente se sacramentou, não. E por que não? Não porque o modo sacramental o não permite, e não por outros respeitos e conveniências que o mesmo amor teve e tem para isso, e pelas quais sujeitou a sua presença a tudo o de que Absalão se queixava na sua. Absalão tanto deixava de ver a Davi quando estava ausente em Gessur como quando estava presente em Jerusalém; porém, o não ver estando presente, ou não ver estando ausente, ainda que seja a mesma privação, não é a mesma dor: estar ausente, e não ver, é padecer a ausência na ausência; mas não ver estando presente é padecer a ausência na presença. E se isto nas palavras é contradição, que violência será na vontade?

Vamos ao segundo reparo. Diz Absalão que lhe conceda el-rei licença para lhe ver o rosto: "Que veja eu o rosto a meu pai" — e se persiste em lhe negar a vista, que o "mate antes". — Vinde cá, Absalão: quando Davi vos queria matar, não vos ausentastes vós por espaço de três anos por escapar da morte? Sim. Pois, se para vos livrar da morte tomastes a ausência por remédio, agora que estais na presença, por que pedis a morte por partido? Porque, ainda que Davi concedeu a presença a Absalão, concedeu-lhe a presença com proibição da vista, e a presença com proibição da vista é um tormento tanto maior que a ausência, que o mesmo Absalão, que ontem escolheu a ausência por remédio para se livrar da morte, agora toma a morte por partido, para se livrar de tal presença. Em Absalão, no primeiro caso, querer antes a ausência que a morte não andou fino nem parecido a Cristo, que sentiu mais o ausentar-se que o morrer; mas em entender Absalão, no segundo caso, que presença sem vista era maior mal que a ausência, andou muito fino, muito discreto e muito parecido a Cristo, que assim o padece no Sacramento. Porém, nesta mesma semelhança de Cristo e Absalão acho eu uma diferença grande, e muito digna de notar. Absalão toda esta fineza fá-la por amor de seu pai, Davi; mas Cristo, melhor filho de Davi que Absalão, ainda que no dia de hoje se partia para seu Pai, não fez esta fineza por amor de seu Pai, fá-la por amor de nós: "De partir deste mundo para o Pai, amou-os até o fim".

§ VI

Para que conheçamos de alguma maneira quanto Cristo sentiu esta privação da vista dos homens, não já por exemplos alheios, senão por experiências próprias, quero ponderar dois versos da Igreja, muitas vezes cantados mas não sei se alguma vez bastantemente entendidos: "Ó sagrado banquete, em que se recebe a Cristo e se cultua a memória de sua paixão"[2]. — Diz a Igreja, fundada na autoridade de S. Paulo, que o mistério do Sacramento do altar é uma recordação e uma recopilação da paixão de Cristo. Ora eu, quando me ponho a combinar a paixão de Cristo com o Sacramento, nenhuma semelhança lhe acho. Na paixão houve prisão, houve açoites, houve cravos, houve lança, houve fel e vinagre, e no Sacramento nada disto há. Só um tormento houve na paixão, além dos referidos, que se parece com o que se passa no Sacramento: porque na paixão cobriram os olhos a Cristo, assim como no Sacramento está com os olhos cobertos: "Vendaram-lhe os olhos" (Lc 22,64). — Pois, se no Sacramento da Eucaristia não há mais que a semelhança de um só tormento da paixão, como se chama recopilação e representação de toda ela? Aí vereis quanto Cristo sente estar com os olhos cobertos, e privado da vista na presença dos homens, a quem tanto ama. Neste só tormento se recopilam todos os tormentos da paixão de Cristo. Em todos os membros de Cristo atormentado esteve a paixão por extenso; em só os olhos de Cristo cobertos esteve a mesma paixão recopilada. Por isso o Sacramento, não só em significação, senão em realidade, é uma recopilação abreviada, mas verdadeira, de toda a paixão de Cristo: "Recorda-se a memória de sua paixão". — Ainda não está ponderado o passo.

Duas paixões teve Cristo executadas por diferentes ministros: uma executaram os homens na cruz, outra executou o amor no Sacramento. E que fizeram os homens? Ajuntaram todos os tormentos que pode inventar a crueldade e tiraram a vida a Cristo; e esta foi a paixão dos homens. E que fez o amor, menos aparatoso, mas mais executivo? Tirou a venda dos seus olhos, cobriu os olhos de Cristo com ela no Sacramento, e esta foi a paixão do amor. Mas qual mais rigorosa: a do amor ou a dos homens? Não há dúvida que a do amor. A paixão dos homens teve maiores aparatos e maiores instrumentos; a paixão do amor mais breve execução, mas maior tormento. Houveram-se os homens e o amor na paixão de Cristo como os juízes dos filisteus na sentença de Sansão. Os primeiros juízes disseram que morresse, os segundos disseram que lhe tirassem os olhos, e esta sentença se executou por se julgar por mais cruel. Assim aconteceu a Cristo. Os homens tiraram-lhe a vida, o amor tirou-lhe a vista; os homens na cruz deixaram-no morto, mas sem sentir; o amor no Sacramento deixou-o vivo, mas sem ver.

§ VII

Já eu me dera por satisfeito, se do mais interior do mesmo Sacramento não resultara uma réplica tão forte que na diferença da comparação parece que desfaz a fineza. Maior fineza é a de um vivo sem ver a quem ama, que a de um morto sem sentir o que padece. Mas Cristo no Sacramento também não sente, porque está ali impassível: logo, não é fineza o não ver onde se não sente a privação da vista. Concedo que Cristo no Sacramento está impassível, mas nego que essa impassibilidade lhe tirasse o sentimento de não ver aos homens. Assim como o amor de Cristo na privação da vista dos homens recopilou todos os sentimentos da sua paixão, assim na instituição do Sacramento recopilou todos os sentimentos desta privação da mesma vista. Mas como, ou quando? O quando foi quando consagrou o seu corpo, e o como, consagrando-o de tal maneira que estivesse nele como cego, e sem a vista dos olhos. Então padeceu recopiladamente passível o que depois não podia padecer impassível.

Coisa admirável é que, recebendo e padecendo Cristo tantas feridas nos pés, nas mãos, na cabeça e em todos os outros membros do sacratíssimo corpo, só o coração, que é o principal e a fonte e princípio da vida, tirando-lha os outros tormentos, ficasse inteiro, ileso e sem ferida; morto, porém, o Senhor, então recebeu no peito a lançada que lhe trespassou o coração: "Como viram que já estava morto, um dos soldados lhe abriu o lado com uma lança" (Jo 19,33s). — Perguntam agora os teólogos se mereceu Cristo na ferida da lança como nas outras que padeceu vivo, porque os mortos já não estão em estado de merecer. E responde S. Bernardo, com a sentença comum, não só que mereceu, mas com pensamento e agudeza particular, que também padeceu a mesma ferida: "O meu Senhor Jesus, depois dos demais inestimáveis benefícios da piedade para comigo, também padeceu ter o seu lado direito perfurado por causa de mim"³. — Estas últimas palavras parecem dificultosas, porque o corpo de Cristo depois de morto estava impassível. Pois, se estava impassível, e incapaz de padecer, como padeceu a lançada? "Padeceu ter o seu lado perfurado?" — Porque, ainda que a recebeu impassível depois da morte, aceitou-a vivo e passível no princípio da vida.

Notai muito. No princípio da vida de Cristo, e logo no primeiro instante da sua Encarnação, manifestou-lhe o Eterno Pai tudo o que queria que padecesse pela salvação dos homens e estava escrito nos profetas. Isso quer dizer em sentença de todos os padres e teólogos: "Na cabeceira do livro está escrito de mim, para fazer a tua vontade" (Sl 39,8s) — e a isso aludiu o mesmo Cristo quando, mandando embainhar a espada a S. Pedro, lhe disse: "Como se poderão cumprir as Escrituras?" (Mt 26,54). — E que respondeu Cristo à proposta do Eterno Pai? "Deus meu, eu o quis, e no íntimo de meu coração desejei se cumprisse a tua lei" (Sl 39,9). Eu quero e aceito tudo, não só como vontade vossa, Pai meu, mas como preceito e lei, que eu desde agora ponho no meio do coração: "E a tua lei no meio do meu coração" — e já daqui ficou o mesmo coração de Cristo sujeito e obrigado à lançada. Tanto assim que no mesmo lugar o diz o texto hebreu expressamente: "Padeceste ter o corpo perfurado por causa de mim". — E como esta aceitação voluntária, antevendo a mesma lançada, foi de Cristo vivo e passível, por isso a padeceu morto e impassível, tanto por amor de nós como as outras feridas: "Por causa de mim padeceu ter o lado perfurado".

Confirme o pensamento de Bernardo o mesmo Cristo: "Feriste-me o coração, esposa minha, feriste-me o coração" (Ct 4,9). — Duas vezes diz que lhe feriu a esposa o coração, sendo que uma só vez foi ferido. Por quê? A mesma lançada que recebeu depois de morto, já a tinha antevisto e aceito estando vivo. E por este modo padeceu o Senhor então o que depois não havia de padecer, suprindo a aceitação de vivo e passível a impassibilidade de morto e impassível. E para que esta troca de morto e vivo, e de se aceitar em um estado o que se recebe em outro, não pareça imaginada ou fingida, vede-o no mesmo Cristo. Ungiu a Madalena a Cristo e, respondendo o Senhor à murmuração de Judas, disse que a Madalena o ungira como morto para a sepultura: "Derramar ela este bálsamo sobre o meu corpo foi ungir-me para ser enterrado" (Mt 26,12). — A Madalena, quando foi à sepultura ungir a Cristo, não o ungiu; pois, se o não ungiu na sepultura morto, como o ungiu para a mesma sepultura vivo? Porque o mesmo unguento que o Senhor recebeu vivo no Cenáculo, o aceitou como morto no sepulcro, e tanto valeu a aceitação antecipada de Cristo vivo como se a Madalena o ungira depois de morto: "Isso fez para a minha sepultura". — Troquemos agora uma e outra ação. Assim como Cristo recebeu o unguento como vivo e o aceitou como morto, assim recebeu a lançada como morto, e a aceitou como vivo. E assim como essa aceitação bastou para que a Madalena fizesse o que não fez: "Isso fez para a minha sepultura" — assim bastou a aceitação da lançada para que padecesse o que não padeceu: "Padeceu ter o lado perfurado".

Vamos agora ao Sacramento — que toda esta suposição foi necessária para fundar um ponto de tanto fundo. — Disse que quando Cristo consagrou seu corpo de tal modo que estivesse sempre privado da vista dos homens, então padeceu recopiladamente passível o que depois não podia padecer impassível. E assim foi, como acabamos de mostrar em exemplo tão semelhante. E se não, ponhamo-nos com Cristo no Cenáculo antes de dizer: "Este é o meu corpo" (Mt 26,26) — e façamos esta proposta aos seus humaníssimos e amorosíssimos olhos. E bem, Senhor, por parte dos vossos mesmos olhos, vos requeiro que, antes de lhes correr essa cortina, vejais bem o que quereis fazer. Não são esses mesmos os olhos que, quando os levantastes no monte: "Jesus tendo levantado os olhos" (Jo 6,5), se enterneceram de maneira, vendo aquela multidão de cinco mil homens famintos, que dissestes vós: "Tenho compaixão deste povo" (Mc 8,2)? — Pois, se esses olhos se compadeceram tanto dos homens, como se não compadecem de si? Neste Sacramento não haveis de estar em todas as partes do mundo? Nesse Sacramento não haveis de estar até o fim do mundo: "Estai certos de que eu estou convosco todos os dias, até à consumação do século" (Mt 28,20)? — Pois, é possível que em todas as partes do mundo, e até o fim do mundo, se hão de atrever e sujeitar vossos olhos a perder para sempre a vista dos homens? Sim. — Tudo isso estou vendo, diz o amoroso Jesus, mas como eu me quero dar aos homens todo em todo, e todo em qualquer parte deste Sacramento, e como neste modo sacramental não é possível a extensão que requer o uso da vista, padeçam embora os meus olhos esta violência sempre, contanto que eu me dê aos homens por este modo todo e para sempre.

Nesta resolução e neste só ato — bastante a remir mil mundos — padeceu Cristo por junto, e de uma vez, o que os seus olhos no estado impassível do Sacramento não podiam padecer, reduzindo-se toda a sua impassibilidade a um ato infinitamente tão dilatado, como é em lugar e duração todo este mundo. Com esta deliberação "Tomou o Senhor o pão em suas santas e veneráveis mãos e levantando os olhos ao céu": — Tende mão, Senhor, e perdoai-me. Agora que estais com o pão nas mãos para o consagrar, agora levantais os olhos ao céu e os tirais dos homens? — Sim, agora, e neste ato, porque, se em consagrar o pão consiste o Sacramento, em não ver os homens consiste o sacrifício. Ali o temos impassível e incruento, mas pelo impedimento daquelas paredes, que nós vemos, e pelas quais ele nos não pode ver, sacrificado. Disse paredes, e não parede, porque são duas: uma da humanidade que encobre a divindade e a Cristo enquanto Deus; outra dos acidentes sacramentais, que encobrem a humanidade e a Cristo enquanto homem. Da primeira parede dizia a esposa, antes de Cristo ser homem: "Ei-lo aí está posto por detrás da nossa parede, olhando pelas janelas, estendendo a vista por entre as gelosias" (Ct 2,9) — porque, encoberto daquela primeira parede, que é a da humanidade, ele via-nos a nós enquanto Deus, posto que nós o não víamos a ele; porém, depois que sobre aquela parede se pôs a segunda, que é a dos acidentes, nem nós enquanto homem o vemos a ele, nem ele nos vê a nós. E esta é a fineza cruel e terrível ao amor, pela qual, deixando-se com os homens, se condenou a não ver os mesmos por quem se deixou. Com declaração e sentença final, e sem embargos, que mais fez em se encobrir que em se deixar.

§ VIII

A terceira e última opinião é de S. João Crisóstomo, o qual tem para si que a maior fineza do amor de Cristo hoje foi o lavar os pés a seus discípulos. E parece que o mesmo evangelista o entendeu e quis que o entendêssemos assim, pois, acabando de dizer: "Amou-os até o fim" (Jo 13,1) — entra logo a descrever a ação do lavatório dos pés, ponderando uma por uma todas as suas circunstâncias como se foram ela e elas a maior prova do que dizia. O mesmo confirmam os assombros e pasmos de S. Pedro, nunca semelhantes em outra alguma ação de Cristo: "E bem, Senhor, vós a mim lavar-me os pés?" (Jo 13,6). "Vós a mim?" A distância que há entre estas duas tão breves palavras é infinita; e, posto que Pedro a cria por fé, nem ele nem outro entendimento humano o pode compreender nesta vida. Por isso lhe disse o mesmo Cristo: "O que eu faço, tu agora não o sabes" (Ibid. 7) — mas sabê-lo-ás depois, isto é, quando no céu conheceres a grandeza da glória e majestade, que agora vês prostrada a teus pés. Assim entendem o "depois" Santo Agostinho, Beda e Ruperto. Finalmente, o mesmo evangelista, ponderando a diferença dos pés, que haviam de ser lavados, e das mãos, que os haviam de lavar, acrescenta aquela notável prefação: "Sabendo que seu Pai lhe tinha posto tudo nas mãos" (Ibid. 3). Isto fez o soberano Senhor sabendo que seu Eterno Pai lhe tinha posto tudo nas mãos. — Como se duvidara e dissera consigo o seu mesmo amor, antes de se arrojar aos pés dos discípulos: Eu tenho tudo nestas mãos, e que posso fazer nesta despedida para que os meus amados conheçam quanto os amo? Pois tenho nas mãos tudo, dar-lhes-ei tudo. Mas é pouco, que também eles deixaram tudo por amor de mim: "Eis aqui estamos nós que deixamos tudo" (Mt 19,27). — Pois, se é pouco tudo o que tenho nas mãos, quero com essas mãos, em que tenho tudo, lavar-lhes os pés: "Começou a lavar os pés dos discípulos" (Jo 13,5).

Sendo tão fundada como isto a opinião de S. Crisóstomo, e dos outros doutores antigos e modernos, que a encarecem e seguem, eu contudo não posso consentir que seja esta a maior fineza do amor de Cristo, hoje, porque dentro do mesmo lavatório dos pés darei outra maior. E qual é? Não excluir dele Cristo a Judas. Muito foi, e mais que muito lavar Cristo os pés aos discípulos; mas lavá-los também a Judas, essa foi a fineza. Não é consideração minha, senão advertência e ponderação do mesmo evangelista. Notai a ordem e consequência do texto. Depois de ter dito: "Como tinha amado os seus, amou-os até o fim" (Jo 13,1) — continua logo, em prova do que dizia: "E feita a ceia, tendo já o demônio persuadido o coração de Judas a que entregasse a seu Mestre, então se levantou da mesa a lavar os pés dos discípulos" (Ibid. 2.4.5). — E por que advertiu e interpôs o evangelista aquela notável cláusula de que, antes de lavar os pés a todos os discípulos, já um deles tinha consentido com o demônio, e determinado a traição, e nomeadamente que este era Judas? Porque nesta circunstância consistia o mais profundo da humildade, o mais subido da ação, e o mais fino do amor de Cristo.

Notai mais. "Como amasse os seus que deixava neste mundo". — E quem eram estes seus? Eram os doze da sua escola, da sua família e da sua mesa, donde se levantava. Todos estes eram os seus, mas com grande diferença seus: os onze seus, porque eram os seus amigos, e o duodécimo também seu, porque era o seu traidor; mas, sem embargo desta diferença, todos amados neste fim: "Como amasse os seus, amou-os até o fim". — Mais ainda. Quando Cristo disse a S. Pedro que os que estavam limpos de pecado, ou maldade grave, bastava que lavassem os pés: "Não tem necessidade de lavar senão os pés" (Ibid. 10) — acrescentou: "E vós, discípulos meus, estais limpos, mas não todos". — E por que fez o Senhor esta exceção: e não todos? O mesmo evangelista o declarou: "Disse que não estavam limpos todos, porque ele sabia que um estava infeccionado com o pecado da traição, e quem era, nem todos estais limpos". — Pois, se Cristo fez esta exceção entre todos: "Mas não todos" — por que não excetuou também ao mesmo traidor? Por que o não excluiu do regalo e favor amoroso do lavatório? E porque, não sendo ele como todos, antes tão indigno, o admitiu com todos? Porque hoje não era o seu dia do juízo, senão o do seu amor.

§ IX

A fineza do amor mostra-se em igualar nos favores os que são desiguais nos merecimentos: não em fazer dos indignos dignos, mas em os tratar como se o fossem. Há de ter o amor alguns ressábios de injusto para ser fino. Amai a quem vos tem ódio e fazei bem a quem vos quer mal, diz Cristo: "Para que sejais filhos de vosso Pai, que está no céu" (Mt 5,45). — E que faz o Pai do céu no céu? "No céu nasce o sol, e faz que nasça sobre bons e maus; do céu desce a chuva, e faz que desça sobre justos e injustos" (Ibid.). — Verdadeiramente não pode haver maior igualdade com todos, mas igualdade que parece injustiça. Não é coisa injusta medir os bons e maus, os justos e os injustos com a mesma regra? Os bons e justos servem a Deus, os maus e injustos ofendem-no, e, sendo tanto maior a diferença de servir ou ofender, a servir mais ou a servir menos, os operários da vinha, que tinham servido mais, queixavam-se muito do pai de famílias os igualar aos que serviram menos: "Estes, que vieram últimos, não trabalharam senão uma hora, e tu os igualaste conosco" (Mt 20,12). — Mas ponhamos o exemplo no mesmo sol e na mesma chuva. Quando Deus castigou a dureza do coração de Faraó, que não era mais duro que o de Judas, o sol alumiava os hebreus, e os egípcios estavam em trevas; nos campos dos hebreus as nuvens choviam água, e nos dos egípcios choviam raios. Pois, se a mesma diferença entre bons e maus podia agora fazer Deus com o seu sol e a sua chuva, por que trata com a mesma igualdade a todos? Porque então obrava no Egito como juiz severo, agora comunica-se ao mundo como pai amoroso. E o amor fino — qual é sobre todos o amor de pai — quando é igual na benignidade para os que a merecem e desmerecem, nessas mesmas aparências de menos justiça realça mais os quilates da sua fineza. E se isto é o que ensina Cristo aos que quiserem ser filhos de Deus por imitação, que faria ele, que o é por natureza? Assim como os raios do sol e os da chuva, que também são raios, descem do céu, assim ele desceu neste dia, não "sobre os bons e os maus, e sobre os justos e injustos", mas até os pés de uns e outros. Os outros discípulos eram justos e bons, Judas era injusto e péssimo, e, contudo — antes por isso — com reflexão que era Filho de Deus, tratou igualmente a todos. Para todos "lançou água na bacia" — a todos lavou os pés: "Começou a lavar os pés dos discípulos" — a todos os "enxugou com a toalha de que estava cingido" (Jo 13,5). — Também aqui tem lugar o sol e a chuva, porque a chuva a todos molha, e o sol a todos enxuga. E porque os outros discípulos, na grande diferença de Judas, se podiam queixar desta igualdade, e dizer, como os operários: "Tu o igualaste conosco" — não desistiu por isso o amor de Cristo, antes se gloriou da mesma desigualdade, porque as queixas, quando as houvesse, da sua justiça, eram os maiores panegíricos da sua fineza.

Cristo, Senhor nosso, antes de lavar os pés aos discípulos, tinha-lhes já revelado que um deles era traidor e o havia de entregar a seus inimigos, mas não lhes descobriu quem era. Com esta notícia da traição e ignorância da pessoa, quando o Senhor começou e continuou o lavatório, estavam todos suspensos, esperando que o traidor fosse excluído daquele favor; mas quando viram que todos eram tratados com a mesma igualdade, sem nenhuma exceção, os onze, a quem segurava a própria consciência, como cada um só sabia de si, estavam atônitos e pasmados. A todos dava a água da bacia pelos artelhos, mas na profundidade do mistério e do amor nenhum tomava pé. Só S. João entre todos sabia que o traidor era Judas, porque o Senhor só a ele tinha descoberto este segredo, e por isso só o mesmo S. João parece que se podia queixar desta igualdade, em nome de todos, e muito mais no de seu amor.

Em nome de todos podia dizer S. João, com a confiança e familiaridade de valido: — Basta, Senhor, que com a mesma igualdade haveis de tratar a um discípulo tão indigno e os que tanto vos servem e vos merecem? Com a mesma igualdade aos fiéis e ao traidor? Aos maiores amigos e ao mais cruel inimigo? Aos que vos entregaram a sua liberdade e ao que há de vender a vossa? Sempre este nome de Judas foi fatal para vós. Na figura deste mesmo caso em que estamos, Judas se chamava o que aconselhou e tratou a venda de José; mas quanto vai de Judas a Judas! Estava José condenado à morte: "Vinde, matemo-lo" (Gn 37,20) — e aquele Judas traçou-lhe a venda para lhe salvar a vida; mas o vosso Judas — que bem lhe posso chamar vosso, pois tão amorosamente o tratais — não só vos vende a liberdade, mas a aqueles, que vós sabeis e ele sabe, que não só vos hão de dar a morte, mas morte de cruz. Que dirão agora as cruzes de Pedro, e de André, e as dos outros? Tanto merece o que vos tem fabricado a cruz e a morte, como os que hão de morrer todos, e dar a vida por vós? Não quero ir buscar as desigualdades mais longe, e ao futuro: baste a presente.

A maior fineza que fizestes pelos homens na vossa Encarnação, não fu¹ fazer-vos homens como nós, mas tor¹ reza humana no mais baixo grau da sua fortuna, que é a de escravo: "Tendo a natureza de Deus, e tomando a natureza de servo" (Fl 2,6s). — Trinta e três anos, Senhor, vos contentastes com exercitar só a condição de homem, conforme a sentença do primeiro, comendo o vosso pão com o suor do vosso rosto, e reservando sempre o exercício de escravo para este último ato da tragédia de vosso amor, lavando como escravo os pés dos homens. Mas reparai, amoroso Mestre, na diferença com que aceitaram este extremo de humildade vossos discípulos. Chegastes aos pés de Pedro, e que fez ele, pasmado de horror e assombro? A sua resolução foi igual à sua fé e aos vossos atributos: "Não me lavarás os pés em toda a eternidade" (Jo 13,8). Eternamente disse que não consentiria tal coisa, porque a um ato de humildade infinita era devido outro de resistência eterna. Assim reconheceu e reverenciou Pedro vossa Majestade, posto que deposta a púrpura, e assim a reconhecemos nele todos vossos servos fiéis, como na cabeça de todos. Chegastes, enfim, o mesmo, e não outro, aos pés de Judas, assombradas e tremendo aquelas paredes de que a água da bacia se não sumisse, e o metal se não derretesse; e como se portou a dureza daquela pedra, a fereza daquele bruto, e a vilania, que só assim se pode encarecer, sua? "Ó mãos de ouro, feitas ao torno!" (Ct 5,14). Quando dessas soberanas mãos se haviam de formar grilhões de ouro aos pés do cobiçoso traidor, para que se esquecesse da pouca e falsa prata que esperava na venda, tão fora esteve de se enternecer com tal vista, e se lhe abrandar o coração com tais abraços, que no mesmo tempo estava dizendo dentro de si: — Já que agora, como escravo, me estais lavando os pés, eu nesta mesma noite te venderei como a escravo. — Oh! insolência! Oh! descomedimento! Oh! maldade mais que infernal, digna de que no mesmo momento se abrisse a terra, e não depois se rebentasse tal coração, mas logo o tragassem os abismos. E a este Judas e àquele Pedro será justo, Senhor, que vós trateis com a mesma igualdade?

Sim, discípulo amado, e sim outra vez como amado e como amante. Bem vejo que esta igualdade, que tanto admirais e encareceis entre extremos tão desiguais, não é para arguir injustiça no amor de Cristo, mas para mais apurar a sua fineza. Concedo-vos que o desmerecimento de Judas é igual, e ainda maior, se quiserdes, ao merecimento de Pedro. Quanto é o amor de Pedro, tanto e maior ainda é o ódio de Judas a Cristo; mas daí, que se segue na igualdade dos mesmos favores? Segue-se que Cristo paga a Pedro amor com amor, que é o que se chama correspondência; porém a Judas paga-lhe ódio com amor, em que propriamente consiste a fineza. Pergunto — e a vós com maior razão, como ao maior teólogo do apostolado: — Cristo morreu por todos? Sim: "Cristo morreu por todos" (2Cor 5,15). — E morreu também por Judas? — Também. Pergunto mais: E Cristo lavou a todos no seu sangue? — Vós mesmo o dissestes: "Que nos amou, e nos lavou dos nossos pecados no seu sangue" (Ap 1,5). — E lavou também em seu sangue a Judas? — Também. — Pois, se Cristo não excluiu a Judas do lavatório do seu sangue, por que o havia de excluir do seu lavatório de água? A mesma razão que depois teve no Calvário teve agora no Cenáculo. E qual foi? A fineza do seu amor. S. Paulo: "Por que morreu Cristo pelos injustos e ímpios?" (Rm 5,6). — Porque "pelo justo apenas há quem dê a vida" (Ibid. 7). — E quando apenas há quem morra pelo justo, Cristo, para mostrar a fineza do seu amor, morreu por justos e por injustos. Qual é mais: morrer por quem há de morrer por mim, ou morrer por quem me mata? O primeiro fez o amor de Cristo por Pedro, o segundo por Judas. Olhava Cristo na cruz para seus inimigos, diz Santo Agostinho, mas não como para aqueles que lhe tiravam a vida, senão como para aqueles por quem ele a dava: "Não dos quais, mas para os quais morria". — Disse bem Agostinho, mas disse pouco: para todos olhava seu amor, e para tudo; para uns como mais efetivo, e para outros como mais fino.

Parece que não quer o discípulo amado que seja fino para outrem o amor de seu amante; mas ouça-me agora — que folgo de falar com quem me entende — e lhe direi o maior louvor do seu amor e a maior fineza do de Cristo. O amor de Cristo para com João não podia ser fino, porque era tão alta a correspondência do amado que, se lhe não engrossava as finezas, impedia que o fossem. E, suposto que ele só foi o sabedor da traição, saiba e ouça agora que não achou Cristo menos amabilidade em Judas que no mesmo S. João. Provo. Chorava Davi a morte de Saul e Jônatas, e que diz de ambos? "Saul e Jônatas amáveis" (2Rs 1,23). Saul e Jônatas, ambos se pareciam como pai e filho, ambos eram amáveis. — Não reparo na amabilidade do segundo, mas muito na do primeiro, e mais em boca de Davi. Assim como Jônatas era o maior, não só amigo, mas amante de Davi, assim Saul era o seu maior e mais cruel inimigo. Pois, se um era tão amigo, e outro tão inimigo do mesmo Davi, como ambos para com ele podiam ser igualmente amáveis? E, se o eram, em que consistia a amabilidade de um e do outro?

A amabilidade de Jônatas consistia no amor, nos afetos, nas saudades, nas lágrimas que levavam após si o coração e a correspondência do amor de Davi; e a amabilidade de Saul consistia no ódio, na ingratidão, na inveja, nas perseguições tantas e tão obstinadas com que por si mesmo e pelos seus lhe desejava beber o sangue e tirar a vida; e estas lhe provocavam as finezas do amor forte e heroico, com que tantas vezes, tendo-o debaixo da lança, lhe perdoou a morte. Façamos distinção de amor a amor, como de raio a raio. O raio do sol derrete favos de cera, o raio da nuvem não se contenta com menos que com escalar montanhas de diamante. — Uma coisa é o amor afetuoso e brando, outra o forte e fino. Era a fortaleza do amor no coração de Davi como nos seus braços a da sua valentia. Na montaria da campanha não competia com os servos e gamos: desafiava os ursos e os leões. Para o amor afetuoso e brando eram as carícias de Jônatas, que ele agradecia e pagava com outras; mas para o amor forte e fino eram os ódios, as ingratidões, os agravos, as invejas, as vinganças, as traições e perseguições mortais de Saul, as quais ele vencia com armas iguais, amando heroicamente a quem tanto lhe desmerecia. Tal era a amabilidade de Saul, tal a amabilidade de Jônatas para com Davi, e as mesmas foram para com Cristo a de João, que era o seu Jônatas, e a de Judas, que era o seu Saul. Por isso lhe pagou o beijo de paz com o nome de amigo, derivado da mesma amabilidade: "Amigo, a que vieste?" (Mt 26,50).

§ X

Acabemos com o mais fino de todas as finezas deste ato, compreendendo desde o princípio até o fim dele todos os discípulos e todo o lavatório: "Começou a lavar os pés dos discípulos". — A fineza tanto maior quanto mais sentida de Cristo, nesta última cena do seu amor, foi que começou lavando e acabou sem lavar. Os pés de outros discípulos ficaram lavados, os de Judas molhados sim, mas lavados não. Nos outros logrou o intento, em Judas perdeu a obra. Desgraça grande, se o Senhor não soubera o que havia de ser; mas, sabendo-o, como advertiu o evangelista, por isso a maior fineza! Definindo S. Bernardo o amor fino, diz: "O amor fino é aquele que não busca causa nem fruto: ama porque ama, e ama por amar"[4]. — Nos outros discípulos teve o amor de Cristo causa, e tão grande causa como amar os que o amavam e haviam de amar até a morte.

Em Judas, não só não teve causa para o amar, mas muitas para o aborrecer e abominar, quais eram a sua ingratidão, o seu ódio, a sua traição e desatinada cobiça, e a vontade por tantos modos obstinada de um coração entregue ao demônio. Dos apóstolos, entrando também neste número Judas, esperou Cristo fruto na sua eleição: "Vós não fostes os que me escolhestes a mim, mas eu fui o que vos escolhi a vós, para que vades, e deis fruto" (Jo 15,16). — Para este fruto regou hoje tão copiosamente aquelas plantas, e só Judas foi a estéril e maldita, que deu espinhos em lugar de fruto: "Esperou que produzisse uva, mas produziu espinhos"⁵. — E como o Senhor sabia o mau grado que havia de colher deste seu cuidado e diligência, que quando a devera mandar cortar e lançar no fogo, a regasse tão amorosamente como as demais, e perdesse o trabalho de suas mãos, e também o regadio mais alto das suas lágrimas, esta foi a fineza sobre fineza do lavatório dos pés.

§ XI

Referidas e refutadas as principais opiniões dos doutores, segue-se por fim dizer eu a minha. Muito se empenhou, mas creio que se há de desempenhar. Digo que a maior fineza de Cristo hoje foi querer que o amor com que nos amou fosse dívida de nos amarmos: "Deveis vós também lavar os pés uns aos outros" (Jo 13,14). Amei-vos eu, cheguei a servir-vos eu — diz Cristo — pois quero que me pagueis essa fineza e essa dívida em vos amardes e em vos servirdes uns aos outros. — Abramos bem os olhos, e vejamos a diferença desse amor a todo o que se usa e tem visto no mundo. O amor dos homens diz: Amei-vos? Pois amai-me. — O amor de Cristo diz: Amei-vos? Pois amai-vos. — Amei-vos, amai-me, é voz do interesse; amei-vos, amai-vos é voz, posto que nunca ouvida, do verdadeiro e só amor. Isto é amar, e o demais amar-se. O amor dos homens, e muito racional, diz: O que me deveis a mim, pagai-mo a mim; o amor de Cristo, superior a toda a razão e só igual a si mesmo, que diz? Não diz: O que me deveis a mim, pagai-mo a mim — senão: O que me deveis a mim, pagai-o a vós. E quem são estes vós? Somos todos e cada um de nós. Vós me haveis de pagar a mim o amor de Cristo, e eu vos hei de pagar a vós o amor de Cristo, e todos hão de pagar a cada um o mesmo amor, e cada um o há de pagar a todos. E que razão ou consequência é esta? A que só se podia achar nos arcanos do racional divino. Assim a tirou de lá o secretário do mesmo amor, S. João: "Se Deus nos amou assim, devemos nós também amarmo-nos uns aos outros" (1Jo 4,11).

Amou-nos Cristo, ou enquanto Deus, ou enquanto homem, ou como Deus e homem juntamente? Logo devemo-lo amar a ele, bem se segue; mas, que a obrigação desse amor seja dívida de nos amarmos uns aos outros: "E nós devemos amar uns aos outros?". — Sim, porque o seu mesmo amor o quis assim. Cristo trespassou em nós todo o direito do seu amor, e pelas escrituras desse trespasso: "Deveis vós e nós devemos" — todas as obrigações de o amarmos a ele são dívidas de nos amarmos a nós. Fez-nos herdeiros das dívidas do seu amor, e assim, quando ele é o amante, nós havemos de ser os correspondidos. O amor e a correspondência são dois atos recíprocos que sempre olham um para o outro, donde se segue que, sendo o seu amor nosso, a nossa correspondência havia de ser sua; mas o amante divino trocou esta ordem natural de tal maneira, que o amor e a correspondência, tudo quis que fosse nosso: nós os amados e nós os correspondidos: nós os amados, porque ele foi o que nos amou, e nós os correspondidos, porque nós somos os que nos havemos e devemos amar: "E vós deveis".

Diga-me agora a terra e o céu, digam-me os homens e os anjos, se houve ou pode haver nem amor maior que este amor, nem fineza que iguale esta fineza? Por isso eu me empenhei a dizer que, dando a todas as outras finezas de Cristo hoje outra maior, como fiz, à última que eu sinalasse ninguém me havia de dar outra igual. Para as outras finezas, tão celebradas por seus autores e tão encarecidas por seus extremos, tivemos Madalenas, Absalões e Davides, que nos dessem exemplos; para esta, nem dentro nem fora da Escritura se achará algum que se pareça com ela, quanto mais que a iguale. Se Raquel dissesse a Jacó que o amor que lhe devia o pagasse a Lia, se Jónatas dissesse a Davi que o amor que lhe devia o pagasse a Saul, se o mesmo S. João dissesse a Cristo que o amor com que o amava o pagasse a Pedro, então teriam aqueles afetos humanos alguma aparência com que pudessem arremedar esta fineza de Cristo; mas nem o amor dos irmãos, nem o dos pais, nem o dos filhos, nem o dos esposos, nem o dos amigos, que se não funda em carne e sangue, ainda fingidos e imaginados se poderão nunca medir, quanto mais igualar o que tem as raízes no imenso e o tronco no infinito. Mas demos três passos atrás e ponhamos esta fineza à vista das outras três, que tanto adelgaçamos. Todas foram por nós e para nós: a primeira, dar vida por amor dos homens; a segunda, deixar-se no Sacramento com os homens; a terceira, lavar os pés aos homens. E todas estas finezas tão grandes, quem as deve e a quem se há de pagar? Quem as deve somos nós: "E vós deveis" — e a quem se hão de pagar, não a mim, que vos amei — diz Cristo — senão a vós, amando-vos "uns aos outros".

§ XII

Agora, depois de declarado o que prometi, vos quero mostrar o fundamento sólido de quanto disse, e prová-lo, não com outras palavras, senão do mesmo Cristo, e não pronunciadas em outro dia e lugar, senão neste mesmo em que estamos. É texto notável, e que pede toda a atenção. "Um Mandamento novo eu vos dou: que vos ameis uns aos outros" (Jo 13,34): discípulos meus — diz o divino e amoroso Mestre — que vos darei nesta hora em prendas do meu amor? Dou-vos por despedida um mandamento novo, e é que vos ameis uns aos outros. — Reparam aqui todos os doutores, e a razão do reparo é chamar o Senhor a este mandamento mandamento novo. Amarem-se os homens uns aos outros absolutamente era preceito da lei velha: "Amarás o teu amigo como a ti mesmo" (Lv 19,18) — amarem-se os homens uns aos outros, ainda que fossem inimigos, era preceito da lei nova, que Cristo já tinha dado: "Amai a vossos inimigos" (Mt 5,44). — Pois, se este mandamento de os homens se amarem uns aos outros era mandamento velho e antigo, como lhe chamou Cristo mandamento novo: "Um Mandamento novo eu vos dou"?

Para responder a esta dificuldade se dividem os doutores em catorze opiniões diferentes, tão pouco se satisfazem uns dos outros, e cada um da sua. Mas, com licença de todos, eu cuido que hei de dar o verdadeiro entendimento ao texto, e com o mesmo texto. Não só diz Cristo: "Um Mandamento novo eu vos dou: que vos ameis uns aos outros" — mas acrescenta: "Como eu vos amei, também vós os ameis uns aos outros". — Dou-vos um mandamento novo, o qual é que vos ameis uns aos outros como eu vos amei a vós, para que vós vos ameis a vós. — De sorte que a novidade do mandamento e do amor não está em os homens se amarem uns aos outros; está em que o amor com que se amarem seja paga do amor com que Cristo os amou: "Como eu vos amei, também vós os ameis uns aos outros". — Amarem-se os homens uns aos outros, em satisfação do amor com que eles amam, e ainda sem essa satisfação — como sucede no amor dos inimigos — é mandamento velho, com maior ou menor antiguidade; mas amarem-se porque Cristo os amou, e querer Cristo que o amor com que amou aos homens lho paguem os homens com se amarem a si, e que sendo o amor com que ele nos amou dívida, seja o amor com que nos amarmos paga, este é o amor novo e mandamento novo: "Um Mandamento novo eu vos dou" — porque nem Deus deu nunca tal preceito, nem Cristo ensinou nunca tal doutrina, nem os homens imaginaram nunca tal amor.

Tal amor como este inventou a ingratidão para o maior dos tormentos, que é quando o amor que se devia a um se aplica a outro. E este amor que a ingratidão inventou para o maior torcedor do coração humano, foi tal a fineza do amor de Cristo que no-lo deixou em preceito. Os homens, quando menos, querem que o seu amor seja dívida de os amarem a eles e obrigação de não amarem a outrem. E Cristo quer que o seu amor seja dívida de nos amarmos a todos e obrigação de todos nos amarem a nós. Mais. No amor dos homens, em que o ciúme se reputa por fineza, um amor leva sempre por condição dois aborrecimentos, porque quando amam é com condição que nem vós haveis de amar a outrem, nem outrem vos há de amar a vós. Pelo contrário, o amor de Cristo leva por obrigação dois amores, porque nos ama com preceito de que cada um de nós ame a todos, e de que todos amem a cada um de nós. E porque tal fineza de amor se não viu nunca no mundo, por isso o preceito deste amor se chama mandamento novo: "Um Mandamento novo eu vos dou".

Daqui infiro eu que só hoje acertei a pregar o Mandato, não no discurso, que não sou tão desvanecido, mas no intento. O assunto dos pregadores neste dia é encarecermos o amor de Cristo para com os homens, e isto não é pregar o Mandato. Diga-o o mesmo Cristo: "Este é o meu mandamento, que amais uns aos outros" (Jo 15,12, *texto grego*). O meu mandato, ou o meu mandamento, é que vos ameis uns aos outros. — De maneira que o amor de Cristo não é mandato porque ele nos amou, é mandato para que nós nos amemos. E, falando propriamente, o mandato compõe-se de dois amores: o amor de Cristo para conosco e o amor dos homens entre si; o amor com que Cristo nos amou entra no mandato como meio, e o amor com que nós nos devemos amar como fim. Isso quer dizer, em sentido de Ruperto, aquele "que nos amou a fim". E a que fim? A fim de nós nos amarmos. Os homens amam a fim de que os amem; Cristo amou-nos a fim de que nos amemos: "Deveis vós também lavar os pés uns aos outros".

§ XIII

Este é, cristãos, o mandato do amor, este é o mandamento de Cristo, esta é a obrigação nossa e a dívida em que hoje nos pôs o amoroso Jesus: "Deveis vós". — Notemos muito neste "deveis", que não disse que pagássemos, senão que devíamos. Pois, por que razão nos aponta Cristo a dívida, e não nos persuade a paga? Com duas palavras de S. Paulo entenderemos estas: "Cristãos, não devais nada a ninguém, senão o amor de uns aos outros" (Rm 13,8). — Dificultosa doutrina! Antes parece que havia de dizer: Se não tiverdes com que pagar as outras dívidas, ao menos não devais o amor de uns aos outros, porque o não pagar as outras dívidas pode ter escusa na impossibilidade, mas não pagar o amor nenhuma escusa pode ter, porque basta a vontade para pagar. Pois, por que diz S. Paulo que havemos de dever sempre o amor de uns a outros? Porque o amor em que se funda esta dívida não é amor dos homens, senão amor de Cristo. Se nós houvéramos de pagar aos homens o amor que lhes devemos, muito fácil era a paga, porque eles nunca se empenham muito. Mas como havemos de pagar aos homens o amor que devemos a Cristo, por tantos modos infinito, por mais e mais que paguemos, sempre é força ficar devendo: "Senão o amor de uns aos outros".

Sendo, pois, as dívidas deste amor tão imensas e o nosso cabedal tão estreito, que faremos, depois de publicada a maior de todas? Primeiramente, ponhamos os olhos no que deixamos visto na cruz, no Sacramento, no Cenáculo: na cruz, a Cristo morto por nós; no Sacramento, a Cristo sacrificado por nós; no Cenáculo, a Cristo prostrado aos pés dos homens por nós, e logo o mesmo Cristo com a terceira tábua do seu mandamento novo nas mãos, em que está escrito: "Isto vos mando: que vos ameis uns aos outros, como eu vos amei" (Jo 15,17.12). — Vimos já? Ouçamos agora o que nos diz o mesmo Senhor, com voz tão amorosa como tremenda; diz uma só palavra: "Deveis vós": Isto é o que deveis. — E haverá homem cristão que neste passo deixe de amar a qualquer outro homem, por mais que lho desmereça? Para se deixar de amar aos homens pelo que se lhes deve a eles, muitas razões pode haver: os ódios, as ingratidões, os agravos, mas, para deixar de amar aos homens pelo que devemos a Cristo, que razão pode haver senão a de não sermos cristãos? Será cristão quem no dia de hoje se não conforme com o mandamento de Cristo? Será cristão quem no dia de hoje conserve ainda no coração algum ódio, e não ame ao maior inimigo?

Verdadeiramente — só isto peço que nos fique — verdadeiramente que em um dia como o de hoje, o homem que se não faz amigo do maior inimigo quase pode desesperar de sua salvação e resolver-se que não é predestinado. Pilatos e Herodes eram inimigos, e diz deles o evangelista: "Fizeram-se amigos Herodes e Pilatos naquele mesmo dia, pois antes eram inimigos" (Lc 23,12). Que naquele dia — em que ainda não eram passadas doze horas deste em que estamos — naquele dia Pilatos e Herodes, que dantes eram inimigos, se fizeram amigos. — E quem era Pilatos e Herodes? Herodes era um homem que teve a Cristo por louco, e Pilatos foi um homem que pôs a Cristo em uma cruz; pois, se homens que desprezam a Cristo, se homens que crucificam a Cristo se fazem amigos neste dia, que homens serão os que em tal dia como hoje ficarem inimigos? Maior desesperação ainda. Pilatos e Herodes eram dois homens precitos, ambos estão ardendo hoje, e arderão eternamente no inferno; pois, se em um dia como o de hoje até os precitos se fazem amigos, quem neste dia se não reconciliar com seus inimigos, que esperança pode ter de ser predestinado?

Ah! Deus! não permitais tão grande maldade entre cristãos. Pelo excessivo amor com que nos amastes, que nos comuniqueis vossa graça, Senhor, para que todos nos amemos. Pela humildade com que vos abatestes a lavar os pés aos homens, que nos deis um conhecimento do que somos, para que se humilhem nossas soberbas. Por aquele assombro de rendimento com que estivestes prostrado aos pés de Judas, que nos deis um auxílio eficaz, com que todos os que aqui estão em ódio vão logo pedir perdão a seus inimigos. Enfim, pelo preço infinito desse sangue, pela ternura infinita dessas lágrimas por nós derramadas, que nos abrandeis estes duríssimos corações, para que só a vós amem e ao próximo por amor de vós, começando nesta vida com um tão fino e tão firme amor, que se continue na outra por toda a eternidade, vendo-vos, amando-vos, adorando-vos, não já com os olhos cobertos, como nesse diviníssimo Sacramento, mas face a face, e não nas dúvidas de vossa graça, mas nas seguranças eternas da glória, que foi o fim para que nos amastes: "Amou-os até o fim".

SERMÃO DA

Quarta Dominga depois da Páscoa

*Com comemoração do Santíssimo Sacramento,
em S. Luís do Maranhão.*

"Eu vou para aquele que me enviou, e nenhum
de vós me pergunta: Para onde vais? Porque vos disse
estas coisas, se apoderou de vosso coração a tristeza."
(Jo 16,5s)

Vieira viveu em São Luís em vários períodos: de 1652 a 1661, quando é embarcado à força para Lisboa. Celebrando a festa do Santíssimo Sacramento, Vieira apresenta várias dimensões da mesa da Eucaristia. Hoje tratará principalmente da sobremesa: a arte certa, útil, agradável e breve de não estar triste. A tristeza é enfermidade universal. É também sempre mortal. Perigosa e nociva à salvação das almas. O remédio desta peste do gênero humano é perguntar ao corpo e à alma para onde vão: Quo vadis? O exemplo de Abraão e Sara; a promessa a Moisés. As causas porque os queixosos vivem tristes são apontadas nos exemplos dos egípcios: as suas baixelas, as suas joias e as suas galas. A consideração da sepultura: o exemplo de Jó e de outros. Os pobres e os ricos. A tristeza da alma: a pergunta e a resposta de Davi: Por que ando eu triste, quando me afligem meus inimigos? Cristo no horto estava triste, consolou-o um anjo. Em resumo, há um só caminho trilhado por Cristo: o de padecer, o dos trabalhos, o das adversidades, por muitas tribulações.

§ I

Nos outros dias em que celebramos a memória do sagrado mistério da Eucaristia, temos sempre a mesa do Santíssimo Sacramento; hoje temos a mesa e mais a sobremesa. Instituiu Cristo, Senhor nosso, o Sacramento de seu corpo e sangue na última ceia que celebrou com seus discípulos: veio a usual primeiro, depois a legal, e por fim, com pasmo dos homens e assombro dos anjos, a sobrenatural e divina, e a esta se seguiu a sobremesa, não menos soberana e admirável, que foi uma prática paternal e amorosa, cheia de documentos e segredos altíssimos, com que o divino Mestre ilustrou, mais que nunca, os entendimentos de toda a sua escola, e lhes animou e fortaleceu os corações, para que perseverassem firmes em sua doutrina e amor.

Desta prática é parte o Evangelho que acabamos de ouvir, e deste Evangelho são também parte as palavras que propus, poucas, mas muito notáveis. Entre as coisas que o Senhor declarou e revelou aos discípulos, foi que era chegada a hora em que se havia de apartar deles e partir deste mundo. Já se vê quais seriam os efeitos que causaria nos ânimos de todos uma novidade tão grande e não esperada. Ficaram como atônitos e fora de si, e penetrados de uma tristeza tão profunda que juntamente os emudeceu a todos, sem haver quem dissesse uma palavra. As saudades, o próprio desamparo e, em suma, a força da tristeza, parece que eram causa daquele silêncio; mas o Senhor, pelo contrário, lhes declarou que o silêncio era a causa da tristeza: "Porque vos disse que me hei de apartar de vós, se encheram de tristeza os vossos corações" (Jo 16,6). — E a verdadeira causa dessa mesma tristeza, que parece sem remédio, não é a minha ausência, senão o vosso silêncio: "Nenhum de vós me pergunta para onde vou?", "Para onde vais?". E por isso estais tristes: que se vós me fizéreis esta pergunta, e eu vos respondera a ela, nenhum de vós se havia de entristecer.

Esta consequência verdadeiramente admirável, que parece enigmática e dificultosa de entender, entenderam os discípulos com a luz que infundiu em suas almas o Mestre divino. E nós, que faremos? Deixando os discípulos já consolados e animados, e aplicando a mesma consequência a nós, ela será a matéria do meu discurso. Determino ensinar hoje a todo o homem em qualquer fortuna uma arte muito certa, muito útil, muito agradável e muito breve, que é a arte de não estar triste. Se houvesse uma arte ou remédio universal que totalmente nos livrasse de tristezas, e que em nenhum caso houvéssemos ou pudéssemos estar tristes, não seria muito para desejar e para todos a quererem aprender? Pois isto é o que hoje pretendo ensinar com a divina graça. Peçamo-la por intercessão da cheia de graça. *Ave Maria*.

§ II

A enfermidade mais universal que padece neste mundo a fraqueza humana, e não só a mais contrária à saúde dos corpos, senão também a mais perigosa para a salvação das almas, qual cuidais que será? É a tristeza.

Primeiramente é enfermidade universal de todos os homens, e universal igualmente de todas as terras, porque nenhuma há tão sadia e de ares tão benignos e puros que esteja isenta deste contágio, e nenhum homem há tão bem acomplexionado de todos os humores que quase habitualmente não esteja sujeito aos tristes acidentes da melancolia[1]. O primeiro e infalível prognóstico, e também universal, desta doença, quando ainda não sabemos de articular vozes, é entrarmos neste mundo todos chorando. Entramos todos chorando, diz Salomão — metendo-se também ele na conta — porque assim confessamos esta miséria natural, e começamos nos primeiros passos da vida a pagar este tributo à tristeza, a que havemos de estar sujeitos em toda ela. A tristeza — se buscarmos a razão deste tributo — não é filha da natureza, senão da culpa. Do primeiro pecado do gênero humano nasceu um tão negro e feíssimo monstro, e como todos somos filhos de Adão, todos herdamos dele este triste patrimônio. Nenhum filho daquele pai foi tão privilegiado da natureza, nem tão mimoso da fortuna, nem tão lisonjeado da vida, nem tão esquecido da morte, que antes dela não padecesse muitas tristezas que lhe fizessem desagradáveis essas mesmas felicidades. Este mundo em que vivemos, todo é vale de lágrimas, nome com que o batizou Davi, ainda para depois de cristão: "Neste vale de lágrimas, no lugar que Deus destinou para si" (Sl 83,7). — Em todo este vale ninguém pode melhorar ou altear de lugar, ainda que o ponha onde quiser: "No lugar que destinou" — e ninguém se pode isentar de tristezas, porque todo o mundo é vale e todo o vale é de lágrimas: "No vale de lágrimas". — Só este vale é vale sem montes, e, posto que alguns quiseram levantar montes neste vale, e parece que o conseguiram, todos esses montes, por altos e altíssimos que sejam, não escapam do dilúvio da tristeza. Os reis, os príncipes, os monarcas, os imperadores, os papas, por mais que o seu estado os tenha levantado tanto sobre os outros homens, nem por isso deixam de chegar lá os nublados e chuveiros contínuos das tristezas. É verdade que as tristezas dos príncipes andam sobredoiradas com os resplendores dos cetros e das coroas, mas por isso mesmo são maiores e mais pesadas, porque são mais interiores. As tristezas que correm pelos olhos não são as mais tristes; as que se afogam no coração, e as que o afogam, essas são as mais sensíveis e penetrantes. Aqueles mesmos resplendores, que cá se admiram por fora, são os relâmpagos das grandes tempestades que lá se ocultam e devoram por dentro. Assim que a tristeza é um mal e enfermidade universal, de que ninguém escapa.

§ III

É também, como dizia, a doença mais contrária à saúde dos corpos, porque, mais ou menos aguda, sempre é mortal. Não o hei de provar com aforismos de Hipócrates ou Galeno, mas com textos expressos todos do Espírito Santo. No capítulo dezessete dos Provérbios, diz o Espírito Santo por boca de Salomão que a tristeza seca os ossos: "O ânimo triste seca os ossos" (Pr 17,22). — Se dissera que murcha e seca a cor, a pele, as veias, a carne, muito dizia; mas os ossos, que são as partes mais interiores, mais sólidas, mais duras, mais fortes com que se sustenta esta fábrica do edifício humano? Assim o diz a sabedoria daqueles olhos que penetram dentro em nós, o que nós não podemos ver. De sorte que é a tristeza um gusano negro — à diferença dos brancos, que roem o bronze — o qual nos está sempre comendo e carcomendo por dentro, e bebendo e secando o úmido daquelas raízes em que se sustenta o calor da vida, até que ele se apaga e ela morre.

Mas este "até que" quanto tardará? Não muito tempo, nem com passos vagarosos, porque aquele cavaleiro do Apocalipse que, montado sobre um cavalo pálido, tinha por nome Morte, esporeado da tristeza corre a toda a pressa. O mesmo Espírito Santo o diz no capítulo trinta e oito do eclesiástico: "A tristeza faz apressar a morte" (Eclo 38,19). — Para uns homens parece que vem a morte a pé, para outros a cavalo; para uns andando, para outros correndo, porque uns morrem devagar, outros depressa; mas a Parca que sempre antes do tempo corta os fios à vida é a tristeza. Vereis a um destes, quando ainda se conta no número dos vivos, descorado, pálido, macilento, mirrado; as faces sumidas, os olhos encovados, as sobrancelhas caídas, a cabeça derrubada para a terra, e a estatura toda do corpo encurvada, acanhada, diminuída. E se ele se deixasse ver dentro da casa ou sepultura, onde vive como encantado, vê-lo-íeis fugindo da gente e escondendo-se à luz, fechando as portas aos amigos e as janelas ao sol, com tédio e fastio universal a tudo o que visto, ouvido ou imaginado pode dar gosto. E estes efeitos tão desumanos, cujos são e de que procedem? Sem dúvida da melancolia venenosa e oculta, que a passos apressados leva o triste à morte: "A tristeza faz apressar a morte".

Para prova desta funesta verdade, bastava um só e sobejavam os dois textos referidos do Espírito Santo; mas sobre eles acrescentou a mesma sabedoria o terceiro, tão admirável e encarecido que, se não fora da boca divina, pudera parecer incrível: "Toda chaga é tristeza do coração" (Ecl 25,17): A tristeza do coração não é uma só chaga ou uma só ferida, senão todas. — Sendo chaga e ferida do coração, bastaria ser uma só para ser mortal; mas como no coração depositou a natureza todo o tesouro da vida, assim no mesmo coração descarregou a tristeza toda a aljava das suas setas. Dali saem todos os espíritos vitais que se repartem pelos membros do corpo, e dali, se o coração é triste, todos os venenos mortais que os lastimam e ferem. Ferem a cabeça e, perturbando o cérebro, lhe confundem o juízo; ferem os ouvidos, e lhe fazem dissonante a harmonia das vozes; ferem o gosto, e lhe tornam amargosa a doçura dos sabores; ferem os olhos, e lhe escurecem a vista; ferem a língua, e lhe emudecem a fala; ferem os braços, e os quebrantam; ferem as mãos e os pés, e os entorpecem; e, ferindo um por um todos os membros do corpo, nenhum há que não adoeça daquele mal, que maior moléstia lhe pode causar e maior pena. Considerai-me um cadáver vivo, morto e insensível para o gosto, vivo e sensitivo para a dor, ferido e lastimado, chagado e lastimoso, cercado por todas as partes de penas, de moléstias, de aflições, de angústias, imaginando todo o mal, e não admitindo pensamento de bem, aborrecido de tudo, e muito mais de si mesmo, sem alívio, sem consolação, sem remédio e sem esperança de o ter nem ânimo ainda para o desejar: isto é um triste de coração. Os outros venenos, em chegando ao coração, matam; mas este, como nasce e se cria no mesmo coração, vai mais devagar em matar, mas não pode tardar muito.

§ IV

Fosse embora tão contrária à vida e saúde dos corpos a enfermidade da tristeza, mas o pior mal deste mal é ser igualmente perigosa e nociva à salvação das almas. Este é o terceiro ponto deste primeiro discurso, e uma verdade pouco sabida, sendo a de maior importância.

"A tristeza" — diz S. João Crisóstomo — "é um cruel tormento da alma, e semelhante a um bicho venenoso, que dentro em nós, não só mata os corpos, senão também as mesmas almas."² — Grande dizer, mas difícil, ao que parece! A morte do corpo consiste na separação com que a alma, que é a vida do corpo, se aparta do corpo; a morte da alma consiste na separação com que Deus, que é a vida da alma, se aparta da alma; a separação da alma, com que morre o corpo, fá-la a febre, ou a espada; a separação de Deus, com que morre a alma, fá-la só o pecado. Pois, se só o pecado é morte da alma, como pode a tristeza matar as almas? Por isso mesmo, porque sendo a morte da alma só o pecado, a disposição para o pecado mais aparelhada, mais pronta, mais eficaz e mais próxima é a tristeza. Neste sentido se hão de entender umas palavras do grande doutor da Igreja, S. Basílio, as quais parece que dizem mais: "A grande tristeza costuma ser a autora e causa dos pecados, porque quando estou triste a paixão afoga a alma e a carência de conselho produz vertigens na cabeça". A grande tristeza — diz S. Basílio³ — costuma ser a autora e causa dos pecados porque esta fortíssima e escuríssima paixão afoga a alma, e assim como os que padecem vertigens na cabeça caem, assim ela, por falta de juízo e conselho, faz que caiam os homens no pecado.

Pouco era para induzir a pecar que a tristeza escurecera só o entendimento, se a mesma escuridade não prendera e atara também a vontade. Das trevas, que foram a nona praga do Egito, diz o texto sagrado que não só cegavam à vista dos homens, mas que os prendiam e atavam de maneira que, enquanto elas duraram, nenhum se pôde mover nem bulir do lugar onde estava: "Ninguém viu o seu irmão, nem se moveu do lugar em que estava" (Ex 10,23). — Caso verdadeiramente admirável, e exemplo prodigioso e horrendo do que pode a escuridade das trevas! Que fossem as trevas tão espessas que eclipsassem totalmente e escurecessem a luz do sol, bem se entende; mas, se lhes faltava o sol, por que se não valiam do fogo, como os que vivem debaixo do polo, nos seis meses que o não veem? Porque nem eles tinham movimento para acender o fogo, nem o fogo tinha vigor para vencer as trevas: "E o fogo na verdade não tinha a força para dar-lhes a luz" (Sb 17,5). — Assim o afirma a mesma Escritura Sagrada no Livro da Sabedoria, onde com esquisita elegância pondera que das trevas lhes formou Deus ou forjou uma cadeia, com que os atar: "E todos estavam presos por uma cadeia de trevas" (Ibid. 17). — E diz mais o mesmo texto que, sendo tão insuportável o tormento das trevas, ainda os egípcios padeciam outro naquela miséria, mais pesado e intolerável, que era sofrer-se cada um a si mesmo: "Portanto mais que as trevas, eles eram o seu próprio peso" (Ibid. 20).

Tal é o estado de um triste, quando a força da sua mesma melancolia o mete no profundo e escuríssimo abismo da desconsolação. Assim como ao egípcio não lhe valia contra as suas trevas nem a luz do sol nem a do fogo, assim não lhe basta a um triste nem o lume da fé nem o lume da razão para vencer as suas, que só lhe são palpáveis. E assim como o egípcio com aquela cadeia sem ferro, mais dura porém que o mesmo ferro, estava atado de pés e mãos, assim o triste, preso sem grilhões nem algemas à cadeia da sua própria tristeza — contando-lhe sempre os fuzis, a que não acha número — nem tem pés para fugir, nem mãos para resistir às tentações do demônio, e por isso está sempre exposto e quase rendido ao pecado. Disse quase rendido, e disse muito menos do que devera, porque se o demônio é o que tenta e vence, a força ou fraqueza, que lhe dá a vitória, é a da tristeza. Ouçamos outra vez a mais eloquente voz da Igreja Católica, e feche-nos o discurso Crisóstomo, com a mesma chave de ouro com que o abriu: "A tristeza humana é mais poderosa que toda a ação diabólica, porque todos aqueles a quem comumente vence o demônio, por meio da tristeza os vence, tanto assim que, se no mundo não houvera a tristeza, a ninguém pudera vencer nem ofender o demônio". — E por que este testemunho tão notável não pareça singular, o mesmo diz S. Bernardo[4], afirmando que entre todos os espíritos malignos, o péssimo e mais nocivo de todos é a tristeza: "Certamente a tristeza secular é o pior de todos os males do espírito". — De sorte que o demônio, ajudado da tristeza, não é um só demônio, senão dois, e a tristeza, pior e mais diabólica que o mesmo demônio.

E se me perguntardes como concorre a tristeza com o demônio para o pecado, posto que bem creio que o terá cada um experimentado em si, eu o direi facilmente. É muito natural aos tristes desejar o alívio e procurar o remédio à sua tristeza; e quando a triste alma chega a estes pontos, então entra a tentação e o demônio, e os alívios e remédios que lhe oferece são tais como ele. Se a tristeza é por ambição e desejo de ser mais, persuade-lhe que não faça caso da lei de Deus, como a Adão e Eva, que por serem como Deus a quebraram (Gn 3). Se a tristeza é por pobreza, persuade-lhe que furte, como a Acã, soldado ilustre, mas pobre, que furtou sacrilegamente a púrpura e regra de ouro nos despojos de Jericó (Js 7). Se a tristeza é por amor, persuade-lhe a que vença por força e violência o que não pode por vontade, como Amnon a Tamar, sem reparar na dobrada infâmia em ambos igualmente sua (2Rs 13). Se a tristeza é por apetite do supérfluo, como a de El-Rei Acab, persuade-lhe que ao domínio universal da coroa acrescente a vinha de Nabot, e com testemunho falso jurado, se não houver outra causa (3Rs 21). Se a tristeza é por afronta, persuade-lhe a que a vingue, ainda que seja por traição, como a Absalão, que contra as obrigações do sangue e leis da hospitalidade, matou aleivosamente a Amnon (2Rs 13). Se a tristeza é por inveja, persuade-lhe que derrube o invejado, posto que inocente e benemérito, como Amã, valido de el-rei Assuero, ao fidelíssimo Mardoqueu (Est 6).

Se a tristeza é por saudades, persuade-lhe a que dos retratos do ausente faça ídolos, como deram princípio à idolatria de todo o mundo as saudades de Belo (Gn 10). Se a tristeza é por falta de filhos e sucessão, como a da outra Tamar mais antiga, persuade-lhe que, se lhos não há de dar Sela, seu esposo, os busque em quem lhos pode dar, como ela fez em Judá, posto que adúltera e incestuosamente (Gn 38). Se a tristeza é por ódio, como a de Saul a Davi, persuade-lhe que, ingrato às cordas da sua harpa, com o ferro da própria lança o pregue a uma parede (1Rs 18). Se a tristeza é por falta de saúde, persuade-lhe que troque as receitas da medicina pelos feitiços da arte mágica, como depois de Jeroboão fizeram todos os reis de Israel (4Rs 1), aos quais e ao mesmo reino sepultou Deus vivos, e esses são os ossos, já então secos e mirrados, que viu Ezequiel há mais de dois mil anos (Ez 37). Infinita matéria fora se houvéramos de discorrer por todos os pecados com que o demônio, ajudado da tristeza, mata as almas. A Caim, triste por se ver menos favorecido, persuadiu-lhe o demônio que matasse a seu irmão, e matou-o (Gn 4). A Aquitofel, triste por que Absalão não seguira o seu voto, persuadiu-lhe que se matasse a si mesmo, e matou-se (2Rs 17). A Judas, triste pelo que tinha feito contra seu Mestre, persuadiu-lhe que se enforcasse, mas antes que lhe impedisse a respiração o aperto do laço, a mesma tristeza, que não cabia dentro, lhe fez estalar o coração, e por isso "rebentou pelo meio" (At 1,18).

§ V

Estes são os efeitos da tristeza — doença de que ninguém escapa nesta vida, e muito mais os mais entendidos — e este, que ultimamente declarei, é o modo com que a mesma tristeza, não só chega a matar os corpos, senão também as almas. Resta agora, neste segundo discurso, menos melancólico, tratar do remédio desta peste do gênero humano, e ensinar, como prometi, a arte de nunca estar triste.

Nas breves palavras que propus temos uma e outra coisa, isto é, a tristeza e mais o remédio: a tristeza: "Porque vos disse que me ausento, encheu a tristeza os vossos corações"; o remédio: "E nenhum de vós me pergunta para onde vou". — Como se dissera o Senhor a seus discípulos pela frase das nossas escolas: — A vossa tristeza tem duas causas: uma positiva, outra negativa, uma que entendeis, outra não. Da minha parte, dizer que me hei de apartar de vós; da vossa, não me perguntardes para onde vou. Deu a tempestade com o navio à costa, e dizemos que se perdeu porque lhe faltaram as amarras. Assim é neste mesmo sentido, porque, ainda que a força dos ventos foi a causa do naufrágio, se as amarras não faltaram, nelas teria o remédio e não se perdera. Da mesma sorte a causa ou motivo da tristeza dos discípulos era a ausência do divino e tão amado Mestre; mas, se eles tiveram feito a pergunta em que não advertiram, nela teriam os seus corações o remédio da mesma tristeza: "A tristeza se apoderou de vosso coração, e nenhum de vós me pergunta: Para onde vais?" (Jo 16,5s).

Nestas duas palavras "Para onde vais?" — acomodando-as a nós — nesta pergunta tão breve, e nesta única máxima ou preceito, consiste toda a arte, que prometi, de nunca estar triste. Homem triste, se a tristeza te não tirou ainda o uso da razão, pergunta-te a ti mesmo "para onde vais?" — e esta consideração, em qualquer caso ou estado da vida, por triste que seja, não só te servirá de consolação, de alívio e de remédio, mas te livrará para sempre de toda a tristeza.

Isto é o que digo. E isto suposto, saibamos agora para onde imos todos, e cada um de nós? Sendo coisa muito sabida, posto que em parte a vemos e em parte não, o Espírito Santo no-la mandou advertir por boca de Salomão no capítulo doze do Eclesiastes: "E o pó se torne na sua terra donde era, e o espírito volte para Deus que o deu" (Ecl 12,7). — O homem, posto que seja um, é composto de duas partes muito diversas, alma e corpo; e o caminho que fazem estas duas partes é tornar cada uma para donde veio. O corpo, que veio da terra, torna para a terra e para a sepultura: "E o pó se torne na sua terra donde era"; — a alma, que veio de Deus, torna para Deus e para o céu: "E o espírito volte para Deus que o deu". — Por esta razão disse S. Cipriano[5], alegado por Santo Agostinho: "Como possuímos o corpo da terra, o espírito do céu, nós mesmos somos terra e céu". Sendo certo — dizem estes dois grandes lumes da África — que as duas partes de que somos compostos, uma a recebemos da terra, outra do céu, daqui se segue que, pelo princípio donde viemos e pelo fim para onde caminhamos, também nós somos céu e terra. Até os gentios menos bárbaros conheceram estes dois caminhos, que todos fazemos. Assim o disse, como refere Plutarco[6], o famoso poeta Epicarmo naqueles versos:

"Formado e separado por partes, vem de onde viera
A terra para a terra, o espírito para as partes celestiais".

Quer dizer: Nesta vida andam unidas no homem aquelas duas partes que depois se hão de dividir, e tornar cada uma para donde veio: a terra para a terra, a alma para o céu.

Pergunte agora o homem a seu corpo: Corpo meu, para onde vais? "Para onde vais?" Pergunte o homem à sua alma: Alma minha, para onde vais? "Para onde vais?" E como o corpo, com a evidência dos olhos, há de responder que vai para a sepultura, e a alma, com a certeza da fé, há de confessar que vai para o céu, à luz deste conhecimento, tão claro e tão forte, não haverá nuvem de tristeza tão espessa e tão escura que totalmente se não desfaça e desvaneça. Não dissemos pouco há, no primeiro discurso, que a tristeza não só atormenta e mata o corpo, senão também a alma? Pois este é o antídoto invencível que o corpo e alma têm contra aquele veneno duas vezes mortal, e esta a arte fácil e breve, com que o homem se livrará infalivelmente de toda a tristeza, só com perguntar ao mesmo corpo e à mesma alma para onde vão. "Para onde vais?"

§ VI

Não só tenho proposto, senão também dividido este segundo discurso, como o primeiro, em duas partes: uma pertencente ao corpo, outra à alma. E, começando pelo corpo, se o homem lhe perguntar "para onde vai", e ele responder que vai para a sepultura, que homem haverá tão cego, que havendo de cair o mesmo corpo naquela cova, não caia ele em si, e não caia na razão que tem para não estar triste?

Morta Sara, comprou Abraão duas sepulturas — "covas" (Gn 23,9) lhes chama a Escritura — uma para ela, outra para si. E notam aqui os versados na mesma Escritura, que desde então Deus que muito frequentemente aparecia e falava com Abraão, nunca mais lhe apareceu. Assim o podem ver todos os que lerem os capítulos 23 e 24 do Gênesis. E verdadeiramente que nunca parece teve Abraão maior necessidade destas aparições e visitas de Deus, que na falta daquela tão fiel companhia de suas peregrinações, para consolação da sua soledade e saudades, e para alívio das tristezas, que, padecidas só por só, são dobradas. Que razão teria logo Deus, cujas razões são altíssimas, para sobre aquele primeiro golpe acrescentar este segundo a um varão tão benemérito da sua casa e tão favorecido seu? Na vida de Sara tinha Abraão com quem partir os cuidados e os desgostos; nas aparições de Deus tinha com que desterrar do coração e dissipar as tristezas, assim como ao aparecer dos raios do sol se dissipam e fogem as trevas. Diremos, pois, que, escondida Sara debaixo da terra e escondido também Deus no seu retiro, ficou menos assistido Abraão do amor e providência divina, sem estes dois socorros?

Não, respondem os mesmos observadores do caso. Porque Abraão, no mesmo tempo em que fechou a sepultura a Sara, abriu e aparelhou a sua, e um homem com juízo e com a sepultura à vista, é tão superior a tudo o que neste mundo faz tristes aos outros, que para vencer as tristezas nem necessita de alívios da terra, nem de visões do céu. Um homem que se pergunta a si mesmo "para onde vais?" — e vê que com os passos do tempo, que nunca para, vai sempre caminhando para a sepultura, ou já deixa detrás das costas, ou mete debaixo dos pés tudo o que costuma entristecer aos que isto não consideram. Na sepultura, para onde caminhamos, o que depois se há de enterrar é o próprio corpo, e o que desde logo fica sepultado é tudo o que neste mundo pode causar tristeza.

Oh! quantas lágrimas se choram e quantas lamentações se ouvem, porque não há quem ponha os olhos neste caminho inevitável, e se pergunte: "Para onde vais?". A uns come por dentro a tristeza, porque se veem pobres; a outros rói a inveja, porque põem ou lhes leva os olhos a abundância dos ricos; e se uns e outros tiveram juízo, e se perguntaram para onde vão, tão pouco haviam de chorar uns o que lhes falta como estimar os outros o que lhes sobeja. Vede quão poderosas são contra estes dois afetos as sepulturas alheias, quanto mais a própria. Na última praga do Egito disse Deus a Moisés que ele daria tal graça ao seu povo com os mesmos egípcios, que toda a prata e ouro, e joias e vestidos preciosos que tivessem lhes fiariam, e desta sorte sairiam daquele cativeiro ricos, com os despojos dos mesmos de que eram escravos: "Eu farei que este povo ache graça no espírito dos egípcios, e quando vós sairdes, não será com as mãos vazias. Mas cada mulher pedirá à sua vizinha vasos de ouro, e de prata, e vestidos; e pô-los-eis sobre os vossos filhos e vossas filhas, e assim deixareis despojado o Egito" (Ex 3,21s). — Esta foi a promessa divina, a qual se cumpriu com tanta pontualidade e largueza, que não houve em todo o Egito quem repugnasse a entregar aos seus escravos e escravas quanto possuíam de preço, sem reparar no que tão facilmente se podia presumir de uma gente de que eles tanto se temiam.

Não eram estes egípcios os que, para mais oprimir e dominar os hebreus ontem, lhes negavam as palhas que lhe pediam para seu serviço? Pois, como agora não duvidam em lhes meter nas mãos a sua prata, o seu ouro e quanto têm de rico e precioso? Notai, diz excelentemente Lirano[7], o tempo e ocasião em que isto sucedeu, e achareis a causa de uma tão notável desatenção. "Porque os egípcios costumavam sepultar os seus mortos e assim não havia casa de egípcio que não houvesse um morto." — Naquela ocasião não havia casa em todo o Egito em que não houvesse algum morto, e como todos "Estavam atentos a sepultar os seus defuntos" — esta atenção das sepulturas lhes tirou de tal maneira a das próprias riquezas que ninguém reparou no ouro, na prata e no demais deixando levar tudo sem cautela aos domésticos inimigos, que lho não haviam de restituir.

Este mesmo pensamento se confirma com grande energia, não passando, como vejo passar sem reparo uma palavra do mesmo texto, digna para comigo de muito particular ponderação. Mandou dizer Deus ao povo que lhe daria graça com os egípcios: "Eu farei que este povo ache graça no espírito dos egípcios". — E que graça foi esta, ou em que consistiu? Explicando-a teologicamente se entenderá bem. A graça, e seus auxílios, ou são suficientes somente, ou eficazes: os suficientes bastam, mas não têm efeito; os eficazes têm o seu efeito certo e infalível, e por meio deles se consegue o fim para que foram dados. Em que consiste, porém, e de que depende esta eficácia? Consiste e depende de a mesma graça e seus auxílios se darem em tal oportunidade de tempo e suas circunstâncias, e em tal disposição do sujeito, que o seu livre-alvedrio os aceite, e use deles. Por isso S. Paulo chamou a esta graça, e seus auxílios, auxílios oportunos: "Para sermos socorridos em tempo oportuno" (Hb 4,16). — E da mesma oportunidade, que é a do tempo, tinha falado Davi, quando disse: "Orará a ti todo o santo no tempo oportuno" (Sl 31,6). — De sorte que antevê Deus o tempo oportuno ou não oportuno, acomodado ou não acomodado, em que o sujeito, segundo as suas disposições, ou há de rejeitar ou aceitar os auxílios da graça; e quando eles são dados na oportunidade desta disposição antevista por Deus, então são eficazes e têm infalível efeito, como o teve a graça prometida e dada aos hebreus: "Eu farei que este povo ache graça". — E qual foi a oportunidade de que dependia a eficácia e efeito da mesma graça? Foi a oportunidade do tempo, em que eles tinham posta toda a sua atenção e cuidado nas sepulturas dos seus defuntos: "Estavam atentos a sepultar os seus defuntos" — e por isso não atenderam nem fizeram caso de entregar o ouro, a prata e tudo o precioso do Egito aos hebreus. Se fora antes deste tempo e desta ocasião, ainda que fossem palhas as que pedissem a seus senhores, mandá-los-iam castigar como escravos, e assim o fez Faraó: mas como estavam com as mortalhas dos defuntos nas mãos e as sepulturas diante dos olhos, por isso os olhos foram tão desatentos, e as mãos tão liberais, que de tudo o que mais prezavam se esqueceram, e não fizeram caso: "Eu farei que este povo ache graça, e deixareis despojado o Egito" (Ex 3,21s).

§ VII

Se bem considerarmos as causas — que lhes não quero chamar razões — por que os queixosos da sua fortuna vivem tristes e se lhes faz triste a vida, acharemos que principalmente são não poderem gozar os dois mais saborosos frutos das mesmas riquezas de que os egípcios ficaram despojados. E quais foram estas? As suas baixelas e as suas joias e galas: "As baixelas de ouro e de prata e as galas". — As baixelas pertenciam à mesa, as galas aos vestidos, e estes são os dois excessos em que a parte irracional do homem, que é o corpo, ou regala o apetite próprio por dentro, ou se ostenta aos olhos alheios por fora. O comer e o vestir são duas coisas sem as quais se não pode viver, em que têm grande batalha no homem a moderação do necessário e a intemperança do supérfluo. Desta intemperança em um e outro apetite foi famoso exemplo — ou escândalo — neste mundo, aquele rico, a quem se não sabe o nome, por ser indigno de o ter, do qual diz o Evangelho que o seu trajo eram púrpuras e holandas, e a sua mesa perpétuos e esplêndidos banquetes: "Que se vestia com púrpura e linho finíssimo e se banqueteava a cada dia" (Lc 16,19). — O mesmo Evangelho diz que, depois desta vida tão regalada nas delícias do tato como do gosto, "Foi sepultado no inferno o mesmo rico" (Ibid. 22). — Mas, se ele tivera juízo, não lhe era necessário, para se moderar em um e outro apetite, ir buscar a sepultura ao centro da terra: bastam as dos que ela recebe em sete pés de comprimento e cobre com quatro de alto.

Caminhando Jacó da sua pátria para Mesopotâmia, no meio desta peregrinação fez um voto particular a Deus, para que sua providência se dignasse de o assistir, dando-lhe nomeadamente "Pão para comer e pano para vestir" (Gn 28,20). — Por certo que nem da parte de Deus nem da sua parece se devera contentar Jacó com tão pouco. Da parte de Deus não, porque era tão favorecedor daquela família que se chamava Deus de seu avô, Deus de seu pai, e Deus seu: "Deus de Abraão, Deus de Isac e Deus de Jacó" (Ex 3,6) — e da parte do mesmo Jacó também não, porque a mesa e guarda-roupa da casa de seu pai era muito nobre, e bem lembrado estava ele que as peles de que sua Mãe lhe cortou as luvas eram de duas crias, as mais mimosas do monte, para um só guisado, e as roupas, com que fez a figura de seu irmão, não pouco preciosas: "Com os melhores vestidos de Esaú" (Gn 27,15).

Pois, se Jacó estava costumado a viver com tão diferente largueza em uma e outra comunidade, e tinha a Deus com as mãos abertas, por que se contenta com tão pouco? Porque naquela peregrinação caminhava com a sepultura diante dos olhos. Ofendido Esaú de lhe ter Jacó furtado a bênção, resolveu-se a lhe tirar a vida: "Matarei a Jacó, meu irmão" (Ibid. 41). — Por isso lhe aconselhou a mãe que fugisse, e esta sua peregrinação verdadeiramente era fugida, por que Esaú o não matasse. Suposto, pois, que fugia, parecerá que deixava a morte e a sepultura detrás das costas, mas o certo é que ninguém a levou nunca mais diante dos olhos; e um homem com a morte e sepultura diante dos olhos, não é muito que nem a pedir nem a desejar se atrevesse mais que o necessário e preciso para viver, ou para não morrer. A fome e o frio, com o medo e apreensão dos passos que levava, se lhe moderaram, compuseram e acomodaram de tal sorte, que a fome para comer se contentava com pão seco, e o frio para se cobrir com pano de qualquer estofa: "Pão para comer e pano para vestir".

Parece-me que ou Jacó neste passo se revestiu profeticamente do espírito de S. Paulo, ou S. Paulo tantos séculos depois histórica e exemplarmente do de Jacó: "Com que tenhamos o que baste para sustentar e cobrir o corpo, teremos também o que basta para estar contentes" (1Tm 6,8) — escreve o apóstolo a Timóteo. E S. Jerônimo, comentando este texto, e contrapondo a largueza e abundância dos ricos à estreiteza e moderação dos pobres no mesmo vestir e comer, filosofa assim elegantemente: "Grande alegria quando te contentares com pouco, tendo o mundo a seus pés e no que se refere às riquezas mudando para os alimentos vis e vestindo túnicas grosseiras"[8]. Não cuidem as galas e gulas dos ricos — diz o Doutor Máximo — que carecem os pobres do que eles gozam, porque tudo o que eles alardeiam com largueza no seu muito logram compensado os pobres, e abreviado no seu pouco: os ricos e vãos nas galas, eles no "vestido grosseiro" — os ricos e vãos nos regalos, eles no "mantimento vil". — E que se segue daqui? Segue-se que o contentamento e alegria que a riqueza e vaidade pretende, só a pobreza sisuda o alcança, e muito maior: "Grande alegria quando te contentares com pouco, tendo o mundo a seus pés". — Deixo de ponderar estas últimas palavras; só digo que para quem caminha para a sepultura, levar o mundo debaixo dos pés mais é triunfo que enterro, posto que mal banqueteado e mal vestido.

§ VIII

E porque até agora falamos com estes dois apetites juntos, persuadindo-os a que se contentem com o seu pouco, ouçamos também cada um de per si, pois são de tão diferente natureza que se não podem sujeitar à mesma razão nem domar com o mesmo freio. Ao que pode entristecer o corpo, por se ver menos nobremente trajado, que diremos? De novo nada, porque nos não havemos de divertir do nosso caminho. Mas que se lembre bem do "Para onde vais?" — e seja pela boca de Jó. Quando a Jó, tão liberalmente herdado dos bens da fortuna, lhe chegaram uma sobre outra as novas de os ter perdido todos em um só dia, que é o que fez e o que disse? O que fez foi "Rasgar as vestiduras" (Jó 1,20) — e o que disse foram estas palavras: "Nu saí do ventre da minha primeira Mãe, e nu tornarei para o ventre da segunda, que é a terra" (Ibid. 21). — Aquele "tornarei para" responde ao nosso "Para onde vais?". Apelou Jó da fortuna para a natureza, como se dissera, rasgando as vestiduras: Já que a fortuna me tirou hoje tudo o que me tinha dado ou emprestado, como se eu neste jogo, tão propriamente seu, não perdera, mas ganhara, até isto, que só me deixou para me cobrir, lhe quero dar de barato. E quem quando vai para a sepultura se contenta com a pele: "E nu tornarei para o ventre" — vede se o podem fazer triste a falta das galas. Mas não vamos buscar este desengano à terra de Hus.

Adoeceram na nossa terra ou um mancebo tão prezado da gentileza, como Absalão, ou uma dama de tão celebrada formosura, como Raquel, e tão requestada por ela como Helena, e, chegados ambos à última desconfiança da vida, na primeira cláusula do testamento, depois da protestação da fé, diz cada um que seu corpo seja sepultado no hábito de S. Francisco. Isto que pelo costume se não estranha, verdadeiramente é digno de grande admiração. Não éreis vós — um e outra — os que tanto vos prezáveis das galas, os que gastáveis as telas, os que inventáveis os bordados, os que empregáveis em uma joia quanto tínheis, e talvez o que não tínheis? Pois, como agora vos mandais vestir com tanta diferença e vos contentais com um hábito de burel, e esse remendado? — Porque agora imos para a sepultura. — Agora, dizem, e dizem o que cuidavam, porque dantes não sabiam para onde iam. Oh! miséria! Oh! cegueira! Oh! engano da vaidade e ignorância humana! Cuidamos que só imos para a sepultura quando em ombros alheios somos levados a ela, e não acabamos de entender que desde a hora em que nascemos começamos este mesmo caminho. Se a um recém-nascido, quando sai do ventre da Mãe, lhe perguntássemos "Para onde vais?". Menino, que agora entraste no mundo, para onde ides? É sem dúvida, que se ele tivesse já uso da razão, e fala para responder, responderia com as palavras de Jó: "Do útero para o túmulo" (Jó 10,19). — Desde a hora de meu nascimento vou caminhando para a sepultura, e estas faixas são a minha primeira mortalha. Desenganemo-nos os mortais, que todo este que chamamos curso da vida, não é outra coisa senão o enterro de cada um; por sinal que, quanto mais pompa, mais cruzes.

Pois, se estas hão de ser as galas da última jornada da vida, por que não nos contentaremos que sejam menos vãs as de toda ela? Gloriam-se tanto das galas os perdidos por esta vaidade, que até o mesmo Cristo, falando das de Salomão, lhes chamou a sua glória: "Nem Salomão em toda a sua glória" (Mt 6,29). — E esta glória há de descer com eles à sepultura? Não: "Porém, quando morrer, nada levará ele consigo, nem a sua glória descerá com ele" (Sl 48,18). — Pois, por que nos há de levar tanto após si o que cá há de ficar, e não nos acomodaremos desde logo ao que só havemos de levar conosco? Aquele grande soldão do Egito, o famoso Saladino, estando para morrer, mandou levar por todo o seu exército a mortalha em que havia de ser sepultado na ponta de uma lança, com um pregão que dizia: De tudo quanto adquiriu Saladino, isto é o que só há de levar deste mundo. — Ditosos os soldados que então se resolvessem a despir a cota, e militar debaixo daquela bandeira! O imperador Carlos V, antecipando o mesmo desengano, trazia sempre consigo a sua mortalha. Por isso tomou aquela valente resolução, maior que todas suas vitórias, de se sepultar em Juste, e acabar a vida antes da morte. Melhor o fazem ainda os que todos os dias, quando se vestem, de tal modo se compõem do pé até à cabeça, com o espelho da sepultura diante dos olhos, como se o vestido fora a mortalha com que hão de ser levados a ela. Este é o trajo dos desertos e claustros religiosos, em que todos os que professamos servir a Deus, o mesmo hábito que vestimos é a mortalha em que havemos de ser sepultados. O mundo, errado, julga este trajo por triste; mas nós, em confiança dele, nunca tristes e sempre contentes: "Como tristes, mas sempre alegres" (2Cor 6,10).

§ IX

Se a consideração da sepultura, e a nossa pergunta "Para onde vais?" é tão eficaz para persuadir sem tristeza a forçosa pobreza das roupas para a fazer tolerável, na mais sensível, da mesa, não é menor a sua eficácia. Queixa-se da sua fortuna o pobre, por que sendo tão liberal com os ricos, com ele seja tão avara, que apenas para comer lhe conceda, com o suor do seu rosto, um pedaço de pão. E eu, antes de passar ao nosso remédio, não só quero reparar no pão, senão no mesmo pedaço, que o faz queixoso e triste. Perto de cem anos havia que o primeiro Ermitão, S. Paulo, vivia em uma cova, quando nela o visitou o grande Antônio, a quem nós, para significar a sua grandeza, chamamos Antão[9]. Depois de se saudarem sós, chegou um corvo com um pão no bico e o pôs entre os dois. Admirou-se o hóspede, e o habitador da cova lhe disse: — Hás de saber, irmão Antônio, que de muitos anos a esta parte, depois que me foram desfalecendo as primeiras forças, por este corvo me manda Deus todos os dias meio pão e agora, porque somos dois, dobrou o Senhor a ração a seus servos, e por isso nos mandou o pão inteiro: — Quem não pasmará que este jantar, para os dois maiores homens que Deus tinha no mundo, fosse mandado da sua mesa? É possível que a proveniência, a grandeza, a magnificência de Deus a Paulo sustenta cada dia com meio pão, e a Paulo e Antônio com um pão? E é possível que um homem com fé não estime e se glorie muito de que às duas metades de pão de Paulo e Antônio se ajunte também o pedaço do seu, sendo ele em tal companhia o terceiro convidado de Deus? Não há dúvida que, se és cristão, nunca a tua ambição e cobiça podia aspirar a maior fortuna que esta a que te tem levantado a tua própria pobreza, igualando-te, não aos príncipes das cento e dezessete províncias no banquete de Assuero, mas aos dois maiores amigos e favorecidos que tem no mundo o supremo Senhor de todo ele. Vê agora quão enganosa é a tua tristeza, e tu quão enganadamente queixoso da tua fortuna.

Mas por que não cuides que te quero consolar por outro caminho, responde-me: "Para onde vais?". Vais para a sepultura? Sim. E todos os mais ricos e abundantes do mundo, para onde vão? Para a sepultura também. Dá, pois, muitas graças à estreiteza da tua mesa e ao teu pouco pão porque, sendo certo que todos hão de chegar à sepultura sem nenhum remédio, só tu por comer menos chegarás à sepultura mais tarde, e só tu por comer menos, serás nela menos comido. A natureza fez o comer para o viver, e a gula fez o comer muito para o viver pouco. De certos homens, da casta daqueles de quem dizia Sócrates que não comiam para viver, mas só viviam para comer, conta a Sagrada Escritura que, exortando-se de comum consentimento, diziam: "Comamos e bebamos, porque amanhã havemos de morrer" (Is 22,13). — A consequência era tão bárbara e brutal como quem a inferia. Mas que fundamento tinham estes homens, ou estes brutos, para prognosticar que ao outro dia haviam de morrer? O mesmo que eles diziam: "Comamos e bebamos". Das demasias da sua gula inferiam a brevidade da sua vida. O dia dos banquetes era a véspera do dia da morte. A gula havia de cantar as vésperas hoje, e a morte as havia de chorar amanhã: "Porque amanhã havemos de morrer". — Não alego Hipócrates nem Galenos[10], que assim definem esta brevidade, porque não são necessários os aforismos da sua arte onde temos os da nossa experiência. Das intemperanças do comer, por mais que o tempere a gula, nascem as cruezas, das cruezas a confusão e discórdia dos humores, dos humores discordes e descompostos as doenças, e das doenças a morte. Suposto, pois, que todos havemos de morrer e todos imos para a sepultura, o maior favor que Deus pode conceder a um mortal é que morra e chegue lá mais tarde. E este é o primeiro privilégio dos pobres, a quem a Providência Divina, quando nega de abundância e regalo, tanto acrescenta de vida.

Ouçam os abundantes e regalados o que sobre isto ensina a verdade daquele Senhor, que o é da vida e da morte: "A vida de todo potentado é breve" (Eclo 10,11). — Outra versão, em lugar de "vida", lê "caminho", e tudo é o mesmo, porque a vida que vivemos é a via com que caminhamos para a sepultura, e o termo do nosso "Para onde vais?". Qual é logo a razão por que a vida e a via dos poderosos e ricos é breve, e faz Deus esta diferença entre os ricos e os pobres? Porque os ricos e poderosos dão muita matéria à gula, os pobres, ainda que queiram, não podem. Santo Agostinho dava graças a Deus por lhe haver ensinado que usasse dos alimentos como das medicinas: "Ensinastes-me a tomar os alimentos, só como remédio"[11]. — De sorte que aquilo sem que não podemos viver é o mesmo que nos mata, tomado sem medida. E como o alimento tomado sem medida é o veneno da vida, e com medida o medicamento dela, esta é a desgraça não conhecida dos ricos, e a ventura também mal entendida dos pobres. A vida e a via de uns e outros igualmente caminha para o mesmo termo, que é a sepultura, mas os passos não são iguais. Porque, como a abundância e gula dos ricos é o seu veneno, e a estreiteza e abstinência dos pobres o seu medicamento, os ricos chegam à sepultura como S. João à de Cristo, primeiro e mais depressa, e os pobres como S. Pedro, mais devagar e mais tarde.

E depois de chegados uns e outros à sepultura, têm também dentro nela alguma diferença? Sim, e muito grande, que é o segundo privilégio dos pobres. A gula, assim como ceva as aves, para que as comam os homens, assim ceva os homens, para que os comam os bichos. Miserável condição da nossa carne, comer para ser comida! Por isso diz um provérbio dos hebreus: "Quem multiplica as carnes, multiplica os vermes". — Os corpos dos ricos, cheios e anafados, são o banquete dos bichos; os dos pobres, secos e postos nos ossos, são o seu jejum. Que bem se viu isto naquele em que o pobre Lázaro e o rico avarento foram à sepultura! O rico, em sepulcro de mármores, banqueteando esplendidamente os bichos, como ele costumava consigo; e o pobre, que nem as migalhas que lhe caíam da mesa tinha para se sustentar, sepultado na terra nua, mas não tendo a mesma terra que comer nele. Diz S. Paulo aos Coríntios: "O comer para o ventre, e o ventre para o comer" (1Cor 6,13). — S. Paulo não dizia trocados. Qual é logo o sentido e comento destas palavras, que o parecem? "O comer para o ventre, isto é do homem; o ventre para o comer, isto é dos vermes".

Os regalos esquisitos trazidos de tão longe com tantos perigos, comprados com tanto preço, guisados com tantos artifícios, são para o ventre do homem; e esse ventre, assim regalado, assim mimoso e assim custoso, para quem é? Para o comerem os bichos. Por isso primeiro diz: "O comer para o ventre", e depois: "O ventre para o comer" — porque o que na vida é regalo para um, na sepultura é pasto para tantos. Até no maná que caía do céu, o supérfluo que excedia o preciso se convertia em bichos, e este é o paradeiro das superfluidades dos ricos. Considere, pois, o rico e o pobre para onde vai: "Para onde vais?" — para que o rico modere a sua abundância, e o pobre se componha com a sua moderação. E porque o pobre e o rico — e o rico mais apressadamente que o pobre — todos imos parar ali, lamentem-se os ricos da sua riqueza, e das suas galas e regalos; sejam os pobres os contentes, e eles os tristes, e paguem com a tristeza a fraqueza dos seus corações: "A tristeza encheu vosso coração".

§ X

Já perguntamos ao corpo; "Para onde vais?" — para onde ia? E nos respondeu por boca do Espírito Santo que para a sepultura. Agora faremos à alma a mesma pergunta, e responderá por boca do mesmo oráculo divino, como também vimos, que vai para o céu. Pois, assim como o corpo achou remédio da sua tristeza no seu "Para onde vais?", assim e muito melhor achará a alma o remédio das suas no seu, quanto vai do céu à terra.

Se houve alma triste neste mundo foi a de Davi, à qual ele tantas vezes perguntou pela causa de sua tristeza: "Por que estás triste, alma minha?" (Sl 41,6). — E como a alma lhe não respondesse, porque as causas deviam pertencer mais à parte sensitiva que à racional, resolveu-se ele a fazer a pergunta ao todo, como composto de ambas e, falando consigo mesmo, diz assim no Salmo 42: "Por que ando eu triste, quando me afligem meus inimigos?" (Sl 42,2). — Notável modo de perguntar! Isto é pergunta ou resposta, ou pergunta e resposta juntamente? Se perguntais por que andais triste e dizeis que vos afligem vossos inimigos, isto é dar a causa e pedi-la. Que maior e mais justa causa de andar um homem triste, que ver-se afligir de seus inimigos, e mais quando não merece a inimizade nem a aflição? Davi era um homem de tão bom coração que o comparou Deus com o seu. E tendo tantas outras virtudes, nenhuma era mais eminente nele que a mansidão: "Lembra-te, Senhor, de Davi, e de toda a sua mansidão" (Sl 131,1). — Contudo, ninguém padeceu maiores ódios e perseguições, e ninguém teve mais e maiores inimigos.

O primeiro e principal era Saul, com que vinha a ter contra si o rei e toda a corte. O mesmo Davi diz que eram tantos os seus inimigos que, com ele não ser fácil de derrubar, com a multidão o tinham metido debaixo dos pés: "Pisaram-me os meus inimigos, porque são muitos os que pelejam contra mim" (Sl 55,3). — Diz que eram tão injustos que, prevalecendo violentamente contra a sua justiça, lhe faziam pagar o que não devia: "Têm-se fortalecido os meus inimigos, que me perseguiram injustamente; paguei então o que não tinha roubado" (Sl 68,5). — Que eram tão traidores que os mesmos que tinham obrigação de o defender se uniam em conselhos para o destruir: "Os meus inimigos falaram contra mim, e os que insidiavam a minha alma tiveram juntos conselho" (Sl 70,10). — Que eram tão raivosos que como cães danados, não só o mordiam, mas lhe quebravam os ossos: "Ao tempo que os meus ossos se quebram, me improperam os meus inimigos que me perseguem" (Sl 41,11). — Que eram por uma parte tão pertinazes, que de pela manhã até à noite o estavam caluniando: "Todo o dia me improperavam os meus inimigos" (Sl 101,9) — e por outra tão fingidos, que em presença o louvavam e, voltando as costas, juravam contra ele: "E os que me louvavam se conjuravam contra mim" (Ibid.). — Finalmente, tão astutos, tão duros, tão fechados na sua impiedade, e tão soberbos, que chegaram a lhe pôr de cerco a própria alma: "Os meus inimigos cercaram a minha alma. Cerraram as suas entranhas; a sua boca falou com soberba" (Sl 16,9).

Todas estas causas, tantas e tão fortes, tinha Davi para andar triste, nem ele as ignorava ou eram outras, porque quando disse: "porque ando triste" — logo acrescentou: "quando me afligem os inimigos" — e quando perguntava: "por quê?" — não era por duvidar das causas da aflição e tristeza, mas porque ignorava e não sabia atinar com o remédio. E que faria, não como rei e como político, senão como profeta e como santo? O que fez imediatamente no verso seguinte, foi recorrer a Deus, pedindo-lhe o socorresse naquela perplexidade com a sua luz e com a sua verdade: "Envia a tua luz e a tua verdade" (Sl 42,3); com sua luz, que o alumiasse no profundíssimo e escuríssimo abismo da tristeza em que estava; e com sua verdade, que desfizesse as falsidades e calúnias com que seus inimigos o perseguiram. Assim orou, e assim o socorreu Deus prontissimamente com a luz e verdade que pedia, mas não com remédio que o livrasse das perseguições, senão com outro mais alto e sublime, que o livrou da tristeza que elas lhe causavam. E qual foi? O mesmo Davi o diz também imediatamente no mesmo verso: "Estas me conduziram, e me levaram ao teu santo monte e aos teus tabernáculos" (Ibid.). A mesma luz e verdade, Senhor, que vos pedi, me guiaram e levaram a que levantasse os olhos, e os pusesse no vosso monte santo, que é o céu, e nessa corte bem-aventurada, onde tendes as vossas moradas eternas.

Oh! luz e verdade divina! A causa de andarmos tristes nos trabalhos, nas perseguições e nas outras misérias, ou naturais ou violentas desta vida, é porque somos cegos, e não vemos esta luz, é porque somos ignorantes, e não conhecemos esta verdade. Como se dissera Deus a Davi: Dizes que andas triste: "Ando triste" (Sl 42,2)? — Pois olha para esses mesmos teus passos — que tu dizes observam teus inimigos para te caluniarem: "Enquanto meus pés estão vacilantes, falaram com orgulho contra mim" (Sl 37,17) — olha para esses mesmos teus passos, conhece que com eles vais caminhando para o céu — e a tanto mais largas jornadas quanto os trabalhos e perseguições forem maiores — e logo pisarás as mesmas tristezas que te molestam e afligem, e as meterás debaixo dos pés. Assim o conheceu e experimentou o já não triste Davi, mas animado e contente; e com as mesmas palavras que dantes, mas com muito diferente energia, tornou logo no mesmo Salmo a perguntar à sua alma: "Por que estás triste, alma minha?". — E bem, alma minha, depois desta nova luz e desta nova verdade, estarás ainda triste? Não sabes que as tempestades em popa levam mais depressa ao porto? Se o teu porto é o céu, caminhando para lá, que te pode entristecer na terra? Porventura o tempo, que lá se chama eternidade? Os trabalhos, que lá se medem com o descanso? As penas, que lá se convertem em glórias? As perseguições, que lá são palmas? As calúnias, que lá são coroas? As línguas maldizentes dos homens, que lá são louvores da boca de Deus? "Por que, por que estás triste, alma minha?"

§ XI

As almas tristes, a umas perturba-as a sua tristeza por dentro: "Por que estás triste, alma minha?". "Por que estás triste, alma minha, e por que me conturbas?" (Sl 41,6) — a outras aflige-as a mesma tristeza por fora: "Por que ando triste, quando me aflige o meu inimigo?" (Sl 42,2). — E toda a causa do que padecem é porque são mudas e cegas. Uma alma muda não se pergunta a si mesma "para onde vais?". E cega não olha para o norte sempre seguro e firme, que desde o céu lhe guia os passos na terra. Eis aqui por que há tantas almas desconsoladas e tristes; eis aqui por que andam tantos corações rebentando de melancolia: "A tristeza se apoderou do vosso coração" (Jo 16,6). — Entendam essas almas que são almas, e que o fim para que foram criadas e para onde caminham é o céu, e logo as não poderá entristecer qualquer fortuna da terra, por mais adversa e temerosa que seja e mais triste que pareça. A maior e mais penetrante tristeza que padeceu alguma alma jamais foi a de Cristo, Redentor nosso, no Horto, tão penetrante e tão terrível que lhe fez suar sangue e bastaria a lhe tirar a vida: "A minha alma está numa tristeza mortal" (Mt 26,38). — O remédio milagroso que teve esta tristeza foi mandar Deus do céu um anjo, que viesse consolar e confortar a seu Filho, que para nosso exemplo permitiu que os afetos naturais obrassem ou executassem em sua humanidade santíssima tudo o que podem nas outras. Desceu o anjo, prostrou-se de joelhos ante o acatamento do seu quanto mais angustiado mais venerável monarca, ressuscitou-lhe o ânimo, confortou-lhe o desmaio, desterrou-lhe do coração a tristeza; mas com que razões ou motivos? Estava o Senhor inclinado sobre a terra: "Prostrou-se com o rosto em terra" (Ibid. 39) — rogou-lhe humildemente quisesse levantar os olhos ao céu, e detê-los um pouco na mesma vista.

Sobre aquele pavimento de estrelas, ó príncipe do firmamento — disse então o anjo — se levanta o imenso palácio de vosso Pai; no lugar mais eminente dele vos está já aparelhado o trono em que haveis de estar sentado à sua destra; dos tormentos que agora vos causam tanto horror, a cada momento de pena sucederá uma eternidade de glórias; a cruz será o famoso troféu com que no dia do juízo saireis triunfante a julgar o mundo; dos espinhos da cabeça se vos tecerá a nova coroa imperial de Redentor dos homens, e monarca universal de homens e anjos; os dois cravos que vos abrirem as mãos serão duas trombetas de bronze imortal, que publiquem, sem jamais cessar, as vossas façanhas; dos que vos rasgarão os pés se formarão as cadeias que renderão e trarão a eles a adoração de todas as gentes; na grande brecha com que o golpe da lança vos penetrará o peito, se desafogará o imenso amor de vosso coração. — Mais ia a dizer o anjo, quando o Senhor já em pé, não só com passos animosos, mas com semblante alegre e forte, ia a receber o encontro das coortes armadas de seus inimigos. E não é menos que Santo Tomás quem assim o afirma, glosando a palavra "confortando" com estas: "Havendo-lhe sido proposto como prêmio o gozo da vida eterna"[12] — o que se há de entender, não da glória essencial, mas dos muitos títulos gloriosos a que pela morte de cruz foi exaltado Cristo, e goza eternamente no céu.

As palavras de Santo Tomás foram transladadas da pena de S. Paulo, e as de S. Paulo, por revelação particular, resumidas da boca do anjo. Onde se deve muito notar a propriedade teológica daquele termo "Havendo-lhe sido proposto" — porque, como doutamente comenta Caetano[13] o anjo só podia confortar a Cristo propondo.

E verdadeiramente a revelação deste segredo, não só era necessária, mas de suma consolação e remédio para todos os que, com grandes causas, ou se veem tentados da tristeza ou já vencidos. Aquele homem, cuja alma estava com tal excesso triste, que bastaria para lhe tirar a vida, com o temor e apreensão terrível dos tormentos, dores e afrontas que do Horto ao Calvário lhe estavam aparelhadas, não só era homem, mas Deus; e que razões e motivos podia excogitar o entendimento de um anjo para confortar e consolar a tristeza de um homem-Deus, e para esse Homem, com a sabedoria e entendimento de Deus, se persuadir e deixar convencer delas? Foram, ou foi só, diz S. Paulo, a consideração dos prêmios do céu tão vivamente representada, como só podia fazer quem descia dele. Com nenhum outro encarecimento se viu nunca o céu tão acreditado, nem a força do argumento "Para onde vais?" tão encarecida. O caminho do Horto até o Calvário era o mais repugnante à natureza humana, posto que unida à divina; o mais áspero, o mais cruel, o mais horrendo, o mais intolerável; o mais áspero, pela delicadeza do sujeito; o mais cruel, pela fereza dos inimigos; o mais horrendo, pelo rigor dos tormentos; o mais intolerável, pela infâmia das injúrias e afrontas. Mas com o céu à vista tudo facilitou a consideração somente do glorioso fim do mesmo caminho. Ponderemos as palavras do apóstolo: "O qual, havendo-lhe sido proposto gozo, sofreu a cruz, desprezando a ignomínia" (Hb 12,2). — O que o anjo representou à sagrada humanidade agonizante e tristíssima foram os gostos, que em lugar dos tormentos, e a exaltação e honras, que em lugar das afrontas no céu lhe estavam aparelhadas por prêmio; e este foi todo o aparato da pompa da paixão, e os pressupostos valentes e animosos, com que o Senhor, de noite e de dia, por passos e estâncias tão lastimosas e trágicas, desde o Horto chegou ao Calvário, até expirar nele. Olhemos para o Filho de Deus caminhando com a cruz às costas, e não só o veja o nosso espanto e a nossa piedade por fora, mas muito mais a nossa fé por dentro.

Diante dos olhos levava o prêmio do céu: "Havendo-lhe sido proposto gozo" — debaixo dos pés pisava os desprezos e as afrontas: "Desprezando a ignomínia" — e sobre os ombros sustentava o peso e tormentos da cruz: "Sofreu a cruz".

Os tormentos e as afrontas eram os dois ingredientes terríveis de que se compunha a bebida do cálice, que tanto o mesmo Senhor repugnava no Horto: "Passe de mim este cálice" (Mt 26,39) — e, sendo a mesma bebida dantes tão amarga, não duvida dizer e cantar a Igreja, que depois lhe foi ao Senhor muito suave e doce: "Doce madeiro, doces cravos, doce fardo que suportava". A mesma doçura reconhece também a Igreja nas pedras de S. Estêvão: "As pedras que caíam sobre ele foram doces". — De que modo, pois, e por que arte ao primeiro mártir, e muito mais ao rei dos mártires, se lhe trocou o fel em mel e a amargura em doçura? Porque ambos padeceram com o céu à vista: Cristo: "Havendo-lhe sido proposto gozo"; Estêvão: "Eis estou eu vendo os céus abertos" (At 7,56).

§ XII

Este é o modo e esta a arte, ó almas, com que no meio dos maiores desgostos e trabalhos da vida podeis viver sem tristeza. Pergunte-se cada uma: "Para onde vais?" — e respondendo que vai para o céu, logo, como encantada destas duas palavras, fugirá e desaparecerá a tristeza, e se houver alguma alma tão mimosa que diga ou cuide que também se pode ir ao céu sem padecer, respondo que se engana. E por quê? Porque quem fez o céu fez também o caminho para ele. E qual é o caminho que ele fez? O do padecer, o dos trabalhos, o das adversidades, o das moléstias, o das tribulações. Assim o mandou o mesmo Deus publicar a todo o mundo pelos seus apóstolos, com um pregão universal que diz assim: "É necessário para entrar no reino de Deus sofrer muitas tribulações" (At 14,21). Quem quiser ir ao céu e ao reino de Deus, saiba que não pode entrar lá senão por muitas tribulações. — Aquele "quem" é cláusula universal, que a ninguém excetua.

Viu S. João no Apocalipse os que já tinham chegado ao céu, vestidos todos de glória, e com palmas nas mãos. E como um dos bem-aventurados lhe perguntasse se sabia quem eram aqueles, e donde tinham vindo: "Quem são estes, e donde vieram?" (Ap 7,13). — Respondeu o santo que não sabia. Então o que lhe tinha feito a pergunta, só para lhe ensinar a resposta: Pois hás de saber — lhe disse — que "Estes são os que vieram da grande tribulação" (Ap 7,14). — Isto só disse, e parece que havia de dizer mais, porque a pergunta tinha duas partes: Quais são, e donde vieram? Pois, se lhe diz donde vieram, por que lhe não diz também quem são? Sim, diz e na primeira palavra: "Estes são os que vieram da grande tribulação" — e os que vieram da grande tribulação, estes são os que só viu S. João no céu. Lá no céu não se pergunta se vêm dos Godos, como em Espanha, ou dos Borbões, como em França, ou dos Austríacos, como em Alemanha, mas se vêm ou não vêm da grande tribulação. Se não vêm da grande tribulação, ainda que sejam reis ou imperadores, não lhes abre S. Pedro as portas do céu; mas se vêm da grande tribulação, ainda que sejam vis, ainda que sejam escravos, ainda que sejam os mais pobres e miseráveis do mundo, ainda que se lhes não saiba o apelido nem o nome, todos têm as portas e entradas do céu francas e abertas, porque assim o diz a lei universal, que a todos compreende e a ninguém excetua: "É necessário para entrar no reino de Deus sofrer muitas tribulações".

Isso quer dizer aquele "é necessário", é forçoso, é preciso, é infalível e sem remédio. E para que nos não admiremos de uma limitação tão absoluta e indispensável, combinemos este "é necessário", com outro maior. Quando os dois discípulos, na manhã da ressurreição, iam tristes e desesperados para Emaús, depois de os repreender o Senhor de ignorantes, tardos de coração e incrédulos, fez-lhes esta pergunta: "Porventura não foi necessário" — aqui vai a palavra — "não foi necessário, não foi forçoso, não foi preciso, que Cristo padecesse, para assim entrar na sua glória?" (Lc 24,26). — Foi necessário, porque ele quis; foi forçoso, porque ele o decretou; foi preciso, porque entendeu que assim importava a ele e a nós: a ele para sua maior honra, e a nós para nosso irrefragável exemplo. Pois, se ao Filho de Deus e Senhor da glória, para entrar "na glória sua" — importou e foi preciso o padecer tanto, nós, cuja não é a glória, antes a perdemos tantas vezes, por que queremos ir e entrar a ela sem padecer? Se este é o caminho que Deus fez para seu Filho, por que havemos nós de presumir que poderemos ir ao céu por outro?

Oh! quem me dera saber descrever este caminho, e qual ele é! Primeiramente é muito estreito: "Apertado é o caminho que leva para a vida" (Mt 7,14) — diz o mesmo Cristo. É lajeado, ou calçado de pedras muito duras, das quais disse Davi: "Por amor às palavras de teus lábios, tenho guardado caminhos penosos" (Sl 16,4). — É semeado de abrolhos, e cercado de agudos espinhos, aqueles a que foi condenado Adão: "Ela te produzirá espinhos e abrolhos" (Gn 3,18). — É talhado de altíssimas barrocas e precipícios, donde se vai o lume dos olhos, como disse o profeta: "E ainda o mesmo lume dos meus olhos não está já comigo" (Sl 37,11). — Umas vezes tem descidas medonhas a profundíssimos vales, em que é fácil escorregar sem remédio, por onde diz o apóstolo: "Aquele que está em pé, veja não caia" (1Cor 10,12). — Outras vezes se levanta em serranias altíssimas, e de aspereza intratável, onde é necessário subir com os pés, e mais com as mãos, como Naás: "Engatinhando com as mãos e pés" (1Rs 14,13). — E que fazem os que se veem lá em cima e descobrem o mundo? Veem nele outra estrada muito larga, e nela muitos homens e mulheres vestidos de galas; muitas carroças douradas e liteiras de várias cores; muitas festas, muitos banquetes, muitos passatempos; comédias, músicas, danças, enfim, tudo prazer, tudo contentamento, tudo alegria. E muitos com saudades, ou inveja, ou desejos de viver contentes e alegres, se passam também a aquela estrada, não entendendo que os que por ela caminham são os própria e verdadeiramente tristes, porque estão e caminham sem freio pela estrada do inferno e da perdição: "Largo é o caminho que guia para a perdição" (Mt 7,13). — Oh! se cada uma daquelas cegas e miseráveis almas se perguntasse "Para onde vais?" — como lhe responderia a fé e a razão: "Considerei os meus caminhos, e voltei os meus pés para os teus testemunhos"

(Sl 118,59)! — Alma desencaminhada, alma perdida, volta, volta.

Torna ao caminho estreito, se o deixaste, e se não, deixa o largo e da perdição enquanto tens tempo, e não tenhas medo ao padecer, pois é muito mais o que lá padeces sem Deus, sendo certo que na hora da morte, que não há de tardar muito, te hás de arrepender sem remédio de não ter padecido com Cristo. Mas como nas entradas do mesmo caminho, não só há ladrões que roubam e ferem, como os do caminho de Jericó, senão feras bravas e leões que andam rondando: "Como um leão que ruge, buscando a quem possa tragar" (1Pd 5,8) — que são os demônios, quem uma vez deixou o caminho do céu, tarde ou dificultosamente torna a ele. Oh! que alegria, que contentamento será o dos venturosos, que, finalmente, chegarem a entrar pelas portas daquele reino bem-aventurado: "Entrar no reino de Deus!". Se é tão grande a alegria dos navegantes quando, tendo escapado das tempestades e dos corsários, ouvem dizer: Terra! terra! que alegria será a dos que agora padecem, quando ouçam dizer: céu! céu!

§ XIII

Predestinados eram para o céu aqueles mesmos discípulos que hoje estavam tristes, quando o divino Mestre lhes disse: "Ninguém entre vós me interroga: 'Para onde vais?'". — E para o mesmo Senhor os animar a padecer, e não ter medo aos trabalhos que costumam ser mais sensíveis à natureza ou fraqueza humana, declarou-lhes o grande preço e valor que têm no céu estas mesmas coisas de que todos tanto fogem na terra, e, por fim daquele famoso sermão, em que tomou por tema "Bem-aventurados vós, os pobres" (Lc 6,22) — voltando-se particularmente para os mesmos discípulos, lhes disse assim: "Então sereis ditosos e bem-aventurados, discípulos meus, quando os homens vos tiverem ódio e vos perseguirem; quando vos disserem injúrias e afrontas; quando fugirem de vós e vos lançarem de si; quando até o vosso nome for deles aborrecido e abominado. Mas quando tudo isto padecerdes por amor de mim, não vos deveis entristecer, senão alegrar e triunfar de prazer". "Alegrai-vos e exultai" — "porque o prêmio que de tudo haveis de receber no céu, é muito copioso" (Lc 6,22s; Mt 5,11s).

Até aqui, Senhor, são palavras tão divinas como vossas; mas para que eu melhor as saiba entender, e também declarar, dai-me licença para que nestas últimas mude uma só. Vós dizeis: "O prêmio que haveis de receber é muito copioso" — a licença que eu peço, é para dizer: "Os prêmios que haveis de receber são muito copiosos". — A mesma palavra "mercês" [prêmio], se é de *merces mercedis*, quer dizer prêmio; se é de *merces mercium*, quer dizer mercadorias[14]. E porque o nome do prêmio está quase esquecido nesta era, e o da mercancia tão valido e tão subido, parece-me que por este segundo será melhor entendido o primeiro. Sendo, pois, de tanto preço, como acaba de dizer a suma verdade, os trabalhos, as pobrezas, as perseguições, as afrontas, e as outras penalidades desta vida, ou naturais ou violentas, e sendo os homens tão cobiçosos, e diligentes, e industriosos em granjear e aumentar mais e mais os próprios interesses, qual é a razão de estarem tão mal reputadas entre eles as mercadorias deste gênero e os avanços delas? A razão não a pode haver, mas a sem-razão e o engano é porque não lhes conhecem o valor, nem lhes sabem dar o preço. Avaliam-nas como gentios, e não como cristãos ou, para falar mais ao certo, avaliam nas como quem lhes faz a conta na terra, e não faz conta de que vai para o céu.

A primeira regra, ou A, B, C da mercancia, é passar as coisas da terra, onde as há e valem pouco, para onde as não há e valem muito. Se víssemos que um mercante de Lisboa, embarcando-se a comerciar nas nossas Conquistas, para Angola carregasse de marfim, para a Índia de canela e para o Brasil de açúcar, não o teríamos por louco e lhe perguntaríamos: "Para onde vais?"? Homem néscio, tu sabes para onde vais ou o que levas? Pois esta mesma ignorância e loucura é a de todos ou quase todos os que se chamam Cristãos neste mundo. Se lhes perguntarmos para onde vão, dizem que para o céu. E se olharmos para os seus cuidados, e para os seus empregos, e para as suas carregações, competindo todos em quem mais há de carregar e sobrecarregar, acharemos que todo o seu cabedal empenham naquelas mercadorias que nenhum preço nem valor têm no céu. Cá custam muito, e lá não valem nada. O ouro e a prata não têm lá valor, porque lá é a pátria das riquezas; os gostos e os passatempos lá não têm valor, porque lá é a pátria das delícias; as telas e os brocados lá não têm valor, porque lá todos vestem de glória; os regalos e sabores esquisitos lá não têm valor, porque lá os perpétuos banquetes são a vista de Deus.

Que coisas são logo aquelas que no céu têm grande valor e grande preço? São aquelas que lá não há. Os trabalhos, as pobrezas, as fomes, as sedes, as perseguições, os ódios, as injúrias, as afrontas, as calúnias, os falsos testemunhos, e todas as outras misérias ou violências que neste mundo se padecem, estas são as que no céu só têm valia, porque no céu todos são impassíveis. Cá é a terra do trabalho e da paciência, lá o porto do descanso e a pátria da impassibilidade. Olhai, olhai bem para o interior desse céu, e vede o que lá só aparece e resplandece levado cá da terra. A cruz de Pedro e André, as grelhas de Lourenço, as setas de Sebastião, as pedras de Estêvão, as navalhas de Catarina, as fogueiras de Tecla, as torqueses de Apolônia, os olhos nas mãos de Luzia. E como estas são as mercadorias que só têm valor e preço no céu, vede se os que mais carregados e sobrecarregados se veem destas felicíssimas drogas, tanto mais preciosas quanto mais pesadas, vede se têm razão de se entristecer, ou de se alegrar, e de saltar da terra ao mesmo céu de prazer: Alegrai-vos e exultai, "Alegrai-vos e exultai porque o prêmio e as mercadorias que de tudo haveis de receber são muito copiosas no céu".

Estas são as mercancias dos que negoceiam da terra para o céu. E do céu para a terra, haverá também algum mercador, e algum comércio? Sim, e muito mais admirável. O mercador não é menos que o mesmo Deus, o qual se fez homem para trazer do céu à terra o que cá não havia, e levar da terra ao céu o que lá não há, e este foi o comércio. Assim o canta a Igreja: "Oh! comércio admirável! O Criador do gênero humano, encarnando-se, prodigalizou-nos sua divindade!". — "Este é o mercador daquela nau, que trouxe de longe o seu pão" (Pr 31,14). — O pão logo veremos qual é, as mercadorias e drogas em que empregou todo o seu cabedal e toda a sua vida, foram as que não havia no céu, nem ele enquanto Deus, e sem carne passível podia granjear na terra. Em Belém granjeou a pobreza, o frio, o desamparo: hóspede dos brutos e sem agasalho entre homens. Antes do Egito granjeou as perseguições e tiranias de Herodes, e no Egito os desterros. Em Nazaré, e em vida de José, granjeou a sujeição e obediência a um oficial com nome de Pai seu, que não era. Depois de sua morte granjeou o suceder-lhe na mesma oficina, ganhando o pão para sua Mãe e para si com o suor do seu rosto. Antes de sair ou fugir da pátria, granjeou o aborrecimento e desprezo dos seus naturais e dos que eram seu sangue, que devendo-se prezar se desprezavam dele. Nas peregrinações de Galileia e Judeia granjeou fazê-las sempre a pé, e muitas vezes descalço, exposto ao sol e às chuvas, sem casa própria nem alheia, podendo invejar dos bichos da terra as covas, e das aves o repouso dos ninhos, sem ter onde reclinar a cabeça.

No povoado granjeou mendigar cotidianamente o comer, e talvez pedindo um púcaro de água, não só a quem lho negou, mas lhe estranhou o pedi-la. No deserto granjeou o contínuo jejum e, depois da fome de quarenta dias, as tentações do demônio, uma, duas e três vezes combatido. Finalmente, entrado na corte de Jerusalém e réu da sua própria sabedoria e milagres, granjeou os ódios e invejas dos escribas e fariseus e o decreto de morte fulminado pelos príncipes dos sacerdotes contra sua inocência. E naquele dia e noite fatal, que foi o da feira geral e franca do seu comércio, no Horto granjeou as agonias e as prisões, no palácio de Anás as bofetadas, no de Caifás as blasfêmias, no de Herodes os desprezos, no pretório de Pilatos as acusações, os falsos testemunhos, os açoites, a coroa de espinhos e, por remate de tudo, a morte de cruz entre ladrões no Calvário. Isto é o que a mesma pessoa de Cristo, como mercador, veio granjear do céu à terra, e por isso o que levou da terra para o céu foram somente as chagas. S. Paulo diz que deu aos homens: "Deu dons aos homens" (Ef 4,8). — Davi diz que recebeu dos homens: "Tomaste dons para distribuíres aos homens" (Sl 67,19) — e como o comércio consiste em dar e receber, tudo foi porque "A nós deu-nos a sua divindade" — e de nós recebeu as mesmas chagas: "Que chagas são estas no meio das tuas mãos? Com estas fui eu ferido em casa daqueles que me amavam" (Zc 13,6).

Em suma, de tudo o que fica dito, esta mesma e não outra havia de ser a resposta do divino Mestre, se os discípulos lhe perguntassem: "Para onde vais?". Mas eles, porque não fizeram a pergunta, ficaram tristes; e nós, pelo contrário, porque ouvimos na resposta os grandes interesses do prêmio que nos espera no céu: "O prêmio que haveis de receber no céu é muito copioso" — por muitos que sejam os trabalhos e moléstias do caminho, não devemos estar tristes, senão muito alegres: "Alegrai-vos e exultai".

§ XIV

E para que acabemos por onde começamos e tornemos à mesa donde saímos, se a alma que vai para o céu, e o corpo que vai para a sepultura, me perguntarem pelo viático com que se hão de sustentar em um e outro caminho, este é aquele pão que o mesmo mercador do céu trouxe à terra e eu reservei para este lugar: "Que traz de longe o seu pão" (Pr 31,14). — O Santíssimo Sacramento do Altar "É o pão que desceu do céu" (Jo 6,59) — e este pão não só é viático para a alma, senão também para o corpo. Ouvi o que diz o mesmo Senhor: "Quem come este pão viverá eternamente, e eu o ressuscitarei no último dia" (Jo 6,55). — É viático para o corpo que caminha para a sepultura, porque na mesma sepultura o há de ressuscitar; e é viático para a alma que caminha para o céu porque a alma, em se apartando do corpo, há de viver no céu eternamente.

Quando Elias "Pediu à sua alma que o deixasse morrer" (3Rs 19,4), apareceu-lhe um anjo que lhe deu a comer um pão, dizendo que "Ainda tinha muito que caminhar" (3Rs 19,7). Desta palavra "via" [caminho] se deriva o nome de viático, mas o nosso muito melhor que o de Elias. Se Elias houvesse de morrer, como os outros santos daquele tempo, a sua alma não havia de ir logo ao céu, senão ao seio de Abraão; e porque ainda está vivo, não há de ir ao céu senão no fim do mundo. Assim o viático de Elias era como o do nosso corpo, que não há de ir ao céu senão quando ressuscitar; porém o viático da nossa alma, por virtude do Santíssimo Sacramento, não é como o de Elias, porque logo, em se apartando a alma do corpo, vai gozar de Deus no céu. Oh! bem-aventurados trabalhos, que tão depressa nos hão de levar ao descanso! Oh! bem-aventuradas pobrezas, que tão depressa nos hão de levar à coroa! Oh! bem-aventuradas penas, que tão depressa nos hão de levar à glória!

SERMÃO DA

Visitação de Nossa Senhora a Santa Isabel

*Na Misericórdia da Bahia. Em ação de graças pela
vitória da mesma cidade, sitiada e defendida. Ano 1638.*

❧

"E de onde me vem esta felicidade?"
(Lc 1,43)

Poucos dias após o *Sermão de Santo Antônio*, pregado na igreja do mesmo santo, contra a qual os holandeses tinham assentado os seus quartéis e baterias (cf. vol. VIII), Vieira põe nos lábios da Bahia o texto do evangelho da festa da Visitação, referindo-o ao benefício da vitória. Mostra que essa vitória se deve atribuir não menos à oração que às armas, confirmando-o com o exemplo de Moisés. Assim, para prestar a Deus a devida ação de graças, exorta a Bahia a imitar Judas Macabeu, dedicando aos pobres enfermos, órfãos e viúvas a parte principal dos despojos, com o que merecerá outras vitórias. Não há coisa que mais comova o coração de Deus, canta Davi, que ouvir os gemidos dos pobres. E satisfaz às obrigações da festa lembrando que Nossa Senhora não fundava sua esperança nas riquezas caducas do mundo, mas na oração e intercessão dos pobres (L. G. CABRAL, *Vieira Pregador*, II, Braga, Livraria Cruz, 1936, p. 445).

§ I

Festejar as mercês do céu, reconhecê-las como recebidas da mão de Deus, e dar-lhe infinitas graças por elas, é a primeira obrigação da fé, é a primeira confissão do agradecimento e são os primeiros impulsos da alegria cristã e bem ordenada. Assim o cantou hoje a Virgem Maria, já Mãe de Deus, entrando em casa de Zacarias e visitando a Santa Isabel. Reconhecida a Senhora à dignidade infinita do mistério inefável que a mesma Isabel, por revelação do céu, também reconhecia e celebrava, que fez e disse? Louvou e magnificou a Deus: "A minha alma engrandece ao Senhor" (Lc 1,46) — alegrou-se no interior do seu espírito, com demonstrações semelhantes às do Batista no ventre da mãe: "E o meu espírito se alegrou por extremo em Deus meu Salvador" (Ibid. 47) — e declarou e confessou que as grandezas, que já começavam a sair à luz, nascidas do que dentro em si trazia, eram obra do braço todo-poderoso do Senhor, e seu santo nome: "Porque me fez grandes coisas o que é poderoso, e santo o seu nome" (Ibid. 49).

Isto é o que nas grandes mercês do céu deve festejar e reconhecer a fé e agradecimento humano; mas não basta. E que mais é necessário? É necessário que, voltando os homens os olhos para a terra, os ponham em si com verdadeiro conhecimento da própria indignidade, e — porque a providência divina sempre requer disposição ou cooperação de suas criaturas, para repartir com elas os tesouros de suas misericórdias — que considerem todos, e se pergunte cada um a si mesmo, e diga com Santa Isabel: "E donde a mim esta dita?". E donde a mim tão extraordinária mercê? — Assim o fez também a mesma Virgem Maria, no meio dos mesmos louvores com que magnificou a Deus e com que se via magnificada, olhando para si mesma — como diz — e não achando nem reconhecendo em si outro motivo, outra razão ou outro porquê das mesmas grandezas, senão o da sua humildade: "Por ele ter posto os olhos na baixeza de sua escrava" (Ibid. 48). — Quer dizer: Vós, ó Isabel, cheia do Espírito Santo, me apregoais por Mãe de Deus: "Que venha visitar-me a que é Mãe de meu Senhor" (Ibid. 43). — Vós me chamais bendita entre todas as mulheres: "Benta és tu entre as mulheres" (Ibid. 42); e vós me canonizais por bem-aventurada nesta vida, porque no resto dela se cumprirão em mim todas as promessas do anjo: "E bem-aventurada tu, que creste, porque se hão de cumprir as coisas que da parte do Senhor te foram ditas" (Ibid. 45). E eu não acho nem vejo em mim senão o que só viu o mesmo Senhor, pondo os olhos na sua menor escrava: "Pôs os olhos na baixeza de sua escrava" (Ibid. 48).

Até aqui a famosa história da Visitação da Mãe de Deus à mãe do Batista, na qual, como em parábola, falei até agora de nós e conosco, posto que o não parecesse. Duas coisas ponderei nela. A primeira, e que naturalmente move a todo o homem, é festejar os seus bens; e, se é homem cristão e com fé, louvar a Deus por eles e dar-lhe as devidas graças. A segunda, não parar neste exterior da felicidade humana, como se fora fortuna ou caso, mas fazer reflexão sobre si mesmo e considerar se acha em si algum fundamento de boas obras, pelo qual Deus se inclinasse ou se deixasse obrigar a lha conceder. Já cuido que me tenho explicado. Muitos dias há que esta nossa cidade festeja a ilustre vitória com que Deus lhe fez mercê de se defender tão gloriosamente do poder do inimigo comum, com que se viu sitiada.

E não há na mesma cidade templo em que, com universal concurso e aplausos da piedade cristã e portuguesa, se não tenham rendido as devidas graças ao soberano autor da liberdade que gozamos. Eu hoje nesta matéria, tão repetida e tão batida como a mesma cidade, já a pudera passar em silêncio e emudecer com Zacarias; mas escolhi antes — porque a Deus não o cansam os agradecimentos — falar com Isabel.

Das suas palavras escolhi por tema somente as da admiração, com que se pergunta a si mesma: "E donde a mim esta dita?". Não falarei em meu nome, mas a Bahia será a que se admire da vitória, a que tão pouco costumados estávamos, e a que se pergunte a si mesma donde lhe veio esta ventura tão extraordinária e tão nova. A Bahia perguntará o donde, e ouvirá as opiniões dos que cuidam que a eles se lhes deve a vitória. Eu, depois de responder a cada um por si, concluirei com a que tenho por mais certa e verdadeira. Isto é o que ouviremos no discurso do sermão, e desde logo o que só posso dizer é que, para descobrir e achar o donde, não será necessário ir buscá-lo à campanha, nem sair à rua, porque o acharemos dentro nesta mesma casa, como se fora a de Zacarias. Lá e cá temos derramando graças a fonte da graça. *Ave Maria*.

§ II

"E donde a mim esta dita?" Esta mercê, este favor, este benefício do céu tão grande, esta felicidade de que estive tão duvidosa e agora estou tão segura, esta vitória tão honrada e tão festejada, e de que tão desacostumado está o Brasil há tantos anos, "donde a mim?". Assim pergunta falando consigo a Bahia, e admirada da sua própria fortuna, busca dentro em si a causa dela. Mas vejo que desta mesma pergunta, que sempre supõe dúvida, se dá ou pode dar por muito ofendido o valor dos nossos soldados e por igualmente agravada a reputação das nossas armas. "Donde?" E quem há tão cego que o não visse nos relâmpagos do fogo, quem tão surdo que o não ouvisse nos trovões da artilharia, quem tão seguro e sem receio que o não temesse em mil e seiscentos raios contados, que as batarias furiosas do inimigo choveram sobre a Bahia em quarenta dias e quarenta noites de sítio? Em outros tantos dias e noites se formou o dilúvio universal que alagou o mundo, e, assim como então diz o texto sagrado que, não só da parte combatente se abriram as cataratas do céu, mas também da parte combatida se romperam as fontes do abismo, assim nesta inundação, verdadeiramente de monte a monte, se foi apertada e pertinaz a força dos combates, não foi menor, antes mais forte e poderosa, a das resistências, de que enfim se confessou por vencida a soberba e presunção dos mesmos combatentes, quando a sua, não retirada, mas manifesta fugida debaixo da capa da noite, mal lhe cobriu as espaldas.

A artilharia deixada e carregada nas plataformas, sem retirar o inimigo uma peça; o pão cozendo-se nos fornos, as olhas dos soldados ao fogo; as tendas, as barracas, as armas, a pólvora, tudo desamparado, sem ordem, no precipício da desesperação, não só temerosa, mas atônita; sobretudo, o silêncio das caixas e das trombetas com que tão confiados se tinham aquartelado, mudo e insensível às nossas sentinelas; isto, assim junto como por partes, é o que está respondendo e dizendo a brados a Bahia a quem deve, e donde lhe veio o donde por que pergunta. "Donde?" Da prudência dos nossos ilustríssimos generais e da bem aconselhada dissimulação — mal entendida do vulgo — com que deixaram marchar sem oposição o inimigo até o lugar onde estava antevista a sua ruína. "Donde?" Da bizarra resolução dos nossos mestres de campo, posto que de três nações diferentes, unidos em tomar o governo das armas, em que só o império e obediência delas entre os dois generais esteve duvidoso. "Donde?" Do valor dos nossos famosíssimos capitães e soldados, que antes de haver trincheiras, eles o foram a peito descoberto e, depois de as haver, dentro, com as próprias granadas e bombas do inimigo, e fora, com a espada na mão, semearam a campanha de tantos corpos mortos, para cuja sepultura pediram tréguas, sementeira de que eles logo colheram o desengano, e nós, pouco depois, o fruto da vitória.

Assim responde a nossa triunfante milícia à pergunta da Bahia, a qual, posto que testemunha das suas façanhas, ainda duvidosa, inquire e quer saber qual fosse verdadeiramente o motivo que Deus, da nossa parte tivesse, e qual mais propriamente o onde donde lhe veio o favor do céu, que tão repetidamente celebra e festeja, querendo dar a glória a aquela parte de si mesma à qual mais própria e mais verdadeiramente se deva.

§ III

Primeiramente, respondendo à resposta de nossos soldados, não direi, com licença sua, que é muito própria da arrogância militar, mas não posso deixar de dizer que igualmente é alheia da fé e piedade cristã. Que diz a fé? Que Deus é o Senhor dos exércitos, e que dá ou tira a vitória a quem é servido, por meio das armas sim, mas sem dependência delas. Em próprios termos a Sagrada Escritura, como se falara nomeadamente do nosso caso: "O rei não se salva pela grandeza de seus exércitos, e o gigante não será salvo pela sua grande força" (Sl 32,16). Salvou-se a cidade do Salvador do perigo em que se viu tão apertada, mas não foi o numeroso dos seus presídios, nem o valoroso dos seus soldados o que a salvou, porque na guerra e nas batalhas nem aos reis os salva o poder dos seus exércitos: "O rei não se salva pela grandeza de seus exércitos" — nem aos gigantes os salvam as desmedidas forças dos seus braços: "E o gigante não será salvo pela sua grande força".

Ouçam os soldados uma e outra coisa da boca de um também soldado, e soldado que foi rei, e soldado que venceu gigantes: "Eu" — diz Davi — "nunca pus nem porei a esperança da vitória no meu arco, nem confiarei que me salvará das mãos de meus inimigos a minha espada" (Sl 43,7). — No arco entendem-se as armas de longe, na espada as de perto, e em umas e outras parece que experimentou o mesmo Davi o contrário do que diz, porque no desafio do gigante de longe, com o tiro da funda, lhe meteu a pedra na testa, e de perto, com a espada do mesmo inimigo já prostrado, lhe cortou a cabeça. Pois, se Davi venceu o gigante com o tiro da funda e com o talho da espada, como diz que não há de pôr a sua esperança nem nas armas de longe nem nas de perto? Porque uma coisa é vencer por meio das armas, outra é pôr a esperança nelas. Pôr a esperança nas armas é presunção e vaidade gentílica; pô-la só em Deus, que é o Senhor das vitórias, é fé e piedade cristã.

Assim sucedeu no mesmo caso e o disse o mesmo Davi, respondendo às arrogâncias do gigante: "Tu, ó gigante, vens contra mim coberto de ferro, com a espada cingida, com a lança em uma mão e o escudo na outra; eu venho contra ti desarmado, mas em nome do Deus dos exércitos" (1Rs 17,45). — E que se seguirá desta batalha tão desigual? "Seguir-se-á que Deus com todas essas armas te entregará nas minhas mãos, e eu, como me vês, desarmado, te cortarei a cabeça" (1Rs 17,46). — E que mais? "E conhecerá esta igreja universal, que para Deus dar a vitória a uns e pôr em fugida a outros, não há mister nem faz caso de armas, porque é Senhor da guerra" (1Rs 17,47).

Não sei se teve Davi pensamento particular em chamar à multidão dos que o viam e ouviam nomeadamente igreja? "E conhecerá esta igreja universal" — porque a fé daquela doutrina nem pertencia ao gentio, quais eram os filisteus, nem a reconhece o herege, quais são os de Holanda — e foram os que lá e cá, desenganados da sua fraqueza, fugiram — mas só e própria dos filhos da verdadeira Igreja, quais somos nós os católicos. Por isso Davi não só disse igreja, mas "universal", que quer dizer católica: "E conhecerá esta igreja universal". — E para que esta fé e este conhecimento? Para que a fortuna das nossas armas, posto que vitoriosas, nos não desvaneça, antes temamos as nossas mesmas vitórias se, ingratos e infiéis a Deus, as atribuirmos às nossas armas e ao nosso valor. Detrás da carroça dos triunfadores romanos era costume ouvir-se um pregão, que dizia: "Lembra-te, ó triunfador, que és mortal". — E eu neste mesmo ponto quero fazer outro memento e publicar outro pregão aos nossos capitães e soldados, pregão não decretado no capitólio de Roma, mas no consistório do Triunvirato divino, e não para nos diminuir a alegria do presente triunfo, mas para que a moderemos com a razão e a seguremos com o temor.

Anunciou o profeta Amós a el-rei Amasias que de seu exército, que constava de quatrocentos mil homens, licenciasse e despedisse cem mil, porque eram de gente que estava fora da graça de Deus — notem as consciências militares quanto importa estarem em graça de Deus ou fora dela — e como Amasias reparasse nesta diminuição do seu exército e no soldo de cem talentos de prata, com que já os tinha pago, respondeu o profeta, e declarou ao rei da parte de Deus um segredo, que nem ele então entendia, professando a verdadeira fé, nem hoje acabam de o entender os que a professam. Ouvi o segredo e o pregão: "Se tu imaginas que o sucesso da guerra depende da força do exército, Deus fará que tu sejas vencido pelo inimigo, porque só Deus pode socorrer, e pôr em fugida" (2Par 25,8). — Porque hás de saber, ó rei, que se imaginares que os felizes sucessos da guerra, e as vitórias, consistem no número e fortaleza dos exércitos, pelo mesmo caso e por esta só imaginação fará Deus que sejas vencido de teus inimigos, para que entenda e se desengane o mundo, que dar a vitória a uns, ainda que sejam poucos e fracos, e pôr em fugida a outros, ainda que sejam muitos e fortes, não é consequência das armas e do valor, mas regalia própria do Senhor dos exércitos. Logo, não foi o esforço nem a ciência militar dos nossos defensores o onde donde a Bahia pergunta que lhe veio o bem da vitória que festeja: "E donde a mim esta dita?".

§ IV

A esta primeira resposta, e mais palpável à vista, se segue a segunda, menos visível, mas muito mais poderosa ainda, que é de mãos desarmadas. Desarmadas estavam as mãos de Moisés quando ele orava no monte, e o exército de Josué pelejava na campanha. E foi maravilha então notada de todos, e cuja memória quis Deus ficasse estampada, não em lâminas de bronze ou diamante, mas nos caracteres imortais dos seus livros, que quando Moisés levantava as mãos ao céu, vencia Josué, e quando elas, como de braços cansados já com a velhice, descaíam um pouco, prevalecia o inimigo: "E quando Moisés tinha as mãos levantadas, vencia Israel; mas se as abaixava um pouco, vencia Amalec" (Ex 17,11). — Moisés no monte, Josué no campo raso, ambos assestavam as suas batarias contra o exército de Amalec; mas as máquinas militares e a pontaria dos tiros eram muito diversas. Josué batia o inimigo, Moisés batia o céu; Josué com ferro e fogo, Moisés com as mãos desarmadas; Josué ferindo, Moisés orando: e a vitória estava tão dependente da oração de um, e tão pouco sujeita às armas do outro, e só pela força e perseverança da oração vencedoras.

Lembremo-nos agora de nós. Quem visse interiormente a Bahia naqueles quarenta dias e quarenta noites em que esteve sitiada, mais a julgaria, na contínua oração, por uma Tebaida de anacoretas que por um povo e comunidade civil, divertida em tantos outros ofícios e exercícios. Nos conventos religiosos, nas igrejas públicas, nas casas e famílias particulares, todos oravam. Os pais, os filhos, e quantos podiam menear as armas, assistiriam com Josué na campanha; e as mães, as filhas e todo o outro sexo ou idade imbele, orando continuamente pelas vias daqueles que por instante temiam lhes entrassem pelas portas ou mal feridos ou mortos. O estrondo das batarias inimigas e nossas, espertando com a evidência e temor do perigo os ânimos, não lhes permitia quietação nem sossego; e então a Bahia, com propriamente Bahia de Todos os Santos, invocando a intercessão e auxílio de todos, não por intervalos, como Moisés, mas perpetuamente e sem cessar, batia as muralhas do céu.

Esta bataria das mãos desarmadas, mas levantadas ao céu, foi mais verdadeiramente a que nos deu a vitória. E porque a proposta, como de quem não professa as armas, não pareça suspeitosa aos professores delas, ouçamos o testemunho de um soldado, e seja o mesmo que já ouvimos na resposta passada, Davi. Este grande soldado, como capitão general das armas católicas daquele tempo, em um salmo que compôs estando para sair em campanha, apontando para os esquadrões do exército contrário, que já tinha à vista, diz assim: "Estes confiam nas suas carroças, e aqueles nos seus cavalos, mas nós invocaremos o nome de nosso Deus" (Sl 19,8). A milícia de nossos inimigos e a nossa — ó companheiros — segue mui diferentes máximas: eles põem o seu poder e toda a sua confiança na multidão da sua cavalaria e nas máquinas dos seus carros. Porém, nós, que temos outra fé e outra experiência, posto que com as armas nas mãos, não pomos a confiança nelas, mas todo o nervo da nossa guerra consiste em outros instrumentos bélicos, muito mais fortes, que são as orações e preces com que invocamos a Deus: "E nós invocaremos o nome do Senhor". — E cuja será a vitória em tanta diferença de uns e outros combatentes? Eu vo-lo direi — diz Davi — antes da batalha, tanto ao certo como se já tivera sucedido, e não só como profeta, mas como capitão: "Eles ficaram atados, e caíram, mas nós nos levantamos, e fomos sustidos" (Ibid. 9). Eles com as suas armas, estando levantados, caíram vencidos; nós com as nossas orações, estando caídos, levantamo-nos vencedores.

Tudo isto é o que sucedeu na nossa vitória. E se eu me atrevesse a dizer que o mesmo profeta a anteviu e descreveu tão pontualmente, não faltará quem me diga que não apaixone tanto por ela, pois tem a objeção ou réplica muito à flor da terra. O profeta fala de inimigos confiados na sua cavalaria e carros militares, que são os que a milícia antiga chamava falcatos, e os nossos inimigos não trouxeram cavalaria nem carros bélicos para nos sitiar. Mas a diferença desta circunstância não desfaz a profecia, porque o mesmo profeta, falando das naus e armadas marítimas, lhes chama cavalos e carros: "Tu abriste um caminho aos teus cavalos no mar, e as tuas carroças são a nossa salvação" (Hb 3,15.8) — e tais foram os cavalos e carros militares, com que na sua poderosa armada naval nos sitiou por mar o inimigo: "Este nos carros e aqueles nos cavalos". — Eles, porém, posto que tão exercitados nesta cavalaria nadante, tendo entrado tão soberbos e inchados como as suas velas e tão levantados com os sucessos da passada fortuna como as suas bandeiras no tope, sendo ainda mais altos os seus pensamentos, caíram, e nós, posto que verdadeiramente caídos com a adversidade dos mesmos sucessos, se nos levantamos vencedores e triunfantes é porque a força da oração, e não a das armas, neste levantar e cair trocou as balanças de Marte: "Estes empenhados, e caíram; nós nos levantamos, e permanecemos de pé".

§ V

Naquela famosa batalha dos troianos contra os latinos, diz o Príncipe dos poetas que, enquanto a vitória esteve duvidosa, Júpiter sustentava na mão duas balanças iguais, até que uma caiu vencida e outra se levantou vencedora:

"Júpiter examina as duas balanças em perfeito equilíbrio etc."[1].

E Filo Hebreu[2], prosseguindo a mesma metáfora, não fabulosa e poeticamente mas fundado na verdade da história sagrada, diz que as armas de Josué, como postas em balança, sem a oração de Moisés caíam, e com a oração de Moisés se levantavam: "Portanto como por algum tempo as mãos de Moisés, à maneira dos pratos da balança ora subiam, ora desciam; assim combatia-se sem vantagens definidas; finalmente de repente como tendo penas no lugar dos dedos, as mãos de Moisés voavam levadas pelo ar e permaneciam no alto, até que aconteceu a vitória certa para os hebreus, tendo sido exterminados e vencidos os inimigos". — Notem-se muito aquelas palavras: "À maneira dos pratos da balança ora subiam, ora desciam". — De sorte que a vitória estava posta na balança da oração, já descendo, já subindo, não conforme Josué mais ou menos fortemente meneava as armas, mas segundo as mãos de Moisés, ou orando remissamente desfaleciam, ou, instantemente levantadas ao céu, "Como tendo pena no lugar dos dedos fossem, voavam, levadas pelo ar".

Daqui se segue que, se a justiça, com as balanças em uma mão e a espada na outra, houver de julgar a nossa vitória a quem mais verdadeiramente se deve, não há de ser a espada dos que, como Josué, pelejavam na campanha, senão as mãos levantadas dos que no mesmo tempo, como Moisés, oravam no monte. E para que os nossos capitães se não ofendam desta proposição, e desafiem a quem a quiser sustentar, lembrem-se que no antigo povo de Deus, em que houve Josué, Sansão, Gedeão e Davi, o mais afamado capitão de todos foi Judas Macabeu, e lembrem-se também que entre as mais celebradas e fatais espadas — ainda que entrem nesta conta as forjadas na oficina de Vulcano, batidas e limadas por Brontes e Esterope, e caldeadas na lagoa Estígia — nenhuma houve igual à do mesmo Macabeu, a qual, trazida do céu, e dourada nos resplendores líquidos das estrelas, lhe entregou a alma do profeta Jeremias. Mas, quais foram os troféus e triunfos deste Aquiles com tão prodigiosa espada?

É certo, e de fé, que foram tantas as suas vitórias quantas as batalhas, como se trouxesse a soldo a fortuna debaixo das suas bandeiras; contudo, depois de tantas vezes vencedor o famoso Macabeu, e de ter conquistado o glorioso nome de invicto entre todas as nações do mundo, finalmente, na batalha contra Báquides, tendo triunfado de outros muito maiores exércitos, foi vencido e morto. E por quê? Porque este valorosíssimo capitão, ou conquistando, ou defendendo, ou sitiando, ou sendo sitiado, ou guerreando em campanha aberta, sempre às forças do braço e da espada ajuntava as da oração, e só nesta última e infeliz batalha — como em muitos lugares nota o A Lápide[3] — não se lê na Escritura que orasse. Tão fortes e invencíveis são as armas acompanhadas da oração, e tão fracas e sujeitas a ser vencidas se as não assiste este divino e todo-poderoso socorro. Assim que, se a Bahia ainda duvida, e pergunta donde lhe veio a felicidade da vitória, com que se vê segura e triunfante: "E donde a mim esta dita?". — saiba que mais a deve às mãos levantadas que às mãos armadas, mais aos que batiam o céu que aos que combatiam o inimigo, mais aos que por ela oravam que aos que pelejavam por ela.

§ VI

Temos respondido à Bahia com duas resoluções, ambas certas, e me detive tanto na prova de ambas porque ainda estamos em tempo de as haver mister. O inimigo, ainda que fraco, nunca se há de desprezar, quanto mais poderoso! E se é poderoso e afrontado, então se deve temer e esperar com maior cautela. Desenganados pois, no primeiro discurso, que as vitórias se não devem atribuir só ao valor dos soldados e força das armas, e persuadidos no segundo, que antes se deve esta glória à eficácia e socorro das orações, com que a nossa defesa de dia e de noite, pública e privadamente, foi tão assistida, agora quero eu declarar o meu pensamento, e peço que, antes de ouvidos os fundamentos dele, mo não estranhem ou condenem.

Respondendo, pois, terceira vez absoluta e resolutamente à pergunta da Bahia: "E donde a mim esta dita"? — digo que o donde lhe veio a vitória que celebra é desta mesma Casa de Misericórdia em que estamos, e que os soldados, aos quais principalmente se deve, são os que militam debaixo da sua bandeira. Os que militam debaixo da bandeira da misericórdia, por diverso modo, ou são os irmãos, que exercitam as obras da mesma misericórdia com os pobres e enfermos, ou são os mesmos pobres e enfermos, que eles sustentam, remedeiam e curam; e posto que estes pareçam incapazes de pelejar, a uns e outros se deve igualmente a gloriosa defesa da nossa metrópole. Tudo isto provará em seu lugar o nosso discurso.

"Ditoso e bem-aventurado" — diz o profeta rei — "todo aquele que entende e se ocupa em servir e remediar os pobres" (Sl 40,1). — Não é este o fim e instituto da santa Irmandade da Misericórdia, como se foram as palavras tresladadas do seu próprio compromisso? Sim. E por que diz o profeta que são ditosos e bem-aventurados todos os que se exercitam e ocupam em obra tão pia? Segue-se o porquê: "Porque no dia mau, isto é, nas ocasiões de aperto e perigo, os livrará Deus"; e se o perigo e aperto for de guerra, em que se virem acometidos, sitiados ou assaltados, "E Deus não permitirá que sejam entregues ao ânimo de seus inimigos" (Sl 40,3). Note-se a palavra "ao ânimo". O ânimo com que vinha o inimigo era de que a Bahia se lhe entregasse — oferecimento que tantas vezes nos fez pelas suas trombetas — e, por consequência, se lhe rendesse o resto do Brasil. Mas Deus lhe desanimou esse ânimo, e lho desmaiou de tal maneira como mostrou o sucesso.

E por que não pareça que esta promessa divina, de defender aos que se ocupam no remédio e cura dos pobres, é só feita a eles, é digna de se não passar em silêncio uma sutileza de Hugo Cardeal[4], sobre as palavras: "O Senhor o guarde" (Sl 40,3) — que se seguem no mesmo texto: "Guarde-o" — diz o grande comentador — "isto é, o guarde com os demais". — O verbo simples latino [*servare*] significa guardar e defender absolutamente; o composto [*conservare*], por virtude ou aditamento daquela preposição *com*, não só significa guardar e defender de qualquer modo, senão guardar e defender-se a si com outros ou a outros consigo: "Guarde-o, isto é, o guarde com os demais". — Explico e aplico juntamente, por não gastar dois tempos. Assim como uma cidadela muito forte, não só defende aos que estão dentro, senão aos de toda a cidade, assim esta Casa da Misericórdia — por isso, não acaso, senão com grande providência, levantada e colocada no coração da Bahia — não só guardou e defendeu aos da mesma casa, que são os que nela exercitam as obras de misericórdia, senão a todos os mais. É o que já tinha dito com o mesmo pensamento Santo Agostinho: "Deus, que habita em vós, guardar-vos-á de vós, isto é, sendo solícitos uns pelos outros"[5]. Quando vós fordes solícitos, e procurardes o bem e saúde uns dos outros, Deus, que habita em vós, guardará também a uns pelos outros, isto é, "vós de vós": vós que não tendes essa ocupação nem esse cuidado, pelos que o têm. — "Quem tem o cuidado dos pobres?" — Os que curam deles, e os servem nesta Casa de Misericórdia; pois vós, os que não sois da mesma casa, e não professais ser Irmãos da Misericórdia, também vós sereis guardados e defendidos, não por vós, senão por eles: "Vós de vós". — Só apontando com o dedo se pode isto declarar. Vós, que não sois Irmãos da Misericórdia, por benefício e merecimento de vós, que o sois: "Vós de vós".

§ VII

Já temos o primeiro e principal fundamento da nossa felicidade, que foi livrar-nos Deus do poder e intentos do inimigo: "O Senhor o livrará no dia mau, e não o entregará ao poder de seus inimigos" (Sl 40,2s). — Passemos agora ao glorioso da vitória, sem nos apartar em nada, antes confirmando em tudo a verdadeira causa dele. Entrou Cristo Redentor nosso, triunfando em Jerusalém, e os que acompanhavam e seguiam o triunfo com aclamações e aplausos: "Cortavam ramos das árvores" (Mt 21,8) — diz o evangelista — e estes ramos, como declara o uso e tradição da Igreja e refere o antiquíssimo Clemente Alexandrino[6], eram de oliveira e palma. Não pare o triunfo, mas reparemos nós na união destes ramos. Os ramos da palma muito bem diziam com o triunfo, porque cada folha nos ramos das palmas é uma espada; porém a oliveira, que antes significa paz que guerra, misericórdia e piedade, e não violência nem rigor, por que se ajunta neste triunfo com a palma?

Por isso mesmo. Porque a palma significa a vitória, a oliveira significa a misericórdia, e nos triunfos dos cristãos, como no de Cristo, os ramos da palma andam tão unidos, e como enxertados nos da oliveira, que da oliveira dependem as palmas, e da misericórdia as vitórias. Drogo Hostiense: "Vai com as crianças judias que passam com simplicidade ao encontro do Senhor, lançavam nas ruas ramos de oliveiras e aplicai aos seus pés obras de misericórdia, tomais os ramos das palmeiras e triunfarás"[7]. Se quereis vitórias, soldados de Cristo, não vos digo que imiteis os Sansões, nem os Gedeões dos hebreus, senão a simplicidade dos meninos de Jerusalém. E como? Diz o evangelista que os meninos lançavam os ramos no caminho por onde o Senhor triunfante havia de passar: "Lançavam nas ruas" (Mt 21,8) — e vós da mesma maneira os ramos da oliveira, que são as obras de misericórdia, aplicai-as aos pés de Cristo, que são no seu corpo místico os pobres e miseráveis: "E aplicai aos seus pés obras de misericórdia" — e logo tomai e levantai os ramos das palmas vitoriosas, porque sem dúvida triunfareis: "Tomais os ramos das palmeiras e triunfarás".

Já veríeis a imagem da vitória armada, e com a espada em uma mão e a palma na outra; eu quero emendar esta imagem, porque mais parece gentílica que cristã. Aceito a palma em uma mão, e por que se não queixem os soldados, também a espada na outra; mas ainda lhe falta a esta pintura a principal insígnia da vitória. E qual é? A coroa: "Não será coroado como vencedor senão o que pelejar legitimamente" (2Tm 2,5). — Entre os romanos havia grande multidão e variedade de coroas: cívicas, murais, rostratas, castrenses etc., e as principais eram formadas de ervas e plantas, como também as dos imperadores, porque naquele tempo coroava-se a honra, e não a cobiça. De que há de ser pois formada ou tecida esta coroa da imagem da vitória emendada? Digo que há de ser tecida de ramos de oliveira, e de oliveira sinaladamente, porque a oliveira é símbolo da misericórdia e das obras dela. Ouvi um grande texto. Davi era tão piedoso e compassivo como valente, virtudes que sempre andam juntas, assim como a crueldade é própria dos covardes e fracos. E falando aquele grande capitão com a sua alma — com a qual os que seguem as armas costumam ter pouca conversação — diz-lhe assim: "Louva, alma minha, a Deus, e não te esqueças das grandes mercês que tens recebido de sua liberal e poderosa mão" (Sl 102,2ss). Lembra-te que ele é que te tem perdoado os teus pecados, ele o que na guerra te livrou tantas vezes a vida, e ele o que te coroou nas vitórias com a misericórdia e suas obras; isso quer dizer: "com a misericórdia em suas obras, misericórdia em hábito, obras em efeito". — E cuja foi esta misericórdia que coroou a Davi vitorioso? Foi a misericórdia de Deus, que por sua misericórdia o coroou, ou foi a misericórdia de Davi, o qual nela deu a matéria a Deus para o coroar? Responde Dídimo, antigo padre grego, esquisita e finamente que a misericórdia e obras de misericórdia de Davi foram a matéria de que Deus lhe teceu a coroa com que o coroou: "Coroa-te com a misericórdia e com as obras de misericórdia, pois a matéria de que foi formada a coroa é a misericórdia e obras de misericórdia; assim como outros recebem a coroa da justiça tecida de justiça, assim também tu, ó alma minha, serás coroada pela misericórdia e por suas obras"[8]. Notem-se muito aquelas grandes palavras: "Pois a matéria de que foi formada a coroa é a misericórdia e obras de misericórdia". De sorte que a matéria de que foi formada e tecida por Deus a coroa de Davi vitorioso foi a misericórdia e obras de misericórdia do mesmo Davi. E como a misericórdia em divinas e humanas letras é simbolizada na oliveira, de oliveira há de ser a coroa que na imagem ou estátua da Vitória emendada se lhe há de acrescentar à palma.

§ VIII

Agora se segue o que parece mais dificultoso na minha proposta, e é dever-se a nossa vitória a todos os que militam debaixo da bandeira da misericórdia, e não só misericórdia ativa, que são os ministros da irmandade, que a exercitam, senão também os pobres enfermos da passiva, que a recebem. Outra alma tão piedosa e compassiva como a de Davi, que é a que vulgarmente se chama alma santa, nos dará a prova. Saiu ela de casa em seguimento do sagrado esposo, e como o não encontrasse nas ruas nem nas praças, chegou até os muros da cidade, e ali diz que os soldados, que estavam de guarda nos mesmos muros, a feriram e lhe tomaram a capa. Capa diz, e não manto, porque já então os trajos e vestidos dos homens começavam a se ir afeminando e passando às mulheres: "Deram-me e feriram-me, e tiraram-me o manto os guardas da cidade" (Ct 5,7). — Quem fossem ou representassem estes soldados que guardavam os muros da cidade, interpretam variamente os expositores daquele livro, que todo é alegórico, e a alegoria que com mais propriedade e doçura se acomoda às circunstâncias do texto é dos que têm para si que aqueles soldados da guarda significavam os pobres. Assim como o pobre é epíteto do soldado, assim não é muito que o soldado seja sinônimo do pobre. Diz pois a alma, que aqueles pobres a feriram, porque a vista deles e da sua miséria a trespassou toda, e lhe feriu o coração de lástima e dor. E acrescenta que lhe levaram a capa, porque, como estava fora de casa, e não tinha outra coisa com que os socorrer, lha largou e deu de esmola. Já temos a alma em corpo, que é o hábito do soldado. E como ela, na piedade com que se compadeceu dos pobres e na liberalidade com que os socorreu, mostrou bem ser da irmandade desta casa e dos que militam debaixo da bandeira da misericórdia, não hão mister eles maior prova do seu valor, e do muito que podem e obram na guerra: "Levaram-me" — dizem — "os pobres a capa". — E se quem dá a metade da capa aos pobres é Martinho, quem dá toda a capa é Marte.

Acrescento em confirmação que, se quando os Irmãos da Misericórdia tiram a capa para tomar a veste da irmandade, se soubesse o mistério que debaixo dela se encerra, ninguém lhes poderia duvidar a grande parte que tiveram na nossa vitória.

Louva Salomão no seu epitalâmio os cabelos do divino Esposo, Cristo, e como as comparações deste grande sábio são tão profundas como a sua mesma sabedoria, diz que "os cabelos do mesmo Senhor são como os ramos da palma e negros como um corvo" (Ct 5,11). — Enigma temos, e não fácil de adivinhar. Santo Agostinho, S. Jerônimo, S. Ambrósio e S. Gregório, todos os quatro doutores da Igreja, dizem que Sansão foi figura de Cristo, e eu dissera que aludiu Salomão aos cabelos do mesmo Sansão, e por isso com muita propriedade os compara às palmas, porque os troféus de Sansão, e as suas famosas vitórias, sempre ele as trouxe pendentes dos seus cabelos. E esses cabelos, em que consistia a fortaleza de Sansão, quantos eram? Outros tantos quantas são as obras de misericórdia: sete. Digamos logo que se comparam os sete cabelos de Sansão às palmas, porque às obras de misericórdia quis Cristo que andassem vinculadas as vitórias dos cristãos. Parece que não estava mau o sentido do enigma nem o empenho do pensamento, se tivesse fiador. Eu o tenho, e muito abonado: S. Paulino[9], e sobre o mesmo passo. Repara o santo no que nós ainda não ponderamos, e é que Salomão, depois de comparar os cabelos de Cristo ou de Sansão — que ambos são Nazarenos — às palmas, diga que são negros como um corvo: "Os teus cabelos são como os ramos da palma, negros como o corvo". — E que resolve o engenho doutíssimo de Paulino?

Não toma o corvo em comum, senão em particular, e não só diz qual era, senão também qual não era: "Este corvo bom não é aquele que não se lembrou de voltar para a arca, mas aquele que se lembrou de alimentar o profeta". — Na Escritura Sagrada temos dois corvos muito célebres: o de Noé e o de Elias. E a este diz o santo que se comparam os cabelos de um ou outro Sansão, depois de comparados às palmas. E por quê? Porque a este corvo o escolheu Deus para se servir dele como de seu irmão da misericórdia. Muitos neste mundo alcançam os cargos só pelo merecimento do seu vestido; e este merecimento não lhe faltava também ao corvo de Elias, pela cor das penas e semelhança da veste preta: "Negras como o corvo"; mas Deus, posto que tão amigo das proporções, não o elegeu só por esta para ministro e irmão da sua misericórdia, senão porque o era nas obras dela: "Aquele que se lembrou de alimentar o profeta". — Andava Elias no tempo daquela grande fome pobre, fugitivo e desterrado, e o corvo, com admirável pontualidade e perpétua assistência, todos os dias, pela manhã e à tarde, lhe levava, não só o necessário, senão também com muita abundância: "Pela manhã pão e carne, e de tarde também pão e carne" (3Rs 17,6). — E como este corvo era também irmão da misericórdia — e irmão da mesa —, por isso Salomão à comparação das palmas ajuntou a do corvo, para que se veja quão devidas são e quanto se devem aos Irmãos da Misericórdia as vitórias. A propósito da nossa, e deste corvo, me lembra a diligência e valor do outro, tão famoso e conhecido, que foi o primogenitor daqueles cuja memória e descendência se conserva na nossa Sé de Lisboa. Saiu às praias de Portugal o corpo defunto do nosso padroeiro S. Vicente, voou logo o corvo como Irmão da Misericórdia aos ofícios da sepultura, e porque um lobo naquela ocasião lhe quis dar outra bem diferente na sua voracidade, o valente e animoso corvo, ferindo-o com o bico, e sacudindo-o com as asas, lhe fez tal guerra que, com mais sangue que a fome que trazia dele, deixou a presa e a empresa, e com tanto medo, como se fora de um Leão, se retirou fugindo. Isto quanto aos Irmãos da Misericórdia ativa.

§ IX

Quanto aos pobres da passiva, que dissemos militar debaixo da mesma bandeira e que guardaram a nossa cidade: "Os guardas dos muros" — aqui entra o que elegantemente diz S. João Crisóstomo: "São aqui os arraiais dos pobres, e a guerra é aquela em que batalham os pobres por ti"[10]. Também os pobres têm os seus arraiais e outro gênero de guerra, no qual pelejam por nós e nos defendem. — Quem quiser ver estes arraiais e a ordem, repartição e arquitetura militar deles, entre por essas enfermarias. Mas de homens enfermos, feridos, estropiados, e alguns deles sem mãos e sem braços, que defensa se pode esperar? Já houve quem o dissesse, e em sítio mais apertado que o nosso. Quando Davi, novamente recebido por todo Israel, quis mudar a corte de Hebron para Jerusalém, defendiam a fortaleza de Sião os jebuseus, os quais cercados, não por uma, como nós, senão por todas as partes, aparecendo em cima das muralhas diziam por mofa aos conquistadores que, se queriam lá entrar, haviam de tirar primeiro de dentro os mancos, cegos, aleijados: "Não entrarás cá, menos que não lances fora os cegos e coxos, que dizem: Davi não há de cá entrar" (2Rs 5,6). — As feridas são a gala e glória dos soldados como dos mártires: quanto mais feridos, mais retalhados e mais despedaçados, tanto mais valentes, mais honrados, mais famosos. A isto aludiam as barbatas dos jebuseus, como escreve Josefo[11], querendo dizer que os que defendiam aquela fortaleza eram soldados velhos, não só curtidos, mas cortados nas batalhas, tanto melhor vistos e inteligentes da guerra quanto nela tinham perdido os olhos, e tanto de melhores mãos e maior firmeza a pé quedo, quanto mancos e aleijados.

Até aqui a história, de que eu não quero mais que a semelhança. Entrai neste hospital, ou nessas casas fortes da caridade, e vê-las-eis cheias ou alastradas de pobres todos, ou enfermos, ou feridos, e uns sem pés, outros sem braços, e algum sem olhos; mas esses mesmos, no tempo em que nos sitiava o inimigo, pelas bocas das suas mesmas feridas lhe estavam dizendo: "Não hás de entrar cá". — Sucedeu então na Bahia uma troca ou metamorfose admirável, e foi que os mesmos soldados que, por feridos e mal feridos, eram trazidos em ombros ou braços alheios da campanha a esta Casa da Misericórdia, nem por isso deixavam de pelejar, antes agora o faziam, não só com maior valor e maiores forças, senão também em muito maior número. Os nossos olhos não viam esta maravilha, mas os olhos de Deus a estavam vendo. E todo este aumento de forças e multiplicação de número donde lhe vinha? De entrarem neste segundo corpo da guarda, e se agregarem aos "Os guardas dos muros", que são — como já vimos — os pobres que a Casa da Misericórdia sustenta e cura. A prova desta maravilha ainda diz mais do que eu tenho dito. No salmo décimo e undécimo diz o texto sagrado repetidamente que "os olhos de Deus estão olhando para o pobre" (Sl 10,5); e, nomeando-se dez vezes os pobres nestes mesmos salmos, nota Genebrardo[12] que em todos estes lugares é com tal palavra na língua hebraica que juntamente quer dizer pobre e quer dizer exército: "Os seus olhos olham o pobre, os seus olhos olham o exército". — De sorte que os nossos olhos, em cada um daqueles soldados retirados da campanha, por mal feridos se estava vendo um pobre homem fraco, desfalecido, estropiado, e os olhos de Deus o estavam vendo, não só forte, valente, são e inteiro, senão multiplicado em muitos. Cada um na campanha entre os soldados era um só homem; no hospital entre os pobres era um exército: "O pobre, o exército".

Isto viam ou se via nos olhos de Deus. E nos ouvidos do mesmo Deus sucedia outra não menor maravilha. Os ais desse mesmo soldado desvaído de sangue e quase desmaiado, e os gemidos das curas, cujas dores são muito maiores que as das feridas, estes ais e estes gemidos chegavam aos ouvidos divinos, e como se fossem caixas ou trombetas que tocassem arma ao mesmo Deus. — Agora, diz o mesmo Onipotente, me levantarei eu e me porei em campo a socorrer-vos: "Pela miséria dos desvalidos, e o gemido dos pobres, agora me levantarei, diz o Senhor" (Sl 11,6). — Note-se muito aquele "agora"; agora e não antes; não quando os nossos soldados saíram a impedir o passo ao inimigo, que tão arrogante marchava em demanda da cidade; não quando as nossas batarias começaram a responder furiosamente às suas; não quando a nossa mosquetaria chovia sobre eles balas; não quando as suas mesmas alcanzias, rechaçadas como pelas, lhes tornavam a rebentar na cara; mas quando os ais e os gemidos dos lastimosos feridos chegavam aos ouvidos de Deus. "Agora, agora" — disse Deus — "me levantarei." — E que havia de suceder levantando-se Deus? Levantou-se Deus, levantou-se o sítio, levantou-se o inimigo, lá vai fugindo. A nossa artilharia alegre despediu-se das suas popas com três salvas, mudos e tristes, sem trombeta nem bandeira.

§ X

Parece-me que tenho bastantemente provado o meu pensamento sem sair, como dizia, desta casa. Agora sigamos a Virgem, Senhora nossa, até à de Zacarias, que não é outra senão esta mesma, e nela verá a Irmandade da Misericórdia a sua bandeira, a sua milícia e as suas vitórias, e, dentro do mistério da Visitação, veremos todos o que até agora temos ouvido.

"Levantando-se Maria, foi com pressa às montanhas, e entrou em casa de Zacarias" (Lc 1,39s). — Concluída a embaixada do anjo, partiu-se ele de Nazaré onde se tinha obrado o altíssimo mistério da Encarnação do Filho de Deus, e a Virgem, já Mãe do mesmo Filho, não se deteve na mesma cidade um momento, mas logo a toda diligência partiu para as montanhas, onde Zacarias tinha a sua casa. O que lá fez e disse a Senhora, sem falar outra palavra, foi o seu famoso cântico da *Magnificat*, o qual se divide em duas partes. A primeira contém a ação de graças, tão devota e tão humilde da mesma Virgem por tão soberana mercê: "Por ele ter posto os olhos na baixeza de sua escrava, porque me fez grandes coisas o que é poderoso, e santo o seu nome" (Lc 1,18s). — A segunda canta as vitórias do braço de Deus, então encarnado, contra os soberbos e poderosos do mundo: "Ele manifestou o poder do seu braço, dissipou os que no fundo do seu coração formavam altivos pensamentos, e depôs do trono os poderosos" (Ibid. 51s). — É o que do mesmo dia e do mesmo lugar se refere nos livros da Sabedoria: "A tua palavra onipotente, baixando do céu, do teu trono real, saltou de improviso no meio da terra condenada ao extermínio, como um inflexível guerreiro" (Sb 18,15).

Mas, se todo este mistério se obrou na cidade de Nazaré, a celebridade dele por que se não fez na mesma cidade, e o *Te Deum*, e as festas se foram cantar às montanhas? Nem é menos digno de notar que esta mudança de lugares não só a fez a Virgem Maria: "Foi às montanhas" — senão também o mesmo Espírito Santo. Em Nazaré: "O Espírito Santo descerá sobre ti" (Lc 1,35) — nas montanhas: "Isabel ficou cheia do Espírito Santo" (Ibid. 41). — Que razão houve logo — que não podia ser sem novos e grandes motivos — para que a primeira parte do Cântico da Senhora, que foi a ação de graças, e a segunda, que foram as vitórias de seu Filho, se não cantassem em Nazaré, onde tinha a sua mesma casa, senão nas montanhas, e em casa de Zacarias? A razão manifesta foi porque em casa de Zacarias exercitou a Senhora as primeiras obras de misericórdia, e em Nazaré não havia matéria para isso. Ora vede. O que o anjo em Nazaré disse à Virgem foi: "Que sua parenta Isabel, naquela sua velhice, tinha concebido um filho" (Lc 1,36). — As obras de misericórdia dividem-se em dois gêneros: obras de misericórdia espirituais, e obras de misericórdia corporais. Ao filho, que era o Batista, livrou e santificou a Senhora do pecado original, que foi obra de misericórdia espiritual; à mãe, assistiu-a nas moléstias da prenhez, as quais naquela idade são maiores, que foi obra de misericórdia corporal; — por isso, tendo dito o anjo que "já estava no sexto mês" (Ibid. 36) — a assistência da Senhora foi dos três meses que faltavam para o parto: "E ficou Maria com Isabel perto de três meses" (Lc 1,56) — e como na casa de Zacarias se exercitaram as obras de misericórdia, o que não podia ser na de Nazaré, por isso naquela casa da misericórdia se fez a ação de graças, como nós a fazemos nesta, e naquela casa da misericórdia se cantaram as vitórias do braço de Deus, como nós cantamos nesta a nossa vitória, confessando que foi sua.

Agora vede como na mesma casa da misericórdia, onde as primeiras obras de misericórdia se exercitaram, e a Virgem com seu Filho as exercitou, ali levantou a Senhora a primeira Irmandade da Misericórdia, e ali levantou a bandeira desta piedosa e sempre vitoriosa milícia. Fala a Virgem Maria de si mesma nos Cantares de Salomão, e assim como dela diz hoje o evangelista: "Entrou em casa de Zacarias" (Lc 1,40) — assim diz de si a Senhora: "Ele me fez entrar na adega" — ou, como está no hebreu: "Onde mede o seu vinho, ordenou em mim a caridade" (Ct 2,4). — Que casa fosse esta, a que o texto chama "vinaria", entendem comumente os intérpretes que era uma casa particular, onde naquele ameno retiro, que el-rei Salomão chamou "bosque do Líbano", se guardavam os mais preciosos licores das vinhas do mesmo monte. Eu, com licença de todos, que não têm na Escritura mais fundamento que o mesmo nome, sem o mudar nem me apartar dele, entendo que era uma casa onde o mesmo Salomão tinha depositado todos os segredos e extratos da sua física e arte médica, a qual professava e ensinava publicamente em uma grande sala do mesmo retiro, como tão necessários à prática da mesma ciência, depois de tantos e tão excelentes livros que tinha escrito dela, e foram as fontes derivadas pelo Egito, donde depois a beberam os Hipócrates e Galenos. Tanto assim que um Salomão alegado por Avicena[13] entendem muitos que foi o rei de Israel. Esta casa podia ser aquela da qual escreve S. Jerônimo nas tradições hebraicas, que se chamavam: *Domus Nechota* [Cela dos Perfumes][14], a qual, e semelhantes boticas, diz expressamente Isaías se conservavam no mesmo palácio que tinha sido de Salomão, em tempo de el-rei Ezequias, quando as mostrou, que não devera, aos embaixadores de Babilônia: "E lhes mostrou o repositório dos aromas, e dos perfumes, e das melhores confecções, e todos os gabinetes das suas alfaias" (Is 39,2). — E quanto ao nome de "vinaria", tão longe está de desfazer ou encontrar esta minha exposição, que antes a confirma, porque a palavra "vinaria" debaixo de um só nome significa toda a medicina e todos os medicamentos. Ovídio, poeta latino:

"A medicina se serve dos tempos,/assim os vinhos tomados a seu tempo são úteis/e prejudicam nos tempos inadequados"[15].

E Paníasis, poeta grego citado por Ateneu[16]:

"O mesmo vinho para os mortais/pode ser a medicina do mal".

E, o que mais é, os dois grandes doutores da Igreja, S. João Crisóstomo, e Santo Agostinho, um também latino, e outro grego, ambos pelas mesmas palavras: "O vinho cura todas as doenças da alma"[17].

Entrada, pois, ou introduzida a Virgem, Senhora nossa, naquela casa universal de todos os remédios e medicamentos, e por isso figura expressa desta em que estamos, que fez o Senhor que levava dentro em si? "O rei me introduziu na adega e ordenou em mim a caridade." O que fez diz a mesma Senhora que foi instituir nela, e com ela, e por ela uma ordem chamada da caridade, que é a Irmandade da Misericórdia: "Ordenou em mim a caridade". — E que mais? Admiravelmente o texto hebreu: "A caridade me vestiu com a sua bandeira". Essa mesma Ordem da Caridade e Irmandade da Misericórdia levantou em mim a sua bandeira, sendo eu na mesma bandeira a sua insígnia. — E essa bandeira é de paz ou de guerra? De guerra, e militar, dizem todos os expositores da palavra "ordenou". E entre eles o doutíssimo Del Rio, comentando a mesma, e a que se segue, "em mim", diz assim: "Estabeleceu-me sob a bandeira da caridade, e me mandou militar nessa ordem" De sorte que não só quis Deus que a Senhora fosse a padroeira desta ordem, e a insígnia de sua bandeira, senão que também com a mesma irmandade militasse debaixo dela.

Enfim, para que a Bahia saiba com toda a certeza donde lhe veio a vitória que festeja, e de que dá graças a Deus: "E donde a mim esta dita" — veja como marchou esta ordem militar contra seus inimigos e como voltou triunfante deles. Tudo viram e celebraram os anjos com duas admirações. A primeira admiração começou perguntando: "Quem é esta que vai caminhando como a aurora quando se levanta?" (Ct 6,9). — Como aurora, dizem, porque a aurora é a mãe do sol, e tanto que a Virgem o teve concebido, então se levantou e caminhou, ou marchou: "Maria, levantando-se, caminhou para as montanhas". — Agora se segue o que obrou com a sua milícia ou ordem militar. "Terrível como um exército bem ordenado, posto em campo" (Ct 6,9): a palavra "bem ordenado" significa a mesma ordem, e a palavra "terrível" o efeito. O efeito e fim da nossa vitória consistiu propriissimamente no terror com que o medo e confusão pôs em fugida o inimigo, de noite, em silêncio, precipitadamente, e desamparando tudo. Deste primeiro efeito se seguiu o segundo, e a segunda admiração dos anjos, já depois da vitória, vendo eles e ouvindo o que nós estamos ouvindo e vendo. "Que vereis em Sunamite" — que é a mesma Virgem — "senão os arraiais da sua milícia convertidos em coros?" (Ct 7,1). Um coro devoto e pio, outro festivo e triunfante; um coro cujas vozes sobem ao céu, outro que alegra a terra; um coro que canta a ação de graças a Deus, outro que canta e celebra a sua e a nossa vitória.

§ XI

Satisfeita a dúvida, e respondida a pergunta da Bahia: "E donde a mim esta dita?" — agora quero eu falar também com ela, e dizer-lhe duas palavras. Mas quais serão estas? Digo, Bahia, que assim como te mostras tão agradecida a Deus pela tua ou sua vitória, não sejas nem deves ser ingrata àqueles a quem principalmente a deves. Não pretendo defraudar os nossos capitães e soldados, mas assegurar-lhes, pelo meio que direi, as outras vitórias que ainda havemos mister para debelar inteiramente a potência e orgulho dos nossos inimigos. Na memorável batalha de Judas Macabeu contra Nicanor, posto em fugida, depois de mortos muitos, o exército inimigo, a primeira coisa que fizeram os vencedores foi dar graças a Deus pela vitória: "Bendizendo ao Senhor, que os tinha livrado naquele dia, derramando sobre eles como que as primeiras gotas da sua misericórdia" (2Mc 8,27) — e logo, recolhidos os despojos, a parte também primeira deles dedicaram aos pobres, enfermos, órfãos e viúvas, e depois destas primícias tão piamente empregadas, repartiram o demais entre si: "Com os enfermos, e com os órfãos, e com as viúvas, e reservaram o resto para si e para os seus" (Ibid. 28). — Agora saibamos que política militar foi a destes soldados, tão pouco usada nos exércitos ainda cristãos e católicos. O que sucede muitas vezes é que depois da vitória, sobre a repartição dos despojos, se deem batalhas entre si os mesmos soldados vencedores. Que motivo tiveram logo os macabeus para trocarem esta cobiça natural em uma tão piedosa liberalidade, e cederem do seu direito, aplicando, não só parte dos seus despojos, senão a primeira, aos pobres e enfermos? Nas palavras notáveis com que deram as graças a Deus declararam a sua tenção: "Derramando sobre eles como que as primeiras gotas da sua misericórdia" (Ibid. 27). — Aplicaram de comum consentimento aquela obra de misericórdia aos pobres e enfermos para que a misericórdia que Deus tinha usado com eles, dando-lhes uma tão insigne vitória, fosse princípio das que esperavam de sua misericordiosa e poderosa mão.

Isto quer dizer aquele "as primeiras gotas da sua misericórdia". E isto mesmo é o que eu digo à Bahia, não só enquanto composta da parte política e civil, senão também da militar: que a primeira parte dos despojos da nossa vitória seja dos pobres enfermos e feridos deste hospital, e dos que a mesma guerra, pela morte dos pais ou maridos, fez órfãos e viúvas: "Dividiram os despojos em fracos, órfãos e viúvas". — Oh! que bem pareceriam quatro daqueles oito canhões das batarias inimigas na porta desta Casa da Misericórdia, para eterna memória da misericórdia divina com que ela nos livrou do perigo em que nos vimos: "Quem os libertou neste dia" — e para que esta misericórdia e esta vitória seja princípio das que havemos mister: "Derramando sobre eles como que as primeiras gotas da sua misericórdia"! Não deixemos passar sem ponderação esta última palavra, nunca em toda a Escritura usada nesta matéria e em tal sentido. Que quer dizer "Derramando sobre eles"? Não diz que lhes deu Deus a vitória, ou que usou com eles de sua misericórdia, senão que a estilou neles: "Derramando sobre eles". — De sorte que chamaram àquela vitória o estilado da divina misericórdia, nome que nós também podemos dar à nossa. Se fora o estilado da divina justiça, o qual se faz dos pecados, havia de ser castigo, assolação e cativeiro, que é o que o inimigo pretendia. Assim diz o texto sagrado que no exército de Nicanor vinham já os mercadores que haviam de comprar por escravos aos hebreus depois de vencidos. E porque o general e soldados vencedores entenderam que o estilado da misericórdia de Deus se faz das obras de misericórdia dos homens, por isso tão sábia como piedosamente aplicaram àquela obra de misericórdia os seus despojos, para que os despojos de uma vitória fossem o princípio das outras: "Derramando sobre eles como que as primeiras gotas da sua misericórdia".

Dir-me-á a Bahia que está mui carregada de tributos para sustentar os seus presídios. E eu, ainda que lhe não inculcarei minas ou tesouros de prata, responder-lhe-ei com duas sentenças ou alvitres de ouro. Uma sentença é de S. João Crisóstomo, cujo sobrenome quer dizer o da boca de ouro; a outra é de S. Pedro Crisólogo, cujo apelido, também não menos precioso, quer dizer o das palavras de ouro. Crisóstomo[18] diz assim: "Assim olhando esses soldados que lutam por ti todos os dias, exige de ti mesmo este tributo com o qual são alimentados". Suposto que os pobres são os soldados que cotidianamente estão pelejando por vós, e defendendo os vossos muros, assim como os reis põem tributos a toda a cidade, para que sustente os seus presídios, assim cada um de vós voluntariamente deve impor a si mesmo outro tributo, com que sustente estes seus defensores. — Isto é de Crisóstomo. E Crisólogo[19], que diz? Que entre as pagas de uns e outros soldados, as dos pobres devem ser as primeiras, como fez o grande Macabeu, porque os pobres nos livros ou nas matrículas de Deus são as primeiras planas. Vede-o na paga geral do dia do Juízo: "Vinde, benditos, porque tive fome, e destes-me de comer" (Mt 25,34). — Pelos pobres se começa a paga geral do dia do Juízo, e pelos que os sustentam, porque uns e outros, como vimos, são os que ativa e passivamente militam debaixo da bandeira da Misericórdia. As palavras do santo são mais que de ouro: "O soldo do pobre é a primeira preocupação do céu, e o pagamento do pobre está entre os primeiros cuidados diários de Deus".

Suposto, pois, senhores, que esta precedência têm no céu os pobres e as obras de misericórdia, razão é que a tenham também na terra. Não ponhais os olhos nestes soldados estropiados, muitos deles sem mãos e sem braços, para desconfiar dos seus socorros; mas aplicai os ouvidos, como dizia, aos seus ais e aos seus gemidos, que são os que mais penetram o céu, e movem a misericórdia divina e, por ela, a sua onipotência para nos ajudar. Nesta eficacíssima intercessão, nesta mais que em nenhuma outra devemos pôr a nossa esperança para que seja segura. Assim no-la ensina a mesma Virgem Senhora, nossa mestra, com o seu exemplo, e protetora com o seu amparo desta sua Casa. Diz Santo Ambrósio, falando da mesma Mãe de Deus — o que ninguém pudera imaginar por este mesmo título: "Não põe sua esperança na incerteza das riquezas, mas na oração dos pobres"[20]. — Notável dizer, e por infinitas razões admirável! A Virgem Maria não é aquela de quem canta a Igreja que é toda a nossa esperança, saudando-a e invocando-a com este mesmo título: "Esperança nossa, salve"? Pois, como a que é a esperança nossa põe a sua esperança na oração dos pobres? Mais, e agora compreenderei em uma palavra o infinito desta admiração. O mesmo Filho de Deus, fazendo oração a seu Eterno Pai na cruz, pede que o salve por intercessão da Mãe que, quando o concebeu, se chamou escrava sua: "Faze salvo ao filho da tua escrava" (Sl 85,16). — Pois, se o mesmo Verbo encarnado não alega a seu Pai ser Filho seu, senão de sua Mãe, e nela põe suas esperanças, como a mesma Mãe, esperança nossa e esperança sua, "põe a sua esperança na oração e intercessão dos pobres"? — Não respondo porque esta admiração não tem outra resposta, senão a mesma admiração. Ficai com ela nos ouvidos e nos corações, para que ninguém duvide que a esta Casa da Misericórdia e aos pobres dela devemos a vitória passada, e que no seu remédio e nas suas orações devemos segurar as futuras. A mesma Mãe da misericórdia, e o mesmo Pai das misericórdias se dignem de no-lo conceder assim, nesta vida com muita graça, penhor da glória etc.

SERMÃO PELO

Bom Sucesso de Nossas Armas

Tendo El-Rei D. João IV passado a Além-Tejo, na Capela Real.
Ano de 1645. Com o Santíssimo Sacramento exposto.

∾

"Levanta o teu braço, como outrora fizeste, e com a tua força quebra
a sua fortaleza; diante da tua ira caia a força destes. Porque o teu poder,
Senhor, não está na multidão, nem tu te comprazes na força dos cavalos.
Deus dos céus, criador das águas, e Senhor de todas as criaturas, ouve esta
miserável, que te suplica, e que espera tudo da tua misericórdia.
Lembra-te, Senhor, da tua aliança."
(Jt 9,11.16s)

Dois são os sermões deprecatórios de Vieira, um na Bahia contra as armas de Holanda,
em 1640, e este contra as de Castela. Distinguem-se neste sermão três momentos:
no primeiro, põe a oração de Judite nos lábios da rainha, para com a história do triunfo
daquela fundar a esperança desta. No segundo, desperta a confiança de que a oração
da rainha será tão vitoriosa como a de Judite desfazendo as dificuldades que se
encontram para a vitória: o número menor contra o maior, a inferioridade da cavalaria,
o inverno; e declarando as circunstâncias que há para esta esperança. Como é seu
costume, textos e exemplos da Escritura dão maior clareza e confirmam suas afirmações.
Finalmente, no terceiro, declara ao seu auditório que, se não emendarem a própria
vida, há para ele fundamento de temer e não de esperar. Portugal, porque recebeu
mais favores, se mostraria mais ingrato; logo, emendar a vida é o único meio de vencer
(L. G. CABRAL, *Vieira Pregador*, II, Braga, Livraria Cruz, 1936, p. 443).

§ I

Divina e humana Majestade, Rei dos reis, Senhor dos exércitos. Posto em campo o de Nabucodonosor, à vista da cidade de Betúlia, com estas palavras fez oração à vossa divina misericórdia a famosa Judite de Israel, tão famosa pelo excesso de seu valor como pelo extremo de sua santidade; e com as mesmas ora também na ocasião presente, prostrada a real coroa aos pés de vossa Divina Majestade, a soberana Judite de Portugal, senão menos valorosa, nem menos pia, mais poderosa hoje para obrigar vossa infinita clemência. A Judite de Israel orava como pessoa particular, ainda que pelo bem comum; a Judite de Portugal ora como rainha e senhora nossa, pelo bem e conservação de seus vassalos, cuja oração, como pública, sempre teve mais lugar na aceitação de vosso acatamento divino. A Judite de Israel alegava exemplos antigos, quando a virtude de vosso braço onipotente assistiu aos hebreus contra os egípcios; a Judite de Portugal alega o exemplo que vimos com nossos olhos no primeiro dia da restauração deste reino. E assim diz, com mais propriedade que a outra Judite: "Levantai, Senhor, vosso poderoso braço como no princípio" — e confundi o poder que temos contra nós, com a virtude de vossa despregada mão. Os outros afetos da oração de Judite são todos aqueles que nas circunstâncias do caso presente podem alentar nossa esperança e obrigar vossa misericórdia. Para que eu os saiba ponderar e acerte a os persuadir como convém, desse trono do Diviníssimo Sacramento, que é a fonte de todas as graças, sede servido, Senhor, de alentar a tibieza de minhas palavras com aquela eficácia de espírito, e dispor os corações dos que me ouvem com aquele conhecimento da verdade que pede a importância de causa tão grande e tão vossa.

§ II

Grande causa, Senhora, é a que põe hoje a Vossa Majestade aos pés de Cristo; grande causa, portugueses, é a que nos chama hoje a este lugar: tão grande que não pode ser maior; tão grande que ainda é maior do que parece. O que nesta matéria veem os olhos é muito; o que discorre o entendimento é tudo. É tão grande o empenho desta empresa, que não sei como declarar o que entendo dele. Deus nos dê o sucesso que esperamos, porque vejo nesta jornada empenhado todo o reino em corpo e em alma. Já acertei a dizer; explicar-me-ei agora.

Primeiramente está empenhado o reino com todo o corpo, porque não só se abalou a cabeça, não só temos em campanha a el-rei, que Deus guarde, que basta para pôr o mundo em grande expectação, como a nós em grande cuidado. Mas para ser total o empenho, seguiram o exemplo e a cabeça, por união natural, todos os membros da monarquia; os grandes, os títulos, a nobreza, a casa real, a corte, os requerentes, os letrados, as universidades inteiras, as pessoas particulares de todas as cidades e vilas, os auxiliares das comarcas, os presídios das províncias, enfim, tudo. De maneira que havemos de considerar que temos em campanha, não um exército de Portugal, senão Portugal em um exército. De tal sorte é esta causa comum que toca a todos em particular, e no mais particular de cada um. Lá vão os pais, lá os filhos, lá os maridos, lá as casas, lá os herdeiros, lá os corações, lá o remédio de todos. Os que cá ficamos estamos fora do exército para o trabalho, mas marchamos com os demais para o perigo. Assim que todo o corpo do reino temos empenhado nesta empresa, e para que ao corpo lhe não faltasse o sangue, considerai as grandes despesas públicas e particulares que se têm feito, e quanta desgraça seria ficarem mal logradas.

Menos fora estar empenhado o corpo do reino, se não levara também nesta ocasião empenhada consigo a alma, que no juízo dos que adiantam os olhos ao futuro, importa mais que tudo. A Alma dos reinos, principalmente em seus princípios, é a opinião. Esta vai hoje buscar a Castela o nosso exército. Dificultosa empresa, em que não imos só conquistar as forças de um reino, e muitos reinos, senão os juízos do mundo. Este ponto é o que nos deve pôr em maior cuidado que a mesma guerra. Quando Cristo, Senhor nosso, profetizou as guerras que da sua até a nossa idade têm inquietado todos os séculos, disse que "se haviam de levantar umas nações contra outras nações, e uns reinos contra outros reinos" (Lc 21,10); — e para encarecer o perigo das mesmas guerras que anunciava, acrescenta — coisa muito digna de se notar — que então não só havia de haver batalhas, senão também as opiniões das mesmas batalhas: "Haveis pois de ouvir guerras, e rumores de guerras" (Mt 24,6). — A mais perigosa consequência da guerra e a que mais se deve recear nas batalhas é a opinião.

Na perda de uma batalha arrisca-se um exército, na perda da opinião arrisca-se um reino. Salomão, o rei mais sábio, dizia que melhor era o bom nome que o óleo com que se ungiam os reis: "Melhor é o bom nome do que o óleo com que se ungia a cabeça dos reis" — porque a unção pode dar reinos, a opinião pode tirá-los. E se não, vede a quanto mais nos empenha a reputação do reino do que nos empenhou a restituição do rei. Para aclamar o rei, bastou a resolução de poucos homens; para reputar o reino, ajuntamos exércitos de tanto mil. Para o primeiro bastaram poucos corações e poucas vozes; para o segundo são necessários tantos braços e tantas vidas. Oh! que grande peso de consequências se abala hoje com o nosso exército! O respeito dos inimigos, a inclinação dos neutrais, a firmeza dos aliados, tudo isto está hoje tremulando nas nossas bandeiras: "Somos feitos espetáculos ao mundo" (1Cor 4,9). — A batalha será nos campos de Badajoz, o sucesso está suspendendo os olhos e as atenções de todo o mundo. Roma, Holanda, Castela, França, todos estão à mira, com a mesma atenção, posto que com intentos diversos. Roma se há de receber, Holanda se há de quebrar, Castela se há de desistir, e até França, em cujo amor e firmeza não pode haver dúvida, está suspensa com os sobressaltos de amiga e interessada, que ainda que não façam mudança no coração, causam alteração no cuidado. A dieta de Alemanha não é a que menos observa este sucesso, para fundar os respeitos de suas resoluções, que por mais que o nosso direito seja tão evidente e a nossa causa tão justa, os reinos não os pesa a justiça na balança, mede-os na espada.

Esta opinião tão importante é a que vai buscar o nosso exército, e para que deste lugar da verdade a confessemos, não só a vai buscar, senão também a recuperá-la pelo sucedido na próxima campanha. Bem sei, e tenho ouvido, a sutileza dos discursos com que os nossos políticos querem negar à mesma campanha o nome de vitoriosa, como se as sentenças de Marte se fundaram em discursos ou arrazoados. Custar-lhe — dizem — uma ponte de Portugal um exército, antes é desengano que esperança. Cortar o passo aos rios, antes é desconfiar da defesa que aspirar à Conquista. Fazer-se a guerra às pedras, e não aos homens, antes foi ação de receio que de poder. Se nos quis entreprender uma aldeia, as armas, de que ficou semeado o terreno, provam a pressa com que se recolheram, e o sangue e corpos mortos, o valor com que resistimos. Renderam-nos uma atalaia em que vigiavam dez soldados; mas entre os seus houve quem disse que antes quisera ser tão bizarramente vencido que com tanta desigualdade vencedor. Oito mil homens eram os que sitiaram tão poucos, e depois de não admitirem embaixadas, depois de se não renderem a batarias, depois de rebaterem duplicados assaltos, tendo-lhes levado um caso grande parte de tão pequeno número, primeiro desprezaram a morte, querendo ser voados, do que consentirem a vida, aceitando partidos. Enfim, as armas agressoras, sem oposição ofensiva, campearam livremente, e nem por isso nos deixaram com grandes danos ou se recolheram com grandes vantagens.

Mas as matérias da opinião são muito delicadas, e a consciência da honra não admite escrúpulos. É certo que o seu exército entrou sem resistência e se recolheu sem oposição; e basta que entrasse e saísse para que nos não deixasse a casa airosa. As batalhas são desafios grandes, e ter aguardado no posto nunca deixa acreditado a quem não saiu. Destruir e edificar são dois grandes argumentos de poder. Por estes termos explicou Deus o poder que dava ao Profeta Jeremias: "Para destruíres, e dissipares, e para edificares e plantares" (Jr 1,10). — Vede se terão ocasião para brasonar que entraram em Portugal vitoriosos os que deixam um forte demolido e outro edificado. Um arco triunfal edificou Saul pela vitória de Amalec, e quantos arcos levantaram as trombetas da sua fama por dois que nos quebraram de uma ponte? Que escreveram, que publicaram pelo mundo? Se de duas aldeias, que nos entraram, fizeram suas gazetas duas grandes cidades, muito havemos mister para nos livrar de suas penas, posto que nos desembaracemos de suas mãos. Esta é a injustiça da fama, que tanto desacredita com o presumido como ofende com o verdadeiro.

Doze bandeiras acharam em um carro comboiado de lavradores, que levaram e têm em seu poder; e, posto que não foram tomadas em guerra, quem há de distinguir nelas o que é tafetá do que é insígnia? Quem há de provar ao mundo que foram roubo e não vitória? São hoje estas bandeiras de Portugal como a capa de José nas mãos da egípcia. Ali estava a fraqueza da parte de quem mostrava a capa e o valor da parte de quem a perdera. Mas José padecia os desares da opinião e a egípcia lograva os aplausos da fama, que não merecia, porque quem pode mostrar em sua mão os despojos sempre tem por si a presunção da vitória, e mais quando não podemos negar aos olhos do mundo a grande desigualdade dos compassos com que a geometria mede nos mapas as suas e as nossas fronteiras.

§ III

E como os empenhos da ocasião presente são tão grandes, com muita razão trata hoje a piedade da Rainha nossa Senhora, de segurar o sucesso com Deus, e render o céu com orações, enquanto o nosso exército defende a terra com as armas. A el-rei Davi lhe aconselharam os seus que não saísse à campanha em certa ocasião de guerra, persuadidos — como diz Lirano[1] — que "mais os podia ajudar ausente com as orações, que presente com as armas" — Assim o fez Davi, mas não o fez assim el-rei, que Deus guarde. Dividiu-se entre as orações e as armas, porque, se está ausente na campanha, também o temos presente na melhor e na mais prezada parte de si mesmo. Lá como Josué, assistindo ao governo dos exércitos, cá como Moisés, levantando as mãos a Deus. De el-rei D. Afonso V lemos que quando entrou por Castela tinha consigo nos arraiais a Rainha D. Joana e o príncipe D. João; e o sucesso foi que, ficando vencido o troço do exército que governava el-rei, o que pertencia à rainha e ao príncipe ficou vitorioso. O que eu espero na ocasião presente é que se não há de dividir a fortuna, mas que se há de unir a vitória. Serão vencedoras as armas de Barac, mas atribuir-se-á o triunfo às orações de Débora: "Desta feita não te será atribuída a vitória, porque Sisara será entregue nas mãos de uma mulher" (Jz 4,9).

E para que se conheça a prudência da nossa valorosa e santa Judite nesta sua oração, vejamos nas palavras que propus como acode a todas as circunstâncias que hoje nos podem inquietar o cuidado. Três dificuldades se nos podem representar nesta empresa. A primeira, aquela razão geral de pelejar Portugal contra Castela, o menor poder contra o maior; a segunda, ser este superior na sua cavalaria, que na campanha faz mui desigual o partido; a terceira, ser inverno, em que as chuvas e inundações dos rios podem atalhar o passo e impedir as operações ao exército. A todas estas dificuldades está satisfazendo Judite nas palavras da sua oração, falando com Deus como se falara conosco.

§ IV

É verdade que sai a pelejar o menor poder contra o maior, mas a isso responde Judite: que "as vitórias de Deus não dependem da multidão nem do número dos soldados" (Jt 9,16). — É prática mui ordinária entre os políticos, que sempre Deus se põe da parte dos mais mosqueteiros. Esta proposição nasceu nas guerras de Flandres, e não é muito que seja herética. Dias há que a desejo tomar entre mãos, para a confutar; agora o farei brevemente. Dizer que Deus ordinariamente se põe da parte dos mais, não só é ignorância das histórias humanas, mas heresia formal contra as Escrituras Sagradas. Quem isto diz é herege. Vão os textos. No primeiro Livro dos Reis, cap. 14, diz a Escritura: "Não é difícil ao Senhor dar vitória, ou com muitos, ou com poucos" (1Rs 14,6). — No Segundo Livro do Paralipômenon, cap. 14: "Senhor, não há diferença alguma para contigo, quando tu queres socorrer, ou com poucos, ou com muitos" (2Par 14,11). — No Primeiro Livro dos Macabeus, cap. 3: "É coisa fácil virem a cair muitos nas mãos de poucos; pois, quando o Deus do céu quer salvar, diante de seus olhos não há diferença entre o grande número e o pequeno" (1Mc 3,18). — Todos estes textos querem dizer conformemente que Deus para dar as vitórias, não atenta para o número dos soldados, e que com tanta facilidade faz vencedores aos poucos como aos muitos. Assim que, dizer e entender o contrário é erro, é impiedade, é heresia. E para que esta verdade lance firmes raízes em nossos corações, e nos resolvamos de uma vez que pode Portugal prevalecer e vencer, ainda que sejamos menos em número, vamos aos exemplos.

El-rei Roboão pôs em campo contra o reino de Judá oitenta mil homens; saiu-lhe ao encontro el-rei Abias só com quarenta mil. E quem venceu? Sendo o exército do reino de Judá a metade menor, inclinou Deus para a parte dos menos, e ficou Abias com a vitória. Contra Acab, rei de Israel, veio Benadad, Rei de Síria, a quem acompanhavam outros trinta e dois reis, e eram tantos os soldados em seus exércitos, que disse soberbo Benadad que em toda Samaria não havia um punhado de terra para cada um. Não tinha el-rei Acab na sua corte mais que sete mil duzentos e trinta e dois homens, e com estes, confiado em Deus, saiu fora dos muros, e ensinou a Benadad que havia bastante terra em Samaria para sepultura de seus exércitos. Mas ainda nestas vitórias se contavam os soldados por milhares. Vamos a menor número. Só com quatrocentos soldados venceu Davi o exército vitorioso dos amalecitas, não ficando vivos mais que quatrocentos, que fugindo escaparam. Só com trezentos e dezoito homens de sua casa venceu Abraão em batalha a cinco reis. E só com trezentos, e esses desarmados, desbaratou Gedeão os exércitos orientais dos madianitas, que não cabiam nos campos. Há maior desigualdade? Pois, ainda aqui os vencedores se contam a centenas. Vamos a unidades. Armaram os filisteus contra el-rei Saul tão poderoso exército, que só os carros — em que naquele tempo se pelejavam — eram trinta mil, e a gente de pé tanta em número, que, diz a Escritura, igualava às areias do mar. Que poder vos parece que seria bastante para vencer tal exército?

Acometeu-o uma noite o príncipe Jônatas, acompanhado só do seu pajem de lança; e porque Deus os ajudava, bastaram só dois homens para meter em confusão e pôr em fugida a tantos mil. Chama a Escritura a isto, não milagre, senão quase milagre: "E este sucesso foi como um milagre de Deus" (1Rs 14,15) — porque é Deus tão costumado a se pôr da parte dos menos que, ainda em semelhantes maravilhas, não excede as leis ordinárias de sua providência. Ainda não disse tudo. Menos é que dois homens um homem, menos é que um homem uma mulher, e um só Davi com uma funda venceu o exército dos filisteus, e uma só Jael com um cravo desbaratou o poder de Jabin. E como Deus, e não o número dos soldados, é o que dá as vitórias, bem pode Portugal, posto que menor, fiado no braço de Deus, sair a campo, não só com parte do poder contrário, senão com todo. Acontecer-nos-á nos campos da Estremadura o que nos de Ourique com os Mouros e nos de Aljubarrota com os mesmos castelhanos, que vencer com número igual nem é vitória de Deus nem de portugueses: "As vitórias de Deus não dependem da multidão nem do número dos soldados".

A segunda consideração que podia dificultar esta empresa era o número superior da cavalaria, em que somos excedidos. Mas a isso acode também Judite na sua oração, dizendo: "A vossa vontade não está nos cavalos". A vossa vontade, Senhor, com que dais a vitória a quem sois servido, não está posta em cavalos nem em cavaleiros. — Isto mesmo tinha dito Davi muito tempo antes, como experimentado e, o que é mais para a nossa confiança, o mesmo tinha prometido como profeta para os tempos vindouros: "Não se agradará da força do cavalo, nem se comprazerá nos pés robustos do varão" (Sl 146,10). — A maior fortaleza dos exércitos, diz Davi, consiste na cavalaria, e a maior fortaleza da cavalaria consiste em cavalos fortes e em homens fortes a cavalo: "Na força do cavalo, nos pés robustos dos homens" — mas, como Deus é o Senhor dos exércitos, e dá as vitórias a quem quer, e quer que só a ele se atribuam, pelo mesmo caso não põe ou porá jamais nem a sua vontade na fortaleza dos cavalos, nem o seu beneplácito na dos cavaleiros: "Não se agradará da força do cavalo, nem se comprazerá nos pés robustos do varão".

E para que não vamos mais longe, na mesma cavalaria do exército de Holofernes, e no mesmo caso de Judite temos a prova. A cavalaria do exército de Holofernes, que sitiava os muros de Betúlia, "constava de vinte e dois mil cavalos" (Jt 7,2) — diz o texto sagrado. E com que venceu Deus toda esta cavalaria? Com mais e melhores tropas? Com mais e melhores cabos? Com mais e melhores soldados, mais bem montados e armados? Não. Com uma só mulher a pé. E já pode ser que esse foi o mistério e a energia com que notou o mesmo texto que os pés de Judite foram os que renderam a Holofernes: "As suas sandálias arrebataram-lhe os olhos" (Jt 16,11) — querendo mostrar Deus que, para vencer muitos milhares de homens a cavalo, basta uma só mulher, e essa a pé. Esta é a cavalaria, e estas são as cavalarias de Deus. Agora entendo eu um lugar dos Cantares, que não sei se o entendem todos. "Eu a comparei, amiga minha, à minha cavalaria nos carros do faraó" (Ct 1,8). Sabeis com que vos pareceis, amiga minha? — diz Deus — pareceis-vos com a minha cavalaria: "Eu a comparei à minha cavalaria". — Pois, com a sua cavalaria compara Deus uma mulher? Sim. Porque para desfazer vinte e dois mil cavalos, como os que estavam em Betúlia, parece que era necessário grande número de cavalaria, e o que havia de obrar toda essa cavalaria obrou só Judite, em uma sortida que fez a pé, porque era amiga de Deus: "Eu a comparei, amiga minha, à minha cavalaria".

Mas é muito mais dificultoso neste passo no qual não fala Deus de qualquer cavalaria sua, senão da cavalaria com que desbaratou o exército de el-rei Faraó no Mar Vermelho: "Eu a comparei à minha cavalaria nos carros do faraó". — Deus, quando venceu a Faraó, não pelejou com cavalaria, porque o seu povo vinha fugitivo do cativeiro, todos a pé, ninguém a cavalo. Pois, se não havia cavalos da parte do povo, por quem Deus pelejou e venceu, "que cavalaria é esta sua"? Responde Ruperto Abade — e é a razão literal — que a cavalaria de Deus nesta vitória foi a vara de Moisés, porque com ela abriu caminho ao povo pelo Mar Vermelho, e com ela se suspenderam as ondas que sepultaram a Faraó e seus carros. Pois, uma vara é a cavalaria de Deus? Sim, uma vara. Porque dependem tão pouco as vitórias de Deus da mais ou menos cavalaria dos exércitos, que uma vara, que pudera servir, quando muito, para açoitar um cavalo, bastou para romper e desbaratar toda a cavalaria do Egito. Façamos por ter a Deus por nós, e seja embora o poder, que temos contra nós, superior na sua cavalaria. Quem tem por si o braço de Deus, não lhe são necessários para vencer muitos cavalos nem um só cavalo. Com uma queixada de um animal, que não chegava a ser cavalo: "Com a queixada de um jumento" (Jz 15,16) — venceu Sansão exércitos inteiros, porque tinha por sua parte a cavalaria de Deus, que é a sua vontade: "A vossa vontade não está nos cavalos".

A terceira dificuldade é o inverno tão entrado. Mas que bem acode a esta dificuldade na sua oração a nossa Judite! "Senhor Deus do céu, criador das águas". — Parece que só para esta ocasião foram feitas estas palavras. Por que chama Judite a Deus criador das águas, e não se lembra dos outros elementos? Por que lhe não chama criador da terra, criador do ar, e muito mais, criador do fogo, que na guerra é o mais ativo e mais poderoso instrumento? A razão é porque os inimigos tinham quebrado os aquedutos de Betúlia, os canais por onde se comunicavam as fontes à cidade, para que os sitiados se entregassem obrigados da sede. E como os inimigos queriam fazer a guerra com água, por isso particularmente alegava Judite a Deus ser criador e senhor deste elemento: "Senhor Deus do céu, criador das águas". — Com o mesmo elemento, posto que por diferente traça, nos querem hoje fazer a guerra as disposições contrárias bem conhecidas. Esperam pelas inundações do Guadiana, para sitiar as nossas praças, e têm quebrado a ponte, para impedir o passo aos nossos socorros. Mas se Deus é o Senhor e o criador das águas, que importa que com elas nos determine fazer a guerra quem, por grande que seja, o seu império o não tem sobre as nuvens? Que importa que espere contra nós pelos dilúvios de Noé, se Portugal tem a chave de Elias para fechar ou abrir as fontes do céu? Bem se vê em todos estes meses, e bem se viu o ano passado no intentado sítio de Elvas, pois, precedendo antes e seguindo-se depois um verão extraordinário de muitos dias, só nos oito em que o exército sitiador aturou a campanha foram tais as lanças de água que continuamente estava chovendo o céu, que ele, mais que a nossa artilharia, o fez retirar com tanta perda de gente e reputação, como vimos.

A Jó perguntou Deus uma hora se "tinha entrado nos seus armazéns da neve e chuva, que ele tem reservado para o tempo da guerra" (Jó 38,22). — As chaves destes armazéns parece que as tem Deus dado a Portugal, pois tanto se serve destas armas em suas vitórias. Os reis de Portugal são senhores do mar Oceano, direito contra o qual se têm composto tantas apologias nas nações estrangeiras. E assim, servir o elemento da água aos nossos reis não é maravilha, senão obrigação. Bem se tem visto e experimentado na ocasião presente, em que o mar tanto a seu tempo nos veio trazer os tributos para esta guerra. Aquela chuva tão rara no dia da Coroação de el-rei, que a muitos pareceu prodigiosa, foi oferecer-se desde então o elemento da água a militar debaixo de nossas bandeiras. E não tenhais por encarecimento ou lisonja esta interpretação, por que os reis dados por Deus costumam trazer a seu soldo este elemento. Quando Absalão fez guerra a Davi, rebelando-se tantos de seus vassalos contra um rei ungido e dado por Deus, sempre o elemento da água lhe foi fiel e propício. É caso notável.

Quis Cusai, confidente de Davi, avisá-lo secretamente do conselho de Aquitofel, para que se pusesse em salvo. E para este recado de tanta importância e risco, diz o texto que achou a Jônatas e Aquimás "junto da fonte de Rogel" (2Rs 17,17). — Foram vistos estes dois embaixadores por uma espia, e para escaparem, entraram em uma casa e meteram-se em um poço: "E desceram em um poço" (Ibid. 18). — Chegaram soldados de Absalão para os prender, respondeu o dono da casa que ali chegaram aqueles homens, mas que não fizeram mais que beber um púcaro de água e passarem: "Passaram, tendo provado um pouco de água" (Ibid. 20). — Finalmente, chegou o recado a Davi, o qual, passando da outra banda do rio Jordão, ficou em salvo, ele e todos os seus soldados: "Passaram o Jordão, e não ficou nem um só que não passasse o rio" (2Rs 17,22). — De sorte que de quatro modos se apostou o elemento da água a salvar e favorecer a Davi. Favoreceu-o a água nos rios: "Passaram o Jordão"; favoreceu-o a água nas fontes: "junto da fonte de Rogel"; favoreceu-o a água nos poços: "Desceram em um poço"; favoreceu-o a água nas mãos e na boca: "Tendo provado um pouco de água". — Assim serve o elemento da água aos reis dados por Deus; assim serviu a Davi, assim serve e assim há de servir ao nosso rei nesta ocasião. Já nos serviu no mar, há-nos de servir no rio, há-nos de servir nas nuvens, há-nos de servir na terra, que ainda que o tempo prometa chuvas e inundações, Deus é Senhor dos céus, e criador das águas: "Senhor Deus do céu, criador das águas".

§ V

E como o fim da presente empresa, sempre dificultoso e contingente em qualquer poder humano, só na virtude do braço divino pode estar seguro, por isso a nossa Judite, tão pia como prudentemente na sua oração, não fazendo conta das forças humanas, põe toda a sua confiança na misericórdia divina: "Ouve esta miserável que te suplica, e que espera tudo da tua misericórdia" (Jt 9,17).

Mas ou estas palavras as entendemos de Judite, quanto à letra, ou de nós, quanto à acomodação, parece que entre o rendido da piedade envolvem o pusilânime da desconfiança. A cidade de Betúlia estava prevenida de fortificações, provida de bastimentos e aparelhada à defensa. Pois, por que se chora tanto Judite, e não duvida de representar a Deus o seu estado com o nome ínfimo de miséria: "Ouve esta miserável que te suplica"? — Em nós serão ainda mais de estranhar estes termos, porque verdadeiramente neste caso, falando do céu abaixo, temos as maiores razões que pode haver para estar muito confiados e esperar uma grande vitória. E se não, discorrei um pouco comigo antes que responda.

Primeiramente, que exército entrou nunca em campanha com a confiança mais bem fundada no valor de seus soldados, e muito mais na qualidade deles, que o nosso? A Josué disse Moisés que escolhesse, e não que ajuntasse exército: "Escolhe gente, e saindo, peleja contra Amalec" (Ex 17,9). — O número faz multidão, o valor e o exercício fazem o exército. Assim que, posto que sejam tantos mil, não havemos de estimar os nossos Soldados por quantos, senão por quais são. São aqueles exercitados soldados que, tendo dilatado a pátria em suas conquistas, hão de mostrar agora quanto mais é pelejar nela e por ela. São aqueles valorosos portugueses, que nos mesmos ombros, em que tomaram o reino, há cinco anos que sustentam as armas, tendo já tanto a guerra por exercício como a vitória por costume. São aqueles — para deixar exemplos maiores — que, sitiados por um exército, sessenta em S. Aleixo, primeiro renderam todos a vida que a praça e, acometidos por outro exército, oitenta em Jorumenha, defenderam a dez assaltos a praça e mais as vidas. Para que entendam os exércitos de Castela, ainda que foram de romanos — o que nós não podemos negar nem ao seu valor, nem à sua ciência militar, nem ao seu grande poder, nem ao nosso mesmo respeito, com que tudo isto reconhecemos — para que entendam, digo, que a menor aldeia de Portugal quando se rende é Numância, e quando se defende, Cartago.

Ao passar do rio Pado contra Aníbal, para meter em confiança Cipião aos seus, lembrou-lhes que os soldados com que iam pelejar eram aqueles que tantas vezes tinham vencido e de quem já tinham por prêmio da guerra Sicília e Sardenha: "Soldados aqueles com os quais ireis lutar, deles já tendes os prêmios alcançados na guerra, a Sicília e a Sardenha". — Daqui inferiu o famoso capitão: "Portanto o ânimo que tereis vós e eles neste combate é o que costuma ter os vencedores e os vencidos"[2] — e a mesma confiança pode levar por consequência o nosso exército. Vão pelejar os portugueses com aqueles que muitas vezes, em tempos passados, e algumas já nos presentes, têm vencido, e de quem possuem por reféns da vitória duas praças fortes, conquistadas e conservadas em suas próprias terras. Finalmente, os nossos soldados são todos portugueses, os cotrários de nações diversas, e vai muito de pelejar com corações amorosos a resistir com braços comprados. A Davi disse Saul que lhe daria a desejada posse de Micol, a quem muito amava, se lhe trouxesse cem cabeças de filisteus. Entrou na batalha, e como pelejava com amor, trouxe duzentas. Que português haverá que não seja Davi, se para cada um a pátria é a sua Micol? Neles se cumprirá o que disse Platão, que se se formasse um exército de namorados seria invencível.

Esta só consideração bastava para segurar a nossa confiança de todo receio. Mas que direi da nobreza, e tanta nobreza, de que se compõe e ilustra o nosso exército? Quando Davi se ofereceu para sair a desafio com o gigante, perguntou el-rei Saul a Abner de que geração era aquele moço: "De que geração descende este rapaz?" (1Rs 17,55). — E que importava a geração para o desafio? Importava muito, porque cada um obra como quem é, e para Saul julgar se sairia vencedor, quis-se informar se era honrado. Já Davi tinha dito a Saul que partira ursos e desqueixara leões, e sobre tudo isto pergunta-lhe ainda o rei pela geração, porque era melhor fiador da vitória o sangue nobre que tinha que o sangue bruto que derramara. Os homens de inferior condição, ainda que sejam valorosos, pelejam sós; o nobre sempre peleja acompanhado, porque peleja com ele a lembrança de seus maiores, que é a melhor companhia. Em Ascânio pelejava Eneias e Heitor; em Pirro pelejava Aquiles e Peleu; nos Décios, nos Fábios, nos Cipiões, pelejavam os famosos primogenitores de seus apelidos; e com tão animosos lados quem não há de ser valente? A S. José disse o anjo quando o viu temeroso, que se lembrasse que era Filho de Davi: "José, filho de Davi, não temas" (Mt 1,20). — Como há de ter medo no coração quem tem a Davi nas veias? Até Cristo, quando houve de tirar a capa para entrar na batalha, diz o texto que se lembrou de quem era Filho: "Sabendo que saíra de Deus, depôs suas vestiduras" (Jo 13,3s). — E como Cristo entrou na campanha com esta consideração, ainda que o amor da vida lhe fez seus protestos no Horto, enfim, pelejou, derramou o sangue, morreu, mas morrendo triunfou da morte. Grandes premissas de confiança tem logo Portugal nesta ocasião, pois tem toda a sua nobreza empenhada na glória desta empresa. Com os ossos do grande Afonso de Albuquerque[3] dizia el-rei D. João o III que tinha segura a Índia. E se estava segura a Índia com os ossos mortos de um capitão, quão seguro estará Portugal com o sangue vivo de tantos? Todos os que morreram nas conquistas de Portugal vivem hoje no sangue dos que assistem à defesa dele.

Acrescenta imensamente esta esperança, como razão da maior e mais alta esfera, a presença e assistência de Sua Majestade, que Deus guarde, que para dar calor e alento a suas armas, as quis governar de mais perto. Quando o exército de el-rei Davi houve de dar batalha ao de Absalão, diz o texto que se deixou o rei ficar na corte, e que não saiu à campanha, como costumava. Pois, Davi, que era tão belicoso, e não perdia ocasião de guerra, por que não quis esta vez dispor a batalha, e que o exército se governasse por suas ordens? Divinamente Santo Ambrósio: "Davi nesta batalha tinha medo de sair com vitória", por isso não saiu. — Notai. Esta batalha era contra Absalão, filho do mesmo Davi; e como os pais sentem mais as perdas dos filhos que as suas próprias, ainda que Davi mandava dar a batalha, como rei, temia que Absalão ficasse vencido, como pai. E porque Davi antes temia que desejava a vitória, por isso nesta ocasião se deixou ficar na corte e não quis sair em campanha. Ficar o rei na corte é diligência para ser vencido, sair o rei à campanha é certeza de haver de ser vencedor. E como temos a el-rei na campanha, e não na corte, bem nos podemos prometer a vitória. Temos tudo o que os israelitas desejavam quando pediram rei a Deus: "Marchará à nossa frente, e pelejará por nós nas nossas guerras" (1Rs 8,20). — Grave caso é que, tendo aqueles homens a Deus, que os governava na paz e na guerra, se não dessem por contentes, e que sobre isto instassem ainda, e pedissem um rei que saísse com eles às batalhas; mas o motivo que tiveram foi porque, ainda que conheciam que Deus é o Senhor das vitórias, parecia-lhes que humanamente desta maneira as seguravam melhor. Ter a Deus no céu e o rei no campo é ter a primeira causa, e mais as segundas.

Sobretudo vai conosco, e marcha no nosso exército a justiça da nossa causa. Não sei se tendes reparado que o primeiro homem que morreu neste mundo fosse Abel. A morte é de fé que entrou no mundo em castigo do pecado: "Pelo pecado a morte" (Rm 5,12) — diz S. Paulo. — Suposto isto, parece que o primeiro morto havia de ser o primeiro pecador, e não o primeiro inocente. Pois, se Abel era o primeiro inocente, e Adão o primeiro pecador, por que não quis Deus que fosse o primeiro morto Adão, senão Abel? A razão foi — diz S. Basílio de Selêucia — porque na injustiça, com que a morte se introduziu no mundo, traçava Deus a vitória com que a havia de lançar dele. O fim para que Deus veio ao mundo foi vencer a morte: se a morte se introduzia por Adão, fazia guerra justa aos homens; pois por isso dispôs Deus que a morte começasse tiranicamente pela inocência de Abel, para que sendo da parte da morte injusta a guerra, ficasse da parte de Cristo segura a vitória. Tão certa é a vitória na justiça da causa que o mesmo Deus parece que não podia vencer a morte se ela nos fizera guerra justa. Oh! que seguro temos nesta parte o bom sucesso de nossas armas! Não há guerra mais justa que a que hoje fazemos; justa pelo legítimo direito do reino, justa pela satisfação dos danos passados, justa pela defesa natural, e antecipada prevenção do futuro, e mais justa ainda na presente ocasião, por sermos provocados. Como poderá logo faltar a vitória a tantas razões de justiça? Assim o assegurava S. Bernardo aos cavaleiros templários, e assim o podemos nós assegurar aos de Cristo, Sant'Iago, e Aviz, e ao Grão-Mestre de todos[4].

Finalmente, os dois últimos fundamentos que temos para esperar vitória são as ações contrárias e as nossas. Isto que agora direi parece que toca em arte de adivinhar; mas, se é mágica, a Sagrada Escritura ma ensinou. Primeiramente digo que os nossos opositores hão de ficar vencidos, porque quando vieram com o seu exército ficaram da banda de além, e não passaram o rio. Vai a prova. Estava Timóteo, capitão general dos Amonitas, com o seu exército da banda daquém de um rio, esperando pelo exército de Judas Macabeu que marchava contra ele; e disse assim a seus capitães: "Quando Judas e seu exército chegar à ribeira" — "se passar desta banda do rio, é sinal que lhe não poderemos resistir" — "porém, se ele recear passar, e aquartelar o seu exército da outra parte" — "passemos o rio da outra banda, porque é sinal que os havemos de vencer" (1Mc 5,40s). — Assim o disse Timóteo, e assim aconteceu porque, passando Judas primeiro o rio, foram vencidos os amonitas. Pois, se não se atrever o inimigo a passar o exército da banda daquém do rio é sinal de haver de ficar vencido, vede se tem bons prognósticos a nossa vitória, pois ele esteve tão fora de passar o seu exército a esta parte, que antes impossibilitou a passagem quebrando a ponte. E assim como não passar ele o rio é sinal de haver de ficar vencido, assim irmo-lo nós buscar a ele é sinal de havermos de ser vencedores.

Como a matéria é tão nova, e ao parecer difícil, quero ajuntar segunda prova. Quando Jônatas estava à vista do exército dos filisteus, disse ao seu pajem da lança desta sorte: Se os inimigos nos disserem: "Esperai que nós imos" (1Rs 14,9) — não os acometamos; porém se disserem: "Vinde-nos buscar a nós" (Ibid. 10) — em tal caso: "Acometamos animosamente, porque isto é sinal que nos quer Deus entregar o inimigo em nossas mãos" (Ibid.). — Da maneira que Jônatas o disse sucedeu, porque, esperando os filisteus que ele os fosse buscar, acometeu Jônatas, e ajudado da noite e da confusão, alcançou a mais prodigiosa vitória que viu o mundo. O mesmo digo no nosso caso. Como o exército filisteu, posto que o seja em respeito de nós, vindo a Portugal nos não acometeu nas nossas praças, e espera que nós o busquemos nas suas, razão temos e bom anúncio de o fazer assim e entrar confiadamente, porque isto é sinal que Deus os quer entregar nas nossas mãos: "Acometamos animosamente, porque isto é sinal que nos quer Deus entregar o inimigo em nossas mãos".

§ VI

Pois, se Portugal — torne agora a nossa dúvida — se Portugal nesta ocasião tem tantas e tão bem fundadas razões para confiar no poder do exército, no valor dos soldados, na nobreza e obrigações dos que o seguem, na assistência do rei, na justiça da causa, e ainda nas mesmas ações contrárias e nossas, como se representa a nossa Judite diante de Deus com tantas desconfianças humanas, como as que pudera ter no caso do maior desamparo e da maior miséria: "Ouve esta miserável que te suplica, e que espera tudo da tua misericórdia" (Jt 9,17)? — Oh! que prudente oração! Até agora vos falei, senhores, como a portugueses; agora e daqui por diante, como a cristãos. Em todas as razões que tenho dito, tiradas pela maior parte da vossa boca, posto que as tenhais por verdadeiras, nenhum fundamento havemos de fazer senão confiar somente da misericórdia de Deus: "E que espera tudo da tua misericórdia" — porque esses aparatos, esses exércitos, essas forças humanas sem a misericórdia divina tudo é miséria: "Ouve esta miserável que te suplica".

Davi, aquele rei que de ambas as fortunas da guerra deixou ao mundo os maiores exemplos, estava em uma ocasião de batalha com exército superior em tudo ao de seus inimigos e, prostrado diante de Deus, fez esta oração: "Deus meu e Senhor meu" — diz Davi — "só em vós espero: defendei-me e livrai-me de meus inimigos, para que me não despedacem e tirem a vida como leões, pois vedes que não tenho quem me ajude nem me defenda" (Sl 7,2s). — Repara muito S. Crisóstomo nesta última cláusula da oração de Davi, e contra ela e contra ele replica assim: "Reuni um exército e uma multidão levou consigo; portanto como diz que não há quem o defenda nem o ajude?". Se Davi tinha feito as maiores levas de gente, se Davi tinha consigo o mais florente e poderoso exército, se Davi — que isso só bastara — se tinha a si mesmo, o seu valor, a sua experiência, a sua espada, como diz que não tem quem o ajude nem o defenda? — Bem diz Davi, responde Crisóstomo[5]: Sabia Davi, como santo e como soldado, "que ainda que tivesse consigo conjuradas e unidas todas as forças do mundo, se não tivesse a Deus de sua parte, nada lhe podiam valer"; por isso, cercado de guardas e de batalhões, e no meio do mais poderoso exército, diz e protesta a Deus, com muita razão, "que não tem quem o livre nem o defenda". — Assim entendia Davi as matérias da guerra, e assim as devemos nós entender, se queremos ter bom sucesso.

"E que espera tudo da tua misericórdia." Ponhamos toda a nossa confiança na misericórdia divina, e façamo-nos dignos dela, se queremos sair com vitória. Humilhemo-nos diante de Deus; reconheçamos que de sua onipotente mão depende todo nosso remédio; reverenciemos com temor seus ocultos juízos; lembremo-nos de quantos reinos e monarquias se perderam em um dia e em uma batalha; pesemos bem quão ofendida temos a infinita bondade, depois de tantas mercês; consideremos e considere cada um quanto está provocando sua divina justiça o desconcerto de nossas vidas; e procuremos todos, com verdadeiro arrependimento e firme propósito de emenda, aplacar e pôr da nossa parte o céu. Se assim o não fizermos — o dia é de falar com toda a clareza — se assim o não fizermos, temamos e tremamos, que nos poderá castigar a ira divina justissimamente e dar-nos um muito infeliz sucesso. Não nos fiemos em exércitos, nem em valor, nem em experiência, nem em vitórias passadas, nem ainda na justiça da causa e, o que é mais, nem nos favores do céu e milagres da nossa restauração, porque quanto maior é de nossa parte o empenho, tanto mais geral pode ser a desgraça, e quanto mais conhecidas são as mercês do céu, tanto será mais justificado o castigo.

Maior exército era que o nosso o dos filhos de Israel, que constava de seiscentos mil soldados; e porque ofenderam a Deus com as madianitas, foram vencidos de bem poucos homens. Mais valoroso e mais experimentado capitão, sem fazer agravo aos nossos, era Davi que eles; e pelo adultério de Bersabé e homicídio de Urias permitiu

Deus que fugisse de um rapaz com umas gadelhas louras. As mais prodigiosas vitórias com que nenhum homem assombrou o mundo foram as que Sansão tinha alcançado aos filisteus, e depois andava moendo em uma atafona, preso e arrancados os olhos, porque se deixou prender e cegar do amor de Dalila. Ninguém fez nunca guerra tão justa como Josué quando entrou pela Terra de Promissão, porque as escrituras, de que constava ser sua, eram as mesmas Escrituras Sagradas, e por um soldado se atrever aos despojos de Jericó, que estavam consagrados a Deus, foi vencido o exército nos muros de Hai. Nenhuma liberdade foi confirmada com mais evidentes milagres nem continuada com maiores favores do céu, que a dos filhos de Israel quando saíram do cativeiro de Faraó; e porque foram ingratos a estes benefícios divinos, só dois homens, de tantos mil, entraram na Terra de Promissão. Eis aqui como não há razões humanas, nem ainda divinas, em que possamos fundar seguramente a esperança de uma vitória, se nossos pecados a desmerecerem. Muitas prendas temos de Deus para esperar um grande sucesso, mas muito mais causas temos em nós para temer um grande castigo.

Confiamo-nos em que a nossa restauração é obra de Deus, e que Deus que a fez, a há de conservar, e eu assim o creio e o espero; mas Deus é o mesmo agora que foi desde o princípio do mundo. Quisera que me respondera Portugal a dois exemplos. Também Deus tinha posto a Adão no Paraíso, e porque foi desobediente, o lançou dele em três horas. Também Deus tinha libertado o povo do cativeiro do Egito, e, porque lhe foi ingrato, o sepultou todo em um deserto. Pois, se Deus é este, e nós não somos melhores, que vã confiança é a nossa?

Nós não nos mudamos, e queremos que se mude Deus? Cuidamos que há de dispensar Deus conosco no atributo de sua justiça? Cuidamos que para nós e por nós há de mudar as leis de sua providência? Dizei-me — que o não quero perguntar a outrem — qual foi a razão da parte de Deus, e qual a causa da parte nossa por que nos tirou o mesmo Deus o rei e a liberdade, e nos teve cativos sessenta anos? Todos dizemos e confessamos que pelos pecados de Portugal. Pois, se Portugal se tem emendado tão pouco, como vemos, se os pecados são hoje os mesmos, e pode ser que maiores que dantes, como queremos que nos favoreça hoje Deus pelas mesmas culpas por que ontem nos castigava? Cuidamos que a justiça divina não tem mais que um castigo? Sete vezes libertou Deus o povo de Israel no tempo dos Juízes, e sete vezes o tornou a cativar, porque sete vezes reincidiram em seus pecados.

Ah! Portugal, que te não temo de Castela, senão de ti mesmo! Pôs Deus a Adão no Paraíso: "Para que trabalhasse, e o guardasse" (Gn 2,15). — E de quem o havia de guardar? — pergunto eu. Dos homens? Não, porque os não havia. Dos animais? Não, porque lhe eram sujeitos. Pois, de quem havia de guardar Adão o Paraíso? Sabeis de quem? De si mesmo. E porque ele o não guardou de si, por isso o perdeu. Todos nos cansamos em guardar Portugal dos castelhanos, e devêramo-nos cansar mais em o guardar de nós. Guardemos o nosso reino de nós, que nós somos os que lhe fazemos a maior guerra. Por um pecado perdeu Adão o Paraíso, por um pecado perderam os anjos o céu, por um pecado perdeu Saul o reino; por um pecado perdeu Absalão o exército, e nós cuidamos que com tantos pecados temos a conservação segura. Entramos por

Castela com confiança de grandes vitórias, e não sabemos quão grandes exércitos e quão poderosos lá estão prevenidos e armados contra nós. El-rei pôs um exército em Portugal contra Castela, e cada um de nós tem posto um exército em Castela contra Portugal. E que exércitos são estes? Os pecados de todos e os de cada um. Não são isto conceitos nem encarecimentos, senão verdades de fé. E se Deus nos abrira os olhos, nós veríamos os montes cobertos destes exércitos, como os viu Giesi onde os não imaginava: "Eu" — diz o rei penitente — "estava cercado de inumeráveis exércitos, que eram os pecados meus e de meus vassalos, mas tão cego que os não via" (Sl 39,13). — Estes são os exércitos que temos contra nós em Castela: os pecados de cada um de nós, os pecados de toda Lisboa, os pecados de todo Portugal.

Mas vejo que me dizeis que, se da parte de Castela estão contra nós os pecados de Portugal, também da parte de Portugal estão contra eles os pecados de Castela. A razão e paridade é muito boa, porque a justiça divina é muito igual; mas contudo não me consola. Se da parte de Castela, como da parte de Portugal, há pecados, também da parte de Portugal, como da parte de Castela, haverá castigos. Antigamente estavam unidos os reinos de Israel e de Judá debaixo do mesmo rei, como nós o estávamos; dividiu-se do reino de Judá o de Israel, como nós também fizemos, seguindo as partes de Roboão. E que se seguiu daí? Seguiu-se que um e outro começaram a ter guerras entre si e, como em ambos os reinos havia pecados, castigava-os Deus a ambos, não com exércitos estrangeiros, senão a um com o outro. A Judá castigava-o com Israel, e a Israel castigava-o com Judá. Isto é o que eu receio: que como em Castela e Portugal há pecados, queira Deus castigar a Castela com Portugal, e a Portugal com Castela. E nós estamos tão confiados que, não sendo o que era Judite, esperamos de Deus o que ela pedia. Notai. Judite, para si e para os seus pedia misericórdia: "E que espera tudo da tua misericórdia" — e para os inimigos pedia ira: "Diante da tua ira caia a sua força" (Jt 9,11) — e a sua petição era muito justa, porque os inimigos eram grandes pecadores, e os de Betúlia estavam muito arrependidos.

Porém, que Portugal, tendo tantos pecados como Castela, para Castela peça a ira, e para si a misericórdia, é querer que Deus seja injusto. Se Deus está castigando pecados em Castela, queremos que premie pecados em Portugal? Se ambos temos pecados, ambos teremos castigos. E acrescento eu que mais deve temer Portugal dos seus pecados do que Castela dos seus. E por quê? Porque os pecados de Castela são pecados de gente castigada, e os pecados de Portugal de gente desagradecida. E estes provocam muito mais a ira divina. Tantas ingratidões sobre tantos benefícios! Tantos esquecimentos de Deus sobre tantas mercês de Deus! Deus quebrando as leis da natureza e fazendo milagres por nós, e nós faltando a todas as leis da razão, cometendo tantas ofensas contra Deus! Não conhece a Deus quem o não teme em tal estado. Que importa que Cristo despregasse o braço, se nós lho tornamos a pregar com nossos pecados: "Crucificando de novo ao Filho de Deus" (Hb 6,6)?

§ VII

Este é, senhores, sem afetação e com a sinceridade devida a este lugar, o perigo em que estamos. Se o queremos remediar, como devemos querer todos, o remédio é um só, mas que está em nossa mão. E que remédio é este? Emendar a vida, arrepender e chorar muito de coração nossos pecados. Se matarmos estes inimigos, logo venceremos os outros. Cessem as paixões malditas da carne, que tantos exércitos têm perdido; cessem os ódios, cessem as invejas, cessem as guerras intestinas da emulação; amemo-nos como próximos, com uma caridade muito verdadeira e muito cristã. Ajudemos as armas dos nossos soldados com as da penitência, do jejum, da oração, da esmola. Suas Majestades e o reino façam algum voto a Deus, à imitação dos santos reis antigos, que por este meio propiciaram a misericórdia divina. Sobretudo, façamos pazes com o mesmo Deus e ponhamo-nos todos em sua graça, com resolução e firmíssimos propósitos de o não ofender mais. E se assim o fizermos, eu prometo daqui, em seu nome, que nos há de dar a vitória e feliz sucesso que desejamos. Não é este empenho meu, senão da mesma verdade divina, que não pode faltar e assim o tem prometido no capítulo 26 do Levítico: "Se fizéreis a minha vontade" — diz Deus — "e guardáreis os meus preceitos, vencereis a vossos inimigos e cairão vencidos a vossos pés" (Lv 26,3.7). — E se o não fizermos assim? Ouvi agora, e tremei: "E se não me obedecêreis, nem guardáreis minha lei, sereis vencidos de vossos inimigos e ficareis sujeitos e cativos daqueles que tanto ódio vos têm" (Lv 16,14.17).

Todas estas palavras são de fé; vede se podem faltar, tanto pela parte da promessa como do ameaço. Pelo que, fiéis portugueses, se o amor da pátria, se o amor do rei, se o amor das prendas que todos tendes naquele exército, os irmãos, os pais, os filhos, se estes e os outros parentescos, ainda mais estreitos, vos merecem alguma coisa, não sejamos tão cruéis contra eles e contra nós mesmos, que com os nossos pecados estorvemos as misericórdias divinas. Em nossas mãos está a vitória, pois em nossa liberdade está o não ofender a Deus. Amemos a Deus ao menos por amor de nós, e tomemos por devoção todos para que Deus nos dê vitória, não o ofender mortalmente jamais e muito particularmente enquanto andar o nosso exército em campanha. Quem há tão imprudente que ofenda aquele de quem depende, e no mesmo tempo em que mais depende? Pois, se nesta ocasião dependemos tanto de Deus, por que nos atreveremos a ofendê-lo? Se fazemos pazes com Holanda para nos defender de Castela, por que não faremos pazes com Deus para que o tenhamos por nós na mesma guerra? Façamos estas pazes, que não têm as dificuldades das outras e estão na nossa mão. Ponhamo-nos todos na graça e debaixo da proteção deste único Senhor dos exércitos, e nenhum haja de nós que nesta hora, com todo o coração e toda a alma, não capitule esta paz e amizade perpétua com um propósito muito firme e irrevogável de nunca mais ofender a Deus, e sempre o amar e servir.

Mas porque não é segura confiança a que se põe em corações humanos, ainda que se funde nos interesses de sua própria conservação, quero, Senhor, tornar-me só a vós como Judite, e esperar só em vossa infinita misericórdia, e obrigá-la com vossas mesmas palavras, que são as últimas da sua e nossa oração: "Lembrai-vos, Senhor, do vosso testamento", lembrai-vos de vossas promessas. — Hoje faz quatrocentos e cinquenta e dois anos que acabou a vida mortal el-rei D. Afonso Henrique, fundador do Reino de Portugal, e hoje faz cinco anos — sem se advertir em tal concurso de tempo — que foi recebido nesta corte, e começou a reinar el-rei D. João o Quarto, restaurador do mesmo reino. Dia é este, Senhor, muito para vos trazer à memória as promessas que então fizestes ao primeiro rei, e nele ao último, que também agora é o primeiro. Prometestes a el-rei D. Afonso — como ele testemunhou e jurou no seu testamento — "Que depois de atenuada sua descendência poríeis os olhos de vossa misericórdia na décima sexta geração sua". — Sendo, pois, o rei por quem nos restaurastes a mesma geração décima sexta, tempo é, Senhor, de pordes nela e em nós os olhos de vossa divina misericórdia, senão por nossos merecimentos, pelos muitos e grandes daquele santo rei que tanto vos soube servir então, e obrigar para o futuro. Ponde os olhos, Senhor dos exércitos, no nosso exército, e lembrai-vos que todo é daqueles portugueses que no mesmo testamento escolhestes para conquistadores de vossa fé, e para debaixo de suas armas levarem vosso santíssimo nome às gentes tão remotas e estranhas, que antes de nós o não conheciam: "Para que levem o meu nome às gentes remotas".

Este é, Senhor, o vosso testamento, e testamento é também vosso, que assim lhe chamastes, esse diviníssimo Sacramento, em que estais presente. Sobre o testamento de vossa palavra, lembrai-vos também do testamento do vosso amor: "Lembrai-vos, Senhor, do vosso testamento" — e mereça-nos esta lembrança, quando em tudo o mais nos falte o merecimento, o muito que esta cidade e este reino, entre todos os do mundo e em todas as partes dele, se assinala na veneração e culto desse soberano mistério. Em virtude desse sagrado Pão, sendo visto descer do céu, foi tão forte a espada de Gedeão que venceu os exércitos sem número dos madianitas. E este mesmo foi o exemplo com que animastes o primeiro rei, na mesma hora em que vos mostrastes descoberto a seus olhos, e lhe mandastes tomar a coroa, cuja perda e restituição logo então lhe anunciastes. Os soldados e capitães que a defendem, todos vão armados com esse divino escudo que levam dentro no peito; dele só esperam a fortaleza e o valor, e a ele só prometem referir a vitória. Vossos são, e vosso o reino por que pelejam. E, pois, o rei que está em campanha é o mesmo descendente de quem dissestes: "Quero fundar em ti e em tua descendência um Império para mim" — para estabelecimento e conservação deste reino, até que chegue à grandeza que lhe promete o nome de império vosso: "Lembrai-vos, Senhor, do vosso testamento".

SERMÃO DO
Esposo da Mãe de Deus, São José

*No dia dos anos do Rei D. João IV e
da festividade de S. José, na Capela Real.*

∽

"José, filho de Davi, não temas."
(Mt 1,20)

No dia do Ano-Novo de 1642, Vieira pregou pela primeira vez na Capela Real. Será por ocasião do aniversário do Rei, em 19 de março, que Vieira falará sobre o que fez S. José neste seu dia. Tudo o que Portugal podia desejar era ser reino e ter rei. Isso S. José, não o do Egito e sim o de Maria, fez. Por que filho de Davi? Responde S. João Crisólogo. Assim era filho de Davi por Maria, e não por José. Entretanto, ainda que a coroa lhe fosse tirada da cabeça, tinha muito de rei no coração. Sendo piedoso foi justo. Ser rei se mostra em ter querer e ter não querer: José quis deixar Maria e não a quis entregar. Jônatas e Davi. Os escribas e Pilatos. É grande parte de rei não ser arrojado. O anjo o achou temeroso quando o pudera achar temerário. Por que o anjo apareceu a S. José em sonhos? Em matérias grandes, muitas vezes importa mais o segredo que a resolução. Davi e Absalão. Os reis cuidam dormindo e dormem cuidando. O sono do Faraó e o sono de Nabuco. Também é parte do rei tomar algum descanso. Concluindo: assim serão os anos que esperamos, felizes todos por favor de S. José.

§ I

Sonhou José, o que depois foi vice-rei do Egito, que o sol, a lua e as estrelas, abatendo do céu à terra a majestade luminosa de seus resplendores, humildemente prostrados o adoravam. Quis interpretar este sonho seu pai, e disse que ele, Jacó, era o sol, Raquel, sua esposa, a lua, seus filhos, desde Rúben a Benjamin, as estrelas, e que viria tempo a José em que Deus o levantaria a tão soberana fortuna que seu mesmo pai, sua mãe, e seus irmãos, com o joelho em terra, o adorassem. Os doutores comumente têm esta interpretação do sonho por verdadeira; mas o certo é que um José foi o que sonhou, e outro José foi o sonhado. O José que sonhou foi José, o filho de Jacó, o José sonhado foi José, o esposo de Maria. O José, filho de Jacó, sonhou somente, porque, ainda que digamos que em seu pai o adorou o sol, e em seus irmãos as estrelas, é certo que em Raquel, sua mãe, lhe faltou a adoração da lua, porque quando Jacó e seus filhos adoraram a José no Egito, já era morta Raquel e ficava sepultada em Belém. Segue-se logo que o José verdadeiramente sonhado foi José, o esposo de Maria, porque nele se cumpriram cabalmente todas as partes do sonho. Adorou a José o sol, porque, a título de sujeição filial, lhe guardou reverência e acatamento o mesmo sol de justiça, Cristo: "E estava à obediência deles" (Lc 2,51); — adorou a José a Lua, porque, a título de verdadeira esposa, lhe deveu obediência e amor aquela Senhora que é como a lua formosa: "Formosa como a lua" (Ct 6,9); — adoraram a José as estrelas, porque, a título ou reputação de pai de seu Mestre, o respeitaram com grande veneração os apóstolos, aqueles de quem diz o Espírito Santo: "Luzirão como as estrelas por toda a eternidade" (Dn 12,3). — E quando só a Virgem Maria adorasse a José, seu esposo, nesta só adoração se cumpria todo o sonho inteiramente, porque nela o adorava o sol, nela a lua, nela as estrelas: o sol: "Uma mulher vestida de sol; a lua: que tinha a lua debaixo dos pés; as estrelas: e uma coroa de doze estrelas sobre a sua cabeça" (Ap 12,1).

Este é S. José, Senhor, e este é o soberano planeta que predominou neste formoso dia, dia em que, com o felicíssimo nascimento de Vossa Majestade, nasceu outra vez aos portugueses a esperança, ao Reino a liberdade, e Portugal a si mesmo. Justo era que ao nascimento de tão grande e novo rei melhorasse suas constelações o céu, e lhe assistissem novos e maiores planetas. Nos nascimentos dos outros príncipes e monarcas do mundo, ou predomina o sol, ou predomina a lua, ou predomina alguma das estrelas; mas neste nascimento singular, para que fosse mais feliz que todos, predominou um planeta novo e superior, a quem o sol, a quem a lua, a quem as estrelas adoram. Parecerá isto modo de falar e consideração só minha, mas é doutrina mui assentada, não menos que desde o antiquíssimo Tertuliano. Notou este grande doutor que os Magos no nascimento de Cristo não renunciaram à astrologia, mudaram-na. Antes de Cristo nascer observavam-se as estrelas do céu; depois de seu nascimento observavam-se as estrelas de Cristo: "A ciência de hoje a respeito de Cristo são as estrelas não de Saturno e Marte, mas de Cristo". — Parece que para este dia foram cortadas estas palavras: "A astrologia do dia de hoje é de Cristo". — "Não observamos estrelas de Marte ou de Saturno", cujos juízos são tão errados como fabulosos seus nomes; "observamos uma estrela de Cristo", estrela a quem todas as demais adoram, que é, não José, o filho de Jacó, senão José, o filho de Davi: "José, filho de Davi, não temas".

Sendo, pois, tão superior a estrela deste dia, sendo tão divino o planeta deste nascimento, quais serão ou quais seriam suas influências. Ora eu, para satisfazer a todas as obrigações desta solenidade, e para que com devoto agradecimento conheçamos os portugueses o muito que devemos ao divino Esposo da Virgem, pretendo mostrar hoje com alguma evidência que a liberdade a que este reino se restituiu, e todos os bens que com ela gozamos, são e foram influências de S. José. Tudo o que havia mister e tudo o que podia desejar, influiu neste seu dia a Portugal este soberano planeta. Tudo o que Portugal havia mister e tudo o que podia desejar era ser reino, e ter rei. Porque, ainda que na realidade uma e outra coisa tínhamos, nem o reino sem rei era reino, nem o rei sem reino era rei. Pois, que fez neste seu dia S. José? Para que o rei tivesse reino, influiu ao reino restituição de liberdade. E para que o reino tivesse rei, influiu ao rei qualidades e perfeições reais. Esta será a matéria. Para fundamento e prova de toda ela, não quero mais que a metade das palavras do tema: "José, filho de Davi". — Todas as palavras do Evangelho serão prova destas duas, e estas duas palavras serão resposta de todas as dúvidas do Evangelho.

§ II

"José, filho de Davi, não temas." — Estando cuidadoso e aflito S. José entre as perplexidades do mistério da Encarnação, cujos efeitos via, e cujas causas ignorava, diz o nosso evangelista que lhe apareceu um anjo em sonhos, o qual lhe disse assim: "José, filho de Davi, não temas". — Depois pode ser que pondere o não temas, agora reparo só no Filho de Davi. Filho de Davi José a estas horas! Com que fundamento? Se a soberania daquela prosápia estava já tão envelhecida ou tão envilecida em José, que o cetro real de Davi, pela injúria e inconstância dos tempos, tinha já degenerado em suas mãos a instrumentos mecânicos, como lhe chama Filho de Davi o anjo? Chame-lhe o que é, não lhe chame o que foi, que isso já não lembra. S. Pedro Crisólogo respondeu a esta dúvida com umas palavras que, sendo escritas em Itália há oitocentos anos, parece que se escreveram em Portugal de três a esta parte: "Vedes, irmãos, que o gênero é chamado como pessoa, vedes que toda linhagem é chamada como uma só coisa, vedes que a série das gerações de Davi é citada em José. Na trigésima oitava geração nasceu como se diz filho de Davi, para que se descobrisse o mistério dos povos e se realizasse a promessa dada?"[1]. — Largas, mas divinas palavras! — Chamou o anjo a S. José filho de Davi, sendo a trigésima oitava geração daquele rei — diz Crisólogo — para que se lembrasse o santo das profecias antigas e entendesse que o Reino de Israel, tiranizado pelos romanos em seus ditosos tempos, se restituía a seu legítimo sucessor, conforme o juramento feito a el-rei Davi, primeiro fundador daquela coroa: "Jurou o Senhor verdade a Davi, e não deixará de cumpri-la: Do fruto do teu ventre porei sobre o teu trono" (Sl 131,11).

Donde é bem que notemos as palavras do juramento, nas quais diz Deus a Davi que o fruto do seu ventre se assentaria no trono real de Judá: "Do fruto do teu ventre porei sobre o teu trono". — Se Deus falara com alguma rainha, parece que estava dito com propriedade: O fruto do teu ventre se tornará a assentar no trono real; — mas falando com um rei, falando com Davi? Sim, porque, como diz S. Irineu, Tertuliano e Santo Agostinho, quis Deus significar que, quando o reino se restituísse, havia de ser preferindo a prole feminina à masculina, como verdadeiramente aconteceu, porque, ainda que José e Maria eram filhos de Davi, Cristo, que foi o rei prometido, era filho de Davi por Maria, e não por José. O caso é tão semelhante ao do nosso reino, que não necessita de acomodação. De maneira que temos a restauração de um reino tiranizado, restituído depois de muitas gerações a seu legítimo senhor, preferindo na sucessão a prole feminina à masculina, e tudo conforme as profecias antigas e juramento do primeiro fundador do reino. Há propriedade mais própria? Pois estas foram as primeiras influências do nosso grande planeta: para que o rei, que hoje nascia, tivesse reino, influir ao reino restituição de liberdade. — E ninguém me diga que se não prova que foram isto influências suas, porque os planetas, quando dominam, influem conforme suas qualidades, e sendo este o dia e estas as qualidades de S. José, não se pode negar que foram estas suas influências.

§ III

Esta é a primeira razão do "filho de Davi". Para a segunda, dificulto as mesmas palavras com diversa ponderação. Este anjo, que aqui apareceu a S. José, tornou-lhe a aparecer outras três vezes: apareceu-lhe em Belém, quando lhe notificou que se desterrasse para o Egito; apareceu-lhe em Egito, quando o avisou da morte de Herodes; apareceu-lhe no caminho de Judeia, quando o assegurou que podia ir viver a Nazaré, e de todas estas vezes nenhuma lemos que lhe chamasse filho de Davi. Pois se este título de filho de Davi o não dá o anjo em nenhuma outra ocasião a S. José, neste caso de sua perplexidade, por que lhe chama José, filho de Davi: "José, filho de Davi, não temas"? — Várias razões dão os santos; eu darei também a minha, porque a quero provar. Chamou o anjo a S. José nesta ocasião filho de Davi porque se houve o santo nesta tão dificultosa ação com tanta realeza de ânimo, que bem mostrava que, ainda que a fortuna lhe tirara a coroa da cabeça, tinha muito de rei no coração. Chamou-lhe filho de rei, porque viu que se portara muito como rei. Esta foi a segunda influência que dizíamos do nosso planeta José neste seu dia. Para que o reino tivesse rei, influir ao rei qualidades e perfeições reais. Bem conheço que parece coisa dificultosa, na ação de uns ciúmes formar a ideia de um príncipe perfeito; mas o discurso me desempenhará, e não nos há de desajudar o Evangelho. Vamos com ele.

§ IV

"José, como fosse um homem justo e não quisesse entregá-la, quis deixá-la ocultamente" (Mt 1,19). — Diz o evangelista que, vendo S. José os indícios tão manifestos da conceição de sua esposa, como fosse varão justo e a não quisesse entregar à justiça, para que a castigasse conforme a lei... Aqui reparo, antes de ir mais por diante. Uma grande implicação parece que tem este texto. Que quer dizer que a não quis entregar à justiça, porque era justo? Se dissera que a não quis entregar à justiça porque era piedoso, então parece que estava mais propriamente advertido. Perdoar, não acusar, são atos de piedade, não são atos de justiça. Pois, por que troca o evangelista os termos, e em lugar de chamar a José piedoso, lhe chama justo: "José, como fosse um homem justo"? — Chama o evangelista a S. José justo, quando fazia uma tão grande ação de piedade, porque, como José tinha tanto de rei: "José, filho de Davi" — tinha obrigação de justiça a ser piedoso, e quem tem obrigação de justiça a ser piedoso, quando é piedoso é justo. A piedade nos outros homens é piedade, no príncipe é justiça.

Quis o Bom Ladrão que usasse Cristo com ele de piedade, e disse assim: "Senhor, lembrai-vos de mim, depois que chegardes ao vosso reino" (Lc 23,42). — Depois que chegardes! E antes, por que não? A quem tanto padecia, não lhe estava melhor o socorro antes mais cedo que mais tarde? Sim, estava. Pois, por que não diz: lembrai-vos, Senhor, de mim agora, senão depois de chegardes a vosso reino? A razão foi, diz S. Crisóstomo, porque a lembrança e piedade que o ladrão pedia antes de Cristo ser Rei, era favor que lhe podia fazer; depois de ser Rei, era justiça que lhe não podia negar. Foi tão astuto requerente o ladrão que, sendo a sua petição de misericórdia, quis que fosse o seu despacho de justiça. E como os reis têm obrigação de justiça a ser piedosos, por isso disse: Lembrai-vos, Senhor, de mim, não antes, senão depois de virdes ao vosso reino — porque a mesma piedade, que antes de Cristo ser Rei era piedade, depois de ser Rei era justiça. É verdade que a miséria que o Ladrão padecia era presente; mas como a misericórdia que esperava antes de Cristo reinar era voluntária e depois de reinar devida, por isso regulou sabiamente o seu requerimento, não pelo tempo em que experimenta em si a necessidade, senão para o tempo em que considerava em Cristo a obrigação: "Depois que chegardes ao vosso reino".

Não peço a piedade para agora, senão para depois que estiverdes no vosso reino, porque, ainda que eu a não mereça agora, por ser culpado, vós ma devereis depois, por serdes Rei. — E Cristo, que já na cruz era Rei, e Cristo, que já na cruz estava no seu reino, que é o que fez? "Hoje estarás comigo no paraíso" (Ibid. 43). — O ladrão pedia a piedade para depois, porque cuidava que Cristo ainda não era rei, e Cristo concedeu-lhe a piedade logo, para mostrar que já o era: Hoje estarás comigo no Paraíso. — Como se dissera o Senhor: Pedes-me piedade a título de rei? Pois já ta dou, porque já ta devo: Rei sou. — E se a piedade nos reis é dívida, se a piedade nos reis é justiça, que muito que se chame justo quando foi piedoso quem tinha tanto de rei, como José? "José, filho de Davi." — Sendo piedoso foi justo, porque, perdoando a ofensa que suspeitava, pagou o que devia a quem era. O perdão de sua esposa foram obrigações de seu pai: "José, filho de Davi".

§ V

"Não a quisesse entregar à justiça, quis deixá-la", e ir-se. — A segunda coisa em que S. José mostrou ser filho de Davi foi aquele "não quisesse" e aquele "quis": quis deixá-la e não a quis entregar. — Quis e não quis? Oh! quanto tendes de rei, divino José! Em nenhuma coisa se mostra mais o ser de rei que em ter querer e ter não querer. A liberdade da vontade humana, dizem os teólogos, consiste em uma indiferença que se chama quero ou não quero. Tal há de ser a vontade real: livre, e não sujeita. O príncipe não há de ter a sua vontade sujeita a outrem, nem há de estar sujeito à sua vontade. Se tem a sua vontade sujeita a outrem, não é rei dos seus; se está sujeito à sua vontade, não é rei de si. Pois, para reinar sobre si e sobre os seus há de ter a vontade em uma indiferença tão livre e tão senhora, que seja seu o querer e seu o não querer: "não quisesse, quis".

Quis Deus tirar o reino a Saul, e, sendo que tinha Saul a Jônatas, seu filho herdeiro, não deu Deus o reino a Jônatas, senão a Davi. Pois, por que razão a Davi, e não a Jônatas? Jônatas era um príncipe muito generoso, muito liberal, muito benigno, muito esforçado e, sobretudo, era filho herdeiro de um rei, que para o respeito dos vassalos importa muito. Davi, pelo contrário, era um pastor, filho de outro, de quem se não sabiam mais talentos que atirar uma funda e tocar uma harpa. Pois, por que deserda Deus a Jônatas e dá a Coroa a Davi? Eu o direi. Diz o texto, falando de Davi e de Jônatas: "Que a alma de Jônatas se atou à alma de Davi" (1Rs 18,1). — De sorte que, ainda que ambas as almas estavam atadas, a que se atou foi a de Jônatas a Davi, e não a de Davi a Jônatas. Advertiu-o agudamente S. Gregório Taumaturgo[2]: "Estabelecer vínculos era próprio do mais importante e não do inferior, aglutinar era próprio do mais inferior; assim não se podia estabelecer vínculos de qualquer maneira". — E como Jônatas se atou a Davi, e Davi a Jônatas não, por isso tira Deus a coroa da cabeça a Jônatas e mete na mão o cetro a Davi, porque príncipe como Jônatas, que ata a sua vontade à vontade do vassalo, tem talento de vassalo, não tem talento de rei; e vassalo como Davi, que não sabe atar a sua vontade à vontade doutrem, ainda que seja um príncipe, este tem talento de rei, não tem talento de vassalo. E como Deus reparte os ofícios conforme os talentos e não conforme as qualidades, seja vassalo o príncipe Jônatas, seja rei o pastor Davi. Rei que tenha a vontade atada a outrem, não faz isso Deus.

E por que razão importa tanto que o príncipe não seja sujeito à vontade alheia? Por duas razões: uma da parte do rei, outra da parte do reino. Da parte do rei, porque não é rei, é súdito; da parte do reino, porque não é reino, é confusão. Comecemos por este segundo. Quando o sol parou às vozes de Josué, aconteceram no mundo todas aquelas consequências que, parando o movimento celeste, consideram os filósofos. As plantas por todo aquele tempo não cresceram; as qualidades dos elementos e dos mistos não se alteraram; a geração e corrupção, com que se conserva o mundo cessaram; as artes e os exercícios humanos de um e outro hemisfério estiveram suspensos; os antípodas não trabalhavam, porque lhes faltava a luz: os de cima, cansados de tão comprido dia, deixavam o trabalho; estes pasmados de verem o sol, que se não movia; aqueles também pasmados de esperarem pelo sol, que não chegava; cuidavam que se acabara para eles a luz; imaginavam que se acabava o mundo; tudo eram lágrimas, tudo assombros, tudo horrores, tudo confusões. — Que é isto? Quem desordenou a compostura do universo? Quem descompôs a harmonia da natureza? Donde tanta desordem? Donde tanta confusão ao mundo? Sabeis donde? A Escritura o disse em duas palavras: "Obedecendo o Senhor à voz de um homem" (Js 10,14). — E em um mundo onde o súdito manda e o Senhor obedece, em um mundo onde manda o criado, que havia de obedecer, e obedece o Senhor, que havia de mandar, que muito que haja confusões, que haja desordens, que haja descomposturas? Que muito que nada cresça, que nada se obre? Que muito que os de cima triunfem e os debaixo chorem, e que, nascendo o sol para todos, os de cima levem todas as luzes e os debaixo todas as trevas?

Com grandes exemplos destes se tem infamado o mundo em todas as idades, e, sem pedirmos aos séculos passados as memórias de Galba nem de Tibério, os nossos olhos são boas testemunhas. Nós o vimos, e nós o vemos. Pergunto: Portugueses, vós que vistes o que padecestes, vós que vedes o que gozais, donde veio tanta diferença em tão poucos anos? A diferença não a pondero, porque a veem os olhos; a causa por que a veem é só o que pergunto. Sabeis por quê? Porque então tínhamos um rei sujeito a uma vontade alheia, hoje temos um rei senhor das vontades alheias, e mais da sua; então tínhamos um rei cativo, hoje temos um rei livre; então tínhamos um rei obediente, hoje temos um rei obedecido; então tínhamos um rei senhoreado, hoje temos um rei senhor. Esta é a diferença. rei senhor, digo — e é a segunda razão — porque o rei sujeito à vontade alheia não é senhor. E rei súdito, é rei não rei.

Quando Cristo foi levado à presença de Pilatos, perguntou ele aos ministros daquela justiça: "Que quereis que faça do rei dos judeus?" (Mc 15,12). — Responderam os escribas e fariseus: "Queremos que o crucifiqueis" (Jo 19,15). — E que fez Pilatos? "Entregou-o à vontade deles" (Lc 23,25). — Pergunto agora: Quem fez maior injúria a Cristo enquanto rei dos Judeus: os escribas e fariseus na sua petição, ou Pilatos na sua permissão? Os escribas em o pedirem para a cruz, ou Pilatos em o entregar à sua vontade? Todos os doutores comumente condenam mais a Pilatos, e com muita razão. Muito maior injúria fez Pilatos a Cristo com sua permissão do que os fariseus em sua petição, porque os fariseus no que pediam mostravam que Cristo era verdadeiro rei, e Pilatos no que permitia mostrava que Cristo não era rei verdadeiro. Os fariseus mostravam que era rei verdadeiro porque pediam a Cristo para a cruz, e não há maior prova de ser verdadeiro rei que chegar a dar o sangue e a vida por seus vassalos. E Pilatos, no que permitia, mostrava que não era rei verdadeiro, porque entregou a Cristo à vontade dos seus, e não há melhor prova de não ser verdadeiro rei que ser rei entregue à vontade alheia: "Entregou-o à vontade deles". — E se não, vejamos o que se seguiu.

Tanto que Pilatos entregou a Cristo à vontade deles, imediatamente o vestiram de uma púrpura de farsa, deram-lhe um cetro de cana, puseram-lhe uma coroa de espinhos e faziam-lhe grandes adorações zombando: "Escarneciam-no, dizendo: Deus te salve, rei dos judeus!" (Mt 27,29). — De maneira que antes de Cristo estar sujeito à vontade alheia, ainda em suas bocas era verdadeiro rei: "Que quereis que faça do rei dos judeus?". — Mas tanto que o entregaram à vontade alheia, logo foi rei de farsa e de zombaria: "Escarneciam-no, dizendo: Deus te salve, rei dos judeus!" (Mt 27,29). — Rei entregue à vontade doutrem terá púrpura, terá cetro, terá coroa, terá adorações; mas a púrpura não é púrpura, o cetro é cana, a coroa espinhos, as adorações zombarias: "Escarneciam-no, dizendo: Deus te salve, rei dos judeus!" (Mt 27,29).

— E como é tão grande qualidade de rei ter a vontade sua, e não sujeita, por isso o anjo chamou a S. José filho de el-rei Davi, quando o viu tão isento Senhor de sua vontade, que era seu o querer e o não querer: "Como não a quisesse entregá-la, quis deixá-la".

§ VI

"Considerando ele essas coisas" (Mt 1,20). — Resoluto S. José a deixar sua esposa, diz o texto que andava o santo considerando: "Considerando ele essas coisas". — Esta consideração de S. José me dá muito que considerar e que reparar. Não estava já o santo deliberado e resoluto? Sim, estava, que isso quer dizer aquele "quis": deliberação da vontade. Pois, se a vontade estava deliberada e resoluta, que é o que considerava José? Considerar antes de resolver, isso fazem ou devem fazer todos; mas depois de resolver considerar ainda? Sim, porque as matérias de grande importância — qual esta era — hão-se de considerar antes e mais depois. Antes de resolver há-se de considerar o caso; depois de resolver há se de considerar a resolução. Esta diferença acho entre a Filosofia natural, e a moral e política: que a Filosofia natural pede um conhecimento antes da deliberação: "Nenhuma deliberação que não seja antes do conhecido" — a Filosofia moral e política pede um conhecimento antes e outro depois: um conhecimento antes, que guie a vontade a tomar a resolução, e outro conhecimento depois, que examine a resolução depois de tomada. Assim o fez S. José. Conheceu e considerou primeiro, e logo resolveu: "quis" — e, depois de resoluto e deliberado, tornou ainda a considerar: "Considerando ele essas coisas".

Pecou Adão, escondeu-se, e antes de Deus lhe notificar a sentença de desterro, diz o texto que andava o Senhor passeando e falando consigo no Paraíso: "Ouviu a voz de Deus, que passeava" (Gn 3,8). — As vozes e os passeios, tudo era impróprio em Deus, porque o falar consigo encontrava o atributo de sua sabedoria, e o passear de uma parte para a outra encontrava o atributo de sua imensidade e imutabilidade. Pois, que obrigava a Deus a falar consigo contra o atributo de infinitamente sábio? Que obriga a Deus a passear de uma para outra parte contra o atributo de imutável e imóvel? Se vinha castigar a Adão, por que o não castiga? Se vinha desterrá-lo do Paraíso, por que o não desterra? Por quê? Porque era matéria grande, e qui-la Deus considerar primeiro. Por isso passeava só, como pensativo, por isso falava consigo, como irresoluto. Procedeu Deus em desfazer o homem como havia procedido em o fazer. Quando o fez, fê-lo com conselho: "Façamos o homem" (Gn 1,26) — quando o desfez, desfê-lo com consideração: "Ouviu a voz de Deus, que passeava". — Passear Deus de uma para outra parte parecia descrédito de sua imutabilidade, mas não era senão honra. Com Deus ser por natureza imóvel e imudável, honra-se muito de haver uma coisa que o possa mudar e mover, que é a razão; e, como no caso de Adão havia razões por uma e outra parte, por isso passeava Deus e se movia de uma parte para a outra, porque de uma e outra parte havia razões que o movessem.

As razões que havia para castigar o levavam, as razões que havia para perdoar o traziam. — Que me desobedecesse Adão! Hei de castigá-lo. — Esta razão o levava. — Que haja de lançar do Paraíso um homem que ainda agora pus nele! Não o hei de castigar.

— Esta razão o trazia. — Fazer um homem de nada foi crédito de minha bondade; desfazê-lo por pouco mais de nada, por uma maçã, parece demasiado rigor de minha justiça. Ora, perdoe-lhe. — Voltava Deus o passeio. — Mas que um homem levantado de nada se atrevesse contra quem o criou é grande soberba! E que um homem, por pouco mais de nada, por uma maçã, arrastasse tantos respeitos é grande ingratidão! Não lhe hei de perdoar. — Tornava a voltar Deus e ir por diante. De maneira que assim andava o supremo rei, como flutuando de uma razão para outra, considerando antes de resolver, e depois de resolver tornando a considerar. Bem assim como São João neste caso. Uma vez sobre considerado resoluto, e outra vez sobre resoluto considerado: "Considerando ele essas coisas".

Se fora noutra matéria, não me espantara muito; mas em matéria de ciúmes, em matéria em que lhe não ia menos que honra e amor, que não se arrojasse José, que não se precipitasse? Grande capacidade de ânimo! Lá diz Cristo que, se um cego guia outro cego, ambos se despenham: "Um cego se é conduzido por outro cego nunca irão ambos num buraco?" (Mt 15,14; Lc 6,39). — Aqui guiou um cego a outro cego, e não se despenhou nenhum. O ciúme guiava a José, o amor guiava o ciúme, e, sendo cego o ciúme e cego o amor, não foram bastantes dois afetos cegos, e tão cegos, para que a prudência de S. José se precipitasse. Disse afetos cegos, e tão cegos, porque os ciúmes de S. José eram fundados nas evidências do que via, e não há mais perigosas cegueiras que as que têm da sua parte os olhos. Dois olhos e dois cegos guiavam a José neste caso. Oh! que ocasião para um precipício! E que ele se tivesse tão firme nos estribos de sua prudência, que nem a vista lhe deslumbrasse a cegueira, nem a cegueira lhe escurecesse a vista para que se arrojasse! Grande valor! Mas era José filho de Davi, e quem tinha tanto de rei, como havia de ser arrojado?

Quiseram matar a Cristo os de Cafarnaum, e com este intento o levaram a um monte alto, para daí o despenharem. Que faria Cristo neste passo? Fez-se invisível, e, passando oculto pelo meio deles, escapou de suas mãos. Senhor, que resolução é esta? Vós não viestes ao mundo a morrer pelos homens? Sim, viestes. Morrer a mãos dos mesmos por quem se morre ainda é maior crédito do amor que seja o instrumento quem é a causa. Pois, se tendes tão boa ocasião de dar a vida, por que a não lograis? Por que fugis da morte? Direi: Cristo, Senhor nosso, no dia de sua morte tinha determinado tomar o título de rei, de que na vida fugira; estes homens queriam-no matar, arrojando-o de um monte abaixo: "Para o precipitarem" (Lc 4,29) — e posto que o Senhor desejasse muito morrer, não admitiu este gênero de morte, porque não dizia bem o nome ou semelhança de arrojado com o título de rei. Rei, e crucificado, sim, que assaz cruz é o reinar; mas rei e arrojado, não, porque encontra o título dessa cruz. Lá outra vez o diabo aconselhou a Cristo que se arrojasse ele: "Lança-te daqui abaixo" (Mt 4,6). — Estes homens quiseram arrojá-lo com suas mãos: "Para o precipitarem" — mas Cristo nem se sujeitou a esta violência nem quis tomar aquele conselho, porque o príncipe nem se há de arrojar a si, nem o há de arrojar outrem. Nem por ímpeto próprio, nem por impulso alheio. E como é tão grande parte de rei não ser arrojado, por isso S. José o foi tão pouco nesta ocasião, que o achou o anjo temeroso quando o pudera achar temerário: "José, filho de Davi, não temas". — Oh! que glorioso não temas! Que desçam anjos a sossegar temores em ocasião que deveram descer a resistir temeridades! Mas assim obra quem assim considera, e assim considera quem é filho de Davi: "Considerando ele essas coisas".

§ VII

Já reparamos no "considerando"; repararemos agora no "ele": "Considerando — ele — essas coisas". — Com ser uma palavra de só duas letras tem muito que reparar. Diz o evangelista que as considerações que José fazia sobre este caso ele as discorria "consigo". Muito pondera Eutímio que as não comunicasse com outrem, e tem razão, porque o cuidado e aflição de S. José havia mister alívio e remédio: o alívio estava na comunicação, o remédio no conselho; pois, por que se não aconselha S. José em um caso tão duvidoso, por que o não comunica com outrem? Porque em matérias grandes, como era esta, muitas vezes importa mais o segredo que a resolução, e negócio em que importava tanto o segredo, não fora S. José filho de Davi, se o comunicara com outrem. Matérias em que pode ser perigosa a falta do segredo, não hão de sair do peito do príncipe nem para o maior valido, nem para o maior confidente, nem para o maior amigo.

É certo que perguntou S. João a Cristo quem era o traidor que o havia de entregar, é certo que Cristo lhe respondeu, é certo que dormiu reclinado em seu peito S. João, mas não é certo quando adormeceu. Pergunto: em que ponto adormeceu S. João? Dizem alguns doutores que adormeceu tanto que acabou de perguntar, de maneira que, quando Cristo respondeu, já S. João estava dormindo. Fundam este parecer no texto, porque diz absolutamente que nenhum dos que estavam à mesa soube o que Cristo disse a Judas, quando logo foi executar o mesmo segredo: "Nenhum, porém, dos que estavam à mesa percebeu" (Jo 13,28). — Se nenhum, logo nem S. João. E se S. João, a quem se disse, o não ouviu, logo já estava dormindo. Pois, que mistério teve este sono súbito, que em tal ocasião não podia ser acaso? Por que adormeceu S. João à resposta de Cristo? O mistério foi este. Viu-se Cristo, Senhor nosso, naquela ocasião constrangida a faltar a uma de duas: ou ao respeito de amigo, ou à obrigação de rei. — Se não digo a João o que me pergunta, falto aos respeitos de amigo; se descubro um segredo de tanta importância, falto às obrigações de rei: pois, que remédio para não faltar ao amor nem ao segredo?

O remédio foi ordenar Cristo que S. João adormecesse tanto que perguntou, para que não pudesse ouvir o mesmo que lhe respondia. E desta maneira ficou o Senhor satisfazendo juntamente às obrigações de rei e aos respeitos de amigo: aos respeitos de amigo, porque respondeu ao que S. João lhe perguntara, e às obrigações de rei, porque não comunicou o que convinha encobrir-se. De sorte que na boca de Cristo e nos ouvidos de S. João esteve o segredo juntamente encoberto e revelado: revelado na boca de Cristo, como segredo de amigo; encoberto nos ouvidos de João, como segredo de rei. Tanto devem os príncipes recatar algum segredo, ainda dos maiores privados, qual era João. E se não, considerem-se os inconvenientes que do contrário se seguiam. Se o Senhor descobrira o segredo a João, João havia-o de dizer a Pedro, que para isso o perguntava; se

João o dizia a Pedro, Pedro havia de matar a Judas, que a esse fim o queria conhecer; se Pedro matava a Judas, não se executava a venda e morte de Cristo e, não morrendo Cristo, ficava impedido o remédio do mundo, o gênero humano sem redenção e o império do mesmo Cristo frustrado. Há maiores inconvenientes? De maneira que de se conservar aquele segredo, que não parecia nada, dependeu a conservação do império de Cristo. Não importa menos um segredo que um império.

Tanto que Cristo expirou, rasgou-se o véu do Templo, em sinal de que também a Sinagoga expirava, e se acabava a monarquia hebreia. Assim o dizem todos os doutores, mas eu replico. O sinal sempre há de ter proporção com o que significa, e muita, se é natural; pois, que proporção tinha rasgar-se o véu do Templo com se haver de acabar o império da Sinagoga? Grande proporção, diz S. Leão Papa[3]: "Aquele sagrado e místico segredo que somente ao sumo Sacerdote era permitido entrar se rompeu". Aquele véu do Templo era a cortina que cobria o *Sancta Sanctorum* [Santo dos Santos], onde estavam escondidos os segredos e mistérios daquela lei, vedados a todos, e só ao Sumo Sacerdote permitidos, e por isso tinha grande proporção rasgar-se o véu do Templo, para significar que se acabava a Sinagoga, porque não há mais próprio sinal de se acabar um império, uma monarquia, que romperem-se as cortinas dos seus mistérios e rasgarem-se os véus dos seus segredos. Os reinos e as monarquias sustentam-se mais do misterioso que do verdadeiro, e se se manifestam seus mistérios, mal os defendem as suas verdades. A opinião é a vida dos impérios, o segredo é a alma da opinião. A prevenção sabida ameaça a uma só parte, secreta, ameaça a todas. Os intentos ignorados suspendem a atenção do inimigo; manifestos, são a guia mais segura de seus acertos. Reino cujas resoluções primeiro forem públicas que executadas, oh! que perigosa conjectura tem de sua conservação!

Que bem entendia esta política el-rei Davi! Levantou-se Absalão com o reino, começou a fazer grandes levas de gente, grandes exércitos contra Davi; e Davi, que faria contra Absalão? Chamou Cusai, um grande seu conselheiro, disse-lhe que se passasse à confidência de Absalão e que, como fosse admitido aos conselhos, lhe revelasse por vias ocultas tudo o que lá passasse: "Tudo o que ouvires da casa do rei, avisarás" (2Rs 15,35). — Isto fez Davi, e não fez mais. Pois, Davi, se vem contra vós tão numerosos exércitos de Absalão, por que não fazeis também exército? E já que vos descuidais destas prevenções, a que fim mandais lá Cusai? Que há de fazer um homem contra Absalão? Obrou Davi como soldado tão experimentado e como rei tão político. Querendo-se opor ao poder de Absalão, tratou sobretudo de lhe meter um confidente seu no conselho, porque entendeu que maior guerra fazia a Absalão com um homem que lhe rompesse os seus segredos, que com muitos mil homens que lhe rompessem os seus exércitos. Um exército roto pode-se refazer, mas um segredo roto não se pode remediar. Um exército roto pode-se refazer com soldados, um segredo roto não se pode soldar com exércitos.

Qualquer grande poder sem segredo é fraqueza, e a mesma fraqueza com segredo é grande poder. Enquanto Sansão encobriu o segredo dos seus cabelos, destruiu exércitos inteiros; como descobriu o segredo a Dalila, cortaram-lhe os cabelos os filisteus, e puderam atar aquelas valentes mãos, de quem tantas vezes foram vencidos. Oh! que grande exemplo do poder do segredo! De maneira que sete cabelos, com segredo, faziam tremer exércitos armados; e esse mesmo poder que fazia tremer exércitos armados, sem segredo, bastou um golpe de uma tesoura para o desbaratar. Por isso Davi contra Absalão tratou de lhe conquistar os segredos, e não de lhe vencer os exércitos. E se tanta estimação fazia de um segredo Davi, porque era rei, que muito que fizesse tanta estimação do segredo José, porque era filho de Davi? "José, filho de Davi."

Fez tão grande estimação do segredo S. José, que não só o não fiou de outrem, mas também não o fiou de si. Para bem se guardar o segredo, não só o havemos de recatar dos outros, mas também o havemos de recatar de nós. O meu segredo há-o de saber alguma parte de mim, mas todo eu não o hei de saber. Hei de fazer um repartimento entre eu e mim, e se o souber a metade de mim, não o há de saber a outra a metade. Parece doutrina paradoxa e é conselho expresso de Cristo: "Quando fizeres alguma esmola com a mão direita, não o saiba a mão esquerda" (Mt 6,3). — Pergunto: E por que não disse Cristo: quando fizeres alguma esmola com a mão esquerda não o saiba a mão direita? Porque a mão direita é mais nobre, a mão esquerda menos; e da mais nobre fiou Cristo a liberalidade, da menos nobre desconfiou o segredo. O segredo a ninguém; mas, havendo de ser, às maiores qualidades. Diz, pois, Cristo: O que souber a mão direita, não o saiba a esquerda. — Como se dissera: Haveis de fazer um repartimento entre vós e a vós, e o segredo que souber aquela a metade, que chega da mão direita até o coração, não o saiba a outra a metade, que chega do coração até a mão esquerda. Assim o fez S. José.

O seu segredo sabia-o parte de S. José, mas todo S. José não o sabia. Sabia-o a parte mais nobre da alma com suas potências; mas não o sabia a parte menos nobre do corpo com seus sentidos. Sabiam-no as potências da alma, porque o sabia a vontade: "quis" — e o entendimento: "considerando"; mas não o sabiam os sentidos do corpo, porque nem a boca o pronunciou, nem os olhos o significaram, nem em outro algum sentido se viu indício. Donde se verá a razão por que o anjo apareceu a S. José em sonhos: "O anjo do Senhor apareceu a José em sonhos" (Mt 1,20). — E por que não acordado, senão dormindo? Porque como S. José fiara o segredo só às potências da alma, e não aos sentidos do corpo, esperou o anjo que os sentidos estivessem dormindo, para acudir ao remédio sem violar o segredo: "O anjo do Senhor apareceu a José em sonhos, porque ele não o manifestara a ninguém, mas somente o revolvia na mente" — disse advertidamente S. João Crisóstomo. Tanto recato guardou S. José, e tanto respeito o anjo a um segredo!

§ VIII

"Estando S. José cuidando nestas coisas, apareceu-lhe um anjo em sonhos" diz o evangelista. Notável consequência! Se sonhava, logo dormia; e se dormia, como cuidava? Dormir e cuidar juntamente, parece que não pode ser. Pois, se estava cuidando: "Considerando ele essas coisas" — como estava juntamente dormindo: "Eis que o anjo do Senhor apareceu a José em sonhos"? — Dormia e mais cuidava S. José, porque era filho de Davi. Esta diferença faz o sono dos príncipes ao dos outros homens — que os reis cuidam dormindo, e dormem cuidando. O sono dos reis é um sono desvelado, é um dormir cuidadoso, um descansar inquieto, um desatender advertido, um descuidar-se vigiando. Nos outros homens o sono é prisão dos sentidos; nos reis é dissimulação somente. Por isso ao leão lhe deram o império dos animais, porque dorme com os olhos abertos. Nenhum rei fechou os olhos, que lhe não fizesse sentinela o coração: "Eu durmo, e o meu coração vela" (Ct 5,2) — dizia o rei mais sábio.

Dormindo estava Faraó quando viu aquele sonho admirável das sete vacas fracas que comiam as sete robustas, em que se significavam os sete anos de fartura e os outros sete de fome, que haviam de suceder no Egito (Gn 40). Era rei, por isso lhe inquietavam o sono estes cuidados. Catorze anos antes levava Faraó adiantado o governo de seus vassalos, e já então sonhava com seus bens e o desvelavam seus males. Isto é dormir como rei. Nos outros homens o sono é uma morte, nos príncipes o sono são duas vidas. Faraó acordado, vivia no tempo presente; dormindo, vivia no presente e mais no futuro: no presente por duração, no futuro por cuidado. Mais via Faraó dormindo com os olhos fechados que acordado com os olhos abertos: acordado com os olhos abertos, via o que já era, dormindo com os olhos fechados via o que ainda não era, só porque havia de ser. Fechou os olhos para dobrar a esfera da vista. Com os olhos abertos, via poucos espaços de lugar; com os olhos fechados, alcançava grandes distâncias de tempo. Assim dormia o rei do Egito, Faraó. E o rei dos Assírios, Nabuco, como dormia? Dormia sonhando com o seu reino e com os estranhos.

Viu Nabucodonosor aquela prodigiosa estátua, que representava os quatro impérios: dos assírios, dos persas, dos gregos, e dos romanos (Dn 2): o corpo estava descuidado com os sentidos presos, e a alma andava cuidadosa, levantando e derrubando estátuas, fantasiando reinos e monarquias. Mais fazia Nabucodonosor dormindo que acordado, porque acordado cuidava no governo de um reino e dormindo imaginava na sucessão de quatro. Pois, se Nabuco era rei dos assírios, quem o metia com o império dos persas, com o dos gregos, com o dos romanos? Quem? A obrigação do ofício que tinha. Era rei, e quem quer conservar o reino próprio há de sonhar com os estranhos. Do reino próprio há de ter cuidado, e os reinos alheios lhe hão de dar cuidado. Ninguém governou bem o seu reino, que não atendesse ao governo de todos. O bom rei tem por esfera o mundo. É rei do seu reino pelo domínio, e rei de todos os reinos pelo cuidado. E como o dormir e o cuidar não é contradição nos reis, senão natureza, ou obrigação quando menos, tendo S. José tanto de rei, não é muito que estivesse cuidando e dormindo juntamente: "Considerando ele essas coisas, eis que o anjo do Senhor apareceu a José em sonhos".

§ IX

Ora eu não me espanto tanto de que S. José dormindo cuidasse, senão de que cuidando dormisse. Que dormindo pudesse ter tais cuidados, não me espanta; mas que tendo tais cuidados pudesse dormir, isto me admira. O certo é que tanto mostrou S. José a realeza de seu ânimo em dormindo poder ter tais cuidados, como em tendo tais cuidados poder dormir. No meio dos maiores cuidados ter magnanimidade de coração para dar algum alívio aos sentidos também é parte de rei.

Transfigurou-se Cristo no Monte Tabor (Mt 17), dando um bom dia a sua humanidade sagrada, o melhor que nesta vida teve, ação em que sempre reparei muito, não tanto pelo descostume, quanto pelo tempo. O tempo em que Cristo se transfigurou foi quando trazia entre mãos os negócios da redenção do mundo e andava em vésperas de a concluir, como bem mostraram as práticas que teve com Moisés e Elias. Pois, Senhor meu, se andais com um negócio de tanta importância entre as mãos, se andais em vésperas de concluir não menos que a redenção do mundo, como ides ao retiro de Monte Tabor? Como tomais horas de recreação? Como vos pondes a ouvir vozes do céu? No meio de tão grandes cuidados esse divertimento? Sim. Foi Cristo alegrar-se ao Monte Tabor quando mais cuidadosamente tratava o negócio da redenção, para mostrar que não é contra a obrigação de rei, nem de redentor, no meio dos maiores cuidados tomar um dia de monte: "Ir até a montanha é parte também de rei" — disse discretamente S. Jerônimo: Tomar um dia de monte, tomar uma hora de recreação no meio dos maiores cuidados também é parte de rei. — Descansar para cansar mais, antes é ambição de trabalho que desejo de descanso. Quando as potências da alma estão tão fatigadas, justo é que se dê algum alívio aos sentidos do corpo. Mas reparo nas palavras do santo: "É parte de rei": se dissera S. Jerônimo que os moderados passatempos são privilégios das majestades, se dissera que são gages do poder supremo, que são divertimentos lícita e honestamente soberanos, bem estava; mas dizer que são qualidades de rei e parte de reinar: "É parte de rei"? Sim, porque o principal atributo de reinar é atender ao cuidado do reino, e também é parte de atender aos cuidados descuidar-se por uma hora deles.

Para digerir o negócio é necessário desafogar o ânimo; parte é logo de cuidado o divertir-se, quando o recrear os sentidos vem a ser habilitar as potências. Não quero outra prova mais que a do nosso Evangelho. Dois estados teve S. José neste seu caso: um de cuidadoso, quando imaginava, outro de divertido, quando dormia. Pergunto: E quando resolveu S. José o negócio que tanta pena lhe dava? Quando? Quando se divertiu um pouco dele. Quando cuidadoso imaginava, tudo eram dúvidas, tudo escrúpulos, tudo perplexidades; quando se divertiu um pouco dormindo, sanaram-se as tempestades do ânimo, e desfez a verdade a confusão que o trazia perplexo. De maneira que o demasiado cuidado lhe embaraçava a resolução, e o moderado descanso lhe resolveu o cuidado. Quando deu a recreação aos sentidos, então achou a solução dos negócios: "Eis que o anjo do Senhor apareceu a José em sonho". — E como também é parte de rei no meio dos maiores cuidados tomar algum descanso, por isso o anjo, quando achou dormindo a S. José no meio dos seus, lhe chamou filho de el-rei Davi: "José, filho de Davi, não temas".

§ X

Temos acabado a segunda influência do nosso planeta, que foi, para que o reino tivesse rei, influir ao rei qualidades e perfeições reais. Na aplicação delas se me oferecia agora larga matéria a um agradável discurso, se pregara em outro lugar. Mas aconteceu-me hoje o que a Plínio[4] com a majestade de Trajano, que a presença de tão moderado príncipe lhe impedia a maior parte de sua oração, quase ofendendo com o silêncio suas virtudes, por não ofender com o discurso sua modéstia: "Moderarei a minha oração à modéstia do rei, e não menos considerarei o que os seus ouvidos podem ouvir do que o que se deve as suas virtudes". — E assim, para que os louvores sejam só de S. José, e para que se não falte da nossa parte ao reconhecimento agradecido das grandes obrigações que lhe devemos, saibamos que não só foram influências deste benigno planeta as qualidades do nascimento, senão a conservação da vida, que Sua Majestade logre por compridíssimos anos, para que contemos muitos dias destes. Nenhum rei teve mais arriscada a vida, e com ela o reino, que aqueles três reis que no nascimento de Cristo o adoraram, porque estavam debaixo da jurisdição de Herodes e sujeitos às temeridades de sua tirania. Contudo Deus os levou por tais caminhos que eles conservaram as vidas e se restituíram a seus reinos. Mas por que merecimentos?

Ouvi umas palavras de S. Jerônimo[5], de poucos até hoje bem entendidas: "Recebe a resposta não pelo anjo, mas pelo mesmo Senhor para que se visse o privilégio dos méritos de José". Ensinou-lhes Deus imediatamente o caminho por onde se haviam de restituir salvos a seus reinos por que se vissem os privilégios de S. José: "Para que se visse o privilégio de José". — Salvarem-se os reis apesar do tirano, privilégio dos reis parece, porque eles o gozaram; pois, como diz S. Jerônimo que não foi senão privilégio de S. José: "Para que se visse o privilégio de José"? Como S. José era do real sangue de Davi, ainda por força natural do sangue estão tão vinculados seus merecimentos ao patrocínio das pessoas reais, que quando Deus guarda os reis, fá-lo pelos privilégios de S. José. Dos reis foi o benefício, mas de S. José foi o privilégio: "Para que se visse o privilégio de José". Assim que conservar Sua Majestade a vida apesar do Opositor — que lhe não quero dar outro nome — dentro em suas próprias terras, e restituir-se a seu reino por caminhos tão outros do que se podia esperar: "Voltaram por outro caminho para a sua terra" (Mt 2,12) — fortunas são de Sua Majestade, mas foram privilégios de S. José: "Para que se visse o privilégio de José". A S. José devemos a vida e os anos do rei, que nos deu em seu dia.

Mas quero eu por fim que advirtamos que, ainda que nos deu o rei e os anos, mais lhe devemos pelos anos que pelo rei. Ora, notai. O reino de Portugal não se perdeu por falta de rei, perdeu-se por falta de anos. Não se perdeu por falta de rei, porque nas mãos de dois reis se perdeu: nas mãos de el-rei D. Sebastião e nas mãos de el-rei D. Henrique. Perdeu-se, porém, por falta de anos, porque el-rei D. Henrique tinha tantos anos que nos não pôde deixar sucessor, e el-rei D. Sebastião tinha tão poucos que, sem nos deixar sucessor, se foi matar à África. E como o reino se perdeu por falta de anos, e não por falta de rei, não devemos tanto a S. José pelo rei como pelos anos, porque nos deu um rei de tal idade, e em tal mediania de anos qual o havíamos mister. Nem tão poucos anos como os de el-rei D. Sebastião, porque havia mister mais anos o governo; nem tantos anos como os de el-rei D. Henrique, porque havia mister menos anos a sucessão. Um rei que tivesse vivido os anos que bastassem para a experiência e que lhe faltassem por viver os anos que são necessários para a conservação. Anos maduros para o conselho, eficazes para a execução, robustos para o trabalho, fortes e animosos para a guerra, enfim anos que se hão de continuar com muitos e felicíssimos, que debaixo do patrocínio de José não há anos infelizes, ainda que os prometeu o tempo. Faraó sonhou com sete anos de fartura e sete de fome: pôs-se debaixo do patrocínio de José, e todos os catorze anos foram de fartura. De maneira que na previsão do rei havia anos felizes e infelizes, mas na proteção de José os felizes e os infelizes todos foram ditosos. Assim serão os anos que esperamos — por mais que o mundo padeça calamidades — felizes todos por favor de S. José: felizes na vida de Suas Majestades e Altezas, felizes em gloriosas vitórias de nossas armas, felizes na conservação e perpetuidade do nosso reino, felizes enfim na reforma dos costumes e aumento das virtudes cristãs por meio da graça. "E isto o Senhor Deus Onipotente, que vive e reina pelos séculos dos séculos, se digne conceder a mim e a vós."

NOTAS

APRESENTAÇÃO [p. 7]
1. Serafim LEITE, SJ, *História da Companhia de Jesus no Brasil*, Lisboa/Rio de Janeiro, 1938. São Paulo, Edições Loyola, 2004. Tomo IX, Escritores — V. p. 461.

SERMÃO DA ASCENSÃO DE CRISTO SENHOR NOSSO [p. 9-33]
1. São Beda, o Venerável (672-735), ML 91 em *In Libros Regum*; Angelomo († c. 895), monge beneditino de Luxeuil, Franche-Comté, e comentarista bíblico. Cf. *Enarrationes in Libros Regum*.
2. A expressão "*Non plus ultra*", inscrita nas Colunas de Hércules (Gibraltar), indicava o ponto final além do qual não se podia ir. Literalmente, quer dizer: "Não (vá), mais além".
3. Clemente Alexandrino († 215), MG 8-9 em *Stromatum Libri VIII*.
4. Santo Hilário (c. 315-367), ML 9, cf. *Tractatus Super Psalmos*.
5. Plínio, o Velho (23-79), em *Historia Naturalis*. Cf. Liber III passim.
6. Santo Agostinho (354-430), ML 32 em *Confissões*, XIII, 9, 10.
7. São Gregório Magno (540-604), papa, ML 76 em *XL Homiliarum in Evangelia Libri*, em Homilia 2, 26. Cf. Santo Tomás de Aquino, *Suma teológica*, III, q. 54. a 2, ad 2.
8. São Paulino de Nola (353-431), ML 61 em *Epistolae*. Cf. Santo Agostinho (354-430), ML 33 em *Epistolae*, Epistola XXVII, 1.
9. São Zeno de Verona († 375), ML 11 em *Tractatuum Liber I*, cap. LVIII, De Abraham.
10. São Bernardo de Claraval (1091-1153), ML 183 em *Sermones in Cantica Canticorum*, Sermo LXIV.
11. Texto em hebraico.
12. Santo Ambrósio (339-397), ML 14 em *De Paradiso Liber I*, cap. VI, 33.

SERMÃO DA DOMINGA VIGÉSIMA SEGUNDA *POST PENTECOSTEN* [p. 35-54]
1. Do hino "*Dies Irae*", em latim, do século XIII, atribuído a Tomás de Celano (poeta e escritor da Ordem dos Franciscanos). Cf. está na sequência da missa de Mozart — Requiem em ré menor, KV 626.
2. Santo Antonino (1389-1459), arcebispo de Florença, dominicano. É conhecido pelo seu escrito *Summa moralis*.
3. São Gregório Magno (540-604), papa, ML 75 em *Moralium Libri* [referência do autor].
4. Cardeal Hugo de São Vítor († 1141), em *Salmo 136*.
5. São João Crisóstomo (347-407), MG 58 em *Homiliae in Matthaeum*, Homilia 88.
6. Santo Agostinho (354-430), ML 35 em *Evangelium Joannis Tractatus* CXXIV, Tractatus 114.
7. Santo Agostinho (354-430), ML 43 em *Contra Cresconium grammaticum donatistam Libri IV*, Liber I, cap. XVII.
8. Martinho Lutero (1483-1546), promotor da Reforma Protestante; Calvino (1509-1564), reformador franco-suíço [referência do autor].

9. Cocleu referido por Cornélio A Lápide (1567-1637), no cap. 31 do Livro dos Provérbios, n. 4
10. Sêneca (4 a.C.-65 d.C.), na *Tragédia Troades* [referência do autor].
11. Santo Antonino (1389-1459), arcebispo de Florença, dominicano. É conhecido pelo seu escrito *Summa moralis*.
12. Jean le Charlier Gerson (1363-1429), chanceler da Universidade de Paris.

SERMÃO DO SANTÍSSIMO SACRAMENTO [p. 55-73]

1. "*Plus ultra*" [mais além, o apogeu], opõe-se a "*non plus ultra*": A expressão "*Non plus ultra*", inscrita nas Colunas de Hércules (Gibraltar), indicava o ponto final além do qual não se podia ir. Literalmente, quer dizer: "Não (vá), mais além".
2. O versículo da carta aos Coríntios, citado por Vieira, fala de pão, mas não de cálice.
3. São Cirilo de Alexandria (370-444), MG 68-77, cf. *Commentarius in Epistolas Pauli*.
4. Santo Agostinho (354-430), ML 35 em *In Joannis Evangelium Tractatus CXXIV*, Tractatus 26, 17 [referência do autor].
5. Santo Agostinho (354-430), cf. nota 4.
6. Santo Ambrósio (339-397), ML 14 em *De Abraham Libri II*.
7. Tertuliano (160-230), advogado cartaginês, foi catequista em Cartago e, depois, tornou-se Montanista. ML 1-2 [referência do autor].

SERMÃO DA QUINTA TERÇA-FEIRA DA QUARESMA [p. 75-81]

1. Sêneca (4 a.C.-65 d.C.), em *Epistolae morales*, Liber XIV=XV, Epistola XCV, 68.
2. Santo Agostinho (354-430), ML 37 em *Enarrationes in Psalmos*, in Psalmum CXIV.
3. São Bernardo de Claraval (1091-1153), ML 183, Passim em *Sermones in Cantica Canticorum*, Sermo XXIV, 8, col. 899A.
4. São Pedro Crisólogo (406-450), ML 52 em *Sermones*, Sermo XCIII, De Conversione Magdalenae.

SERMÃO DO NASCIMENTO DA MÃE DE DEUS [p. 83-98]

1. São Jerônimo (347-420), ML 23 em *Commentarius in Ecclesiasten ad Paulam et Eustochium* [referência do autor].
2. Filo Hebreu [Filon de Alexandria] (20 a.C.-50 d.C.), em *De Opificio Mundi*.
3. Santo Ambrósio (339-397), ML 14 em *Hexaemeron Libri VI*.
4. Orígenes (185-253), diretor da Escola Catequética de Alexandria e posteriormente da de Cesareia de Palestina, fundada por ele. MG 12 em *Homiliae*, In Leviticum VIII, 3.
5. Santo Agostinho (354-430), ML 37 em *De Assumptione Beatae Mariae Virginis Liber Unus* — considerado de autor incerto [referência do autor].
6. Santo Ildefonso de Toledo (607-667), doutor da Igreja e considerado o último Padre da Igreja. Em *De Virginitate Perpetua B. Mariae* [referência do autor].
7. Santo Anselmo (1033-1109), ML 159 em *De Excellentia Virginis Mariae*, cap. 2.
8. São Metódio de Olimpus († 311), bispo e mártir, MG 18 em *Oratio de Hipapen Domini* [referência do autor].
9. São Sofrônio de Jerusalém (560-619), MG 87c em *Homilia de Assumptione* [referência do autor].
10. Sequência litúrgica na Festa do Espírito Santo.
11. Virgílio (70 a.C.-19 a.C.), em *Eneida*, Livro XII, verso 646. Odorico MENDES, *Eneida brasileira*, Campinas, Editora Unicamp, 2008, p. 487. Traduz: "Pois morrer tanto custa? Vós, ó Manes, / já que os céus me aborrecem, protegei-me".
12. Cardeal Hugo de São Vítor († 1141), ML 176 em *De sacramentis Christianae fidei*, col. 173-618.

13. São Bernardo de Claraval (1091-1153), ML 183 em *Declamationes ex Sermonibus*, Prologus Collectoris, 285.
14. São Bernardo de Claraval (1091-1153), ML 183 em *Sermones de Tempore. De laudibus Virginis Matris Homiliae quatuor*.

SERMÃO DA PUBLICAÇÃO DO JUBILEU [p. 99-115]

1. Durante sua vida, Vieira conheceu os seguintes papas: Urbano VIII (1623-1644), Inocêncio X (1574-1655), Alexandre VII (1599-1667), Clemente IX (1600-1669), Inocêncio XI (1611-1689).
2. Santo Atanásio (295-373), MG 25-28, escreveu sobre a vida de Santo Antônio Magno (Santo Antão) († 356), eremita nos desertos egípcios.
3. Santo Agostinho (354-430), ML 35 *In Evangelium Joannis Tractatus CXXIV*, 61 [referência do autor].
4. Leão X (1475-1521), papa a partir de 1513. Em 1517, instituiu o Jubileu.
5. São João Crisóstomo (347-407), MG 47-64 em *De Sacerdotio*, Liber 3 [referência do autor].
6. São Basílio Magno (319-379), bispo de Cesareia de Capadócia, é homem de governo, severo com os ricos, atencioso com os fracos. MG 29-32 em *Cânones*.
7. Assim Joannes Cabassutius (1604?-1685), canonista e historiador, da Congregação do Oratório. Em *Notitia Conciliorum ad Canones Nicaenos* 11, 12, 14 [referência do autor].
8. São Jerônimo (347-420), cf. Carta 77 a Oceano sobre a morte de Fabíola (séc. IV). BAC, *Epistolario de San Jerónimo*, vol. I, 1993.
9. Cornélio A Lápide (1567-1637), referindo-se a São Jerônimo, São João Crisóstomo, Santo Agostinho, Beda, Orígenes, Teofilato, Suarez. No cap. 25 de Mateus, vers. 26 [referência do autor].

SERMÃO DE SÃO PEDRO [p. 117-135]

1. São Jerônimo (347-420), ML 26 em *Commentariorum in Evangelium Matthaei*, Libri IV, in Libro III, v. 15, 16.
2. Santo Ambrósio (339-397), ML 16 *De Incarnationis Dominicae Sacramento I*, cap. IV, 30.
3. São Jerônimo (347-420), cf. nota 1.
4. Santo Eutímio, o Grande (377-473), monge. Fiel ao Concílio de Calcedônia, exerceu grande influência no monaquismo palestinense. Em *In Matthaeum* [referência do autor].
5. São Pascásio Radberto (790-860), ML 120 passim em *Expositio in Evangelium Matthaei*, col. 31A-994C.
6. Plínio, o Jovem (61-114), sobrinho de Plínio, o Velho, que o adotou. Cf. *O Panegírico de Trajano* (100). Escritor, relatou a erupção do Vesúvio (79) e se conservam 247 cartas escritas a amigos.
7. Santo Ambrósio (339-397), cf. nota 2, onde se encontra o mesmo texto.
8. Santo Agostinho (354-430), ML 38 em *Sermo 183*, De Verbis Epistolae 1Jo 4, 2.
9. São Pedro Damião (1007-1072), cardeal e doutor da Igreja, ML 144-145 [referência do autor].
10. Lucio Célio Firmiano Lactâncio (240-320), um dos primeiros autores cristãos e conselheiro de Constantino I.
11. Cornélio A Lápide (1567-1637), exegeta. Sua obra compreende *Comentários sobre os Livros da Bíblia* [referência do autor].
12. São Leão Magno, papa († 461), ML 54 em *Epistola X. ad Episcopos per Viennensem provinciam constitutos*, cap. I; São Máximo de Turim († 423), ML 57. Cf. *Sermones et Homiliae* [referência do autor].
13. Lirano [Nicolau de Lira] (1270-1349), em *Postillae perpetuae in Universam Sacram Scripturam*.
14. Consta no texto do Credo do Concílio Niceno-Constantinopolitano, em 381.

15. Francisco Suarez (1548-1619), teólogo e filósofo. Sua obra mais citada é *Disputationes Metaphysicae* [Vieira refere Liber 9, cap. 5, n. 9].
16. Santo Eutímio, o Grande (377-473), monge. Cf. nota 4.
17. Eusébio Emisseno († 359), bispo de Emessa (Homs), na Síria. Discípulo de Eusébio de Cesareia, estudou em Antioquia e Alexandria. Vieira o cita com frequência. Cerca de 40 homilias foram traduzidas para o latim.
18. São Beda, o Venerável (672-735), monge erudito, ML 92 em *In Matthaei Evangelium Expositio*.
19. Santo Anastásio Sinaíta (séc. VIII), abade do mosteiro de Santa Catarina no Monte Sinai. Lutou contra as heresias.
20. Diego Daza (1579-1623), jesuíta espanhol, teólogo e exegeta. Esteve no Peru e ensinou em Toledo. Em *Exegetica iuxta, ac parpenetica commentatio in Epistolam B. Jacobi apostoli* c. 1, v. I, n. 3 [referência do autor].
21. Sulpicius Severus (c. 360-c. 420), Episcopus Bituricensis, em *Sacrae Historiae libri II*, in Vita Martini [referência do autor].
22. Guilherme Durand (1230-1296), bispo de Mende, em *Rationale Divinorum Officiorum*, Liber 6, cap. 88 [referência do autor].
23. Oração que o sacerdote recita na celebração da missa, logo após a consagração.
24. Teófilo Reinaldo [Theophile Raynaud] (1583-1663), teólogo e escritor jesuíta, *In Sacro Christiano Acharisto*, cap. 3 [referência do autor].
25. São Germano I (610-733), patriarca de Constantinopla, em *Sub finem Theoriae allegatus a Casibila* [referência do autor].
26. Santo Agostinho (354-430), em *Homilia II in Psalmum XXXVII*. Cf. Luís de Molina (1535-1600), teólogo e professor em Évora. Em *Instructio Sacerdotalis*, Tractatus 1, cap. 5, § 2.
27. Teófilo Reinaldo [Theophile Raynaud] (1583-1663), cf. nota 24.
28. Teófilo Reinaldo [Theophile Raynaud] (1583-1663), em *De Prima Missa*, sectio. 3, cap. I [referência do autor].
29. Juan Eusebio Neriemberg (1595-1658), teólogo jesuíta. Escreveu sobre Ascética e Mística. Sua obra principal: *Del Aprecio y Estima de la Divina Gracia*. Em *Ascetica*, Liber 2, Doctrina 4, cap. 24 [referência do autor].

SERMÃO DA SEGUNDA QUARTA-FEIRA DA QUARESMA [p. 137-154]

1. Teofilato († 1118), MG 123 em *Enarratio in Evangelium Matthaei*.
2. São João Crisóstomo (347-407), MG 57 em *Commentarius in Sanctum Matthaeum Evangelistam*.
3. Santo Agostinho (354-430), ML 35 em *Evangelium secundum Matthaeum*.
4. São Lourenço Justiniano (1381-1455), primeiro patriarca de Veneza, em *De Patientia*, cap. 3.
5. Santo Inácio, Mártir (séc. II), bispo de Antioquia, martirizado em Roma, em *Epistola ad Polycarpum* [referência do autor].
6. Santo Agostinho (354-430), ML 35 em *In Joannis Evangelium Tractatus centum viginti et quattuor*, Tractatus 37, 10.
7. Santo Agostinho (354-430), cf. nota 6.
8. Tertuliano (160-230), ML 2 em *Liber De Patientia*, cap. 3, col. 1254B. O texto usado por Vieira diz: "Patientiam Dei esse naturam effectam, et praestantiam ingenitae cujusdam proprietatis". Outra edição diz: "Patientiam Dei esse naturam, effectum et praestantiam ingenitae cujusdam proprietatis".
9. Sêneca (4 a.C.-65 d.C.), em *Liber de Providentia*, cap. 6, 6.
10. Tertuliano (160-230), ML 2 em *Liber de Patientia*, cap. 2, 1.
11. São João Crisóstomo (347-407), MG 59 em *Commentarius In Sanctum Joannem Evangelistam*.
12. Lirano [Nicolau de Lira] (1270-1349), em *Postillae perpetuae in Universam Sacram Scripturam*.

13. Que a mim e a vós o Senhor Deus Onipotente digne-se conceder, Ele que vive e reina pelos séculos dos séculos. *Oração do devocionário católico, inspirado no rito da missa tridentina.*

SERMÃO NA MADRUGADA DA RESSURREIÇÃO [p. 155-163]
1. Santo Agostinho (354-430), ML 37 em *Enarratio In Psalmum 131*, 15, v. 8.
2. Horácio (65 a.C.-8 a.C.), em *Epistularum liber primus*, 5, 28 [referência do autor].
3. Santo Epifânio († 403), ML 41. Natural da Palestina, foi superior de uma comunidade monástica em Euleterópolis (Judeia) e depois bispo de Salamina, na Ilha de Chipre. Defensor da Virgindade Perpétua de Maria. Cf. *Os últimos dias de Maria.*
4. Santo Agostinho (354-430), ML 37 em Jacopo de Varazze, *Legenda aurea, vulgo Historia Lombardica dicta*, cap. CIX, *De Assumptione Sanctae Mariae Virginis*, 526.
5. No original: Em sinal que também a não terão de achar a Cristo...
6. Santo Euquério († 738), bispo de Orleans, expulso por Carlos Martel, faleceu em Liege. Em *Homilia in Epiphaniam* [referência do autor].

SERMÃO DA PRIMEIRA DOMINGA DA QUARESMA [p. 165-178]
1. Santo Ambrósio (339-397), padre da Igreja Ocidental. Com a morte do bispo de Milão, o povo o elegeu bispo, embora fosse apenas catecúmeno. Era então governador da Emília e Ligúria. Mais tarde batizará Santo Agostinho.
2. São Norberto (1080-1134) iniciou a Ordem dos Cônegos Regulares Premonstratenses. Em Magdeburgo, como arcebispo promoveu a reforma da diocese.
3. Santo Estanislau († 1079), bispo e mártir pelas mãos do próprio Boleslau, que ele excomungara pelos desmandos e pelas desordens do soberano.
4. São Gregório I Magno (540-604), papa e padre da Igreja Ocidental. Foi prefeito de Roma antes de se fazer monge. Eleito papa em 590, assinava-se *Servus servorum Dei*.
5. Santo Tomás de Aquino (1225-1274), em *Suma teológica*, I Pars, Quaestio 64, Art. 2, s.c. São Paulo, Edições Loyola, 2002, vol. II, p. 260.
6. Valério Máximo (séc. I), em *Factorum et dictorum memorabilium libri IX*, Liber VI, 4,2.
7. São Zeno de Verona († 375), ML 11 em *Tractatuum Liber I*, Tractatus X, III.
8. São Bernardo de Claraval (1091-1153), ML 183 em *Sermones In Cantica Canticorum*, Sermo XXXIX, De curribus Pharaonis. id est diaboli, et de principibus exercitus, qui sunt malitia, luxuria, et avaritia, 8, col. 981A.

SERMÃO DO MANDATO [p. 179-199]
1. Orígenes (c. 185-253), MG 13 em *In Lucam Homiliae* [Homilia de Maria Magdalena].
2. Antífona da festa de *Corpus Christi*, texto escrito por Santo Tomás de Aquino (1225-1274).
3. São Bernardo de Claraval (1091-1153), ML 183 em *Sermones de Tempore. In Quadragesima Habiti*, In Psalmum Qui Habitat, Sermo XVII [referência do autor].
4. São Bernardo de Claraval (1091-1153), ML 183 em *Sermones. In Cantica Canticorum*, Sermo XI, 7, col. 827C.
5. Santo Agostinho (354-430), ML 35 em *In Joannis Evangelium Tractatus centum viginti et quattuor*, Tractatus 80 [referência do autor].

SERMÃO DA QUARTA DOMINGA DEPOIS DA PÁSCOA [p. 201-224]
1. "*Malenconia*" no original.
2. São João Crisóstomo (347-407), MG 47-64 em *Enarratio in Epistolam ad Romanos*, cap. 6, sermo 11.

3. São Basílio (319-379), MG 29-32 em *Institutionem Aspirantium ad vitam perfectam*.
4. São Bernardo de Claraval (1091-1153), ML 184 em *Liber De Modo Bene Vivendi ad Sororem*, cap. XI, 32 [Auctor Incertus].
5. São Cipriano (200-258), ML 04 em *Liber de dominica oratione*, cap. 1, citado por Santo Agostinho (354-430), ML 44 em *Contra duas Epistolas Pelagianorum ad Bonifacium Romanae Ecclesiae Episcopum*, Libri IV.
6. Plutarco (45-120), filósofo grego; suas obras principais: *Vidas paralelas* e *Escritos morais*; Epicarmo (540 a.C.-450 a.C.), comediógrafo e poeta grego.
7. Lirano [Nicolau de Lira] (1270-1349), professor de Teologia em Paris. Em *Postillae perpetuae in Universam Sacram Scripturam*.
8. São Jerônimo (347-420), ML 26 em *Commentariorum In Epistolam Beati Pauli Ad Titum*, Liber Unus [referência do autor].
9. Santo Antão (251-356) é "o pai dos monges". Santo Atanásio (295-373) lhe escreveu a vida e Cassiano (360-435) o cita em sua segunda *Conferência*. São Paulo (228-340), primeiro "ermitão". São Jerônimo (347-420) escreveu-lhe a vida.
10. Hipócrates (460 a.C.-377 a.C.), "pai da medicina"; é famoso o Juramento de Hipócrates. Galeno (129-200) nasceu em Pérgamo, na Grécia, quando esta era colônia romana, e aí estudou Medicina. Passou a viver em Roma, onde foi médico de gladiadores.
11. Santo Agostinho (354-430), em *Confissões*, Livro 10, cap. 31, Sobre a gula, n. 44.
12. Santo Tomás de Aquino (1225-1274) [referência do autor].
13. Cardeal Caetano, Thomas de Vio (1469-1534), em *Comentário à Suma de Santo Tomás de Aquino*, Questão 12, Artigo 14.
14. *Merces* é um substantivo feminino que tem como genitivo *Mercedis*. *Merces* pode ser também substantivo feminino no plural e tem como genitivo *Mercium*. Nesse sentido de mercadoria, o substantivo feminino mais usado é *Merx*, com genitivo *Mercis*.

SERMÃO DA VISITAÇÃO DE NOSSA SENHORA A SANTA ISABEL [p. 225-243]

1. Virgílio (70 a.C.-19 a.C.), *Eneida*. Canto XII, v. 725. Júpiter pesa os destinos de Eneias e de Turno durante o duelo: alusão ao episódio homérico em que Zeus pesa, em sua balança de ouro, os destinos de Heitor e Aquiles. *Eneida brasileira*: tradução poética da epopeia de Públio Virgílio Maro/Tradução: Manuel Odorico Mendes, Campinas, SP, Editora da Unicamp, 2008. p. 489, vv. 700-705. O tradutor assim traduz: "Ouro e fio a balança, os fados de ambos / Jove nas conchas libra, examinando / Quem na lide sucumba ou vergue ao peso".
2. Filo [Filon] de Alexandria (20 a.C.-50 d.C.), filósofo judeu, procura conciliar o conteúdo bíblico à tradição filosófica ocidental. Em *De Vita Mosis*.
3. Cornélio A Lápide (1567-1637), professor de exegese bíblica em Louvain e Roma. Comentou grande parte dos livros canônicos.
4. Cardeal Hugo de São Vítor († 1141), em *Salmo 40*.
5. Santo Agostinho (354-430), ML 32 em *Regula ad Servos Dei. Regula. De habitu est exterioris hominis compositione*, cap. 6.
6. Clemente de Alexandria († 215), MG 9 em *Paedagogus*, Liber I, cap. 5 [referência do autor].
7. Drogo Hostiensis (séc. XI/XII), bispo e cardeal, ML 166 em *De Sacramento Dominicae Passionis Sermo*, A [referência do autor].
8. Dídimo (313-398), em *Catena Graecorum Patrum* [referência do autor]. Catena são fragmentos do Gênesis, de Jó, dos Salmos, dos Atos e da II Carta aos Coríntios atribuídos a Dídimo e outros padres; cf. J. A. Cramer, *Catena Graecorum Patrum in Novum Testamentum*.
9. São Paulino de Nola (353-431), ML 61 em *Epistolae*, Epístola XXIII, 28, col. 136.
10. S. João Crisóstomo (347-407), patriarca de Constantinopla, MG 47-56.

11. Flávio Josefo (37-100), em *Antiguidades judaicas*, Liber 7, cap. 2 [referência do autor].
12. Gilbert Genebrardo (1537-1649), exegeta beneditino. Em *Chronologia Hebraeorum Maior*, Quae Seder Olam Rabba Inscribitur Interprete Gilb. Genebrardo.
13. Avicena (980-1037), filósofo e médico árabe da escola de Bagdá. Foi um dos iniciadores ao pensamento de Aristóteles. Seu *Cânon da Medicina* permaneceu como base dos estudos de medicina no Oriente, como no Ocidente, até o século XVIII. Serapião de Alexandria (séc. III a.C.), médico grego [referência do autor].
14. São Jerônimo (347-420), ML 23 em *Hebraicae Quaestiones in Genesim*.
15. Ovídio (43 a.C.-18 d.C.), em *Remedia Amoris*, 1, 131.
16. Panyasis de Halikarnasso (séc. V a.C.), poeta grego conhecido pelos poemas Herakleia e Ionika, além de muitos fragmentos. E Ateneu referido pelo autor como Athenens, lib. 2.
17. São João Crisóstomo (347-407), MG 47-63 em *Homilia de castitate et sobrietate*; Santo Agostinho (354-430), em *Confissões*, Livro X, cap. 3. O autor refere *Ad Virgin.*, cap. I.
18. São João Crisóstomo (347-407), MG 47-63 em *Dominica II Adventus*, Concio V. Thema Pauperes evangelizantur. Matthaeus XI.
19. São Pedro Crisólogo (406-450), ML 52 em *Sermones*, Sermo XIV, De fructibus eleemosynae, in psalmum XL.
20. Santo Ambrósio (339-397), ML 16 em *De Virginibus ad Marcellinam Sororem suam*, Libri III.

SERMÃO PELO BOM SUCESSO DE NOSSAS ARMAS [p. 245-261]

1. Lirano [Nicolau de Lira] (1270-1349), em *Postillae perpetuae in Universam Sacram Scripturam*.
2. Tito Lívio (64-59 a.C-19 d.C.), em *Década 3*, Livro I. É posterior a Tito Lívio a divisão de sua obra em *décadas* (grupos de 10 livros).
3. Afonso de Albuquerque (1453-1515), fidalgo português e governador da Índia. D. João III (1502-1557), décimo quinto rei de Portugal, filho de D. Manuel I. Dividiu o Brasil em capitanias hereditárias.
4. A Ordem de São Bento de Avis foi uma ordem religiosa militar de cavaleiros portugueses. A Ordem Militar de Santiago é uma ordem religiosa militar castelhano-leonesa instituída por Afonso VIII de Castela (1155-1214). A Ordem de Cristo é uma ordem religiosa e militar, criada em 1319 pelo Papa João XXII. Foi herdeira da Ordem do Templo ou dos Templários. A Ordem do Templo ou dos Templários foi uma ordem militar de cavalaria, fundada em 1096 depois da 1ª Cruzada.
5. São João Crisóstomo (347-407), MG 55 em *Expositio in Psalmum VII*, cap. 3.

SERMÃO DO ESPOSO DA MÃE DE DEUS, SÃO JOSÉ [p. 263-278]

1. São Pedro Crisólogo (406-450), ML 52 em *Sermones*.
2. São Gregório Taumaturgo (213-270) recebeu o nome de Taumaturgo por causa de seus muitos milagres. Convertido ao cristianismo (233) por Orígenes, depois de terminar seus estudos (238) foi nomeado bispo de Neocesarea, sua terra natal. Cf. MG 46.
3. São Leão Magno († 461), papa, ML 54 em *Sermo LXI De Passione Domini X*, cap. V.
4. Plínio, o Jovem (61-114), sobrinho de Plínio, o Velho, que o adotou. Em *O panegírico de Trajano*, 3. Escritor, relatou a erupção do Vesúvio (79) e conservam-se 247 cartas escritas a amigos.
5. São Jerônimo (347-420), ML 26 em *Libri quattuor Commentariorum in Evangelium Matthaei*.

SÉTIMA PARTE

Em Lisboa, Na Oficina de Miguel Deslandes

Impressor de Sua Majestade.
À custa de Antônio Leite Pereira, Mercador de Livros.

MDCLXXXXII

∾

Com todas as licenças necessárias e privilégio real.

CENSURAS

**Censura do P. Mestre Domingos Leitão,
da Companhia de Jesus, Qualificador do Santo Ofício.**

*E*minentíssimo Senhor:

Foi servido V. Eminência de fiar de mim a censura deste livro, Parte Sétima dos Sermões do P. Antônio Vieira, julgando em seu eminentíssimo conceito ser esta obra tão irmã das outras que tem estampado o autor, e por conseguinte tão qualificada como as demais, que nada prejudica à sua aprovação ser o censor dela um irmão — por profissão e instituto — do mesmo autor. Quando as obras são de tal qualidade, que só pelo nome e autoridade de quem as fez merecem o abono e ainda o aplauso universal de todos, não incorre a nota de suspeito o juízo do parentesco, que com o comum sentir as aprova, e ainda louva. Irmão era S. Gregório Niceno do grande Basílio, e contudo não duvidou compor um bem dilatado panegírico, em crédito dos feitos e escritos de seu próprio irmão, havendo que as afeições do sangue nunca podiam escurecer, nem despintar o lustre de tão esclarecidas obras, com que tão insigne doutor granjeara os aplausos e estimação do mundo todo. Sobre este seguro bem posso dizer sem paixão que com este sétimo tomo dos Sermões do grande Vieira temos já — em bom sentido, quanto permite a alegoria — completo o número daquelas sete lucernas do candelabro, ou — segundo a aplicação de S. Jerônimo — dos sete planetas do céu (Ex 25,31 — *S. Hier. de Vest. Sacerd.*), que com as luzes e influências de sua eloquência e doutrina ilustram e enriquecem ao mundo católico, intimando-lhe e inculcando-lhe verdades sólidas, teologias certas e muito a ponto, inteligências da sagrada Escritura tão próprias como profundas, e pensamentos tão delgados como esquisitos, e sobretudo documentos e discursos morais tão ajustados como pios, e por isso grandemente idôneos para nos persuadir reformas e melhoramentos de vida. Sobre estas sete partes de vários sermões a diversos assuntos, como sobre sete colunas lavradas com singular artifício — seu conatural engenho — edificou o Salomão da prédica portuguesa o suntuoso edifício de sua alta sabedoria (Pr 9,1), propondo em qualquer peça dele mesa esplêndida de iguarias várias, que igualmente recreiam o gosto e alimentam com espiritual fruto os ânimos. Em suma, se — como prova em largos discursos Filo Hebreu — *gaudet natura septenario* (*Phil. lib. de Mundi Opif. et Decalog.*), muito temos que agradecer ao autor por nos dar — tão adequadamente à nossa satisfação e agrado — um setenário de tomos, que em tão plausíveis diferenças de seletíssimos argumentos compreende cabal e felizmente quanto se pode desejar neste instituto concionatório. Em particular, este sétimo me parece, na ideia ou na fábrica de seu autor, a pedra preciosa crisólito

— *Septimum, chrysolitus* (Ap 21,20) — por sua etimologia, *aureus lapis*: tão puro e fino como ouro, assim no toque da fé santa como no exame e bons costumes, e por este, como por todos os demais títulos, digníssimo da licença que pede a V. Eminência quem por meio da estampa o quer engastar ou imortalizar nas memórias perenes da fama. Lisboa, Casa Professa de S. Roque, da Companhia de Jesus, 6 de janeiro de 1692.

Domingos Leitão

Manda el-rei Nosso Senhor que o Reverendo Padre Mestre Frei Francisco de Lima, Bispo eleito do Maranhão, veja este livro, e, pondo nele seu parecer, o remeta a esta mesa. Lisboa, 26 de fevereiro de 1692.

Melo P. Lamprea. Marchão. Ribeiro. Cerqueira

Censura do Ilustríssimo e Reverendíssimo
Senhor Dom Fr. Francisco de Lima, da esclarecida Religião do Carmo,
Mestre na sagrada Teologia, digníssimo Bispo do Maranhão etc.

Senhor:

Por mandado de V. Majestade li a Sétima Parte dos Sermões do Padre António Vieira, da Sagrada Religião da Companhia, digníssimo pregador de V. Majestade, e logo no primeiro sermão vi quão fora estava de toda a censura quem principiava inculcando admirações, sendo só estas as que podem compor cabal elogio a um, sobre todo encarecimento, tão grande e singular talento, que até o que nele seria disposição casual se pode presumir mistério. Esta Sétima Parte é tão parecida às outras que, sem advertência ao título se descobre filha do mesmo pai, e todas ilustres partos da sua fecundidade, com que encaminha as almas com vantajosa luz à com que as sete estrelas, chamadas irmãs, influem nos corpos. Destas sete plêiades, diz Pedro Bercório que, avizinhando-se-lhes o sol, ocasionam a chuva com que alentam a terra para se ornar de flores: *Tunc aer vernalibus pluviis irrigatur, et terra florum pulchritudine decoratur*. E que outra coisa faz ou intenta fazer este sol dos pregadores com estas sete partes, irmãs tão parecidas, como filhas do seu grande e sublime entendimento, senão regar a terra da nossa compostura com a chuva da doutrina Evangélica, para que as almas respirem a suave fragrância das Virtudes, que são as flores de que se compõem toda a sua gala e aprazível ornato? Se o não conseguir será culpa do terreno, que nem todos correspondem ao benefício do sol e da chuva, pois, caindo esta, e saindo aquele igualmente para todos, uns se cobrem de abrolhos, e outros se esmaltam com flores. Com esta Sétima Parte se vai desempenhando da promessa que fez de doze na primeira, adequado número para o seu intento, pois, sendo este encaminhar as almas para o céu, sendo as portas do céu doze, não obstante serem só quatro as partes do mundo, para que os habitadores de todas tenham a dita de se lhes não fecharem aquelas portas, lhes procura facilitar nas doze partes, com a doutrina mais sólida, os mais conducentes meios para as acharem todas abertas, zelo verdadeiramente apostólico que, ansioso de aproveitar a todo o mundo, procura suprir com os escritos a falta da presença. Mais frutuosa foi para a Igreja — diz Bercório — *dict. mor. verb. Epist.* — a ausência dos apóstolos, do que a sua presença: *Plus profuerunt apostoli absentes quam praesentes*: quando presentes pregavam, quando ausentes escreviam, e a doutrina, que pela pregação só podia ser de poucos ouvida, manifesta pelos seus escritos, chegou às partes mais remotas do mundo: *Tunc enim epistolas scripserunt, quae ad sustentationem fidei et morum, quantum in se fuit, totum mundum converterunt; praesentes, pro paucis regionibus et populis locuti sunt: et sic dico quod plus valuerunt epistolae quam verba, magis scripta quam dicta, et plus absentia quam praesentia.* — Esta diferença, ou excesso, que Bercório descobre na doutrina dos apóstolos intimada por escrito depois de a pregarem, podemos — abstraindo de toda a comparação — esperar se veja nos sermões deste pregador apostólico, pois, não satisfeito o seu zelo de os ter pregado aos ouvintes de tão diversos territórios quantos foram os que o reconheceram em tudo peregrino, sem que a sua grande capacidade o deixasse em algum para ser estranho, os dá à estampa, para que a sua doutrina aproveite e faça fruto no auditório de todo o Mundo, e se possa dela verificar: *Magis profuit scripta quam dicta, plus absentia quam praesentia* — sendo que nos sermões deste insigne e singular pregador não se acha menos a sua presença, porque a todos que os leem se lhes representa o estão ouvindo e assim, lendo-se em todo o mundo, sem impropriedade se pode afirmar que em todo o mundo prega e a todo tem por auditório, tal é a energia com que neles fala, tão vivo e eficaz o espírito com que os anima; ao que parece atendeu quando deu nome de corpos a estas partes no prólogo da primeira, porque todas elas são corpos animados do seu grande espírito, ainda que só partes da sua muita erudição. Nesta sétima concorrem todos aqueles requisitos, que, segundo a estimação de Sidônio Apolinar — *Ep. 5* — e Plínio — *Jun. Lib. 4. Epist. 20* — a fazem pelo útil e deleitoso digna de toda a estimação e louvor: *Est opus pulchrum, validum, acre, sublime, varium, elegans, purum, figuratum, materia clausum, declamatione conspicuum, propositione obstructum, disputatione reseratum, vernantis eloquii flore molitum, spatiosum etiam, et cum magna authoris laude diffusum.* — E, sendo tal, bem se deixa ver não entra em o número dos livros que Santo Isidoro — *lib. 3 de lib. gent.* — proíbe e manda se evitem: *Cavendi sunt tales libri, et vitandi, qui exterius eloquentia verborum nitent, et interius vacui virtutis sapientia manent* — mas daqueles a cuja leitura exorta São Jerônimo — *Epist. ad Demetr.* — que, como espelhos, mostram os defeitos para se emendarem, e as perfeições para que se conservem e aumentem: *Utere lectione divina vice speculi, foeda corrigendo, pulchra conservando, et pulchriora faciendo: scriptura enim speculum est foeda ostendens, et corrigi docens* — e tais são os sermões desta Sétima Parte, e por isso em coisa alguma opostos ao real serviço de V. Majestade, e muito dignos de que os perpetue a estampa, não só para a utilidade universal, mas para singular glória do reino, pois quando não tivesse produzido mais talentos que o do Padre Antônio Vieira, em tudo eminente, lhe bastava para sumo crédito, como de outro Antônio disse S. Jerônimo a respeito do Egito: *Quod si nullum alium divum protulisset Aegyptus, satis erat Antonius* (*Quando o Egito não nos tivesse dado nenhum outro santo, Antônio lhe bastava*). — Este é o meu parecer; V. Majestade mandará o que for servido. Em Lisboa, Carmo, 7 de março de 1692.

Fr. Francisco de Lima

LICENÇAS

DA RELIGIÃO

Eu, o Padre Diogo Machado, da Companhia de Jesus, Provincial da Província do Brasil, por comissão especial que tenho do nosso muito Reverendo Padre Tirso Gonçalves, Preposito geral, dou licença para que se possa imprimir este Livro da Sétima Parte dos Sermões do Padre Antônio Vieira, da mesma Companhia, Pregador de Sua Majestade, o qual foi revisto, examinado e aprovado por religiosos doutos dela, por nós deputados para isso. E em testemunho da verdade, dei esta subscrita com meu sinal, e selada com o selo de meu ofício. Dada na Bahia aos 14 de julho de 1691.

DIOGO MACHADO

DO SANTO OFÍCIO

Vistas as informações, pode-se imprimir a Sétima Parte dos Sermões do Padre Antônio Vieira, da Companhia de Jesus, e depois de impressos tornarão para se conferir e dar licença que corram, e sem ela não correrão. Lisboa, 15 de fevereiro de 1692.

PIMENTA. NORONHA. CASTRO. FOIOS. AZEVEDO

DO ORDINÁRIO

Podem-se imprimir estes sermões, e depois tornarão para se conferirem e se dar licença para correrem, e sem ela não correrão. Lisboa, 18 de fevereiro de 1692.

SERRÃO

DO PAÇO

Que se possam imprimir, vistas as licenças do S. Ofício e Ordinário, e depois de impressos tornarão à Mesa para se taxar e conferir, e sem isso não correrão. Lisboa, 12 de março de 1692.

MELLO P. ROXAS. LAMPREA. MARCHÃO
AZEVEDO. RIBEIRO

Este livro foi composto nas famílias tipográficas
Liberty e *Minion*
e impresso em papel *Bíblia* 40g/m²

Edições Loyola

editoração impressão acabamento
rua 1822 nº 341
04216-000 são paulo sp
T 55 11 3385 8500
F 55 11 2063 4275
www.loyola.com.br